스토리텔링

스토리텔링

조은하 · 이대범 지음

storytelling

북스힐

Prologue

스토리텔링의 사전적 의미는 '이야기하기'이며, 구어적으로는 '거짓말하기'이다. '이야기=거짓말'이라는 공식이 도출된다. 그렇다. 세상의 모든 이야기들은 엄밀히 말하면 '거짓말'이다. 아무리 사실에 기반을 둔 실화(實話)라 할지라도, 이야기의 특성상 전달과정에서 무의식적으로 혹은 의도적으로 가감될 가능성이 크기 때문이다. 그렇다 하더라도, 그것은 오히려 이야기의 매력이다. 이야기는 화자와 청자, 작가와 독자의 상상력에 힘입어 날개를 달고 비상한다. 일단 이야기가 날개를 펄럭이며 날아오르게 되면, 더 이상 이야기는 처음 발화한 화자나 처음 경청한 청자, 처음 기록한 작가나 처음 읽은 독자, 그 누구의 것도 아니다. 소유가 아닌 공유가 된다. 남의 이야기만큼 흥미롭고 흥겨운 것도 없다. 내 이야기도 일단 발화되면 남의 이야기가 된다. 더 이상 누구의, 어디의 이야기인지는 중요하지 않다. 그래서 이야기는 할수록 맛이 난다.

스토리텔링은 우리의 가장 오래된 기술형식 중 하나이다. 요즘과 같은 현대적 의미의 스토리텔링 매체가 등장하기 훨씬 전부터 스토리텔링은 대중적이며 대표적인 여가활동이었으며, 훌륭한 이야기꾼은 공동체에서 매우 가치있는 존재였다. 특히 동화와 우화는 그 민족 혹은 국가의 문화와 전통이 세대에서 세대로 계승되고 발전되는 양상을 설명하기 위한 가장 오래된 교육적 기재들 중의 하나였다. 따라서 동서고금을 막론하고 이야기를 듣는다는 것은 흥미진진하고 창의적인 경험이다. 대부분의 이야기는 듣는 사람의 상상력 속에서 각기 다르게 발아되고 발화된다. 이야기들은 언어의 매력과 화자의 능력에 따라 천차만별 각기 다른 문화적 배경과 복잡한 주제의식으로 확산되기도 하고 수렴되기도 한다.

굳이 고전과 현대의 이분법을 적용하여 '아날로그 스토리텔링'과 '디지털 스토리텔링'으로 구분하지 않더라도, 스토리텔링은 본질적으로 유기적이므로 매체의 발달에 따라 단순한 구술이나 문자에 의거하는 대신 다양한 매체와 결합하는 방식으로 자연스럽게 진화한다. 스토리텔링과 리텔링, 즉 이야기하기와 이야기 '다시' 하기의 접근방법은 다양하다. 청자, 화자, 장소, 테마, 매체 등 각각의 준거에 따라 전혀 다른 이론적 전개가 가능하다. 특히 다양한 매체와의 접목을 통해 동일한 스토리가 어떻게 환골탈태하는가를 살피는 작업은 학문적으로나 산업적 맥락에서 매우 유익하다. 따라서 잘 알려진 신화 · 전설 · 민담, 동화 등의 테마를 적극 활용하는 스토리리텔링은 효과적으로 스토리의 생성과 성장, 사멸 혹은 변화의 유기체적 속성을 제대로 살펴볼 수 있는 적합한 기재이다. 물론 별처럼 많은 '이야기'들을 전부 다룬다는 것은 불가능하며 무의미하다. 몇 가지 일련의 테마들로 작품들을 취사선택하여 기술할 예정이다.

contents

Step 3

Story + Making

Step 4

Story + Building

Step 5

Story + Retelling

Step 1.

Storytelling

스토리텔링의 역사는 인류의 역사와 궤를 같이한다고 볼 수 있다. 그렇다면 가장 오래된 스토리텔링은 단연 신화이다. 신화를 뜻하는 'myth'는 그리스 어의 'mythos'에서 유래하는데, 논리적인 사고 내지 그 결과의 언어적 표현인 로고스(logos)의 상대어로서, 사실 그 자체에 관계하면서 그 뒤에 숨은 깊은 뜻을 포함하는 신성한 서술(敍述)이다. 신성한 서술, 즉 신성한 이야기가 신화다. 신성은 인성과는 다르며, 국가의 기원이나 신의 사적(事績), 유사 이전의 민족사 등을 다룬다. 따라서 설화의 한 형태인 신화는 국가나 민족의 기원이나 역사를 표현하는 한 방편이기도 하다. 다만 신화에서는 과학적으로 입증하기 힘든 신의 존재를 통해 표현한다는 점에서 실제 사실을 기록하는 역사와 차이가 있다. 신화에는 여러 종류와 갈래가 있고 그 구조와 성격도 복잡하여 한 마디로 규정할 수 없다.

각종 신화에 공통되는 일반적 · 기본적 성격을 중심으로 살펴보면, 이 세상에 존재하는 것의 기원에 관한 신성한 전승설화인데, 그것은 단순히 태고에 있었던 사실에 관한 서술에 그치지 않고, 현재의 자연 · 문물 · 인간행동에 규제력을 갖는 경우가 적지 않다. 즉, 신화는 여러 현실적 존재인 우주 · 인간 · 동식물, 특정의 인간 행위, 자연 현상 · 제도 등이 어떻게 하여 출현하였는가를 이야기하는 것으로서, '창조'에 관한 설화라고 할 수 있다. 이 창조역사의 주역은 여러 초자연적 존재들이고, 그들은 태초에 맡은 역할로 알려져 현재의 모든 존재에 의미를 부여하는 것이다. 요컨대 신화는 초자연적 존재의 창조활동을 설명하고 그 활동의 초자연성을 나타내며, 또한 성스러운 것의 현실에 대한 참여를 의미한다.

신화의 진실성은 실제로 존재하고 또 발생하는 여러 가지 사물과 현상으로 증명된다. 이를테면, 우주창조 신화가 진실인 것은 세계가 현존함으로써 증명되며, 죽음의 기원신화의 진실성은 죽음이라는 사실로써 입증된다. 또한 신화는 인간의 일상행동을 규제하는데, 그것은 신화가 말하는 초자연적 존재의 행위와 그 성스러운 힘의 표현이 인간의 모든 중요 행동의 본보기가 되기 때문이다. 신화는 그 종류가 지극히 많고 다양하여 과거에도 그 구성 요소의 성격 · 특징 · 계통 등에 따라 몇 가지로 분류 · 정리하려는 시도가 많이 있었다. 신화의 내용은 자연과 문화 모든 면에 걸쳐 있기 때문에 이것을 정연하게 조직적으로 분류한다는 것은 매우 어려운 일이다. 신화는 원초에 있었던 일에 의해 자연 · 인류 · 문화의 상태를 설명하고 이에 대해 의미를 부여하는 설화이기 때문에, 모든 신화는 적든 많든 간에 기원신화의 성격을 갖고 있다고 할 수 있으며, 신화의 다면성을 고려해야 한다.

아시아 신화이야기

asian telling

아시아 신화는 지정학적 경계를 아시아권으로 한정하여 편의상 구분한 개념이지만, 굳이 인위적인 지역경계로 지나치게 강조하거나 역사적 관점에서 침략과 교류 등의 사적을 바탕으로 하면서까지 신화를 역사와 연결짓는 억지논리를 전개할 필요는 없을 것이다. 신화는 역사 이전에도 존재해왔고, 오히려 역사의 시대가 시작되면서 신화의 시대는 황혼을 맞이하게 되는 만큼, 역사적 관점은 되도록 지양하고자 한다. 다만 지역적 경계를 통해 각 국과 각 민족의 신화를 살펴보는 것이 가장 통상적인 구분이므로 이를 수용할 따름이다. 서로 차이점을 인정하고 공통점을 살펴보는 방향으로 진술하고자 한다.

그리스 · 로마 신화나 북유럽 신화 등 대표적인 서양신화에 비해 상대적으로 알려지지 않은 아시아 신화에 대해 살펴보는 작업은 단순히 한국의 뿌리찾기와 같은 일차적인 목표 때문이 아니라, 궁극적으로 우리가 일반론으로 접근하고 있는 서양신화조차 일종의 국가신화 혹은 지역신화의 범주에 속하기 때문이다. 올림포스의 열 두 신들은 관련 유적과 유물을 고스란히 간직하고 있는 그리스나 로마 등 지중해 국가들에게는 말 그대로 신들의 이야기로 인식되겠지만, 지역적 공통점도 민족적 공유점도 없는 동양인들에게는 기사와 요정, 마법사들과 드워프들이 등장하는 중세 판타지 소설만큼이나 허구적인 코드로 인식될 뿐이다. 신화의 허구성은 소설의 허구성과 근본적으로 다르지만, 신화는 분명 인종적 지역적 한계를 가진다.

그렇다면 우리에게 있어서 동양신화야 말로 허구를 넘어선, 허구를 극복하고 만나는 귀중한 진실이 된다. 동양신화에 대한 연구는 각 국의 개별연구는 충실했으나, 비교신화학적 관점에서 동양신화사를 아우르는 큰 연구는 아직 진행 중이라고 할 수 있다. 서양신화가 유럽대륙 전체를 일통관지 하는 맥락의 힘을 갖고 있듯이, 동양신화 또한 마찬가지로 아시아 대륙 전체를 하나로 묶는 신화적 맥락을 찾을 수 있을 것이다. 뿐만 아니라 동양신화는 서양신화에 비해 상대적 희소가치가 있으며, 스토리텔링(story telling)에 대한 다양한 접근을 통해 매체에 따라 다양하게 활용하는 스토리리텔링, 그리고 문화컨텐츠 산업의 비젼에 있어서 절대적인 기여를 할 것이라 생각한다. 이에 따라 동양신화를 중국, 일본, 한국, 인도의 네 지역으로 크게 구분하여 각국의 창세신화와 인류창조 신화를 살펴보고자 한다.

— 중국 신화 — 서양신화에 비해 상대적 희소가치가 있는 아시아의 신화에 대해 몇 가지 패턴을 통해 개관하고자 한다. 중국의 창세신화를 살펴보면, 하늘과 땅이 아직 나누어지지 않은 상태를 '혼돈(渾沌)' 이라고 하는데, 혼돈의 상황에서는 사물이나 사건의 사리분별이 확실하지 않아서 도무지 갈피를 잡을 수 없다. 어쩌면 이러한 막연함과 막막함은 이성에 대한 확신으로 오만해질 대로 오만해진 인간의 유한성을 제대로 일깨우는 각성제와도 같다.

《산해경(山海經)》의 〈서차삼경(西次三經)〉과 《장자(莊子)》의 〈응제왕(應帝王)〉에 등장하는 제강(帝江)은 바로 혼돈의 신이다. 온몸이 불꽃같이 붉은색을 띠고 있으며, 언뜻 보면 솜을 가득 채운 푸대자루를 닮았다. 거기에 다리가 여섯 개, 날개가 네 개나 된다. 신화 속의 존재들이 으레 그러하듯 제강의 모양새도 상상을 초월하는데, 그 중에서 가장 의미심장한 특징은 얼굴이 없다는 사실이다. 덕분에 어디가 앞인지 어디가 뒤인지 전혀 구분할 수 없다. 외관상으로 도무지 갈피를 잡을 수 없는 제강이

혼돈의 신 제강

야말로 혼돈의 신일 수밖에 없다. 전지전능의 신이 유한의 인간처럼 죽는다는 것은 논리적으로 모순이지만, 신도 때로는 죽는다.

혼돈의 신으로서 세계의 중심을 다스리던 제강은 남해를 다스리는 숙(儵), 북해를 다스리는 홀(忽)과 친분이 두터웠는데, 친구들이 놀러올 때마다 극진하게 대접한다. 이에 감복한 숙과 홀은 감사의 표시로 제강에게 얼굴을 만들어 주기로 결정한다. 그날 이후 숙과 홀은 매일 제강의 몸에 눈, 코, 입, 귀 등의 구멍을 차례로 뚫어준다. 그렇게 7일째 되던 날, 제강은 그만 죽고 만다. 무위적인 혼돈을 인위적으로 정돈하려는 의지는 제강을 죽음으로 이끈다. 비록 정돈은 혼돈의 죽음이지만, 제강의 죽음으로 인해 세상은 카오스에서 코스모스로 개화된다. 신화는 신들의 이야기지만, 인간에 의해 쓰여진다. 이처럼 신화에는 신성과 인성이 씨실과 날실처럼 교직되어 있으므로 우리는 신화를 통해 인간과 만난다.

혼돈이 끝나고 이제 본격적인 우주 창조신화가 전개되는데, 천지가 아직 구분되지 않고 혼돈된 알(卵)의 상태로 존재하던 가운데 반고(盤古)가 생겨난다. 반고는 1만 8천 년 동안 잠을 자면서 하루에 1장씩 성장을 하는데, 그 바람에 하늘과 땅이 상하로 밀려 갈라지기 시작하고, 다시 1만 8천 년이 흘러 반고의 성장이 극에 달하자, 그의 키로 갈라진 천지의 간격은 90만 리에 이르게 된다. 이윽고 반고는 제 명을 다하게 되는데, 그 내뿜는 숨은 풍운(風雲)이 되고, 목소리는 천둥이 되고, 두 눈은 각각 일월(日月)이 되고, 혈액은 강하(江河)가 되고, 근맥(筋脈)은 도로가 되고, 피부는 논밭이 되고, 모발과 수염은 성신(星辰)이 되고, 체모는 초목이 되고, 반고가 죽어가며 흘린 땀방울은 비와 이슬이 되었다고 한다. 반고의 신체 각 부분이 죽음과 동시에 만물로 변화했다고 하여, 이를 거인해체 신화 혹은 사체화

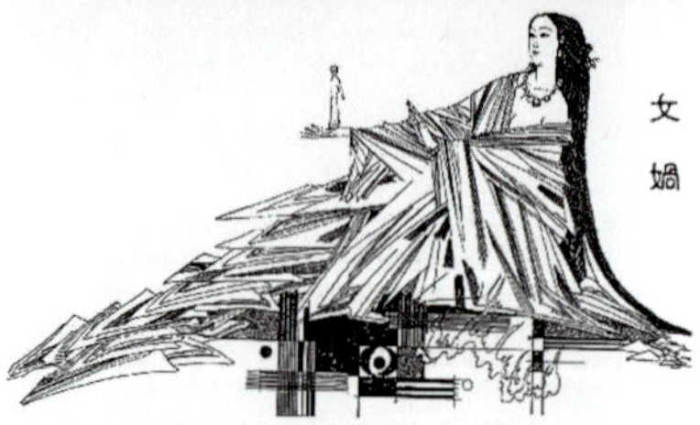

위 반고개천(盤古開天 : 반고가 하늘을 열다)
아래 여와조인(女媧造人 : 여와가 인간을 만들다)

생설(死體化生說)이라고 한다.

이처럼 우주와 천지가 반고에 의해 창조된 이후, 얼굴은 사람이고 몸은 뱀과 비슷한 여신 여와(女媧)에 의해 인간이 창조된다. 반고에 의해 창조된 세상에 아무것도 존재하지 않아 무료해하던 여와는 풍부한 황토지대인 중국의 신화답게 황토를 주원료로 자신을 닮은 모습의 인간을 창조한다. 신이나 인간이나 초지일관하기는 힘든 법인지, 처음에는 수작업으로 정성스럽게 인간을 만들다가 어느 정도 시간이 지나자 이내 수고로워진 여와는 꾀를 내어, 먼저 흙탕에 반죽한 황토 속에 거친 새끼줄을 집어넣어 질척하게 휘저은 다음, 어느 정도 됐다 싶으면 새끼줄을 꺼내어 그 줄끝에서 뚝뚝 떨어지는 흙덩이로 대충 인간을 만들었다. 수작업에 비해 시간을 단축할 수 있었던 만큼, 제품의 질적 차이가 엄연히 존재하게 되었는데, 이로 인해 인간의 부귀빈천이 탄생과정부터 정해지게 된다. 계급분화와 인구과잉을 예견한 인간창조설이 아닐 수 없다.

일본 신화 새끼줄을 진창에 휘저어 인간을 만들어낸 여와의 신공에 비해 일본의 창세신화도 이러한 패턴에서 크게 다르지 않다. 태초에는 광활하고 무한의 가능성을 배태한 혼돈의 바다만이 존재했으며, 혼돈의 바다를 굽어보던 태초신령들은 이자나기(伊邪那岐)와 이자나미(伊邪那美)를 비롯하여 수많은 남녀신들을 만든다. 태초신령은 이자나기에게 창(槍)을 주어 세상을 창조하도록 하였다. 이자나기가 창으로 혼돈의 바다를 휘저은 다음 꺼내자 창끝에서 물방울이 뚝뚝 떨어지더니 현재 일본 열도 오오야시마(おおやしま)가 되었다. 중국 신화에서는 여와의 새끼줄에서 떨어진 흙물로 인간이 만들어지고, 일본 신화에서는 이자나기의 창끝에서 떨어진 물방울로 섬이 만들어진다. 유사한 패턴으로 맺어지는 결과는 조인(造人)과 창세이다. 다른 점이라면 이후 오오야시마와 달리 아와지(淡道), 이요(伊豫), 오키(隱伎), 쓰쿠시(築紫), 이키(壹岐), 쓰시마(對馬), 사도(佐度), 그리고 혼슈(本州)의 팔대주(八大州)는 이자나기와 이자나미의 교합으로 '태어난다'. 섬 또한 생명을 가진 존재처럼 음양의 교합에 의해 탄생한다는 관점이 매우 이채롭다.

물론 섬뿐만 아니라 이자나기와 이자나미의 교합으로 흙의 신과 바람의 신, 바다의 신 등 모두 35명의 신들이 태어난다. 이자나미는 불의 신을 낳다가 그만 그 열기에 죽

혼돈의 바다를 휘젓는 이자나기와 이자나미

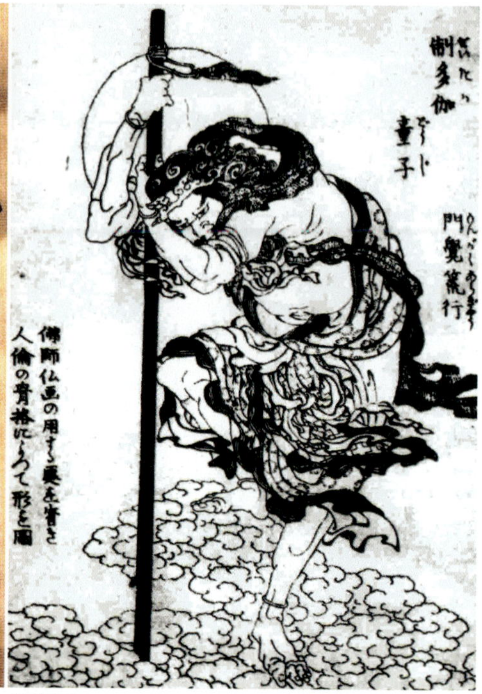

이자나기

고 만다. 이나자미의 죽음 이후에 관한 이야기는 그리스 신화의 오르페우스 전설과 매우 흡사하다. 이자나미의 죽음을 슬퍼한 이자나기는 이자나미를 찾아 요모쓰쿠니(黃泉國)까지 찾아가는데, 요모쓰쿠니의 신은 이자나기에게 이자나미를 데려가되, 지상으로 이어지는 좁고 긴 터널을 빠져나가기 전까지 이자나미의 얼굴을 돌아보지 말고 빠져나가도록 금기를 내건다. 물론 금기는 깨어지기 위해 존재하는 법, 이자나기는 아내의 모습이 궁금한 나머지 이승의 입구에서 뒤를 돌아보고 만다.

그러나 이자나기의 눈에 비친 것은 아름다운 이자나미가 아니라 온몸에서 구더기가 들끓고, 버글거리는 구더기 사이로 여덟 명의 번개신(雷神)이 막 태어나고 있는 목불인견의 참혹한 장면이다. 놀란 이자나기는 황급히 이승으로 도망치고, 금기를 지키지 못한 데다 도망치기까지 하는 이자나기의 행동에 분노한 이자나미는 이승까지 그를 뒤쫓는다. 이에 이자나기는 더 이상 이자나미가 쫓아오지 못하도록 거대한 바위를 끌어다 저승으로 통하는 입구를 막아 버린다. 이승로 돌아온 이자나기가 강물에 몸을 씻자 왼쪽 눈에서 태양의 신 아마테라스오오미카미(天照御大神)가, 오른쪽 눈에서 달의 신 쓰쿠요미노미코토(月讀命)가, 코에서 바다의 신 타케하야스사노오노미코토(建速須佐之男命)가 태어난다.

태양의 여신 아마테라스

일본 신화의 세계는 철학적으로 천상, 지상, 지하 혹은 해저의 세 개의 차원으로 구성되며, 음양의 결합원리를 토대로 각 차원의 세계를 대표하며 신들의 결합을 통해 삼라만상이 창조된다. 이자나기는 삶의 세계를, 이자나미는 죽음의 세계, 아마테라스는 천상을, 스사노오는 지하를, 호코니누시는 지상을, 스세리비메는 지하를 상징한다. 또한 구조적으로 보면, 아마츠가미(天神)의 세계인 다카마가하라(高天原), 구니츠가미(地神)의 세계인 이즈모노쿠니(出雲國), 죽은 자들의 세계인 요모쓰쿠니(黃泉國) 등 수직적으로 삼분된다. 이러한 사생관은 고스란히 결정론적 세계관으로 이어진다. 즉, 인간은 태어난 세계에서 나고 죽을 뿐, 다른 신들의 세계로는 갈 수 없다. 물론 유사 이래 천황제에 대한 이데올로기적 측면이 신화에 작용한 흔적으로 파악할 수 있다.

한국 신화 한국의 창세신화는 기록에 근거하기보다 무속으로 접근하면 더욱 흥미로운 구전자료들이 많이 발견되는데, 우선 천지를 창조한 창세신이 등장하고 그 후에 인류의 창조 이야기가 이어진다. 한국의 창세신이 기록으로 계승되지 못하고 구전될 수밖에 없었던 까닭은, 창세신이 인세(人世)를 창조하지만 인간의 길흉화복을 관장하는 현세적인 존재가 아니었기 때문이다. 따라서 창세신을 숭배한다거나 경외의 대상으로 추앙하는 후대의 신격화가 진행되지 못했다. 이후 창세신에 대한 신앙이 퇴색하고 신화도 전승현장을 잃고 훼손되어 다른 신화에 흡수되는 형태로 전승된다. 창세신화가 신화로서 신성성을 획득하려면 창세신에 대한 제전(祭典)이 확보되어야 하는데, 지금까지 발견된 창세신화는 경기도 오산의 〈시루말〉과 함경도 함흥의 〈창

위 미륵을 기리는 미륵바위
아래 해와 달을 향해 활을 쏘는 대별왕

세가〉, 제주도의 〈천지왕본풀이〉 등이다. 전국에서 채록된 〈제석본풀이〉에 창세신화적 요소가 발견되는데, 평양의 〈삼태자풀이〉, 함흥의 〈셍굿〉, 강릉의 〈당고마기노래〉, 영덕의 〈당금아기〉 등이 그것이다.

창세신화에서 중요한 요소는 천지개벽, 일월조정(日月調整), 인류창조, 국조탄생(國祖誕生), 통치권쟁탈 등으로 함흥의 〈창세가〉는 이 모든 신화소를 두루 갖춘 자료로 평가된다. 내용을 살펴보면, 태초에 하늘과 땅이 하나로 뒤섞여 있는 혼돈의 상태에서 미륵이 탄생하여 하늘과 땅을 분리시킨 뒤, 다시 달라붙지 않도록 땅의 네 귀퉁이에 구리기둥을 세운다. 하늘에 해와 달이 각각 둘씩이라서 미륵은 해 하나를 떼어 별을 만들고, 달 하나를 떼어 북두칠성과 남두칠성을 만든다. 탄생과 동시에 하늘과 땅을 분리시켜 구리기둥으로 괴여놓을 정도의 괴력을 가진 미륵의 존재는 마치 중국의 창세신화에 등장하는 태초원신 반고와 유사하다. 또한 인류 창조의 신화를 보면, 미륵이 금쟁반과 은쟁반을 들고 하늘에 축도하여 다섯 마리의 금벌레와 은벌레를 받았는데, 그 벌레들이 자라 금벌레는 남자가 되고 은벌레는 여자가 되어 교합하여 인류의 시초가 된다.

이에 비해 〈셍굿〉에 나타난 인류 창조의 신화를 보면 크게 다르다. 천지 암녹산에서 황토를 모아서 먼저 남자를 만든 다음, 남자만으로는 번성할 수 없음을 알고 여자를 만들게 되었다. 창조 주체는 드러나지 않고서 다만 황토로 남자와 여자를 만들었다고 되어 있다. 남자를 먼저 만들고 교합을 위해 여자를 만들었다는 설정은 히브리 신화의 인류 창조신화와 유사한 구조를 보여주며, 흙에서 인류를 창조한다는 발상은 중국의 여와를 비롯하여 전 세계적으로 일반적인 만큼 〈셍굿〉의 인류창조신화에서는 한국만의 특이성을 발견하기는 힘들다.

이에 비해 제주도의 〈천지왕본풀이〉를 보면, 태초에 천지가 하나로 뒤섞여 하늘과 땅의 구별이 없는 채 어둠의 혼돈 상태였는데, 이러한 혼돈에서 개벽의 기운이 돌기 시작하더니, 갑자년 갑자월 갑자일 갑자시에 하늘의 머리가 자방으로 열리고, 을축년 을축월 을축시에 땅의 머리가 축방으로 열려, 하늘과 땅 사이에 금이 생겼다. 이 금이 점점 벌어지면서 땅에서 산이 솟고 물이 흘러내려 하늘과 땅의 경계가 분명해진다. 이때 하늘에서 청이슬이 내리고 땅에서는 흑이슬이 솟아나 서로 합수(合水)되더니, 음양이 상통하여 만물이 생겨난다. 동쪽에는 견우성, 서쪽에는 직녀성, 남쪽에는 노인성, 북쪽에는 북두칠성, 중앙에는 삼태성 등 먼저 별들이 탄생하고, 천황닭이 목을 치켜 들고, 지황닭이 날개를 치고 인황닭이 꼬리를 치며 크게 우니, 천지왕이 두 개의 해와 달을 보내 천지를 개벽시킨다.

해와 달의 탄생 신화를 살펴보면, 탄생 과정에 대한 것보다는 이미 해와 달이 탄생된 상태에서 다만 그 수를 조정하는 구조로 이루어진다. 해와 달이 둘씩 떠올라 낮에는 석자 세치씩 타들어가고, 밤에는 석자 세치씩 얼어붙어 도무지 살아갈 수 없게 되자, 신화적 존재(혹은 대별왕)가 활로 해와 달을 하나씩 쏘아 없애고 세상을 평화롭게 한다. 이렇게 해와 달을 다스릴 수 있는 자는 초인적이며 초자연적인 존재일 터이지만, 굳이 명명하여 고유명사화하지 않은 것이 한국 신화의 특징이라면 특징일 것이다. 세상을 다스리는 과정에 당연히 경쟁과 갈등이 있기 마련일 터인데, 한반도 동북부에서는 미륵과 석가의 대결이 등장하고, 제주도에서는 대별왕과 소별왕의 대결이 등장한다.

먼저 한반도 동북부의 신화를 보면, 미륵이 세상의 권세를 선점하여 다스리고 있었는데 갑자기 석가가 나타나 미륵의 권위에 도전하는 방식으로 이루어진다. 신들의 내기와 승부는 신화의 일반적인 테마인데, 미륵과 석가도 세상을 판돈으로 걸고 내기를 한다. 동서양을 막론하고 가장 공평하고 성스러운, 그러면서도 동시에 속스러운 숫자

3의 원리에 입각하여 내기는 삼세판으로 이루어진다. 두 판을 거듭 이긴 미륵이 우세였으나, 석가는 좀처럼 포기하지 않고 마지막 내기로 잠을 자면서 무릎에 꽃피우기를 제안한다. 석가는 미륵이 잠든 사이에 미륵의 꽃을 훔쳐 내기에 이긴다. 이에 미륵은 저주하며 자취를 감추고, 이후 세상에는 악이 성행한다.

제주도의 〈천지왕본풀이〉를 보면, 천지왕이 지상에 하강하여 박이왕(총멩부인)과 동침하여 대별왕과 소별왕을 낳는다. 박이왕은 대별왕과 소별왕이 일곱 살이 되자 증표를 내어주고 천지왕에게 보낸다. 천지왕은 두 형제에게 꽃피우기 내기를 해서 승자가 이승을 차지하고, 패자가 저승을 차지하라고 제안한다. 이 부분에서 다른 신화의 경우, 이미 대별왕이 이승을 다스리고 소별왕이 저승을 다스리던 중, 소별왕이 이승과 저승을 바꾸자고 제안한다. 수수께끼 내기에서 연패하던 소별왕은 마지막으로 꽃피우기 내기를 제안한다. 천지왕의 제안이든 소별왕의 제안이든, 아무튼 형제는 내기를 하게 되고, 대별왕이 먼저 꽃을 피우지만, 소별왕이 그 꽃을 몰래 꺾어 제 것으로 만들어 억지승자가 되어 이승을 다스리게 된다.

여기까지는 미륵과 석가의 신화와 크게 다름이 없으나, 결말이 다르다. 미륵은 장차 석가의 세상을 저주하고 사라졌지만, 대별왕은 군말 없이 승복하여 저승을 다스리되, 그를 닮아 자비롭고 법도 있게 다스렸고, 소별왕은 제 욕심대로 이승을 다스리게 되었으나, 그의 편법과 권모술수를 닮아 이승은 이내 문란해졌다. 난세의 이승보다는 저승의 법도가 낫다는 것은 후대인들의 인생관과 사생관이 반영된, 따라서 신화에 대한 순수한 이해가 불가능한 지금, 신화에 대한 최선의 접근 방식은 중용(中庸)이다.

인도 신화 인도 신화는 문자로 기록된 인도문명의 심도에 비례하여 다양하고 깊이 있는 의미역을 형성한다. 인도 신화는 지금까지도 계속해서 사회의 모든 계급 구성원들에게 생활 문화의 일부로 영향력을 행사하고 있다는 측면에서 대부분의 다른 지역이나 서양신화의 현재와는 다른 영역에 위치하고 있다. 인도인들은 항상 그들의 초기 신앙을 보존하면서도 형태를 변형시켜서 새로운 사회 상황에 반영하고, 새로운 통치자의 관습이나 신앙에 적응시키며, 새로운 철학적 내용과 조화를 이루는 융통성을 발휘하면서 초기 신앙의 기반 위에 새로운 신화와 종교, 철학을 수립하는 방식을 취하였다.

역사상 인도를 침략한 북서쪽의 세력들은 결과적으로 11세기 무슬림을 제외하고는 대부분 인도 문화에 동화되면서 동시에 영향을 주었고, 아리안족 또는 베다족의 신들과 드라비다족의 토착신들이 혼재되어 힌두교의 기틀이 갖춰진다. 브라만 계급의 일부 극단적인 교리와 의식을 거부하는 개혁 운동으로 시작된 불교와 자이나교는 힌두교의 신들과 아리안족 이전의 신들을 빌어 자신들의 신화를 구축했으며, 이렇게 구축된 불교와 자이나교의 신화는 역으로 힌두교의 고전 신화와 굽타 왕조기 황금시대의 힌두 철학에 영향을 주었다. 이처럼 인도신화는 초기의 동질성을 보존하면서도 후기의 다양성을 흡수하여 진화되었다.

우주창조의 주재신(主宰神) 브라흐마

인도신화는 베다 신화와 힌두교 신화로 대별된다. 베다에 등장하는 신들은 대부분 하늘·땅·태양·새벽·바위·바람·불·산·비·천둥·번개 등 자연물과 자연현상의 배후에 있는 신비한 힘을 신격화한 것으로, 특정한 신이 최고의 지위에 올라서 다른 신들을 지배하는 경향을 보이지 않는 것이 특징이다. 그리스·로마 신화에 비해 베다의 신들은 종교적 색채가 짙고, 각자 독립성이 강하여 신들 상호간의 친족관계를 나타내는 계보가 분명하지 않다. 베다 신화 중에서 대표적인 신화는 우주 창조신화인데, 하나의 단일한 신화가 아닌 다양한 내용의 창조신화가 전승된다.

우선 최고신 브라흐만(Brahman)을 담당하는 창조자 브라흐마나스파티(Brahmanaspati)는 유(有;sat)에서 무(無;asat)를 만드는 신으로, 대장장이가 쇠를 벼르고 풀무질을 하듯 브라흐마나스파티가 만물을 제작하고 창조했음을 강조한다. 그리고 성스러운 신이며 '모든 것을 만든 자' 비슈와카르마(Visvakarma)를 창조자라고 하는 설도 있다. 그는 모든 방향을 볼 수 있는 눈을 갖고 있으며, 모든 방향으로 뻗어 있는 팔을 갖고 있으며, 모든 방향으로 나와 있는 발을 갖고 있는 신으로, 두 팔에서 날개로 부채질하여 바람을 일으켜 천지를 창조하여 단련시킨다. 비슈와카르마는 마치 목수가 목재로 집을 짓듯이 천지를 창조했으며, 따라서 브라흐마나스파티가 대장장이 창조관을

위 자비와 보은의 최고신 비쉬누
가운데 황금란 히란니야가르바
아래 인과율의 바다에서 묵상하는 푸루샤

상징한다면, 비쉬와카르마는 목수 창조관을 상징한다.

태초의 양수(羊水) 속에서 잉태된 '황금자궁' 또는 '황금태아' 히란니야가르바(Hiranyagarbha)로부터 세상이 탄생되었다고도 한다. 여기서 히란니야가르바는 황금태아의 원형이며 전 세계적으로 분포된 대부분의 신화에서 공통적으로 나타나는 우주란(宇宙卵)에 대응되는 상징으로 해석된다. 물 속에서 세상이 창조되었다는 일종의 수생 신화라고 할 수 있다.

히란니야가르바에서 스스로 태어난 태초원인(太初原人)이자 만유(萬有)인 푸루샤(Purusa)*는 천개의 머리와 눈과 다리를 갖고 있고, 대지보다도 넓은 것을 덮고 있는 존재이며, 과거와 미래에 걸쳐 존재하는 일체(一切)이다. 신들은 푸루샤를 인신공양하여 제물로 바치는데, 그의 입은 브라흐만이 되고, 그의 두 팔은 크샤트리야(Kshatriya)가 되고, 두 다리는 바이샤(Vaiśya)가 되고, 두 발은 슈드라(Sudra)가 된다. 뿐만 아니라, 그의 심장에서 달이 생기고, 두 눈에서 태양이 생기고, 배꼽에서 허공이 생기고, 머리에서 하늘이 생기고, 다리에서 대지가 생기고, 귀에서 방위들이 생긴다. 이는 푸루샤의 신체 각 부분에서 삼라만상이 전개되었다는 거인 해체 신화에 해당된다.

이처럼 물속에서 잉태된 황금의 태아로부터 신들이 탄생하고, 이후 태양과 교합함으로써 산과 바다가 생겨났다는 수생 신화가 있는가 하면, 태고의 암흑 속에서 잠자던 중성적 원리에서 일체가 개벽했다는 서양의 '카오스-코스모스'와 유사한 천지개벽 신화 등 다양한 창세 신화들이 공존한다.

---

* 초기 《우파니샤드(Upanishads)》와 《바가바드 기타(Bhagavad-Gita)》에서는 푸루샤를 개인의 영혼, 본질, 불멸의 자아와 동일한 개념으로 사용하기도 한다.

중동·아프리카 신화이야기

middle eastern & african telling

메소포타미안 신화는 지리적으로 수메르, 바빌론을 포함하는 고대 메소포타미아를 중심으로 하고, 민족적으로는 앗시리안, 수메리안, 바빌로니안 등 메소포타미아 민족을 대상으로 한다. 수메르의 창조신화에서는 여러 신들이 각기 창조 활동을 나누어 하는 입체적인 모습을 보여주는데 비해 바빌론의 창조신화는 다소 평면적이다.

히브리의 창세기 신화를 분석해 보면 이스라엘 역사의 출발점으로 볼 수 있는 가나안에로의 이주와 정착이 두 가지 방향인데, 최초의 가나안 이주는 아브라함의 지도 아래 이루어졌으며 이들을 히브리인이라 부른다. 두 번째 이주는 야곱의 지도 아래 이루어졌으며 이들이 이스라엘 민족의 시조가 된다.

아프리카는 크게 이집트 지역과 사하라 사막 이남 지역으로 구분할 수 있다. 이집트는 아프리카보다는 역사적으로나 문화적으로 동지중해나 서남아시아 지역과 밀접한 연관을 맺으며 교류를 지속해왔기 때문에, 본격적인 의미의 아프리카 신화와 유사성은 크지 않다. 이집트 종교는 매우 길고 복잡한 역사적 과정을 거치면서 여러 가지 다양한 속성을 획득한 신들과 그들의 관련 신화들이 상호영향을 주고받으며 밀접하게 결합되는 복잡한 발전단계를 거쳤기 때문에, 이에 상응하는 다양한 방식의 접근 방법이 필요하다. 이집트 신화는 각 지역마다 지역 나름의 신화 체계를 가지고 있으며, 신화와 정치체제가 밀접한 연관을 맺고 있다. 즉, 각기 나름의 지역색을 갖춘 고유한 신화의 형태를 유지하면서도, 우주와 천지, 인류의 창조에 있어서는 초기의 신화와 신들의 계보를 흡수하여 일정하게 변형하는 방식으로 흡수한 것이 이집트 신화의 특색이다. 결과적으로 신화는 단순히 한 부족이나 민족, 한 지역이나 한 신앙에서 형성된다기 보다는 어떠한 관점에서 바라보느냐의 문제이다.

아프리카 신화에서 최고신은 아프리카 언어의 특성상 지역에 따라 각기 다양한 이름으로 불리는 등, 대륙의 크기에 비례하여 각 지역의 특색과 고유성을 반영하면서 자연스럽게 각기 다른 방식으로 전개되고 진화한다. 물론 신화 속에 등장하는 창조의 매개물, 즉 개미집이나 항아리, 물, 진흙, 늪, 재칼 등 아프리카의 자연환경을 토대로 형성되고 있음을 알 수 있다. 아프리카 신화 속의 신들은 다른 창조의 신들처럼 만유와 만물을 창조하는데, 그 만물의 개념이 매우 구체적이다. 산과 강은 물론 나무와 풀도 만들고, 점토를 이용해서 여자의 형상을 한 단지를 만드는 등 인간과 동물, 만물의 아버지이며 어머니이다. 또한 신의 자식들이 모두 쌍둥이라는 것은 인간의 양성과 양혼에 대한 아프리카 특유의 원시신앙을 상징한다고 할 수 있다.

ㅡ 메소포타미아 신화 ㅡ 메소포타미아 신화는 지리적으로 수메르(Sumer), 바빌론(Babylon), 아카드(Akkad, 現 이라크 · 시리아)를 포함하는 고대 메소포타미아를 중심으로 하고, 민족적으로는 아카디안(Akkadian), 앗시리안(Assyrian), 수메리안(Sumerian), 바빌로니안(Babylonian) 등 메소포타미아 민족을 대상으로 한다. 기원전 4천 년경부터 수메르인들은 산악지대에서 메소포타미아 북동쪽의 삼각주로 이주하여 수메르 혹은 아카드 지역에 정착했다고 한다. 수메르인들은 설형문자 기록체계를 발명했고, 지구라트(Ziggurat)와 같은 신비한 신전 탑을 세우기도 했으며, 이후 셈족의 침입으로 바빌론에 아모리(Amorites) 왕조가 건립되고, 이후 앗시리아 제국이 세워진다. 이러한 역사적 배경으로 인해 메소포타미아 신화는 수메르, 바빌론, 앗시리아의 세 가지 형태로 전해지는데, 여기서는 수메르와 바밀론의 신화를 비교하여 살펴보기로 한다.

대표적인 수메르의 신화를 살펴보면, 우선 목자의 신 두무지(Dumuzi)와 사랑의 신 인안나(Inanna) 신화가 있다. 두무지는 바빌론의 탐무즈(Tammuz) 신의 수메르식 표현이며, 인안나는 셈족 신화에 등장하는 하늘의 여신 이슈타르와 유사하다. 두무지는 모든 곡물신의 원형으로서, 겨울에 모든 곡물과 식물이 사라질 때 함께 죽었다가 봄이 되어 곡물들이 재생하며 다시 소생하는 것으로 알려져 있다. 탐무즈 의식의 기본 구조를 형성하는 신화의 내용은 신들이 저승세계로 사로잡혀 가는 사건에서부터 시작한다. 이러한 신화적 모티브는 두무지와 인안나 신화에서도 동일하게 나타난다. 즉, 이 신화에서도 인안나가 저승세계로 내려가는 것에서부터 이야기가 시작된다.

위 수메르의 지구라트 **아래** 인안나를 막는 네티

저승세계는 인안나의 자매 에레쉬키갈(Ereshkigal)이 지배하는 곳으로 한번 들어가면 다시 나올 수 없는 세계이다. 이를 알고 있었던 인안나는 시종 닌슈부르에게 만일 사흘 이내에 돌아오지 않으면 애도의 곡을 하고, 바람의 신 엔릴(Enlil), 달의 신 난나(Nanna), 지혜의 신 엔키(Enki)를 찾아가 도움을 청하라고 미리 일러둔다. 인안나는 저승세계의 일곱 관문을 지나면서 각 문을 지키는 문지기 네티(Neti)의 도전을 받게 되고 이를 가까스로 물리치지만, 에리쉬키갈과 저승세계의 일곱 심판관 아눈나키에 의해 결국 죽고 만다. 약속한 사흘이 지나자 닌슈부르는 인안나의 죽음을 예감하고 엔릴과 난나, 엔키를 찾아가 도움을 청하지만, 엔키만이 이에 응한다. 엔키는 쿠루가루와 칼라투루를 만들어 생명초와 생명수를 주고 저승세계로 보낸다.

덕분에 인안나는 다시 소생하지만, 저승세계에서 죽은 자가 다시 이승으로 돌아가기 위해서는 대신할 생명을 데리고 와야만 했다. 악마는 인안나를 대신하여 닌슈부르를 끌고 가지만 인안나의 방해로 실패하고, 움마의 신 사라를 끌고 가지만 역시 실패하고, 바티바라의 신 라타라크를 끌고 가지만 역시 실패한다. 이후 인안나는 자신의 죽음을 애도하지 않은 남편 두무지를 괘씸죄로 악마에게 끌고 가도록 내어준다. 이에 놀란 두무지는 태양의 신이자 정의의 신 우투(Utu)에게 간청한다. 우투의 도움으로 두무지는 손과 발을 도마뱀으로 바꾸고 도망치지만, 결국 붙잡혀서 저승으로 끌려가게 된다.

인안나에 관한 또 다른 신화는 '메(me ; 운명의 서판)'에 관한 이야기이다. 수메르나 바빌론의 신화에서 '운명'은 매우 중요한 메타포인데, 운명을 관장하는 자가 세상을 지배할 수 있다는 믿음 때문이다. 지혜의 신 엔키가 메를 가지고 있었는데, 인안나는 자신의 성소(聖所)인 에레크에게 문명의 축복을 내리기 위해 메가 필요했다. 엔키는 인안나를 위해 잔치를 베풀고 술에 취하여 무엇이든 다 선물로 주겠노라 허언을 하게 된다. 이때를 놓치지 않고 인안나는 엔키에게 메를 요구하고 이를 얻자마자 에레크로 돌아온다. 뒤늦게 술에서 깬 엔키는 후회하면서 메를 되찾기 위해 이시무드(Isimud)를 일곱 번 보내지만 모두 실패하게 되고, 결국 인안나의 뜻에 따라 에레크는 문명의 축복을 받게 된다.

이렇게 되면 엔키의 신화적 비중이 적게 느껴지는데 실상은 꼭 그렇지만은 없다. 엔키는 신들의 고역을 덜어주기 위해 남무와 출산의 여신 닌마흐(Ninmah)에게 인간을 만드는 법을 가르쳐준다. 그들은 지하수가 흐르는 압주(Abzu)의 천장에서 점토를 떼어내어 좋은 피를 섞어 인간을 만든다. 엔키는 이를 축하하는 연회를 베풀고 엔키와 닌마흐는 만취상태에서 내기를 한다. 닌마흐는 점토를 가지고 장님, 절름발이, 바보, 오줌싸개, 석녀(石女), 고자(鼓子) 등 각 신체 부위에 문제가 있는 불구의 인간을 일곱 명 만들어서 엔키를 시험한다. 엔키는 현명하게 이를 해결하고, 이번에는 닌마흐에게 심신에 병이 깊어 먹거나 마

엔키

실 수 없고, 노래도 말도 할 수 없고, 걷거나 앉을 수도 없는 인간을 만들어서 그를 시험한다. 닌마흐는 결국 이를 해결하지 못하고 엔키를 저주한다. 이처럼 엔키는 지혜의 신인만큼, 수메르 신화 속에서 적절한 조언을 하거나 제안을 하는 등 가장 현명한 모습으로 등장한다.

다음으로 바다의 여신 남무(Nammu)에 관한 신화가 있다. 남무는 하늘과 땅을 출산한 어머니 신으로, 그녀에게서부터 하늘의 신 안(An)과 땅의 여신 키(Ki)가 태어나고, 안과 키의 교합으로 태어난 바람의 신 엔릴(Enlil)은 하늘과 땅을 가르고 공기에 의해 나뉘어진 하늘과 땅의 구조 속에 우주를 만든다. 또한 엔릴은 가축의 신 라하르(Lahar)와 곡물의 여신 아쉬난(Ashnan)을 창조하여 대지 위에 동식물을 만들고 농기구를 만들어 경작하도록 했다. 그 후 엔릴은 여신 닌릴(Ninlil)을 강간한 죄로 저승세계로 추방당하고, 이미 엔릴의 자손을 임신한 닌릴은 하릴없이 엔릴을 따라 저승으로 간다. 이승의 빛이 닿지 않는 어둠 속에서 달의 신 난나(Nanna)가 태어난다. 이승으로 돌아가기 위해서는 세 명의 목숨이 필요했으므로, 닌릴의 몸에서 세 생명을 얻고 덕분에 세 사람은 이승으로 돌아온다. 달은 수메르에서 중요한 상징으로, 달의 신 난나와 닌갈(Ningal)의 사이에서 태양의 신 우투(Utu)가 태어나는데, 이처럼 달이 태양을 낳았다는 설정 자체가 수메르인들에게 있어서 달의 존재감을 증명해준다.

인안나의 저승여행에 관한 수메르 신화와 동일한 신화가 바빌론 신화에도 존재한다. 수메르의 인안나에 대응하는 이슈타르(Ishtar)가 저승으로 내려갔다가 구원받고 다시 이승으로 돌아오게 되는 구조는 동일하지만, 세부적인 부분과 결말의 부분에서 차이를 보인다. 우선 이슈타르는 인안나에 비해 훨씬 적대적이며 위협적인 존재로서, 저승의 문을 두드리며 당장 열어주지 않으면 문을 부숴버리고 저승에 잠든 사자(死者)의 영혼을 풀어주겠다며 엄포를 놓는다.

당연히 이슈타르는 인안나처럼 죽었다는 부분을 강조하지 않는다. 다만 이슈타르의 시종 팝수칼이 그녀가 이승으로 돌아오지 못했음을 큰 소리로 알리고, 이를 들은 에아(Ea)는 아수슈나미르를 만들어 그로 하여금 생명물을 들고 에레쉬키갈에게 보낸다. 에레쉬키칼은 마지못해 시종 남타르(Namtar)를 시켜 이슈타르를 부활시켜 이승으로 보낸다. 그런데 바빌론 신화에서는 이슈타르의 남편 탐무즈(Tammuz)가 왜 이슈타르를 대신해서 저승으로 끌려가게 되는지에 대한 설명이 없으며, 그가 다시 이승으로 돌아오자 대지의 만물이 모두 소생했다는 기록만 남아 있다.

수메르의 창조신화에서는 여러 신들이 각기 창조 활동을 나누어 하는 입체적인 모습을 보여주는데 비해 바빌론의 창조신화는 다소 평면적이다. 태초의 원시우주에서 담수(淡水)의 신 아푸스(Apusu)와 염수(鹽水)의 여신 티아마트(Tiamat)와 가 생겨나고 둘의 교합으로 라무(Lahmu)와 라하무(Lahamu)가 태어난다. 라무와 라하무의 교합으로 안샤르(Anshar)와 키샤르(Kishar)가 태어나고, 안샤르와 키샤르의 교합으로 하늘의 신 아누(Anu)와 땅과 물의 신 누딤무드(Nudimmud) 혹은 에아(Ea)가 태어난다. 에아는 바빌론 최고신 마르둑(Marduk)을 낳는다. 아푸스는 어린 신들의 경거망동에 화가 나서 그들을 제거하려고 시종 뭄무(Mummu)와 계획을 세우는데, 마르둑이 강력히 반대하자, 아푸스는 젊은 신들까지 제거하기로 계획을 수정한다. 이에 지혜의 신 에아는 아푸스와 뭄무를 잠들게 한 후 아푸스는 죽이고 뭄무는 포박한다.

위 이슈타르 아래 티아마트와 마르둑

이후 태초의 신들과 젊은 신들간의 갈등이 커지고 젊은 신들은 아푸스의 죽음을 방조한 티아마트에게 책임을 전가한다. 하는 수 없이 티아마트는 젊은 신들의 편에서 태초의 신들과의 전쟁을 준비하고, 킹구(Kingu)를 만들어 수장(首將)으로 삼고 메를 맡긴다. 하늘의 신 아누가 티아마트와 협상을 시도하지만 실패하고, 티아마트의 기세를 꺾을 수 없었던 태초의 신들은 신전회의의 전권을 준다는 조건으로 마르둑에게 티아마트와의 전쟁을 일임한다. 마르둑은 용맹하게 전투에 임하여 킹구를 죽여 메를 빼앗고, 그의 피로 인간을 만든다. 이후 티아마트의 몸을 둘로 갈라 반쪽은 하늘의 궁창을 삼고, 반쪽은 덮개를 만들어 땅의 기초로 삼는다.

히브리 신화 이스라엘 문헌은 거의 천 년 이상의 세월이 무색할 정도로 완벽에 가까운 상태로 보존되어 왔고, 특히 구약성서에 신화적 자료가 풍부히 남아 있는 덕분에 문헌의 해석이나 분석에 있어서도 체계적인 만큼 다른 고대 근동 문헌보다 접근하기기 수월하다. 창세기 신화를 분석해 보면 이스라엘 역사의 출발점으로 볼 수 있는 가나안에로의 이주와 정착이 두 가지 방향인데, 최초의 가나안 이주는 아브라함의 지도 아래 이루어졌으며 이들을 히브리인이라 부른다. 두 번째 이주는 야곱의 지도 아래 이루어졌으며 이들이 이스라엘 민족의 시조가 된다.

창세기 1장과 2장은 이스라엘이 서로 다른 종교 발전 단계가 있었음을 암시하는 각기 다른 창조 신화를 담고 있으며, 창세기 2장이 1장보다 훨씬 이전에 기록되었다. 전자는 태초의 천지를 혼돈의 물로 묘사하는데 비해, 후자는 태초의 천지를 초목이 없고 비가 내리지 않는 황무지로 묘사한다. 또 전자는 엘로힘에 의해 여섯 단계의 창조가 여섯 날 동안 이루어지는데 비해, 후자는 야훼에 의해 창조가 이루어지며 시간에 대한 언급은 없다. 창조 순서를 비교해 보면, 전자는 빛을 창조한 다음 궁창을 만들고, 육지와 바다를 갈라 땅을 만든다. 풀, 채소, 유실수의 순서로 초목을 만들고, 태양과 달, 별 등의 천체를 창조한다. 새와 물고기를 창조하고, 동물을 만든 다음, 남자와 여자를 동시에 창조하는 것으로 되어있다. 후자의 창조순서를 보면, 흙으로 사람을 만들고, 동쪽에 에덴동산을 세운 다음, 생명의 나무와 선악과를 비롯한 모든 나무를 창조한다. 들짐승과 새를 만들고, 남자를 먼저 만든 다음에 그의 몸에서 여자를 만든다.

시편 74장을 보면 야훼가 바다의 힘을 누르고, 머리가 여러 개 달린 바다의 용 레비아탄(Leviathan)을 죽이고 낮과 밤을 창조하고 하늘의 천체와 계절을 만드는 이야기가 전개된다. 레비아탄은 우가리트 신화에서 바알이 죽인 용 로탄에서 유래한 것이며, 시편 48장에서 야훼는 죽음의 세력과 싸우는 지도자라고 언급한 부분은 바알이 저승의 신 모트와 대결하여 승리하는 부분과 연관지어 설명되는 만큼 이 신화는 가나안 신화

위 아담을 창조하신 엘로힘(윌리엄 블레이크 作)
가운데 레비아탄의 파멸(구스타프 도레 作)
아래 에덴에서 추방되는 아담과 이브
(구스타프 도레 作)

의 영향을 받았을 가능성이 높다. 시편 104장에 묘사된 야훼의 창조 활동과 모습을 보면, 물 위에 성소(聖所)를 세우고, 바람을 날개 삼고, 구름을 수레로 타고 다니면서 해와 달을 창조하는 모습으로 그려지는데, 이러한 내용은 우가리트 문헌에서 바알을 설명하는 부분과 일치한다.

인류창조 부분을 살펴보면, 야훼는 도공처럼 진흙으로 빚어 인간을 만들고 코에 생기(breath)를 불어넣어 '인간' 아담(Adam)을 창조했으며, 흙으로 각종 들짐승과 새를 만들어 아담을 돕도록 했으나 여의치 않자, 아담을 깊은 수면의 상태로 빠뜨리고 그의 갈비뼈를 취하여 '생명' 하와(Hawwah)를 만든다. 이 부분에서 여러 메소포타미아의 창조 신화에서 이와 유사한 흔적을 발견할 수 있는데, 티아마르를 죽인 마르둑도 킹구의 피를 섞은 흙으로 인간을 만들었고, 이집트의 신 크눔(Khnum)이 도자기를 빚는 물레 위에서 인간을 만들었다. 여러 모로 창세기의 창조 신화의 관점은 메소포타미아나 이집트, 팔레스타인 원주민의 신화와 유사하다. 특히 야훼는 인간으로 하여금 파라다이스 신화로 분류되는 낙원 에덴(Eden)을 다스리도록 하는데, 이 무렵 에덴의 한 가운데에 있는 나무 한 그루에 얽힌 그 유명한 금기의 모티브가 작동한다.

여기서 에덴의 지리적 위치에 대한 이설이 분분

한데, 그 까닭은 해석 여부에 따라서 메소포타미아 신화와의 영향관계를 파악할 수도 있으며, 팔레스타인 창조 신화와도 계보화될 수 있기 때문이다. 구약의 열왕기나 에스겔, 아모스에 따르면, 에덴에 대해 특정한 지리적 위치로 지목하기보다는 "태양이 뜨는 동쪽, 혹은 달이 뜨는 서쪽"이라는 수식어를 대등하여 설명한다. 해와 달이 머무는 막연한 어떤 공간에 대한 개념으로 에덴을 해석하는 것은 신화적이라기보다는 동화적이다.

〈해의 동쪽 달의 서쪽〉이라는 동화를 보면, 낮에는 곰이요 밤에는 인간이 되는 이상한 백곰과 철없는 아내가 등장한다. 백곰은 아내에게 자신의 얼굴을 보아서는 안 된다는 희한한 금기를 내걸고, 결국 철부지 아내는 철없는 호기심 때문인지 아니면 철이 들어 의구심이 생긴 것인지, 아무튼 잠든 남편의 얼굴을 들여다보게 되고 그 대가로 버림받는다. 아내는 용서를 구하며 남편을 찾아 그 누구도 갈 수 없지만, 일단 도착하기만 하면 모든 소망을 이룰 수 있다는 '해의 동쪽 달의 서쪽'으로 향하는 험난한

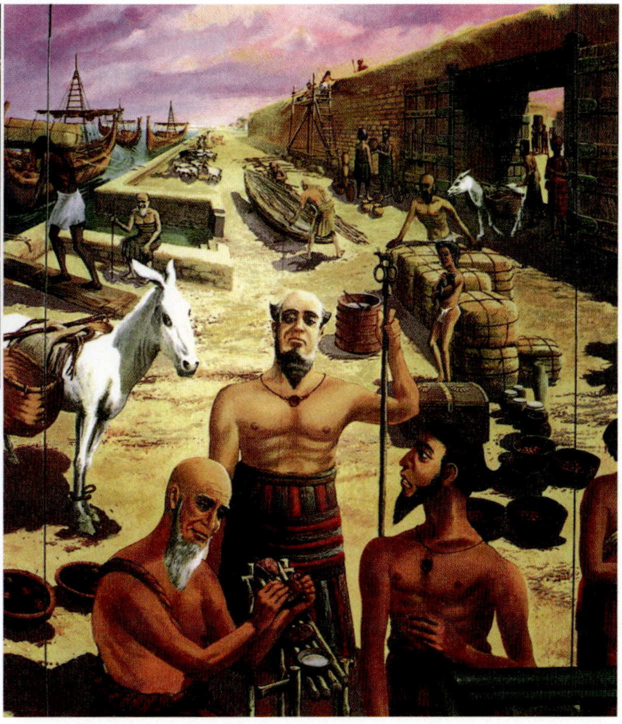

▲ 얼굴없는 신랑(존 바덴 作)
▶ 딜문

여정을 떠나게 된다.

동화적으로 보면 에덴은 아무나 접근할 수 없도록 험난한 사막으로 둘러싸인 희망의 낙원으로 풀이된다. 사전적으로 에덴은 아카디아어로 '평야, 초원' 을 뜻하는 에디누(edinu)를 어원으로 하며, 의미상으로 사막의 오아시스나 샘의 비유로 풀이된다. 수메르 신화에 보면 지상낙원이자 '신들의 집(Home of Gods)' 딜문(Dilmun)이 등장하는데, 거룩하고 깨끗하며 밝게 빛남으로써 그 어떤 죽음도 범접할 수 없는 신비의 땅으로 묘사된다. 딜문은 불멸의 생명을 가진 자들이 거주하는 곳으로 수메르의 신 엔키가 태양 신 우투에게 딜문의 우물에서 단물이 솟아오르게 하여 풍요로운 동산을 만들게 된다. 여기에 대지의 모신(母神) 닌후르쌍이 여덟 가지 식물을 자라게 했는데, 엔키가 이를 다 먹어버리자 그를 저주하여 신체의 여덟 곳에 병을 일으킨다.

결국 죽음에 임박한 엔키는 닌후르쌍에게 용서를 구하게 되고, 이에 마음이 풀린 닌후르쌍은 엔키의 여덟 곳에서 여덟 신을 창조함으로써 그의 병을 다스린다. 그 중 갈비뼈에서 여신 닌티(Ninti)가 태어나는데, 여기서 갈비뼈는 늑골(肋骨)의 육체성과 동시에 생명의 뜻으로 해석된다. 이는 아담과 하와의 인류탄생 신화와 상당히 유사한데, 결과적으로 신화는 단순히 한 부족이나 민족, 한 지역이나 한 신앙에서 형성된다기보다는, 신성(神性)을 통해 창조된 유구한 인류(人流)의 어느 지점 혹은 시점에서 바라보느냐의 문제이다.

이집트 신화 이집트는 지정학적 위치로 아프리카 대륙에 해당되지만, 아프리카보다는 역사적으로나 문화적으로 동지중해나 서남아시아 지역과 밀접한 연관을 맺으며 교류를 지속해왔기 때문에, 본격적인 의미의 아프리카 신화와 유사성은 크지 않다. 이집트의 창세신화에서 태초에 우주는 원초의 대양이자 알(卵)의 형상을 한 눈(Nun)으로 가득 차있었으며, 그 속에서 시원(始原)의 언덕이 태어난다.

헬리오폴리스의 천지창조론을 보면, 눈에서 아툼이 스스로 태어나, 서있을 공간을 찾던 중 언덕을 만들고, 이후 이곳을 중심으로 헬리오폴리스 신전이 세워지게 된다. 아툼은 '자신을 창조하는 사람' 을 뜻하며, 세상에 혼자 태어난 아툼은 침을 뱉어 공기의 신 슈를 낳고, 음식을 통해 생명의 원리 테프누트를 낳는다. 슈와 테프누트의 교합

아톤 · 아텐

눈

으로 대지의 신 게브와 하늘의 신 누트가 태어나고, 슈와 테프누트의 결합을 보며 아툼이 흘린 기쁨의 눈물에서 인간들이 태어난다. 멤파이트 천지창조론을 보면, 운명의 지배자 프타에 의해 천지가 창조된다. 프타에 대해서는 이설이 많은데, 다산의 신으로 숭배받던 위대한 신과 프타를 동일시하기도 하고, 눈(Nun)과 나우네트(눈의 여성형)로 동일시하기도 한다. 이처럼 프타는 물리적 세계의 보편적이면서 유일한 창조자로서 다른 모든 신들의 역할을 흡수하고 있으며, 존재의 영혼을 부여함으로써 윤리적 질서를 만들어낸다.

헤르모폴리스의 천지창조론을 보면, 대양의 신 눈과 그의 아내 나우네트, 무궁(無窮)의 신 후흐와 그의 아내 하우헤트, 어둠의 신 쿠크와 그의 아내 카우케트, 공기 혹은 바람의 신 아몬과 그의 아내 아마우네트, 이렇게 여덟 신이 함께 천지를 창조하고 얼마 동안 세상을 통치한 후 죽어서 하계로 내려갔으며, 사후에도 나일강과 태양을 관장한다. 이밖에도 다양한 창세신화가 전해지는데, 세상은 위대한 수다쟁이 천상의 거위가 낳은 우주란(宇宙卵)에서 탄생했으며, 여기서 천지의 창조자 빛의 새 라가 태어난다. 이와 유사한 다른 신화에서는 천상의 거위 대신 달과 지혜의 신 토트를 상징하는 신조(神鳥) 이비스로 대체되기도 하고, 또 다른 신화에서는 연꽃의 꽃잎이 펼쳐지면서 태양 신 라가 태어났다고도 하며, 풍뎅이가 먼저 나오고 소년으로 변신하면서 흘린 눈물에서 인류가 탄생했다고도 한다.

이집트 신화에서 가장 중요한 신은 죽음과 부활의 신 오시리스(Osiris)이다. 오시리스는 죽은 자로서의 켄트-아멘티(Khent-Amenti), 사지가 절단된 자로서의 오시리스-세프(Osiris-Sep), 사방에 흩뿌려진 지체의 결합으로 부활한 소카리(Sokari) 등 '죽음-해체-부활'의 삼위일체를 상징한다. 오시리스는 대지의 신 게브(Geb)와 하늘의 신 누트(Nut)의 아들이며, 이시스(Isis)는 그의 누이이자 아내이다. 세트(Seth)는 오시리스의 동

오시리스, 이시스, 네프티스

호루스, 오시리스, 이시스

생인데 티폰(Typhon)이라고도 불린다. 세트는 오시리스를 제거할 음모를 꾸미고, 미리 오시리스의 몸에 꼭 맞춰 만든 목관을 준비한 다음, 오시리스를 연회에 초대한다. 목관에 꼭 들어맞는 사람에게 상금을 주겠노라는 세트의 말에 오시리스는 목관에 들어가고 이때를 기다렸던 세트는 관뚜껑을 닫고 못을 박은 다음 나일강에 띄워 보낸다.

이시스는 겨우 목관을 찾아내지만, 이를 알아차린 세트는 목관을 열고 오시리스를 열 다섯 토막으로 나누어 이집트 전역에 흩어버린다. 이시스는 오시리스의 토막난 사체를 다시 모아 네프티스(Nephthys)의 도움으로 신비한 마법을 일으켜 그를 소생시킨다. 그러나 부활한 오시리스는 이승이 아닌, 저승의 왕이 된다. 오시리스와 이시스의 아들 호루스(Horus)는 아버지의 복수를 위해 세트와 일전을 벌이게 된다. 그 과정 중에 호루스는 한쪽 눈을 잃게 되고, 이로 인해 달이 주기적으로 차고 기우는 현상이 야기되었다고 고대인들은 설명한다. 오시리스를 제거하고 이집트를 통치하고 있던 세트의 왕위계승 정통성에 대해 문제 삼는 호루스의 설전(舌戰)은 결국 승리하게 되고 호루스는 이집트 왕위의 정통성을 계승한 후계자로 등극한다.

이집트 종교는 매우 길고 복잡한 역사적 과정을 거치면서 여러 가지 다양한 속성을 획득한 신들과 관련 신화들이 상호 영향을 주고받으며 밀접히 결합되어 나가는 단계를 거쳤기 때문에, 한 가지 단일하게 고정된 구조나 체계 안에서 패턴으로 접근하는 것은 적절하지 못하다. 이집트 신화는 각 지역마다 지역 나름의 신화 체계를 가지고 있으며, 신화와 당시의 정치체제가 밀접한 연관을 맺고 있다. 각기 나름의 지역색을 갖춘 고유신화를 유지하면서도, 우주와 천지, 인류의 창조에 있어서는 초기의 신화와 신들의 계보를 흡수하여 일정하게 변형하는 방식으로 흡수한 것이 이집트 신화의 특색이다.

─아프리카 신화─ 아프리카 신화에서 최고신은, 아프리카 언어의 특성상, 지역에 따라 다양한 이름으로 불린다. 신을 뜻하는 물룽구(Mulungu)는 중앙아프리카에서는 레자(Leza)라고 불리며, 서부 적도아프리카 콩고지역에서부터 보츠와나에 이르기까지는 니얌베(Nyambe), 그리고 서부아프리카에서는 추꾸우(Chukwu), 은게우(Ngewo), 올로룬(Olorun), 마우(Mawu), 암마(Amma) 등으로 부른다.

신에 대해 묘사한 신화에서는 주로 세상과 인간의 기원을 설명하려고 한다. 신은 하늘에 살고 있는 선험적인 존재이며, 인간들은 자연스럽게 신을 바라보면서 신의 위대함을 인식한다. 흔히 신은 이승에서 살고 있었던 것으로 생각되지만, 일부 인간의 나쁜 행동 때문에 다시 하늘로 돌아갔다. 신은 만물 중에서 가장 위대한 존재이기는 하지만, 신보다는 열등하면서도 흔히 종교적인 숭배에서 중요한 위치를 차지하는 정령들이 있다. 신도 인간들처럼 육체를 가질 뿐만 아니라 가족도 가진다. 신들 중에는 폭풍의 신과 대지의 신, 숲속의 신, 물의 신 등과 같은 신들이 가장 많이 알려져 있다.

아보메이 폰족의 창세신화를 보면, 세상을 창조하고 은둔한 태초의 신 나나 불루쿠(Nana Buluku)는 태초의 쌍둥이를 낳는데, 마우-리사라고 불린다. 달의 여신 마우(Mawu)는 밤을 지배하며 서쪽에서 살고, 태양의 신 리사(Lisa)는 낮을 지배하며 동쪽에서 산다. 이들은 일식과 월식에 만날 수 있었으며, 이때 교합하여 일곱 쌍의 쌍둥이를 낳고, 그들이 각자 대지, 나무, 물고기, 새, 천둥, 번개 등 자연현상과 현실세계를 다스리게 되었다.

나이지리아의 요루바족의 창세신화를 보면, 태초에 세상은 온통 늪지와 물, 황무지뿐이었으며, 하늘의 지배자 올로룬과 다른 신들은 그 위의 하늘에 거주한다. 신들은 황무지에 내려와서 마음껏 놀다가 때가 되면 거미줄을 타고 다시 하늘로 올라간다. 올

마우

로룬은 가장 위대한 신 오리샤 은라(오라클)를 시켜 단단한 대지를 만들도록 하는데, 오리샤 은라는 달팽이 껍질 속의 흙을 늪에 던지고 비둘기와 암탉을 그 위에 내려놓았더니, 비둘기와 암탉이 땅을 긁어 사방으로 뿌리고 얼마 지나지 않아 단단한 대지가 형성된다.

이에 올로룬은 본격적인 창조를 시작하여 나흘 동안 대지가 완성되고, 다섯 번째 날에는 위대한 신의 숭배를 위한 날로 정해졌다. 오리샤 은라는 올로룬의 명령으로 대지의 흙을 이용해서 인간들을 만들지만, 인간들에게 생명을 불어넣는 일은 오직 올로룬만이 할 수 있었다. 오리샤 은라는 이 마지막 작업을 하고 싶은 욕망에 올로룬을 몰래 엿보지만, 올로룬이 이를 알고 그를 깊은 잠에 빠지게 한다. 결국 비법을 알아내지 못한 오리샤 은라는 불만을 품은 상태에서 흙으로 만든 몇몇 인간에는 반감의 표징을 남기게 된다.

팀북투 남부와 니제르강가의 도곤족 창세신화를 보면, 태초에 유일신 암마(Amma)는 태양과 달을 창조했으며, 태양은 여덟 개의 붉은 구리 반지로 둘러싸여있고, 달은 백색의 구리 반지와 같은 모양이었다. 암마는 허공 속에 점토 알갱이를 던져 별들을 만들고, 다시 점토덩어리를 던져 대지의 여신을 만든다. 암마는 대지의 여신과 교합을 시도했으나, 붉은 흰개미집 때문에 방해받자 흰개미집을 잘라내고 불완전하게 교합을 하여 재칼이 태어난다. 이외에도 더 많은 신과 대지의 교합으로 쌍둥이 눔모(Nommo)가 태어난다. 눔모는 초록털로 뒤덮여 물처럼 빛이 나는데, 위쪽은 인간이고 아래쪽은 뱀이며, 붉은색의 눈과 끝이 갈라진 혀, 관절이 없는 굽은 팔을 가졌다.

올로룬

물이자 불빛인 눔모들은 벌거벗은 대지의 여신을 가려주기 위해 천상의 식물들로 엮어 만든 옷을 입히고, 덕분에 대지의 여신은 언어(지혜)를 얻게 된다. 암마의 첫아들 재칼이 이를 질투하여 그 옷을 잡아당기고, 놀란 대지의 여신은 언어를 개미집 속에 감추고 개미로 변신한다. 재칼은 끝까지 여신을 쫓아가서 기어이 언어를 빼앗아 제 것으로 만들어 신들의 계획을 예언자들에게 폭로한다. 재칼에 의해 더럽혀진 대지의 여신은 더 이상 암마와 교합하지 못하고, 이로 인해 더 이상 쌍둥이들이 태어날 수 없음을 안 눔모는 땅 위에 두 개의 머리를 가진 남녀를 그리는데 이후 모든 인간은 두 개의 영혼을 가진 양성체로 태어나게 된다.

암마(페기 케인·머쉬카 오코너 作)

이처럼 아프리카 신화는 지역에 따라 각기 다른 방식으로 전개된다. 물론 신화 속에 등장하는 창조의 매개물, 즉 개미집이나 항아리, 물, 진흙, 늪, 재칼 등 아프리카의 자연환경을 토대로 형성되고 있음을 알 수 있다. 아프리카 신화 속의 신들은 다른 창조의 신들처럼 만유(萬有)와 만물(萬物)을 창조하는데, 그 만물의 개념이 매우 구체적이다. 산과 강을 물론 나무와 풀도 만들고, 점토를 이용해서 여자의 형상을 한 단지를 만드는 등 인간과 동물, 만물의 아버지이며 어머니이다. 또한 신의 자식들이 모두 쌍둥이라는 것은 인간의 양성(兩性)과 양혼(兩魂)에 대한 아프리카 특유의 원시신앙을 상징한다고 할 수 있다.

아메리카 신화이야기

american telling

아메리카 인디언*은 플라이스토세(世) 말기 아시아 몽골로이드(Mongoloid)의 자손이 베링해협을 통해 이주하면서 형성되었다. BC 5세기 이후 아데난스 인디언들에 의한 아데나(Adena) 문화는 집단매장와 종교적 상징을 내포한 고분건축물(mound builders)을 조성했으며, BC 1세기 호헤웰리안스 인디언에 의한 호프웰(Hopewell) 문화는 교역을 통해 세력을 확장한다. 4세기의 미시시피안스 인디언이 교역과 농경·약탈·제물로 기반을 유지하면서 이룬 미시시피(Mississippi) 문화는 12세기 전성기를 구가하고, 9세기경 북미의 남서부 아나사지족(族)에 의한 아나사지(Anasazi) 문화는 독특한 벽돌가옥 푸에블로(Pueblo)와 고유문양의 직물 등으로 유명하다.

10세기 이후 유럽인의 왕래가 시작되었는데, 스칸디나비아인 노스가 최초로 탐험했으며, 15세기 콜롬부스가 카리브해에, 1497년 영국의 존 캐보트가 뉴펀들랜드에 도착한다. 이렇게 시작된 아메리카 탐험은 1522년 스페인에 의한 멕시코 정복으로 이어지는데, 스페인은 멕시코·카리브해·페루에 건설한 식민지로부터 막대한 부를 축적하고, 이에 자극받은 서구열강들의 식민지 쟁탈전이 시작된다. 16세기 중반 프랑스는 플로리다 북부에 정착을 시도하지만 스페인의 공격으로 파괴되고, 1607년 영국은 제

---

* 중앙(메소) 및 남부(라틴) 아메리카 원주민을 인디오(Indio)라 하고, 북부(앵글로) 아메리카 원주민을 아메리카원주민(Native American)이나 아메리카인디언(Amrican Indian)이라 한다.

임스타운을 거점으로 1640년경 뉴잉글랜드 연안과 체사피크만 일대에 식민지를 구축한다. 1646년 허드슨강 유역에는 다양한 유럽인들이 정착하였으며, 백인의 영토야욕과 자원부족, 문화적 차이 등이 아메리카 인디언들과 미묘한 마찰을 야기한다.

정글 속으로 사라지는 동시에 역사 속에서 자취를 감춘, 그러나 안데스산 정상의 공중도시, 사막에 그려진 정체불명의 그림, 태양과 달의 거대한 피라미드, 조직적인 인신공양 의례, 1년을 365.2420일로 파악한 정밀한 고대 천문 관찰의 세계 등 마치 차원이 다른 시공의 문화와 문명을 접하는 것만큼이나 이질적인 경외의 대상이다. 아메리카 인디언 신화에서 두드러진 특징은 이원성과 이원적 요소의 결합이다. 특히 이원성의 의인화라고 할 수 있는 쌍둥이는 창조 이전의 대립과 갈등 구도에서 새로운 질서의 도래에 의한 세계 혹은 우주의 창조를 가능하도록 하기 위한 이원적 요소의 결합을 의미한다. 대비되는 두 요소의 결합은 삶과 죽음, 젊음과 늙음, 하늘과 땅, 어둠과 밝음, 지상과 지하 등 상대성이자 상호성의 두 차원을 통교한다. 세계와 우주의 창조는 갈등과 무질서에서 새로운 질서의 운행이 시작됨을 의미하기 때문이다.

ㅡ아즈텍 신화ㅡ 아즈텍(aztec) 신화는 남성성과 여성성을 공유하면서 생명을 관장하는 이원성(二元性)의 신 오메테오틀(Ometeotl)에서 출발한다. 오메테오틀은 토나카테쿠틀리(Tonacatecuhtli)와 토나카시나틀(Tonacacihnatl)이라고도 불린다. 오메테오틀의 자식들인 케찰코아틀(Quetzalcoatl)과 테스카틀리포카(Tezcatlipoca)는 아즈텍 창조 신화에서 협력자이자 경쟁자로서 하늘과 땅을 창조하고 파괴하며, 점차 완전한 형태의 우주를 구성하는 역할을 수행한다. 시간과 불을 다스리는 신 시우테쿠틀리(Xiuhtecuhtli)가 모든 시간의 중심에 위치하고, 테스카틀리포카의 절단된 팔과 다리, 몸체, 머리의 네 부분이 네 방향의 공간을 가리킴으로써 시간과 공간의 개념을 서술하여 우주의 시작과 세계의 창조, 인류의 형성에 관련된 신화의 근본 축을 설명하기도 한다.

오메테오틀

태초에는 흙, 바람, 물, 불의 세계가 존재했는데, 창조주들은 붉은 테스카틀리포카, 검은 테스카틀리포카, 케찰코아틀, 우이칠로포츠틀리 등 사형제를 탄생시켜 각각의 세계를 관장하도록 한다. 최초의 세계인 '흙의 세계'는 거인족이 살던 시대로, 검은 테스카틀리포카가 지배하는 세계였으나, 케찰코아틀에게 패해 승천하여 재규어로 변신하고 큰곰별자리가 되었다. 두 번째 세계인 '바람의 세계'는 케찰코아틀이 지배했지만, 테스카틀리포카에게 패하는 바람에 그의 백성들은 매서운 폭풍에 휩쓸려 나무에 붙어사는 원숭이로 변한다.

메소아메리카의 시공캘린더 중앙의 시우테쿠틀리

세 번째 세계인 '비의 세계'는 바람과 번개를 동반한 비의 신 틀랄록(Tlaloc)이 지배했지만, 이 세계도 역시 케찰코아틀에 의해 파괴된다. 네 번째 세계인 '물의 세계'는 틀랄록의 아내이자 '강과 호수의 여신' 찰치우틀리쿠에(Chalchiucutlicue)가 지배했는데 대홍수로 파괴되고 백성들은 물고기로 변한다. 다섯 번째는 '현재 세계'로 테스카틀리포카와 케찰코아틀이 협력하여 창조되었는데, 태초의 바다에 사는 괴물 틀랄테쿠틀리(Tlaltecuhtli)가 세계 창조에 방해가 되자, 거대한 뱀으로 변해 틀랄테쿠틀리의 사지를 찢는다. 거인해체신화의 패턴과 마찬가지로, 틀랄테쿠틀리의 일부는 대지가 되고 나머지는 던져져 하늘이 되고, 괴물의 털은 나무와 꽃이 되고, 가죽은 풀이 되고, 눈은 우물과 샘이 되고, 입은 강과 동굴이 되고, 코는 산과 계곡이 되었다.

태초의 세계가 점차 정리되면서 일월성신(日月星辰) 탄생신화가 전개되는데, 태초에 시틀랄토낙(Citlaltonac)과 시틀랄리쿠에(Citlalicue)의 교합으로 돌칼이 탄생한다. 그 흉측한 생김새에 시틀랄리쿠에가 돌칼을 멀리 던져버리자, 돌칼은 우주 가득한 별들과 부딪히면서 1천 6백 개의 불꽃을 만들고, 그 불꽃에서 많은 신들이 생겨난다. 불꽃에서 탄생한 새로운 신들은 하계로 내려가 어둠의 신에게서 커다란 알을 훔쳐 지상으로 나온다. 그 알에서 아기신과 아기여신이 태어나 두 개의 불꽃으로 불타오르더니 태양과 달이 되었다.

이와 다른 패턴의 일월성신 신화도 전해진다. 아마도 돌칼에 의해 생겨난 태양과 달이 그 소임을 다하고 새로운 태양과 달이 필요했을지도 모른다. 용맹하기로 유명한 테쿠시스테카틀(Tecuciztecatl)은 세상을 비춰줄 빛이 되기를 자청하고, 유약한 나나우아친(Nanahuatzin)은 다른 신들의 추천을 받고 그제서야 겸손하게 수락한다. 테쿠시스테카틀과 나나우아친은 태양이 되기 위해 각자 공물을 바치는데, 테쿠시스테카틀은 케찰의 깃털과 금, 붉은 산호로 장식된 옥 가시와 향을 바쳤고, 나나우아친은 갈대와 자신의 피로 장식한 용설란 가시와 향 대신 상처에서 뜯어낸 딱지를 바쳤다. 누가 보더라도 테쿠시스테카틀의 위용은 나나우아친을 압도하였다.

나나우아친

그러나 막상 빛이 되기 위한 인신 공양의 의례가 시작되고, 나흘 동안 달궈진 테오텍스칼리(Teotexcalli)의 불길 속으로 뛰어들어야 하는 순간이 오자, 그토록 용맹한 테쿠시스테카틀은 몇 번이나 망설이며 선뜻 뛰어들지 못하고, 겁많고 유약한 나나우아친은 자신의 차례가 오자 망설임 없이 뛰어든다. 이에 테쿠시스테카틀도 뒤따라 뛰어들고, 결과적으로 먼저 뛰어든 나나우아친은 태양이 되고, 테쿠시스테카틀은 달이 되었다. 두 빛이 너무 밝아서 눈을 뜰 수가 없자 신들 중 하나가 테쿠시스테카틀의 얼굴을 향해 토끼를 집어 던져서 그 불길을 다소 가라앉혔으며, 그 이후로 토끼의 모습이 달에 새겨졌다고 한다. 달토끼의 유래가 동서고금을 막론하고 신화의 형태로 존재하는 것이 이채롭다.

마야 신화 이러한 아즈텍 신화는 고대 마야의 문화와 문명의 영향을 받았는데, 마야의 신화에서 그 시원을 찾을 수 있다. 아즈텍의 최고신 오메테오틀(Ometeotl; Tonaka' tekutli)는 마야의 가장 위대한 창조신 이참나(Itzamna)와 유사하고, 아즈텍의 틀랄록은 착(chac)에서 영향을 받았다. 마야는 태양과 달, 금성과 별들의 운행을 관측하며 신의 뜻을 알고 경배하기 위한 피라미드를 건축하는 과정에서 놀라운 천문관측 기술과 철학적 깊이, 예술적 소양을 모두 보여준다. 마야의 창세신화를 살펴보면, 태

이참나

초에 태양이 아직 생겨나지 않은 어둠 속에 살던 '일곱 마코 앵무새' 쿠큽 카킥스(Vucub-Caquix)는 칠보(七寶)로 반짝이는 이빨과 깃털 달린 화려한 눈을 과시하며 빛이 없는 세상에 자칭 태양이자 달이라며 허세를 떠는데, 그 정도가 심해지더니 창조신 '하늘의 심장' 우라칸(Huracan) 앞에서도 자중할 줄 모른다.

설상가상으로 쿠큽 카킥스의 아내와 두 아들도 역시 교만했는데, 첫째인 '산을 만드는 자' 시파크나(Zipacna)는 하룻밤에 뚝딱 산을 만들고, 둘째인 '땅을 움직이는 자' 카브라칸(Cabracan)은 그 산을 이리저리 움직이곤 했다. 결국 신들은 우나푸(Hunahpu)와 스발란케(Xibalanque) 쌍둥이 형제를 보내어 쿠큽 카킥스 일가를 죽이도록 명령한다. 우나푸와 스발라케는 입으로 부는 화살통을 메고 쿠큽 카킥스가 주식으로 삼는 난체 과일나무 뒤에 숨어 기다렸다가 열매를 먹으려는 쿠큽 카킥스의 턱을 맞추지만 생포하는 데 실패하고 오히려 우나푸는 팔 하나를 잃는다.

팔을 잃은 우나푸는 스발란케와 함께 지혜로운 현자로 알려진 노부부, '위대한 새벽의 맥(脈)' 사키 니마 치이스(Zaqui Nima Tziis)와 '위대한 새벽의 돼지' 사키 님 악(Zaqui Nim Ac)을 찾아가 도움을 청한다. 쌍둥이 형제의 도움을 흔쾌히 승낙한 사키 니마 치이스와 사키 님 악은 그 길로 쿠큽 카킥스를 찾아가 치료를 자처한다. 제대로 치료하려면 이와 눈을 모두 뽑아야 한다고 하면서 쿠큽 카킥스의 이빨과 눈알을 빼버리고, 결국 그로 인해 쿠큽 카킥스는 기력이 쇠하여 죽고 말았다. 이후 우나푸와 스발라케는 시파크나를 거대한 산으로 눌러 죽이고, 시파크나도 찾아내어 죽인다.

여기서 쿠큽 카킥스를 지혜와 용맹으로 물리친 우나푸와 스발라케는 어떤 배경신화를 가졌는지 궁금하지 않을 수 없다. 스피야콕(Xpiyacoc)과 스무카네(Xmucane) 사이에서 태어난 쌍둥이 운 우나푸(Hun Hunahpu)와 부쿰 우나푸(Vucub Hunahpu)는 틀라츠틀리(Tlachtli)라는 공놀이를 즐겼는데, 이들이 지상에서 쿵쿵거리는 바람에 지하세계 시발바(Xibalba)의 주신 '첫 번째 죽음' 운 카메(Hun Came)와 '일곱 번째 죽음' 부쿱 카메(Vucub Came)는 화가 나서 이들 형제를 제거하기 위해 올빼미 전령을 보내어 지하세계 공놀이 대회에 초대한다. 아무것도 모르는 형제는 선뜻 초대에 응해서 지하세계로 내려갔다가 시발바의 신들의 계략에 휘말려 죽게 된다. 시발바의 신들은 운 우나푸의 머리를 나무에 매달고 나머지는 공놀이 경기장에 묻어버린다. 운 우나푸의 머리는 조롱박을 따러 왔던 스퀵(Xquic)에게 침을 뱉어 그녀를 임신시키고, 그녀는 불신하는 가족을 피해 운 우나푸의 어머니 스무카네를 찾아 자신이 운 우나푸의 아내임을 입증하고, 우나푸와 스발란케 쌍둥이를 낳는다.

우나푸와 스발란케

아버지와 삼촌의 죽음에 대해 알지 못했던 우나푸와 스발라케는 우연히 낡은 공을 찾아내어 공놀이를 하게 되고, 쿵쿵 거리는 소리에 시발바의 신들은 혼란스러워진다. 이번에도 올빼미 전령을 보내어 지하세계로 소환하고, 시발바 신들과 공놀이를 하게 된 우나푸와 스발라케는 지혜롭고 용맹하게 그들을 물리치고 승리하지만, 시발바 신들이 결코 자신들을 살려두지 않으리라는 것을 깨닫고 스스로 불구덩이 속에 뛰어들어 죽는다. 신들은 형제의 뼈를 강에 뿌리고 그 뼈는 가라앉았다가 닷새 후 인어(人魚)가 되어 사라진다. 그 후 형제가 광대로 변장하고 지하세계에 나타나 서로 죽였다가 되살리는 묘기를 보여주자, 그 묘기에 혹해 시발바의 신들은 앞다투어 자기도 죽였다 되살려 보라고 청하고, 기회를 놓칠세라 형제는 운 카메와 부쿱 카메를 죽여 아버지와 삼촌의 원수를 갚는다. 이후 형제는 시발바를 장악하여 다스리다가 우나푸는 태양이 되고 스발라케는 달이 되었다.

이렇게 태양과 달이 생겼으니, 이제 인류 창조의 신화가 전개될 차례다. 창조주와 창조신 '하늘의 심장' 우라칸은 함께 생명과 빛에 대해 논의한 다음, '말'로써 세상을

옥수수로 세 번째 인류창조

창조한다. 혼돈의 무위(無爲)를 향해 '채워져라' 하고 말하는 순간 허공이 채워지고, 물을 향해 '자리를 내어놓으라' 하고 말하는 순간 물이 비켜나고 땅을 위한 여백이 마련된다. 이어 그 여백을 향해 '솟아나서 단단해져라' 하고 말하는 순간 땅이 솟아올라 단단해지고, 하늘을 향해 '밝아져라' 하고 말하는 순간 빛이 생겼다. 이렇게 형성된 대지에 '땅의 심장' 이 생겨나지만, 미개한 동물들은 신들에게 경배할 줄을 몰랐으니, 신들에게 경배할 줄 아는 동물보다 고차원적인 존재의 필요성이 생긴 것이다.

신들은 맨 처음 손쉽게 구할 수 있는 흙으로 인간을 만든다. 그러나 이렇게 만든 진흙인간은 지성을 갖추지 못했기 때문에 신들의 언어를 이해하지 못했을 뿐만 아니라, 비가 내리면 녹아 형체가 망가지기까지 했으므로 여러모로 실패작이었다. 결국 신들은 진흙인간을 부숴버린다. 두 번째 시도하여 이번에는 나무로 인간을 만드는데, 다행스럽게도 나무인간은 지성을 갖추어 신들의 언어를 이해하고 자손도 번성시켰으나, 다만 영혼이 없기 때문에 신들에게 감사하고 흠숭할 줄 몰랐다. 이에 분노한 신들은 홍수로 그들을 모두 휩쓸어 버린다. 테페우와 구쿠마츠는 신을 경배할 영혼과 신의 언어를 이해하는 지혜를 갖춘 인간을 만들고자 고심한 끝에 신중하게 재료를 선택하는데 바로 옥수수이다. 노란 옥수수와 하얀 옥수수로 팔다리를 만들고, 옥수수 몸체로 몸통을 만들어 '웃는 호랑이' 발람 미체(Balma-Quitze), '밤호랑이 ' 발람 아캅(Balam-Acab), '달호랑이 ' 이키 발람(Iqui-Balam), '귀한 이' 마후쿠타(Mahucutah) 등 옥수수인간을 창조한다.

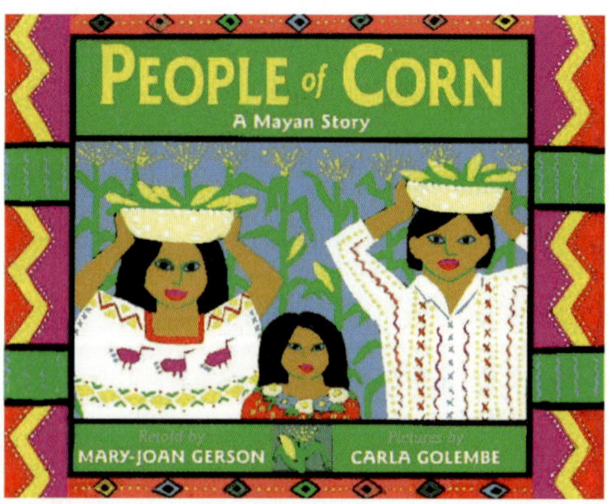

옥수수 인간

인생은 삼세판, 세 번째로 만든 옥수수 인간(People of Corn)은 성공작이었다. 옥수수 인간들은 신의 언어를 이해하는 것은 물론, 신을 경배할 줄도 알았다. 그리고 하늘의 천장과 땅의 네 방향, 네 구석에 있는 모든 사물들을 다 살펴보았으며, 보는 즉시 모든 것을 다 깨달았다. 이렇게 되자 난색을 표한 것은 오히려 신들이었다. 신들과 맞먹을 정도로 지나치게 지혜로운 옥수수 인간들이 그만 두려워진 것이다. 그리하여 우라칸은 안개를 보내어 옥수수 인간들의 시야를 가린다. 시야가 흐려진 옥수수 인간들은 그 뒤로는 가까이 있는 것들만 제대로 볼 줄 알게 되었으며, 멀리 있는 것들은 정확하게 보지 못하고 흐릿하게 대충 짐작해야만 했으므로 탄생 초기의 명석함과 지혜로움은 반감되고 만다.

이와 유사한 내용이 히브리 신화에도 나오는데, 야훼는 인간에게 지상의 낙원 에덴을 다스리게 하지만, 지혜의 나무와 생명의 나무에 대해서만은 접근을 원천봉쇄한다. 순진한 인간들은 하지 말라니까 안하다가, 뱀에 의해 결국 지혜의 열매를 먹게 된다. 결과적으로 인간의 지혜는 야훼와 버금가는 수준이 되고, 이에 당황한 야훼는 생명의 열매까지 먹으면 인간이 신과 같아질 것이라 판단하고 에덴에서 추방한다.

— 잉카 신화 — 아메리카의 다른 문화권과 마찬가지로 잉카 문화도 천지창조와 관련된 신화가 주를 이룬다. 태양, 달, 천둥, 무지개 등을 중심으로 신화가 구성되는데, 특히 태양숭배를 중심으로 다채로운 종교의식과 의례가 발달된 것으로 파악된다. 세계의 중심이 창조 및 파괴되는 시공의 순환 개념을 파차쿠티(Pachacuti)라고 하는데, 잉카의 신화에서 우주의 중심은 티티카카(Titicaca) 호(湖)로서, 여기서 티티카카는 호수의 구체적 개념이라기보다는 태초의 대양(大洋)이자 태초의 침묵, 즉 혼돈의 바다에 해당한다.

비라코차

창조의 신 '바다 거품' 비라코차(Viracocha)는 티티카카 호수로부터 매일 아침 태양의 모습으로 떠올라 호수를 어루만지는데, 이내 어루만져진 호수를 닮은 물빛의 언덕이 생겨난다. 비라코차는 물빛의 언덕에서 최초의 인류 망코 카팍(Manco-Capac)과 마마 오클로(Mama Ocllo)를 창조한다. 망코 카팍은 황금지팡이로 땅을 찔러 손잡이까지 들어갈 만큼 비옥한 자리를 찾는 임무를 맡게 되고, 마마 오클로는 모든 실을 짤 수 있는 실패를 들고 함께 오랜 순례 끝에 겨우 찾아낸 곳이 바로 '비옥한 땅' 쿠스코이다. 그곳에 정착하여 망코 카팍은 경작술을, 마마 오클로는 방직술을 가르치고 왕국으로 성장시킨다.

위 망코 카팍과 마마 오클로
아래 비차마

이와 조금 다른 최초의 인류에 관한 또 다른 신화가 있다. 태초의 어둠 속에서 우주의 창조자 파차카막은 태양(비라코차)와 달을 불러 어둠을 밝히지만, 워낙 강력한 비라코차의 위세를 아는 지라 파차카막도 태양을 함부로 어쩌지는 못한다. 그 뒤 파차카막은 '대지의 어머니' 파차마마(Pachamama)를 만들고, 대지 위에 산과 물과 땅으로 구분지은 다음, 최초의 남녀를 창조한다. 아직 식물과 동물이 없던 탓에 남자는 그만 굶어 죽는다. 혼자 남은 여자를 측은하게 여긴 태양신은 자신의 빛으로 여자를 잉태시키고, 그녀는 나흘만에 아들을 낳는다.

뒤늦게 이를 알아차린 파차카막은 비라코차의 월권과 위력에 분노하고 그의 권능을 시기하여 그 아이를 찢어 죽이고, 대지의 거름으로 던져버리고, 이후 여자마저 죽이고 그 시체를 독수리와 콘돌의 먹이로 줘버린다. 그 아이의 치골(齒骨)에서 식물의 싹이 돋고, 뼈에서 유카의 싹이 트고, 살에서 오이와 과일들이 생겨난다. 피차카와의 분노를 그저 지켜보던 비라코차는 아이의 시체 일부, 음경과 배꼽을 몰래 훔쳐내어 거기에서 비차마(Vichama)를 창조한다.

비차마는 자라면서 태초의 세계를 여행하던 중 피차카막이 파괴한 어머니의 시체를 모아 생명기운을 불어 넣어 부활시키고, 피차카와에게 복수를 다짐한다. 그동안 피차카막은 비라코차로 인해 엉망이 된 인류 창조 계획을 다시 시작하여, 최초의 인간을 땅에 거주시키고 계급을 두어 '다스리는 자' 쿠라카(Curaca)들이 다른 인간을 다스리도록 했는데, 자신에 대한 비차마의 복수심을 눈치채고 바다 속으로 뛰어든다. 비차마는 피차카막 대신 그가 창조한 인간들을 모두 돌로 만들어 버리고, 아버지 비라코차에게 인류의 창조를 부탁한다. 비라코차는 비차마에게 금색, 은색, 동색의 알을 내려 보내는데, 제일 먼저 금색의 알이 깨어지며 쿠라카와 귀족들이 나오고, 다음으로 은색의 알이 깨어지며 여자들이 나왔고, 끝으로 동색의 알이 깨어지며 평민들이 태어난다.

¯ 북아메리카 신화 ¯ 북아메리카 신화는 지역적으로 북미, 캐나다, 극지방 등을 중심으로 하고, 민족적으로는 알곤퀸(Algonquin), 아파치(Apache), 푸에블로(Pueblo), 호피(Hopi), 벨라쿨라(Bella Coola), 블랙풋(Blackfoot), 다코다(Dakota), 체로키(Cherokee), 나바호(Navajo), 이로쿼이(Iroquois), 에스키모(Eskimo), 이누이트(Innuit) 등을 대상으로 한다. 북아메리카 신화에서는 동물·식물·광물을 포함한 자연계의 만물이 신비로운 힘을 발산하여 외부에 영향을 준다고 믿었으며, 이를 신격화하여 숭배했다. 이로쿼이족은 이를 오랜다(Orenda)라고 부르고, 알곤퀸족은 마니투(Manitou)라고 불렀다.

마니투는 특정한 유일신의 개념이 아니라 일종의 정령화된 다신(多神)의 개념이라고 할 수 있는데, 마니투마다 특수하게 내재된 힘에 의해서 가장 초보적인 단계의 신성성에서부터 고차원적인 행위, 즉 일월성신의 창조나 하늘과 땅을 창조하는 등의 모든 창조행위, 그리고 주술적 능력과 의료기술을 베푼다. 인간은 하등한 정령들은 마음대로 다룰 수 있으나, 강력한 힘을 지닌 마니투에게는 절대 복종해야 한다. 알곤퀸족의 가장 위대한 마니투 킷키(Kitchki; Kici)는 다른

위 마니투의 강(아놀드 프리버그 作)
아래 위대한 토끼 미챠보

존재에 의해 태어난 것이 아니라 스스로 태어난 존재이며, 따라서 가장 위대한 영혼이며 모든 생명의 아버지이다. 킷키는 빛의 주인이며 태양에 의해서 나타나고, 생명의 입김으로 바람이 되어 무소부재(無所不在)하는 절대선으로 모든 정령들 위에 존재하며 하늘에 거주한다. 이로쿼이족의 오렌다의 경우는 여신의 모습으로 등장하기 때문에, 킷키와 오렌다를 동일한 신의 다른 이름으로 보기보다는 남성형과 여성형으로 보는 편이 적당하다.

알곤퀸족의 신화에서 킷키와 더불어 중요하게 숭배하는 신은 '위대한 토끼' 미챠보(Michabo)이다. 'michi'는 '위대한, 커다란'이라는 의미이며, 'wabos'는 '토끼, 백색'이라는 의미를 가진다. 따라서 미챠보를 사전적으로 해석하면 '위대한 하얀 토끼'이며, 계절이나 시간의 의미를 부여하면 '새벽의 신'이다. 토끼에 대한 숭배는 특히 아메리카 신화의 두드러진 특징인데, 특히 미챠보는 태양의 의인화 또는 신격화로서 알곤퀸족의 지도자이자 위대한 수호자이며, 종교의식의 창시자이자 그림문자의 발명가, 계절의 지배자이자 하늘과 땅의 보호자이며, 만물의 생명을 주는 근원의 힘이자 창조주이다. 또한 미챠보는 물에 잠긴 세계를 복귀시킨 존재이며, 물과 물고기와 사슴을 창조하였고, 어망(漁網)을 발명하여 어업을 활성화시켰으며, 전지전능한 사냥꾼으로 식인(食人) 마니투를 추방하여 평화를 지키는 수호신이기도 하다. 미챠보는 해가 뜨는 곳에 산다고도 하고, 눈내리는 하늘의 오두막에서 산다고도 하고, 북극해의 유빙(遊氷)에서 산다고도 하고, 착한 인디언의 영혼이 그와 함께 산다는 등 관련된 신화는 부지기수다.

미챠보가 물에 잠긴 세상을 원상복귀하고 땅을 창조한 이야기를 보면, 사냥을 위해 이리들과 함께 나간 미챠보는 호수가에 도착하자 이리들이 어디론가 사라졌음을 깨닫는다. 미챠보가 이리들을 찾아다니는 동안 새 한 마리가 날아와 이리들이 호수 속으로 사라졌음을 알려준다. 미챠보는 이리들을 구하기 위해 호수에 뛰어들려는데 물이 범람하여 땅을 덮어버린다. 이에 미챠보는 땅을 도로 만들어 놓으려고 까마귀, 수달, 사향쥐에게 차례대로 진흙을 가져오라고 명령을 하는데, 사향쥐만이 진흙을 가져온다. 미챠보는 그것으로 땅을 만들고 이리들을 무사히 호수 속에서 데리고 나온 다음, 사향쥐와 교합하여 번성한다. 다른 북부 아메리카 신화에 따르면, 배고픈 토끼가 강에서

이로쿼이족(리차드 후크 作)

물고기를 잡아서 구워먹으려는데 불을 피울 수가 없자, 인간들로부터 불을 훔치다가 그만 인간들에게 귀를 붙잡혀서 타죽기 일보직전이 된다. 간신히 온몸을 그을린 채로 도망을 치긴 쳤는데, 얼마나 놀랐던지 그 뒤로 토끼는 놀라 눈이 빨개지고, 인간들에게 붙잡힌 바람에 귀가 길어지고, 불길에 그을리는 바람에 검게 되었다고 한다.

이로쿼이족의 창세신화를 살펴보면, 태초에 세상은 모두 대양(大洋)이었으며, 인간은 대양 위 평원에서 향기를 풍기는 거대한 나무 아래 옹기종기 모여 살았다. 어느 날, 인간들의 위대한 지도자는 도움을 요청하는 바다의 흐느낌을 듣게 된다. 내용인 즉슨, 너무나 외로워서 빛이 있었으면 좋겠다는 것이다. 이에 위대한 지도자는 바다를 도와주기로 결심하고, 바다의 심연에 이르는 방법을 알고 있는 지혜의 나무에게 상의한다. 나무는 친히 뿌리를 뽑아서 인간들에게 바다로 내려가는 길을 열어준다. 인간들은 뿌리가 뽑히고 난 커다란 구멍을 통해 어둡고 슬픈 바다의 심연을 보게 된다.

위대한 지도자는 임신 중인 아타엔칙(Ata-en-sic)을 불러내어 그녀에게 구멍을 통해 바다를 보라고 시킨다. 그러나 그녀는 구멍 속이 너무 어두워서 아무것도 볼 수 없었다. 위대한 지도자는 눈부신 빛으로 그녀를 감싸더니 바다로 내려가서 생명과 빛을 낳으라고 명령한다. 빛에 감싸인 채 하강하는 아타엔칙을 보자, 어두운 바다 속에서만 살던 길짐승과 날짐승들은 대경실색하여 대책회의에 들어갔다. 만약 아타엔칙이 잘

못 떨어지기라도 하면 자신들이 위험해질 것이 틀림없었기에 우선 어디에 내려놓을 것인지가 관건이었다. 비버는 오직 오에다(Oeh-da)만이 아타엔칙을 지탱할 수 있다면서, 땅을 만들기 위해 바다의 가장 밑바닥에서 오에다를 가져오기 위해 헤엄쳐나가지만 다시 돌아오지 못한다. 다음으로 오리가 도전하지만 싸늘한 주검이 되어 물 위로 떠오를 뿐이다. 아무도 성공하지 못하자, 이번에는 영리한 사향쥐가 재빨리 내려가 오에다 한 줌을 집어 오는 데 성공한다. 하지만 오에다는 너무 무거운 데다 매우 빠르게 자라기 때문에 고통을 감당하기 힘들었으니, 이에 거북이가 자신의 등 위에 오에다를 올려놓고 새로운 땅의 형상을 짓도록 자청한다. 마침내 거북이의 등 위에서 땅의 형상이 갖추어 진다. 이렇게 해서 거북이 하누나(Hah-nu-nah)는 대지를 짊지게 된다.

우여곡절 끝에 빛을 위한 자리가 만들어지자 물새들은 넓은 날개 위에 아타엔칙을 사뿐히 싣고 그녀를 거북이의 등 위에 새롭게 형성된 땅에 사뿐히 내려놓는다. 아타엔칙은 심장박동에 귀기울인다. 하나는 부드럽고 온화했으나 다른 하나는 크고 거칠었으며, 하나는 평화롭고 인내로웠으나 다른 하나는 급하고 잔혹했다. 아타엔칙은 선악의 정령, 쌍둥이 형제를 낳고 죽는다. 그들은 이미 태어나기 전부터 각자의 운명을 예견하고 언제나 첨예하게 대립한다. 하그웨디유(Hah-gweh-di-yu)는 세상을 아름답게 만들고자 하는 반면, 하그웨다데가(Hah-gweh-da-et-gah)는 파괴하고자 한다. 하그웨디유는 어머니 아타엔칙의 죽음을 슬퍼하면서 손바닥으로 하늘을 만들고, 그녀의 얼굴로 태양을 만들어 하늘 위에 띄우며 영원히 이 땅을 비추도록 하고, 그녀의 가슴으로부터 달과 별들을 만들어 밤하늘을 지키도록 한다. 그리고 그녀의 몸으로 대지를 삼아 모든 생명에 봄을 부여한다. 반면 하그웨다데가는 서쪽 하늘에 어둠을 만들어 태양 빛을 몰아내고 인간을 괴롭히고 세상을 파괴할 궁리만 한다. 이렇게 쌍둥이는 세상을 지배하는 선과 악, 미(美)와 추(醜), 창조와 파괴 등 이원성의 상징이다.

아타엔칙(린 카파니체비냑 作)

유럽 신화이야기

european telling

그리스 신화는 그리스 민족 고유의 신화를 바탕으로 크레타 문명과 미케네 문명, 도리아 문명 등 다양한 원주민의 신화와 인근 민족의 이질적인 요소들을 종합하여 발전했다. 이를 정리한 호메로스의 공로로 올림포스 12신을 주축으로 하는 범세계적인 신화가 확립되었으며, 이후 이들 올림포스의 신들에 바치는 제의가 문화의 중심이 되고, 신탁으로 정책을 결정하고, 신인동격(神人同格)의 현세적 성격이 강한 종교적 신화가 뿌리내리게 되었다. 또한 한편으로 영혼의 불멸을 믿는 현실도피의 색채가 짙은 밀의 종교가 형성되어 대중 속에 자리 잡게 되었으며, 각각의 신들에 대한 개별종교화가 성행하였다. 그 후 그리스도교의 전파와 함께 종교적 성향이 점차 약해지면서 지방 신앙으로 밀려났으나 여전히 인류 공동의 문화유산으로 계승된다.

그리스 인들은 신들의 이야기나 영웅담 등을 미토스(mythos)라고 하는데, 미토스는 '이야기' 라는 뜻으로, 그 내용이 신들에 관한 것일 뿐만 아니라 인사(人事)·자연·문화 전반에 걸쳐 당대인들이 숭배하고 예찬해 마지않던 모든 것들을 포함한다. 그리스 신화에서는 이 모든 것들이 그리스인 특유의 미화(美化)를 통해 인간화되어 있으며, 또한 그리스 신화에 나타난 천지창조 과정을 보면, 신과 같은 절대자가 있어 삼라만상을 창조한 것이 아니라, 만물은 자연히 이루어져 각기 제자리를 차지하고 있으며, 신들도 인간처럼 나중에 생겨난 것으로 설정하고 있다. 이러한 신화를 토대로 본격적인 그리스 문학이 태동할 수 있었으며, 이후 호메로스와 헤시오도스를 비롯하여 신화와 전설을 전하는 문학작품의 작자들에 의해 그 내용이 여러 가지로 해석되고 변형되면서 명실상부한 신화사의 중심으로 자리잡게 되었다.

켈트 신화는 지역적으로 아일랜드, 웨일즈, 스코틀랜드, 잉글랜드 일부를 중심으로 하고, 민족적으로는 켈트족을 대상으로 한다. 켈트족의 존재는 그리스 · 로마 시대의 고고학적 유물과 기록을 토대로 이미 당시 널리 알려져 있었으며, 그리스 인들에게 켈토이라 알려진 민족이 그 시대에 살았는데, 이 명칭은 켈트인 전체를 총괄하는 명칭인 켈트족의 전신이라고 믿어지고 있다. 그러나 단지 추측일 뿐, 이 민족이 오늘날 켈트족이라 불리는 민족과 정확히 어떤 관계가 있는지는 아직 규명되지 않았다. 또한 북유럽 신화는 지역적으로 노르웨이, 덴마크, 스웨덴, 아이슬랜드 등을 포함하는 스칸디나비아를 중심으로 하고, 민족적으로는 상기 언급한 민족 및 바이킹족까지 포함하여 대상으로 한다. 북유럽의 위대한 영웅적 기개와 그에 대한 숭배와 예찬을 엿볼 수 있다.

그리스 신화 일반적으로 알려져 있는 그리스 신화는 그리스 옛 전설의 발전과정에서 마지막 단계에 속하는 것으로서, 다른 신화와 마찬가지로 초자연적 요소를 가지고 있으며 복잡한 의미망을 가지고 있다. 특히 이주민과 그리스 본토의 선주민들이 섞여 고대 그리스 문화와 신앙을 이루었기 때문에 그리스의 신화 · 전설에도 자연히 여러 가지 요소가 혼합되어 있다. 따라서 신화의 내용상에서 여러 가지 불일치나 모순을 내포하고 있는 점이 그리스 신화의 특징이라고 할 수 있다.

우주를 창조하는 에우리노메(엘지에 러셀 作)

그리스 신화는 일반적으로 널리 알려져 있으나, 개별화된 신들의 계보와 개성을 중심으로 하는 만큼 우주관 이나 창세관에 대해서는 소홀한 경향이 있다. 가장 오래된 그리스 신화이자 그 모태로 알려진 펠라스고이(Pelasgoi)족의 신화는 형성된 시기에 비해 일반에 알려지지는 않았는데, 창세신화를 보면 태초에 혼돈이 있었으며 그로부터 만물의 여신 에우리노메(Eurynome)가 스스로 태어난다. 에우리노메가 남쪽으로 움직이자 바람이 일어나는데, 북쪽 바람으로 거대한 뱀 오피온(Ophion) 혹은 보레아스(Boreas)을 만든다.

닉스(카를로스 파라다 作)

에우리노메는 오피온과 교합하고 비둘기로 변신한 다음, 파도에 둥지를 틀고 우주의 알(卵)을 낳는다. 그러자 오피온이 알을 일곱 번 휘감아 부화시키고, 이윽고 알에서부터 태양, 달, 별, 산, 강을 비롯하여 대지가 탄생한다. 이후 에우리노메는 자신의 권위에 도전하는 오피온을 하계의 어두운 동굴로 추방하고, 월화수목금토일 일곱 행성을 만들어 타이탄족 12신으로 하여금 다스리게 한다. 이렇게 우주와 천지만물이 생성된 이후 인간이 창조되는데, 최초의 펠라스고이인(人) 펠라스고스(Pelasgos)의 탄생은 신화라기보다는 평범한 인간사에 가깝다. 펠라스고스는 그리스의 펠로폰네소스 반도의 중부에 위치한 아르카디아 지방에서 자연발생적으로 태어난다. 태초원인은 자연의 생성물로서 모든 것을 경험을 통해 터득하고, 이후 태어난 종족들에게 의식주에 관한 경험적 지식을 전수해준다.

이에 비해 헬라스족의 창세신화를 살펴보면, 대표적인 신들이 등장하기 이전 태초의 세상은 거대한 카오스(Chaos)로서 만물의 원형과 에너지로 가득 찬, 깊이를 알 수 없는 무한·무명(無明) 부정형의 허공이었다. 물질과 에너지가 혼재된 카오스에서 어둠의 신 에레보스(Erebus)와 밤의 여신 닉스(Nyx)가 태어났다. 이윽고 에레보스와 닉스의 교합으로 낮의 신 헤메라(Hemera)와 대기의 여신 아에테르(Aether)가 탄생했고, 닉스가 검은 날개로 바람을 일으켜 창조한 거대한 알(卵)에서부터 모든 물질을 서로 결합하여 새로운 물질을 생성하는 생산의 신 에로스(Eros)가 태어난다.

이렇게 어둠과 밤, 낮과 대기, 생산의 에너지가 고르게 갖춰지게 되자 대지의 여신 가이아(Gaia)는, 마치 펠라스고이족 신화 속의 에우리노메처럼 스스로의 의지에 따라 태어난다. 가이아는 산맥의 신 오레(Ore)와 바다의 신 폰투스(Pontus), 하늘의 신 우라노스(Uranus)를 탄생시키고, 우라노스와 교합하여 오케아노스(Oceanus), 코이오스(Coeus), 히페리온(Hyperion), 크리오스(Crius), 이아페토스(Iapetus), 크로노스(Cronos), 테이아(Theia), 레아(Rhea), 므네모쉬네(Mnemosyne), 포에베(Phoebe), 테튀스(Tethys), 테미스(Themis) 등 티탄(Titan)족 12남매와 세쌍둥이 퀴클롭스(Cyclopes), 그리고 헤카톤케이레스(Hecatoncheires) 3형제를 낳는다.

우라노스는 별종의 말썽꾸러기 자식들을 미워했을 뿐만 아니라, 카오스의 주신(主神)으로서 자신의 권위를 침노하는 것이 두려워 그들을 가이아의 심연에 위치한 나락(奈落) 타르타로스에 가둬 버렸다. 이에 가이아는 아다마스로 낫을 만들어 자식들 중 용기 있는 자로 하여금 우라노스를 제거하도록 설득한다. 드디어 막내 크로노스가 가이아의 말에 따라 낫으로 잠든 우라노스를 거세한다. 그때 가이아의 몸에 떨어진 우라노스의 피 속에서 복수의 여신 에리니에스와 거인족 기간테스 등이 태어났으며, 바다로 떨어진 우라노스의 성기에서 흘러나온 거품 속에서 미의 여신 아프로디테가 태어났다. 아무튼 이 사건으로 인해 우라노스와 가이아는 철천의 원수가 되어, 결국 하늘과 땅은 영원히 갈라져서 두 번 다시 섞이는 일이 없게 되었다. 가이아와 우라노스의 신화를 통해 지모신(地母神)에서 음양(陰陽)이 분리되면서 천신(天神)이 탄생하고, 양기 충만하여 천신이 득세하여 그 권위가 지모신을 능가하게 되자, 결국 지모신과 천신이 첨예하게 대립한 끝에 각기 통치영역을 상하로 구분하며 천지창조 신화의 형태를 보여줌을 알 수 있다.

우라노스와 가이아

— 켈트 신화 — 켈트 신화는 지역적으로 아일랜드, 웨일즈, 스코틀랜드, 잉글랜드 일부를 중심으로 하고, 민족적으로는 경이로운 저력을 가진 집괴(集塊)의 켈트족을 대상으로 한다. 켈트족의 존재는 그리스·로마 시대의 고고학적 유물과 기록을 토대로 당시 널리 알려져 있었으며, 기원전 5세기 헤로도토스는 켈토이(Keltoi)라는 민족에 대해 전하고, 카이사르의 《갈리아 전기(Commentarii De Bello Gallico》에 따르면 켈토이의 어원은 켈타이(Celtae)이다. 이는 켈트족(Celts)의 전신이라고 믿어지지만, 유감스럽게도 켈토이나 켈타이의 의미는 물론 켈토이와 켈트족의 상관관계도 명확하게 규명되지는 않았다.

고대 켈트족

고고학적 자료에 따르면, 가장 신빙성이 있는 학설은 기원전 4천 년경 에게 해(海)를 중심으로 발전한 문명이 유럽을 가로질러 이동하여 켈트족이 되었다는 주장이다. 켈트족이 서유럽에 등장하여 브리튼에 이주한 시기는 기원전 1천 년경으로, 이 무렵 브리튼 지역에는 기원전 6천 년경부터 원주민이 거주하고 있었으며, 브리튼 지역의 원주민을 켈트족으로 볼 수는 없다. 중세 아일랜드인들은 게일(Gaelic) 어를 사용하는 종족이 수세기에 걸쳐 아일랜드를 침략하여 정착했으며 그들을 켈트족으로 추정한다. 기원전 5백 년경 켈트족은 포르투갈에서 러시아, 스페인 남부에서 스코틀랜드 북부에 이르는 광대한 영토를 확보했으며, 런던, 파리, 더블린, 밀라노 등 현재까지 사용되는 지명(地名)은 모두 켈트족 언어에서 파생된 것이다. 이처럼 켈트족은 언어뿐만 아니라 인종·문화·종교에 있어서 당시 유럽인들과는 구별되는 독립된 집단이다.

《침략의 서》 표지

켈트 신화는 아일랜드계와 웨일즈계로 대별되는데, 우선 아일랜드계 신화를 살펴보면, 아일랜드의 각종 전

투아타 데 다난(제시카 겔브레쓰 作)

에수스

승은 시나 산문의 형태로 남아 있지만, 그 기록은 8세기경부터 시작되었다. 본래 구전문학의 형태로 전승되어 온 전설이 기독교와 함께 건너온 알파벳에 의해 명문화된 것이다. 그 중 많은 전승으로 유명한 것이 의사서(擬史書) 《침략의 서(Lebor Gabala Errin; the Book of Invasions; The Book of the Takings of Ireland)》이다. 내용상으로 전설, 역사, 신화, 민담 등이 혼재되어 있으며, 크게 네 부분으로 구분된다. 다누 혹은 투아타 데 다난 신화, 얼스터의 영웅 쿠 쿨린과 그의 '붉은 지팡이 기사단' 전설, 신화, 라인(라인스터) 지방의 영웅 핀 마쿨과 그의 아들 오신의 '피나 기사단' 전설, 역사 시대 이야기 등이 그것이다.

먼저 가장 중요한 신은 지모신(地母神)이자 대모신(大母神) 다누(Danu)이다. 다누는 지혜를 뜻하는 고대 켈트어 'dan' 에서 유래했으며, 웨일즈 신화에 등장하는 여신 단(Don)과 동일하다. 몇몇 학자들은 다누를 여신 아누(Anu)와 같은 존재로 보기도 하고, 또 다른 학자들은 세 가지 모습으로 묘사되는 여신 브리지드(Brigid)의 한 모습이라고도 한다. 다누라는 이름은 전설에 나오는 켈트의 신족(神族)을 지칭하는 '투아타 데 다난(Thatha Dé Danan)' 에서 유래한 것으로, 그 뜻은 '다누 여신의 자손들' 이라는 의미이다. 결국 다누는 특정한 여신을 칭하면서도 여신에 속한 일족을 칭하기도 하는 등 개체이면서 전체를 칭하는 중의적인 의미를 가진다. 다누는 다산(多産)·지혜·바람의 여신으로 추정되며, 켈트족은 다누가 모유(母乳)로 다른 신들을 키웠다고 믿을 만큼 다누를 중심으로 신화를 전개하는데, 다누는 켈트족뿐만 아니라 유럽 동부지역에서 아일랜드에 이르기까지 다양한 이름으로 숭배되었는데, 다양한 지역에서 경배의 대상이 된 만큼 다누에 관련된 신화의 전승 내용 자체가 일치하지 않거나 모순된다.

다누 이외에도 켈트족의 주요한 신으로 로마의 시인 루카누스가 언급한 3명의 신이 있는데, '주(主; Lord)' 에수스(Esus), '민족의 신' 테우타테스(Teutates), '천둥의 신' 타라니스(Taranis)가 그들이다. 각각 제물을 나무에 걸게 하고, 불태우게 하며, 물에 가라앉게 하는 등 독자적인 성격을 가졌다고 한다. 켈트족은 산 제물을 종교 의식에 따라 칼로 찌른 다음 나무에 매달아 에수스에게 바쳤다고 하는데, 파리의 노르트담 성당 부조에 에수스가 허리를 굽혀 버드나무 가지를 자르는 나무꾼의 모습으로 묘사되어 있다.

테우타테스에게 바쳐지는 희생제물은 불특정 액체가 가득 담긴 큰 통에 머리를 먼저 밀어넣어 죽였는데, 이 액체를 맥주로 추정하기도 한다. 테우타테스는 그리스 신화의 헤르메스나 아레스와 동일시되고, 브리튼에서는 토우타테스라는 이름으로 숭배된다. 아일랜드의 전설적 정복자 중 하나인 투아탈 테크트마르의 초기 형태는 테우토 발로스(민족의 통치자)이며, 이는 테우타테스의 이명으로 추측된다. 타라니스는 천둥과 번개의 신답게, 그를 위한 희생제물은 고리버들 세공품 위에 놓인 다음 불살라졌다고 한다. 타라니스는 바퀴와 번개로 상징되었다. 때로 뱀 같은 발을 지닌 커다란 괴물을 타고 하늘에서 내려오는 모습으로 등장한다.

얼스터 전설은 고대 게일어로 쓰여진 문학 중 아일랜드 북동부 얼레이드족의 영웅시대를 다룬 전설과 이야기로 신화적 요소와 전설적 요소가 혼재되어 있다. 얼스터 전설의 중심인물은 쿠 쿨린(Cu Chulainn)으로, 그리스 신화의 아킬레스처럼 신과 인간의 사이에서 태어났으며 선천적으로 한 손의 손가락이 7개, 한 발의 발가락이 7개, 한 눈의 눈동자가 7개였다. 쿠 쿨린은 탁월한 능력으로 신들의 총애를 받으며 초인적인 무공을 세웠다고 한다.

쿠 쿨린(스테판 레이드 作)

웨일즈계의 신화는 《카이르마센의 흑서(The Black Book of Caermarthen)》, 《아나이린의 서(The Book of Aneurin)》, 《탈리에신의 서(The Book of Taliessin)》, 《하게스트의 적서(The Red Book of Hergest)》에 기록되어 있다. 샬롯 게스트(Charlotte Guest)는 이를 영역하여 1849년 《마

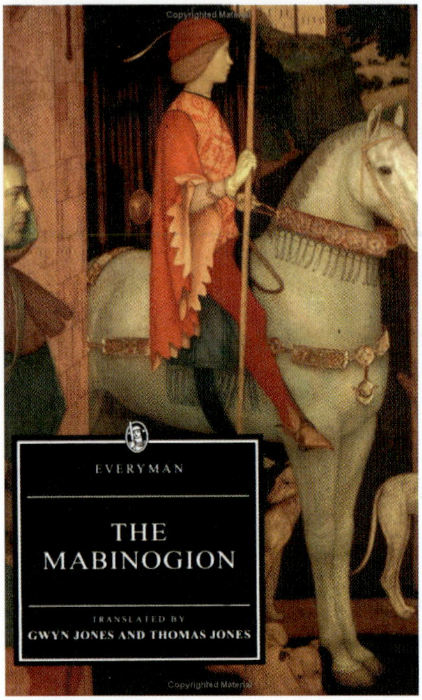

《마비노기온》 표지

비노기온(Mabinogion)》이라는 제목으로 발표했는데, 여기서 '마비노기온'은 '어린이를 위한 이야기 또는 음유시인의 이야기'라는 뜻을 가진 '마비노기(Mabinogi)'의 복수형이다. 내용은 전체적으로 네 명의 신을 중심으로 하는 네 개의 신화, 로마 황제 마쿠센과 웨일즈 여왕의 로맨스, 런던의 왕 흘루즈가 동생 흘레베리스의 힘을 빌어 국토에 쳐들어온 세 가지 재난을 퇴치하는 이야기, 아더 왕의 기사들의 활약을 그린 다섯 가지 이야기, 음유시인 탈리에신의 이야기 등이 수록되어 있다.

이처럼 켈트 신화는 신화와 전설, 역사가 교묘하게 혼재되어 있으며, 아일랜드와 웨일즈, 로마와 페르시아까지 각종 신화와 신들이 때로는 다른 이름으로, 때로는 동일한 이름의 다른 역할로 각기 숭배의 대상이 되기도 한다. 이는 기록과정에서 로마화되면서 다소간의 굴절이 불가피했는데, 물론 독자적인 전승이 있으나, 그리스도교화된 후대의 것으로 본래의 켈트 신화와의 관계는 분명치 않다. 고대 켈트족은 풍요롭고 예술적인 문화를 향유하면서도, 용맹스러운 전사로서의 전투와 승부욕, 자연을 사랑하고 생명을 존중하는 종교적 성향 등이 공존한다. 그들은 신비와 경외에 휩싸인 비밀스러운 민족이며, 켈트 신화는 직접 계승되지 않았기 때문에 후세에 로마인이 남긴 기록에 의해 일부가 추정될 뿐이다.

슬라브 신화 슬라브 신화는 지역적으로 러시아, 리투아니아, 체코 공화국, 슬로바키아를 중심으로 하고, 민족적으로는 러시안, 리투아니안, 체코슬로바키안, 프러시안을 포함하는 슬라브족을 대상으로 한다. 슬라브 신화는 슬라브족이 그리스도교로 개종하기 이전부터 전승하여 온 신화의 총체이며, 슬라브족은 6세기경부터 중동 유럽의 광대한 삼림과 초원, 소호(沼湖)와 하천을 무대로 민족집단을 형성한 만큼, 자연의 창조력과 파괴력과의 대립을 바탕으로 한 자연조건의 영향을 받음으로써 숲이나 하천 등 온갖 자연을 지배하는 신들이 숭배 대상이다.

위 비엘로보그 아래 체르노보그

슬라브 신화는 다른 일련의 신화들과 마찬가지로 밝음과 어둠, 즉 명암(明暗)의 원시적 이원론에서 시작된다. 밝음은 창조와 생명을 주는 존재로서 절대선이며, 그에 비해 어둠은 파괴와 죽음을 의미하는 절대악이다. 밝음을 의미하는 '광명의 신' 비엘로보그(Bielobog; White God)는 '희다' 라는 뜻의 형용사 'bieli' 와 신을 뜻하는 명사 '보그' 를 합성한 말이며, 어둠을 의미하는 '암흑의 신' 체르노보그(Tchernobog; Black God)는 '검다' 는 뜻의 형용사 'tchorni' 와 신을 뜻하는 명사 '보그' 의 합성어이다. 비엘로보그와 체르노보그의 대립은 슬라브 신화의 토대가 되며 다양한 민족의 창조주로서 두 신의 이름이 전승된다.

상징적 의미의 두 신 이후 본격적으로 신격화된 위대한 '천공(天空)의 신' 스바로그(Svarog)는 태초원신 로드(Rod; Rodzanica)라고도 불린다. 스바로그는 'heavenly' 의 뜻이며 가장 지고한 존재의 은유이며, 우주와 만물, 만유의 근본 원리이자 창조주이다. 스바로그는 '태양의 신' 다지보그(Dajbog; Dazbog Dabog, Dazhbog, Dazsbog)와 '불의 신' 스바로기치(Svarogitch)를 탄생시킨다. 그런데 스바로기치는 '스바로그의 자식' 이라는 뜻으로 스바로그의 아들이면서 스바로그 자신과 동일시되기도 한다. 따라서 스바로그/스바로기치는 '하늘' 과 '불' 을 주관하는 신으로서 당시 고대 슬라브족들이 특별하게 숭배하였음을 짐작하게 한다.

그것은 아마 '불' 에 대한 상징적 의미 때문이 아닐까 싶다. 그리스 신화에서 프로메테우스는 제우스의 금기에도 불구하고 불을 훔쳐내어 인간에게 준다. 그로 인해 프로메테우스는 모진 형벌을 받게 되지만, 인간은 더없는 혜택과 문명의 발전을 누리게 된다. 그렇다면 스바로기치 또한 인간을 위해 '불'을 선물한 슬라빅 프로메테우스라고 할 수 있겠다. 스바로그 혹은 스바로기치는 그리스 신화의 제우스에 버금가는 권세로서 우주를 지배하고 만물을 창조하는 힘을 자식들에게 물려준다.

역시 '태양의 신' 다지보그가 스바로그의 뒤를 이어 강력한 숭배를 받는 신으로 등극한다. 다지보그는 원년이 표기되어 고증할 수 있는 고유한 신의 하나로서, 어둠과 추위와 빈궁을 다스리고, 절대권력으로 재판관의 역할을 맡는다. 악행을 한 자에게 벌을 주고, 선행을 한 자에게 상을 주는 것은 물론이요, 인간의 운명을 결정하는 권능을 행사한다. 다지보그는 상하(常夏)의 동쪽 왕국에 살면서 아침마다 금마(金馬; gold horse) · 은마(銀馬; silver horse) · 찬마(鑽馬; diamond horse)가 끄는 전차를 타고 오로라를 신격화한 조르야(Zorya)를 대동하고 등장한다. 은빛 머리와 황금빛 수염을 가진 존재로 묘사되는 다지보그는 해가 뜨면 어린아이로서 시작하고, 해가 지면 노인으로 죽는다고 알려져 있다. 일부 신화에서 다지보그는 '달의 여신' 메시아츠(Myesyats)의 남편으로 표현되고, 다지보그와 메시아츠 사이에서 별들이 탄생한다.

위 천공의 신 스바로그
아래 태양의 신 다지보그

다지보그의 후위를 담당하는 오로라의 신격화 조르야는 각 등장 시기별로 세분화되는데, 세 자매로 묘사된다. '아침의 오로라' 조르야 우트렌나야(Zorya Utrennaya; Zvezda Dennista; Zwezda Dnieca; Zora)는 다지보그가 아침에 나설 때 동쪽 궁전의 문을 여는 일을 주로 관장했으며, '저녁의 오로라' 조르야 베체르나야(Zorya Vechernyaya; Zvezda Vechernaya; Zwezda Wieczoniaia; Zarja)는 다지보그가 돌아왔을 때 동쪽 궁전의 문을 닫는 일을 관장했다. '한밤의 오로라' 조르야 폴루노키나야(Zorya Polunochnaya; Zwezda Polnoca)는 일부 신화 속에서는 언급되지 않기도 하는데, 주로 밤이 되어 태양이 가사(假死) 상태가 되면 이를 보중했다가 다시 부활시키는 일을 주관했다.

천둥의 신 페룬

'천둥의 신' 페룬(Perun; Parom)은 최초에는 돌로 무기를 만들고, 나중에는 금속으로 무기를 만들었으며, 산맥과 유성, 독수리와 도끼 등의 이미지를 대동한 강력한 신으로 표상된다. 우주수로 형상화되는 태초의 세상에서 그 가지와 줄기는 천상의 이승세계를 의미하며, 그 뿌리는 지하의 저승세계를 의미한다. 우주수의 가장 높은 가지 위에 앉아 있는 독수리로 묘사되는 페룬은 이승세계와 천지의 지배자로서 온 세상을 훤히 내려다본다. 나무의 뿌리 깊은 곳에는 뱀이나 용으로 묘사되는 페룬의 호적수 '저승의 수신(水神)' 벨레스(Veles)가 있는데, 벨레스는 끊임없이 페룬의 성역을 침범하여 아이들과 여자들을 괴롭히며 페룬을 자극한다. 참다못한 페룬은 하늘로부터 내려다보면서 벨레스를 향해 번개를 꽂는다. 벨레스는 페룬의 번개 공격을 피해 도망치면서 나무나 집, 사람의 뒤에 숨기도 하고, 각종 동물로 변신한다. 덕분에 무고한 나무나 집, 사람들이 번개에 맞기도 했는데, 이로 인해 고대 슬라브족들은 번개가 칠 때마다 페룬이 벨레스를 혼내주기 위해 공격하는 것이라고 믿었다. 제 아무리 빠른 벨레스라 하더라도 하늘 꼭대기에서 훤히 내려다보며 공격하는 페룬을 당할 수가 없었으니, 마침내 페룬은 벨레스를 죽인다. 여기서의 죽음은 인간적인 의미가 아니라, 신화의 상징적 의미에서 죽음을 의미하는 것으로 벨레스로 하여금 그가 태어난 물속의 저승세계로 그를 다시 돌려보냄으로써 벨로스를 제압한다는 의미로 해석한다.

슬라브 신화는 지배계층과 피지배계층에 따라 각기 다른 층위의 신들을 숭배했는데, 지배계층은 그들의 권위에 걸맞는 태양, 전쟁, 천공 등 위대한 창조신들을 위주로

저승의 신 벨레스

경배했으며, 이에 비해 피지배 계층은 신과 정령의 중간 단계에 해당하는 주위에서 흔히 접할 수 있는 동물이나 식물 등 자연에서 비롯된 소박한 나름의 신화를 만들어 믿었다. 이후 그리스도교가 전파되면서 슬라브 신화와 신들을 이단으로 간주하는 과정에서 많은 부분 전승이 중단되거나 파괴되는 등 수모를 겪게 된다. 또한 겨우 견디어낸 신화의 흔적은 게르만 등 이민족과의 접촉을 통해 고유성을 간직하지 못하고 왜곡되거나 굴절되어 유사 신화군으로 병합되는 양상을 보여준다. 그나마 다행스러운 것은 지배계층과 피지배계층의 신앙분리 덕분에, 정치 및 종교적인 이유로 지배계층이 슬라브의 신화를 포기했을 때, 피지배계층은 토속신앙을 간직하면서 그들의 소박한 신화와 믿음을 보존할 수 있었다.

ㅡ북유럽 신화ㅡ 북유럽 신화는 지역적으로 노르웨이, 덴마크, 스웨덴, 아이슬랜드 등을 포함하는 스칸디나비아를 중심으로 하고, 민족적으로는 상기 언급한 민족 및 바이킹족까지 포함하여 대상으로 한다. 아이슬랜드에서 발견된 《에다(Edda)》는 북유럽의 신화를 노래한 장대한 서사시로서 그 절반이상이 9세기 경 노르웨이에서 필사된 것으로 추정된다. 이밖에도 13세기 초 필사된 노르웨이 왕조사 《헤임스크링글라(Heimskringla)》와 《新에다(Younger Edda)》에는 북유럽 신화와 당대 시인들의 작품들이 수록되어 있다. 이들 작품을 통해 북유럽의 위대한 영웅적 기개와 그에 대한 숭배와 예찬을 엿볼 수 있다.

특히 1833년 안드레아스 파예스(Andreas Fayes)의 《북구 전설(Norske Sagn)》은 방대한 구술자료와 문자자료를 모두 참조하였으며, 1845년 피터 아스뵈른슨(Peter Christen Asbjørnsen)의 《북구 괴담과 전설(Norske Huldre-Eventyr og Folkesagn)》은 전설과 민

담을 기행문 형식으로 기술한 작품이다. 이러한 신화와 전설 속에는 자연현상은 물론, 당시 대중들의 상상을 그대로 반영한 기이하고 경이로운 사건과 영웅, 영토확장에 대한 욕망 등이 등장한다. 특히 전설 속에 등장하는 초자연적인 존재들과 혼령들은 북구 신화의 근원에 자리잡게 된다.

위 《에다》 표지
아래 거대한 심연 기능아가프

북유럽의 창세신화를 보면, 태초에 북쪽 니플하임(Niflheim)에는 추위와 어둠이, 남쪽 무스펠스하임(Muspellsheim)에는 더위와 밝음이 있으며, 그 사이에 거대한 심연 기능아가프(Ginnungagap)가 있다. 니플하임 한가운데의 흐버겔미르(Hvergelmir) 샘에서 뿜어져 나온 물이 열한 개의 강물이 되고, 무스펠스하임의 불꽃이 얼음에 닿아 만들어진 물방울로부터 최초의 생명체이자 양성체(兩性體) 이미르(Ymir)가 탄생한다. 잠을 자던 이미르의 왼쪽 겨드랑이에서 남녀가 자라고, 이미르의 한쪽 발은 다른 쪽 발의 아들을 낳고, 이렇게 모든 거인들이 이미르의 후손이 된다.

그때 무스펠스하임의 온기에 얼음이 녹으면서 뿔 없는 암소 아우둠라(Audumla)가 태어나고, 이미르는 아우둠라의 젖을 먹으며 자란다. 풀 대신 얼음을 핥던 아우둠라는 사흘째 되던 날 얼음 속에서 신들의 조상을 발견하고, 그는 자신의 아들을 거인의 딸 베스틀라(Bestla)와 결혼시키고 둘 사이에서 오딘(Odin), 해니르(Hœnir/Vili), 로두르(Lodur/Ve)가 태어난다.

이후 삼형제와 거인들은 치열한 영역쟁탈전과 기싸움을 시작하고, 결국 삼형제는 이미르를 죽인다. 삼형제는 이미르를 기눙아가프 한가운데로 끌고 가서 그의 주검으로 세계를 만들고, 그의 두개골로 하늘을 만들고, 그의 살로 육지를 만들고, 그의 피로

거인 이미르와 암소 아우둠라(니콜라이 아브라함 아빌가르트 作)

물과 바다를 만들고, 그의 다리로 산을 만들고, 그의 턱뼈와 치골로 돌을 만들고, 그의 머리카락으로 풀과 나무를 만들고, 그의 뇌로 구름을 만든다. 그리고 강력한 '중간계(middle-earth)' 미드가르트(Midgard)를 만들고 인간을 창조하여 그곳에서 살게 하고, 바깥 세계 우트가르트(Utgart)로부터 인간을 보호하기 위해 이미르의 속눈썹으로 미드가르트를 둘러싸는 방벽을 설치한다. 그 한 가운데 신들의 거주지 아스가르트(Asgard)를 세운다.

이밖에도 알프하임(Alfheim), 바나하임(Vanaheim), 니플하임(Niflheim), 무스펠하임(Muspelheim), 요툰하임(Jotunheim), 스바탈프하임(Svartalfheim), 헬(Hel) 등 총 10개의 세계가 있다. 이렇게 10개의 세계는 거대한 '우주의 물푸레나무' 이그드라실(Yggdrasil)에 의해 지지되는데, 그 나뭇가지들은 세계를 뒤덮고 있으며, 세 가닥의 뿌리는 각각 아스가르트와 요툰하임, 그리고 헬로 뻗어있다. 아스가르트 밑으로 뻗은 뿌리는 우르드(Urd)의 우물에 닿고, 요툰하임 밑으로 뻗은 뿌리는 미미르(Mimir)*의 샘에 닿는다. 헬 밑으로 뻗은 뿌리는 흐베르겔미르(Hvergelmir)의 샘에 닿는다.

이그드라실은 '신들의 황혼' 이자 '세계의 종말' 라그나로크(Ragnarok) 신화의 중심에 자리잡고 있다. 라그나로크는 '신(지배자)들의 운명' 혹은 '신들의 몰락' 을 의미한다. 오딘신(神)의 아들이며 '광명의 신' 인 발드르가 사신(邪神) 로키의 간계로 죽자, 신들의 황금시대는 끝나고 세계는 혼란 속에 빠진다. 여름도 없는 겨울이 여섯 번씩 계속되면서 굶주림이 찾아오고, 인륜이 무너져 동족상잔과 근친상간이 만연한다. 이때 남쪽에 있는 초열(焦熱)의 나라 무스펠하임에서 거인과 악령들이 일제히 일어나 로

* 미미르는 북유럽 신화의 주신(主神)으로, 아스가르트와 미드가르트의 성전 동안 그의 머리가 잘려진다.

키를 선두로 아스가르트를 침범하고, 헤이무달이 뿔피리를 불며 신들을 깨운다. 오딘은 미미르에게 조언을 구하고, 성전에 돌입한다. 그러나 거대한 늑대 펜리르가 오딘을 삼켜버리고, 토르는 요르문간드의 뱀을 무찌르지만 뱀의 독기로 인해 자신도 쓰러진다. 불꽃의 거인 수르트가 던진 횃불로 이그드라실이 불타면서 육지는 바다에 잠기고 세계는 멸망한다.

라그나로크(요하네스 게르츠 作)

라그나로크 이후 바다 속에서 새로운 육지가 다시 떠오르고 인간으로서는 유일하게 리프(Lif)와 리프트라시르(Lifthrasir) 두 사람이 생존한다. '생명'을 뜻하는 리프와 '생기'를 뜻하는 리프트라시르는 이그드라실의 가지 속에 은신처를 만들어 도피할 수 있었던 것이다. 두 사람은 이그드라실에 몸을 숨긴 채 나무의 보호를 받았으며, 그 어떤 불덩이와 불길도 그들에게 해를 줄 수 없었다. 심지어 그들을 건드릴 수조차 없었으니, 이것은 모두 이그드라실, 우주수의 비호 덕분이다. 그리고 그들은 아침이슬을 받아먹으며 연명하다가 드디어 새로운 태양이 떠오르고 세상이 끝난 자리에서 다시 시작되는 세상을 만나게 된다. 이제 생존한 남녀와 저승에서 돌아온 발드르에 의해 새로운 세계가 시작된다. 북유럽의 창세 신화는 거인해체 신화 혹은 사체화생설의 패턴을 보여주며, 그들의 삼세관은 신, 인간, 거인족(괴물)으로 엄밀하게 구별되어 있으면서도, 인간과 통교하는 등 인간에 대한 특별한 애착을 신화 속에 표현하고 있다. 북유럽의 신들은 두려움을 불러일으키는 위력적인 존재나 완벽한 절대신으로서의 이미지로 묘사되기보다는 인성을 지닌 존재로 묘사된다. 즉, 단점과 약점을 가지고 있을 뿐만 아니라, 전지전능하지도 않고 불멸이나 불사의 존재도 아니다. 신화는 신에 대한 이야기지만 인간에 의해 구술되고 기록되는 만큼, 북유럽의 신화는 가장 인간적인 신화 중 하나이다.

이그드라실

Step 2.

Storyfactor

다양한 매체적 요소들이 스토리텔링을 위해 사용되는데, 우선 이미지를 통해 이야기가 발생하고, 기록이나 책 등을 통해 이야기가 발생하고, 특수한 화자(이야기꾼)에 의해 이야기가 발생하고, 정지화면이 아닌, 움직이는 영상에 의해 이야기가 발생하는 다양한 이야기의 구성요소를 소개한다. 구체적으로 살펴보면, 그림이나 사진 등의 시각적 요소, 필사나 인쇄 등의 문자적 요소, 음성이나 음향 등의 청각적 요소, 역동적으로 움직이는 영상효과를 살린 영상적 요소 등이 있다.

우선 언어가 생기기 전까지 인류의 표현욕을 충족시켜준 것은 그림이다. 언어가 발명된 이후에는 글이 주요한 표현수단이 되지만, 그렇다고 해서 그림에 의한 표현방법이 사라진 것은 아니다. 글과 그림은 공존하면서 유사이래 인류의 표현의지를 대변해왔으며, 시대에 따라 둘 중 어느 하나가 주도권을 잡기도 하지만, 그것이 영원한 것은 아니며 각기 다른 매체성을 통해 자구책을 찾아 변신을 시도한다. 그림을 통한 스토리텔링의 현대적 계승은 시사만평, 삽화, 이콘, 아바타 등 각각 다른 장르적 속성에 기여하면서 나름의 방식으로 다양한 이야기를 담고 있다.

문자적 요소에서 글이나 문자, 텍스트는 각기 다른 의미역을 가지는데, 사전적으로 글을 구성하는 자모의 단위나 음절을 문자라고 하고, 그러한 문자로 된 데이터를 텍스트라고 한다. 물론 글로 쓰여진 상태나 본문 · 원문을 텍스트라고도 한다. 다만 여기서는 텍스트의 의미를 문자로 된 데이터로 해석하고, 그러한 데이터들이 스토리텔링에 미치는 영향관계에 대해 조망하고자 한다.

청각적 요소가 스토리텔링에서 차지하는 비중은 지대한데, '텔링' 자체가 말하고 들려짐을 내포하기 때문에 더욱 그러하다. 사전적 의미에서 소리는 물체의 진동에 의하여 생긴 음파가 귀청을 울리어 귀에 들리는 현상을 의미한다. 따라서 들리는 모든 대상과 작용, 그리고 현상이 모두 소리에 해당하며, 이러한 요소들이 스토리텔링에 기여한다.

영상적 요소는 정지된 화면을 몇 장씩 연속해서 돌리면서 움직임을 표현하고자 하는 인간의 욕망에서부터 발현된 것으로, 실상 사물 이외에 모든 생물들은 정지되어 있고 싶어도 움직일 수밖에 없으며, 인간은 사물조차 움직이게 만드는 꿈을 꾸었으며, 이제 그 꿈이 실현된 이상, 존재하지 않는 세상을 존재하는 것처럼 만드는 가상성에 집중하게 되었다. 따라서 여기서는 컴퓨터를 비롯한 특수한 메커니즘에 의해 만들어지는 가상성과 가상현실을 통해 진단하고자 하는데, 이런 작업은 과학의 발전단계와 사이버스페이스의 개념을 정의하면서 나아가 공감각적 상상력의 총화로서 가상현실을 새롭게 인식해보는 데 의의가 있으리라 생각한다.

그래픽 요소

graphic factor

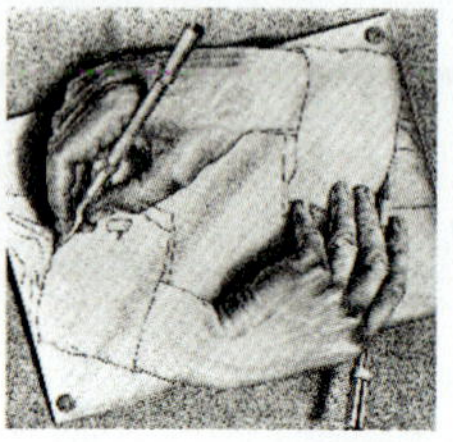

인류의 역사는 표현의 역사라고 해도 과언이 아니다. 물론 후세에 물려주거나 남겨줄 의도가 없었더라 하더라도, 인류는 동굴에 벽화를 그리거나 암벽화를 그리거나, 도구를 개발하여 표면에 새기기도 하면서, 그렇게 자신의 의도를 표현해왔다. 여기서 한자 '表現' 은 겉/밖으로 드러내어 존재를 증명하는 행위로서, '드러낸다' 는 것은 언어환경에서 다분히 시각성을 염두에 둔 자연스러운 어휘선택이라고 할 수 있다. 밖으로 드러내어 시지각으로 구분할 수 있도록 만드는 것이야 말로 궁극적인 의미의 '표현' 이다. 따라서 인류의 표현에 대한 욕망은 인간의 실존적 발로라고 해도 과언이 아니다.

언어가 생기기 전까지 인류의 표현욕을 충족시켜준 것은 '그림' 이다. 언어가 발명된 이후에는 '글' 이 주요한 표현수단이 되지만, 그렇다고 해서 '그림' 에 의한 표현방법이 사멸한 것은 아니다. 둘은 공존하면서 인류의 표현의지를 대변해왔고, 앞으로도 대변할 것이다. 글과 그림은 모두 '긋다' 에서 파생되었다고 볼 수 있다. 획을 긋는 것이 '글' 이요, 선을 긋는 것이 '그림' 이다. 그림을 그리듯 머리 속에 특정한 상(像)을 떠올리는 것을 '그리움' 이라고 한다. 모두 공통적으로 이미지에 대한 의미역을 가진다. 그림도 글도 모두 인류의 표현에 기여한다. 바로 그토록 표현하고 싶어 했던 대상, 그것이 바로 스토리이며, 그 표현방법이 스토리텔링이다. '글' 이 발명되기 이전부터 인류는 그림을 통해서 스토리텔링을 해왔던 것이다.

글이 이성의 필터링을 거치는 일종의 자기검열이라면, 그림은 감성 혹은 본성에 가깝다. 밑그림을 그리고 스케치하고 채색하는 그림의 방법론이 구체화된 것은 글이 지배하는 이성의 시대가 도래한 다음의 문제이므로, 어디까지나 그림이 주가 되던 감성과 본성의 시대에 인류는 그림을 통해 스토리텔링을 해왔다. 문자 인터페이스가 가지고 있는 오해나 오기(誤記) 등 언어 장벽이 그림에서는 존재하지 않는다. 이러한 맥락에서 스토리텔링을 이루는 첫 번째 요소로 '그래픽 요소'를 살펴볼 것이다. 그림을 통한 스토리텔링의 현대적 계승은 그림을 보고 연상되는 이야기를 자유롭게 표현하는 픽쳐스토리(Picture-Story)*를 통해 이루어진다. 구체적으로 4컷 내외의 시사만평, 이야기 속에 삽입되는 삽화, 종교적 아이콘인 성상, 제2의 자아로 표현되는 아바타 등은 각각 다른 장르적 속성에 기여하면서 나름의 방식으로 다양한 이야기를 담고 있다.

일러스트레이션 일러스트레이션은 이야기의 의미를 보완하거나 강화하기 위해 이야기 중간에 삽입되는 그림을 뜻한다. 그런데 이야기의 보조적인 역할로서 출발한 삽화가, 그 자체만으로도 독자적인 의미역을 가지는 경우도 있으며, 이 경우 예술작

《미녀와 야수(1991)》

* 픽쳐스토리의 사례는 http://www.bbc.co.uk/cbbc/art/activities/wyps/index.shtml 참조.

품으로 격상된다. 이제 특정 동화와 그 삽화를 중심으로 다양한 삽화의 스토리텔링 방식을 검토하고 비교해 보기로 한다. 〈미녀와 야수〉는 세계적으로 잘 알려진 이야기이며, 특히 디즈니 애니메이션으로 제작되어 다른 동화에 비해 선명하게 기억되는 이야기이다. 야수와 미녀가 만나 서로 사랑에 빠진다는 설정 자체가 비현실적이지만, 추한 외모의 야수가 아름다운 미녀의 사랑을 얻게 될지 호기심과 기대로 오랫동안 사랑받는 작품이다. 〈미녀와 야수〉의 초기판본은 1740년 마담 빌레네브(Madame de Villeneuve)의 〈La Jeune Ameriquaine et les Contes Marins〉이다. 빌레네브의 판본은 상당한 분량으로, 연속적 꿈꾸기를 비롯하여 다양한 동화적 모티브들이 혼재되어 있다.

빌레네브 판본과 더불어 가장 널리 알려진 이야기는 1756년 출간된 마담 보몽(Madame Le Prince de Beaumont)의 판본이다. 보몽 판본은 빌레네브 판본에서 지루한 부분을 삭제했으며, 덕분에 매우 간결하다. 야수의 배경과 출신성분, 그리고 미녀가 야수의 성에서 시간을 보내는 부분에 많은 지면을 할애했다. 빌레네브 판본에 있는 황금상자, 마술거울과 반지 등의 마법 모티브들을 그대로 차용하되, 보다 단순하고 선명하게 묘사했다. 특히 미녀의 아버지에 대한 묘사를 살펴보면, 그는 매우 부유한 상인으로 3남 3녀를 두었으며, 막내딸이 가장 아름다워서 언니들의 질투를 받았다고 되어 있다. 이후 야수의 성에서 살던 막내딸 '미녀'가 집으로 잠시 돌아왔을 때, 신사와 결혼한 큰 언니, 재치 있는 남자와 결혼한 둘째 언니의 결혼생활이 몹시 불행한 것을 알게 되면서 진정한 행복과 결혼, 사랑의 의미를 돌아보게 하는 계기가 된다.

〈미녀와 야수〉 동화에 삽입된 앤더슨의 삽화를 보면, 우선 야수의 생김새는 살빛도 검고 어두워서 음침한 분위기가 감도는 데다가 기존의 동물변신형이 아니라, 어디 보도 듣도 못한 외계의 생명체와 비

위 《미녀와 야수(1991)》
아래 미녀와 야수(안네 앤더슨 作)

숫하다. 긴 손톱이라던가 뾰족한 귀와 코의 형태는 판타지 세계에 나오는 트롤이나 호빗을 연상시키기도 한다. 야수의 목을 보면, 보석이 박힌 목걸이를 하고 있는데, 단순히 일반적인 목걸이 형태라기보다는 일종의 개목걸이(dog collar)와 유사하다. 개목걸이는 '족쇄'의 의미로서, 주인에 의해 속박되는 '구속'의 상징이다. 이것은 야수가 마녀의 저주에 의해 자유를 박탈당하고 있음을 단적으로 보여준다. 야수의 눈빛은 미녀를 향하고 있는데, 흉측한 외모와 달리 미녀를 바라보는 그의 눈빛만큼은 조심스러움과 애정이 담겨져 있다.

고통스러워하는 야수와 이를 안타까워하는 미녀

이에 비해 미녀는 순결과 무구의 상징인 새하얀 드레스를 입고 있는데, 드레스의 백색은 단순히 깨끗하다는 의미 외에, 아직 그녀의 마음에 어느 누구도 새겨지지 않았음을, 즉 백지상태임을 의미한다. 미녀는 겁에 질린 듯 몸을 비틀어 야수로부터 되도록 거리를 두려는 포즈를 하고 있으며, 식탁 위에 놓여야 할 미녀의 손은 의자 뒤편으로 멀찍이 떨어져 포개져 있다. 테이블 위에 깎다 만 과일이 놓인 것으로 보아, 아마도 손의 위치가 그렇게 된 것은 갑작스럽게 테이블 위에 올려진 야수의 손 때문으로 추측된다. 결국 삽화를 통해 자유를 구속당한 불행한 처지의 야수에 대한 배경스토리는 물론 미녀에게 다가가고 싶은 야수의 마음과, 그럼에도 불구하고 아직까지 야수에게 마음의 문을 열지 못하는 미녀의 심리적 거리감을 읽어낼 수 있다.

이에 비해 보일의 삽화는 스토리가 좀더 진행된 이후를 보여준다. 물론 동일한 삽화가의 그림이 아니므로 각기 다른 방식으로 해석되어야 옳지만, 여기서는 '삽화'를 통해 스토리텔링을 하는 과정과 방법론을 다루는 자리인 만큼, 마치 같은 삽화가의 작품인양 하나의 동화를 읽을 것이다. 먼저 야수의 생김새를 보면, 외계인이나 판타지 캐릭터처럼 현실성이 없어 보이던 존재에서, 이제는 익히 잘 아는 바다사자로 형상화된다. 바다사자는 우선 외관상 축축하고 미끈한 느낌은 다분히 남근상징적이다. 보일의 삽화에서 야수는 더 이상 '괴물'이 아니라 '남자'이며, 이것은 야수에 대한 미녀의 태도변화와 직결된다. 물론 바다사자는 바다에 서식하기 때문에 육지에 있다는 것 자체

미녀와 야수(월터 크레인 作)

가 '한시적'이며 '일시적'이다. 바다에서 주로 살다가 육지로 와서 짝짓기를 하고 종족번식을 하는 바다사자의 생리로 볼 때, 둘은 공존의 가능성은 있되, 여전히 사랑의 맹세를 할 가능성은 희박하다는 사실을 보여준다.

미녀에게서 가장 눈에 띄는 것은 그녀의 붉은 드레스이다. 적색은 백색의 백지와는 시각적으로도 상징적으로 다르다. 붉은 색은 유혹과 경고, 정열과 희생 등 복잡미묘하고도 강렬한 극적 요소를 내포하고 있다. 미녀의 마음은 더 이상 새하얀 드레스처럼 순결하지 않다. 그렇다고 해서 불결하다는 의미는 물론 아니다. 다만, 그녀는 이미 마음의 순결을 잃은 상태, 즉 사랑에 빠지고 만 것이다. 함정에 빠지고, 궁지에 빠지고, 물에 빠지듯 우리는 사랑에도 빠지게 된다. '빠지다'는 것은 깊은 곳으로 떨어지는 것이며, 어려운 처지에 놓인 것이며, 있어야 할 것이 사라진 상태이다. 사랑을 하기 전에는 결코 경험할 수 없는 심연으로 들어가는 것이며, 상심의 고통 속에 아무리 허우적거려도 구원의 가망은 희박하기만 하고, 이별로 인해 연인과 더불어 자신의 영혼까지도 떠나보내는 이혼(離魂)의 허무를 깨닫는 것, 그것이 사랑이다.

또한 미녀의 포즈를 보면 야수에 기대고 있으며, 두 팔로는 야수를 끌어안고 어루만지고 있다. 이것은 분명 동정이든 연민이든 애정이든 간에 정서의 작용이며 표현이다. 자신이 사랑에 빠졌음을 스스로 깨닫건 미처 깨닫지 못했건 간에, 그녀는 이미 심리적 거리감을 느끼던 모습과는 전혀 다른 모습을 하고 있다.

크레인의 삽화를 보면, 이제 동화의 스토리는 결말로 치닫고 있음을 알 수 있다. 횃불을 들고 있는 원숭이로 묘사된 하인들의 다급한 포즈는 뭔가 불길한 사태가 일어났음을 암시한다. 당연히 삽화 한 가운데 야수가 쓰러져 있으니 가장 최악의 상황이 벌어졌음을 알 수 있다. 모자를 쓴 미녀의 모습은 그녀가 외출로부터 급히 돌아왔음을 암시한다. 가족들이 그리워하는 미녀를 위해 야수는 자신의 욕망과 사랑을 희생하면서 그녀를 집으로 보낸다. 그녀가 다시 돌아오리라는 기대 따위는 처음부터 할 수 없었을 것이다. 그녀와의 완전한 이별을 각오한 결심이었으니, 이제 야수에게는 희망이 없다. 떠나보낸 미녀를 그리워하다가 결국 상사병으로 죽어가는데, 야수의 모습은 멧돼지로 표현된다. 멧돼지는 거친 남성미의 상징이다. 그는 아직 인간은 아니지만, 미녀에게 남성으로 완전히 인지되어 있을 뿐 아니라, 멧돼지는 바다사자와 달리 육지 혹은 숲에서 살아가므로, 미녀가 야수의 숲을 떠나지 않는 한 둘은 공존의 가능성이 크다. 같은 공간에서 둘은 영원할 수 있음을 암시해준다.

삽화 직전의 상황은 대략 이렇다. 향수병에 걸려 언니들과 아버지 생각에 식음을 전폐한 미녀를 보다 못한 야수는 미녀에게 집에 다녀오라고 허락하면서, 다만 일주일(혹은 보름) 후 돌아와 달라고 말한다. 물론 그 약속은 지켜질 확률이 거의 없음을 야수도 미녀도 알고 있다. 결국 이별을 각오한 허락인 셈이다. 미녀를 사랑하는 야수는 그녀와의 이별이 슬펐지만, 야수에 대한 사랑을 아직 깨닫지 못한 미녀는 가족에 대한 그리움이 앞설 따름이다.

그렇게 집으로 돌아간 미녀는 불행한 결혼생활을 하고 있는 언니들을 보며, 진정한 사랑이란 외모나 재산이나 재치가 아님을 그제서야 깨닫는다. 외적 요소, 물적 요소를 초월한 야수의 절절한 사랑을 뒤늦게 깨달은 그녀는 야수가 있는 성으로 달려간다. 바로 그 다음 장면이 삽화의 내용이다. 야수의 가슴 위에 간절히 모아 쥔 미녀의 손동작과, 야수에게 반쯤 몸을 기댄 다급한 그녀의 포즈와 휘어진 발끝의 긴장감은, 야수에 대한 진실한 사랑을 고백하기 일보직전의 절박함이 느껴진다. 이제 남은 것은 야수에 대한 미녀의 절절한 사랑고백뿐이다.

크레인의 삽화에서 배경을 자세히 보면, 앞의 두 가지 삽화와는 조금 다르다. 첫 번째 삽화의 배경은 어두운 실내이고, 두 번째 삽화의 배경은 캄캄한 밤의 정원이다. 두 배경 모두 미녀와 야수의 앞날처럼 어둡고 캄캄하다. 그런데 크레인의 삽화는 꽃밭이다. 비록 상심의 고통으로 쓰러진 야수지만, 그는 꽃밭에 누워있으며, 그의 머리맡에는 향기로운

미녀와 야수(월터 크레인 作, 미녀를 향한 야수의 몸 방향·손 위치와는 대조적인 미녀의 포즈)

꽃나무가 있다. 이는 연인의 사랑을 돋보이게 해줄 근사한 장치일 뿐 아니라, 둘의 사랑이 이미 활짝 꽃피었음을 보여주는 감정의 전이물이다. 이처럼 삽화는 기본적으로 이야기의 이해를 돕기 위한 기능을 하는 동시에, 그 자체만으로 충분한 이야깃거리를 만들어낸다. 그런 의미에서 삽화는 엄연한 스토리텔링의 산물이다.

카툰 일반적으로 만화(漫畵)는 표현하고자 하는 대상을 과장하거나 축소하기도 하고, 아예 생략하거나 특징을 왜곡하는 등의 기법을 동원하여 풍자하고 비판하는 그림 형식을 의미한다. 만화도 세부적으로 장르화되어 있는데, 특정인물의 풍자화를 캐리커처(caricature)라고 한다. 캐리커처의 어원은 '과장하다'는 뜻의 'caricare'로 대상의 특정부분을 과장하여 우스꽝스럽게 만드는 인물화를 칭한다. 정치나 문화, 사회, 경제 등 이슈가 되는 사건이나 문제를 유효적절하게 한 컷으로 압축하여 제시하는 시사만화나 4컷 이상이 연결되어 일정한 내러티브가 형성되는 만화를 카툰*이라고 한다. 카툰은 삽화와 달리 이야기의 보조적 기능을 할 필요가 없으며, 제한된 화면에 모든 의미를 함축적으로 담아내야 하기 때문에 고도의 기술과 연륜이 요구된다. 이제 몇 가지 유명한 카툰작품을 중심으로 카툰의 스토리텔링 방식을 검토하고 비교해 보기로 한다.

먼저 위의 카툰은 '잠자리에서 읽어주는 동화(nursery story)' 장면으로, 얼핏 외모만 가지고는 누가 아들인지 누가 아버지인지 분간이 안 될 수도 있다. 다만 자세히 들여다보면, 이불을 덮고 있는 아이의 손끝 아래 두 개의 삼각형이 봉긋 솟아 있다. 영낙 없는 아이의 발이다. 어림해도 키가 작으니, 아직은 잠자리에서 동화책이 필요할 나이다. 카툰 아래 큰따옴표 속의 내용은 둘 중 한 사람의 발언

패밀리 카툰(랜디 글래스버겐 作)

* 미국에서는 코믹스(comics) 또는 코믹 스트립스(comic strips)라고 한다.

교황 요한 바오로 2세 추모 카툰(아르카디오 에스퀴벨 作)

일 텐데, 아버지는 말문이 막힌 듯 다물어져 있으니, 아들이 하는 소리다. 아버지의 동화를 듣고 아들은 할 말이 많아진 모양이다. “백설공주는 사과를 먹고 중독되었고, 재크는 콩나무를 타고 올라가서 거인과 만났죠. 그리고 앨리스가 버섯을 먹고 무슨 일이 벌어졌는지 보세요! 그래도 아빠는 내가 과일과 야채를 안 먹는 이유가 궁금하세요?”

갑자기 무슨 소리일까. 아들의 대화내용을 풀어 보면, 〈백설공주〉에서 공주는 독이 든 사과를 먹고 중독되었고, 〈재크와 콩나무〉에서 재크는 소 한 마리와 바꾼 마법의 콩을 심어 콩나무를 타고 하늘까지 올라가서 무시무시한 거인을 만났고, 《이상한 나라의 앨리스》에서 앨리스는 버섯을 먹고 나서 갑자기 거인이 되었으니, 사과와 콩과 버섯 등등 과일과 야채를 먹고 동화 속에서는 온통 좋지 않은 일들만 벌어졌는데, 그럼에도 불구하고 아버지는 과일과 야채를 왜 안 먹느냐고 식사 때마다 핀잔을 주겠느냐는 반문이다. 편식의 근거를 찾아낸 뿌듯함이 가득한 아들의 표정은, 아버지의 황당한 표정과 대조를 이루면서, 두 사람을 지켜보는 램프의 빙그레 웃는 표정은 아이의 천진난만함과 기발한 동화적 상상력에 대한 카툰 독자들의 반응을 대신해준다.

모세와 아론의 지팡이

위의 카툰은 교황 요한 바오로 2세의 서거에 대해 추모의 성격을 가지며, 상황을 이해하도록 도와주는 어떤 대사나 단어도 없이 이미지만으로 이루어진다. 물론 그 의미를 읽어내는 것은 어렵지 않다. 어차피 카툰은 글이 위주가 아니라, 그림이 위주가 되는 매체이기 때문이다. 카툰의 한 가운데 등을 보이며 돌아선 교황 요한 바오로 2세의 모습은 이제 세상을 등지고 하느님의 나라로 들어가는 모습

창작과 복제 최인종

을 암시하고 있다. 그런데 교황 요한 바오로 2세는, 마치 부케를 던지는 신부처럼 지팡이를 뒤로 던지며 떠나간다. 신부의 웨딩부케를 받은 사람이 다음 신부가 된다는 로맨틱한 전설처럼, 교황의 지팡이를 받은 사람이 차기 교황이 된다는 의미로 해석된다.

지팡이를 잡으려는 수많은 손들은 한결같이 지팡이에 조금이라도 더 닿으려고 애쓰는 포즈이다. 교황이 되고자 원하는 사람이 그만큼 많다는 의미로 해석될 수 있다. 지팡이는 주인을 잃고 허공에 떠있으므로 누구의 것이 될지 알 수가 없다. 차기 교황이 정해지기 전의 카툰이므로, 아직 차기 교황이 누군지 알 수 없던 상황을 그대로 암시한다. 사실 정확하게 따지자면, 카툰상으로 그려진 지팡이는 교황의 지팡이가 아니다. 교황의 지팡이는 예식 때 사용하는 것으로 목자로서의 권위를 상징하고, 십자가에 못 박혀 죽은 그리스도의 지상 대리자라는 의미로 윗부분이 십자가 모양이다. 주교의 지팡이가 원형으로 둥글려 있으니, 카툰상의 그림을 굳이 따지자면 주교의 지팡이가 된다. 그렇다고 지팡이의 윗부분을 두고 심각한 오류로 간주하며 분석한다는 것은 카툰에 담긴 더 중요한 부분을 놓치는 것임이 자명하다.

또한 교황의 지팡이라는 의미에만 묶여 있을 필요도 없다. 성경을 보면 중요한 사명을 맡은 이들에게 지팡이가 자주 등장하는데, 모세의 지팡이가 그렇고 아론의 지팡이가 그러하다. 왜 하필 지팡이인가 하는 것은, 인간은 하느님 앞에서 마른 나무 같은 존재임을 보여주기 위해서다. 하느님을 대신했던 교황은 모든 천명을 다하고 하느님 곁에서 영원한 안식을 누리게 될 것이다. 이제 하느님 앞에서 우리는 언제나 마른 나무같이 미약한 존재임을 잊지 말라는, 그리하여 한없이 겸손하라는 마지막 당부를 남기고 교황은 뒤돌아선다. 지팡이를 잡은 사람이 누가 되든지, 지팡이라는 성경적 의미의 상징을 잊지 말라는 뜻으로 카툰을 분석할 수도 있다.

위의 카툰은 최인종의 한컷세상 No.57 〈창작과 복제〉의 주요장면만 편집한 것이다. 연속으로 이어져 있는 각각의 그림들은 연쇄법의 시처럼 다음 그림과 이어지면서 결과적으로 뫼비우스의 띠처럼 어디가 시작이고 어디가 끝인지를 알 수 없게 된다. 첫 번째 그림을 보면, 나무를 쪼고 있는 딱따구리가 있다. 그런데 딱따구리는 그냥 나무를 쪼는 것이 아니라, 자기 자신의 모습을 조각하고 있다. 첫 번째 질문이 던져진다. 딱따구리가 자기 자신을 쪼아 만든 '목조 딱따구리'는 창작인가 복제인가. 두 번째 그림을 보면, 조각가가 딱따구리를 조각하고 있다. 그런데 조각가가 조각하는 딱따구리는 첫 번째 그림 속에서 딱따구리가 쪼고 있는 '목조 딱따구리'이다. 두 번째 질문이 던져진다. 딱따구리의 '목조 딱따구리'를 그대로 돌에 조각한 조각가의 '석조 딱따구리'는 창작인가 복제인가.

세 번째 그림을 보면, 디지털카메라로 사진을 찍고 있는 카메라맨이 보인다. 그런데 카메라맨이 찍고 있는 장면은, '목조 딱따구리'를 쪼고 있는 딱따구리와 이를 돌에 새기는 조각가를 모두 담고 있다. 그런데 세 번째 그림의 아랫단을 보면, 컴퓨터 모니터 상에서 특수한 사진편집 프로그램이 사용 중임을 암시한다. 결과적으로 사진을 컴퓨터로 보면서 편집하고 있다는 의미이다. 위의 카툰에서는 생략되어 있으나, 몇 가지 그림상의 암시를 통해 사진으로 프린트하는 장면을 연상할 수 있다.

네 번째 그림을 보면, 세 번째 그림에서 출력한 사진을 보고 그대로 스케치를 하고 있는 화가가 보인다. 사진을 그래도 그리고 있는 것인데, 역시 창작인가 복제인가를 이미지만으로 반복해서 묻고 있다. 세 번째와 네 번째 그림은 앞의 두 그림과는 조금 다르다. 사진을 보고 스케치하는 경우는 일반적이다. 사진과 유화나 수채화는 전혀 별개의 예술장르이기 때문에 가능하다. 마치, 조각상을 보고 그림을 그리는 것이 복제나 표절시비에 걸리지 않는 것과 같은 원리이다.

다만 이 카툰은 온라인 불법복제에 대한 단속이 강화되고 저작권 시비가 붉어지는 현 시점에서 과연 온라인 불법복제의 범주는 어디까지인가에 초점을 맞추고 있다. 오프라인과 달리 원본과 사본의 개념 자체가 적용되지 않는 온라인상에서 '복제'라는 표현 자체가 가능한가를 반문하게 된다. 원본과 사본의 개념이 전제되어야만 창작과 복제에 명분을 적용할 수 있다. 그런데 원본과 사본의 차이를 전혀 알 수 없는 온라인의 특수성에서 과연 어떤 것을 원본이라 하고, 어떤 것을 사본이라고 해야 하는지는 단순히 판단할 문제가 아니다.

정확히 말해서 온라인상에서는 원본과 사본의 개념이 적용되지 않는다. 원본과 사본을 구분하는 그 어떤 질적 차이가 존재하지 않는다. 이것은 물리적인 의미의 복사나 복제가 아니라, 생화학적인 의미의 클론이라고 말할 수 있다. 클론과 체세포 제공자 둘 중 누가 진짜고 누가 가짜라고 할 수 있는가의 질문과 유사하다. 결과적으로 미래형의 질문으로서 이것은 더 이상 진위나 선후의 문제가 아니다.

—아바타— 아바타는 분신(分身)이나 화신(化身)을 뜻하는 말로, 그 어원은 '내려오다, 통과하다' 라는 의미의 산스크리트 어 'ava' 와 '아래, 땅' 이라는 의미의 'terr' 로, '지상으로 내려온 신의 강림' 으로 풀이된다. 주로 게임이나 각종 포털서비스로 대표되는 사이버스페이스에서 사용자나 사용자의 역할을 대신하는 캐릭터를 지칭한다. 이것은 상식적인 내용이므로 정보라고 할 것도 없다. 다만, 이처럼 온라인상에서 일반화되어 통용되는 아바타라는 개념이 사이버스페이스에 '왜' 갑자기 대두되어 이토록 지배적인 개념을 형성하게 되었는가에 대해서는 그리 쉽게 대답하지 못할 것이다.

아바타는 말 그대로 신성한 개념이다. 지상으로 강림한 신, 육화된 신은 모든 종교에서 신성한 존재이다. 그런 신적 존재가 사이버스페이스에 존재한다는 의미는 무엇일까. 그것은 사이버스페이스가 구체화된 대안적 현실일 수 있다는 가정 하에서만 성립한다. '나' 는 모니터를 들여다보고, 또 다른 '나' 는 사이버스페이스로 강림한다. 결국 지상으로 강림한 신이라는 아바타의 원개념은 고스란히 적용되어, 지상 대신 사이버스페이스로 강림한 신의 이름이 21세기 아바타이다. '나' 는 모니터 너머에서는 인간이지만, 일단 모니터안의 세계, 사이버스페이스로 들어가면 신적 존재 아바타가 될 수 있다.

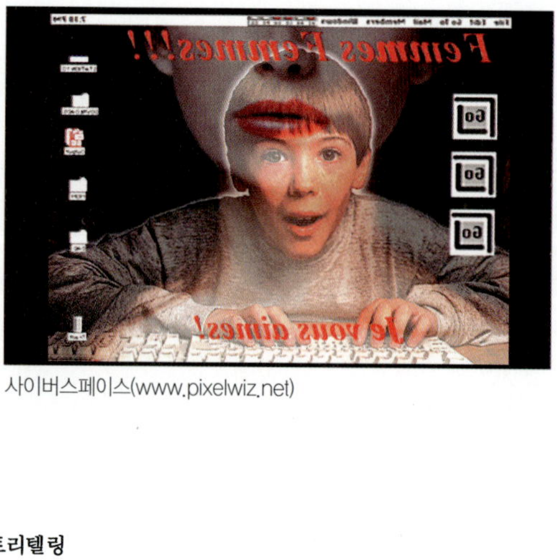

사이버스페이스(www.pixelwiz.net)

인간은 신이 되길 욕망한다. 인간의 한계를 극복하고자 하는 욕망 자체가 신이 되려는 욕망과 다름 아니다. 인간은 끝없이 초월과 초인을 염원한다. 사이버스페이스는 실제적 현실의 대안적 현실이다. 순수하게 인간의 기술과 상상력과 지식을 통해 창조한 사이버스페이스는 아득한 우주와도 같이 끝과 시작을 알 수 없는 무한의 공간이다. 무한(無限)은 유한의 인간이 가장 욕망하는 개념이다. 사이버스페이스의 크기에 대해서는, 마치 우주의 크기를 말할 수 없는 것과 같은 이유로, 함부로 속단할 수가 없다. 끝도 시작도 없는, 수도 없이 켜켜이 중첩된, 동시에 사방으로 펼쳐진 공간이 사이버스페이스이기 때문이다.

소요유

아바타는 인간의 욕망이 활유된 것으로, 도교적 의미에서 접근해보면 보다 명백하게 이해할 수 있다. 도교의 이상적 인간상은 진인(眞人)으로, '참된 도(道)를 깨달은 사람, 또는 진리를 체득한 사람' 이다. 진인은 진짜 인간이며 참된 인간으로 절대적인 인간(perfect human-being)이다. 진인의 경지에 도달하게 되면, 자유자재로 육체와 정신을 분리하는 탈혼(脫魂) 상태에 들어설 수 있으며, 이러한 탈혼 상태에서는 현실이나 경험에 기반한 세상이 아닌, 전혀 경험하지 못한 이상세계로 이혼(離魂)할 수 있게 된다. 즉, 육체는 경험의 세계에 남아있으되, 정신은 이상 세계를 여행하게 된다. 이를 철학적으로 발전시킨 개념이 장자의 소요유(逍遙遊)이며, 이렇게 이혼상태로 이상세계를 유유자적 여행하며 경험하는 분신이 아바타이다.

네트워크 상황에 맞게 비유하자면 육체는 모니터 앞에 있으나 자신의 분신을 이상세계, 즉 사이버스페이스로 보내어 현실에서는 경험하지 못한 것들을 경험하고 돌아올 수 있다. 바로 그러한 분신의 개념이 아바타이다. 이렇듯 지상으로 내려온 신의 화신을 지칭하던 아바타는, 사이버스페이스에서도 여전히 현실적 자아의 화신 혹은 분신으로서의 의미역을 공유한다. 사이버스페이스는 단순히 온라인된 공간개념만이 아니라, 포탈사이트, 블로그, 미니홈피, 게임 등 다양한 방식의 경험세계를 포함하는 개념이다. 게임 상에서는 캐릭터로 표현되고, 각종 포탈사이트에서는 현실과는 다른 방식의 이미지 형태로 사용자를 특화시킨 일종의 아이콘을 의미한다. 게임의 경우, 초기에는 비슷한 외형을 갖지만, 레벨이 달라지고 사용자의 취미와 특성이 반영되면서 각

야후코리아 아바타

종 의상, 액세서리, 헤어스타일, 성형수술까지 가능하여 나름대로 개성적인 상태의 아바타가 창출된다.

신성한 의미에서 출발한 아바타는 창세적인 측면에서 사이버스페이스의 존재 자체를 이해하는 방법론을 제시해준다. 따라서 사이버스페이스는 국적과 외모, 성별과 성격이 다른, 사용자가 임의로 선택하여 성장시킨 수많은 아바타들이 거주하는 거대한 시공이며, 그 자체로 지구(地球)의 개념적 분신이라고 할 수 있다. 일단 생성된 아바타는 사이버스페이스의 일정한 규칙이나 방식에 따라 꾸준히 성장하면서, 리얼리티를 위해 다양한 표정과 섬세한 스타일 등을 고려하여 변신과 발전을 하게 된다. 사이버스페이스에서 살고 있는 사용자의 분신으로서 아바타 시장은 여전히 상승세에 있으며, 앞으로 사이버스페이스의 표현방식은 더욱 기술적으로 발전할 것으로 예측된다.

ˉ이콘·아이콘ˉ 가톨릭교회는 여러 성자의 모습을 그린 성화(聖畵)와 성상(聖像)을 통해 하느님의 모상(The image of God)을 관조한다. 따라서 성화와 성상은 그것이 담고 있는 대상의 신성성으로 인해 그 자체도 신성시된다. 육안으로 경험되지 않는 하느님의 모상은 예수 그리스도를 통해서 볼 수 있다. 성서가 글로써 하느님의 말씀을 담은 거룩한 책이라면 성화는 하느님의 말씀이 예수의 일생을 통해 구현된 내용을 그림으로 담은 것이고, 성상은 조각으로 표현한 것이라고 할 수 있다. 그래서 성서를 귀중히 여기듯이 가톨릭교회는 성화와 성상도 귀하게 대하는 것이다. 성화 중에서 특히 나무판에 금칠을 하고 그 위에 그린 비잔틴 양식의 그림을 '이콘(Icon)' 이라고 칭하는데, 이콘은 원래 그림을 의미하는 그리스 어 'eikon' 을 어원으로 한다.

어원에 따르면 단순히 '그림' 을 지칭하지만, 아이콘이 아니라 '이콘' 이라고 발음할 경우 단순한 종교화가 아니라 인류학적 코드를 품은 상징적 의미의 도상(圖像)으로, 보이지 않는 영원한 진리의 빛, 신성의 구체화이며 그 자체로 신성시된다. 즉, 가공되

위 성 삼위일체 이콘 **아래** 구세주 이콘

지 않은 자연의 눈으로 세계와 인간 존재의 의미를 탐구해온 인류의 예지를 성화에서 찾아볼 수 있다. 이콘은 인간의 작품임에도 불구하고, 자연적인 면보다는 초자연적이고 상징적이며, 극적인 움직임보다는 정적인 상태로 의미부여되는 일종의 '말씀'의 그림이며 '빛'의 그림이다. 표현방법은 사실적이지만, 화법이나 화풍과는 무관하게 그려지며, 전해 오는 이콘은 엄격한 규칙에 따라 구성하여야 하고 정해진 색깔을 바꿀 수 없기 때문에, 이콘을 그리는 사람은 화가이자 신의 중개자이기도 한다. 이콘은 신성한 스토리텔링을 가지며, 이콘의 제작은 그림을 '그린다'라고 하기보다는 '쓴다'라고 표현된다.

그리스도의 상반신을 그린 이콘을 '구세주' 이콘이라 하는데, 그리스도의 얼굴 표현은 화가나 그 시대 화파의 정신성을 강하게 반영한다. 위의 이콘을 보면 풍성한 머리털은 불균형하게 좌우로 갈라져서 대담하게 늘어져 있고, 넓은 이마와 얼굴에는 힘이 충만하고, 강하게 부릅뜬 눈은 정신의 깊이와 신념이 엿보이며, 굳게 닫힌 입매는 강인한 의지를 표현한다. 그렇지만 위의 이콘이 전체적으로 엄하거나 딱딱해 보이지 않는 까닭은, 상대적으로 부드럽고 우아하며 여성스럽기까지 한 그리스도의 손에 있다. 그리스도의 손은 자애와 자비의 상징으로 부드러움의 극치를 보여주고 있으며, 왼손에 든 성서는 닫혀 있거나 펼쳐져 있는데, 펼쳐져 있는 경우에는 마태복음 11장 28절 "고생하고 무거운 짐을 지고 허덕이는 사람은 다 내게로 오너라. 내가 편히 쉬게 하리라"가 적혀 있다.* 그리스도

* 장긍선. 이콘-신비의 미. 기쁜소식. 1993.

영원한 도움의 성모 이콘

의 양어깨를 덮은 외의(外衣, 히마티온)의 강하고 무거운 색감은 내의(內衣, 키톤)의 부드럽고 온유한 색감으로 중화되는 것도 치우치지 않는 조화로움의 표현으로 해석할 수 있다.

'구세주' 이콘과 더불어 서방 그리스도교에 새로운 자극과 활력을 부어주는 동방의 종교화로 부각되는 '영원한 도움의 성모' 이콘은 전 세계에 널리 알려져 있으며, 현대의 영성 운동에서 탁월한 가치를 지닌 명상의 대상으로 주목받고 있다. 동방교회의 수도자들은 이콘이 대중을 위한 하나의 복음설교라고 생각했다. '영원한 도움의 성모' 성화는 이러한 의미에서 그리스도교의 메시지를 전하는 설교라고도 할 수 있다. 동방의 한 화가에 의해 나무 위에 그려진 이 기적적인 성화는 500년 이상 된 것으로 믿음의 상징이 되고 있다.

각종 표지판

미적 구성으로 보면 동정녀가 첫째 자리, 예수는 그 다음 자리를 차지하고 있다. 신학적 의미로서는 예수가 첫째 자리고 둘째가 마리아인데, 예술적인 구성에서는 미적 관점이 우세하고 메시지 전달에 있어서는 신학적 견해가 우세한 까닭에 이러한 전도가 가능하다.* 마리아는 그림의 가장 중심에 자리잡고 있으며, 긴 웃옷과 망토는 전신을 덮고 신체의 일부만 드러낸다. 처진 눈매와 눈썹, 힘없이 다문 작은 입술로 인해 슬픈 표정으로 보이지만 그만큼 부드럽고 온화해 보인다. 예수는 마리아에게 머리를 기대고, 마리아의 엄지손가락을 양손으로 꼭 쥔 채, 발과 발을 포개어 뭔가를 견디어내려는 듯 보인다. 수심에 가득 찬 얼굴로 왼쪽에서 십자가를 들고 있는 천사 가브리엘을 응시하고 예수의 모습은 자신에게 닥칠 수난을 예견한 때문이며, 대속을 위해 희생하는 아들을 품고 위무하는 마리아야 말로 영원한 도움의 성모상이다.

그렇다면 이콘과 아이콘은 어떤 관계가 있을까. 이콘이 구도의 삶에서 신자를 인도하는 신성한 도상이라면, 아이콘은 사이버스페이스에서 사용자를 안내하는 도상이다. 아이콘은 대상물을 쉽게 이해할 수 있도록 그림으로 재현한 것으로, 문자 위주의 정보제시 유형에서 벗어나서 다양한 그림 정보를 제시할 수 있도록 고안한 도상 · 영상 · 형상을 의미한다. 따라서 아이콘은 비교적 작고 단순한 모양의 그림으로 특정한 기능을 화면에 표현한다. 특히 컴퓨터상에서 사용되는 다양한 아이콘은 각종 프로그램, 명령어, 또는 데이터 파일들을 쉽게 지정할 수 있도록 하기 위해 각각에 해당되는

---

* 구속주회 한국지구 사이트(www.cssrkr.com) 참조.

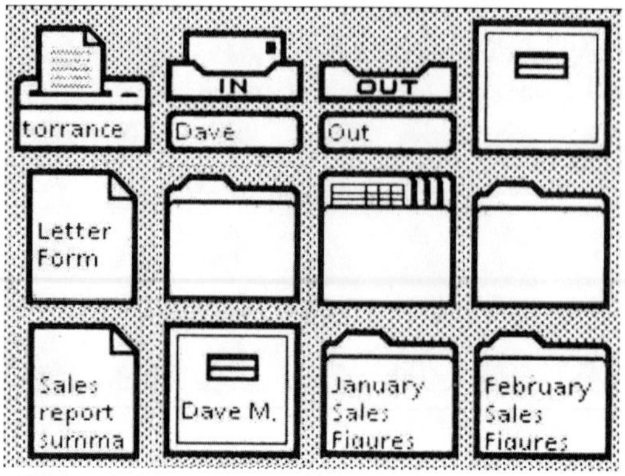

제록스 스타 사 아이콘

일정한 크기의 그림 또는 기호를 만들어 화면에 표시한 것이다. 이것이 발전을 거듭하여 애플 컴퓨터나 윈도우즈에서 성공을 거두고 있으며, 현재는 사용자 인디페이스에서 빼놓을 수 없는 요소가 되었다. 제록스 스타(Xerox Star) 사가 처음으로 소개한 아이콘*은, 실제 사무실에 있는 익숙한 대상들을 상징적인 그림으로 형상화해서 사용한다.

글과 그림의 인지속도를 비교해 보면, 일반적으로 그림을 글보다 빨리 인식할 수 있을 뿐만 아니라, 글을 읽고 이해하는 과정에서 발생할 수 있는 오해의 소지가 그림 보다 크다고 한다. 이에 근거하면 친숙한 개념을 표시하는데 그림이나 아이콘이 유용하게 사용될 수 있다. 단어를 표현하거나 대치하기 위해 사용되는 그림의 친숙한 예는 교통표지와 공중 건물에서 사용되는 기호 등이다. 컴퓨터 디스플레이에도 아이콘의 사용이 증가하고 있으며, 신속한 처리가 필요한 상황에서 단어에 비해 그림이 더 효율적이다. 아이콘은 복잡한 기능을 제한된 공간에 효과적으로 표현할 수 있다. 따라서 아이콘은 조작해야 할 대상이나 수행되는 행동을 좀 더 쉽게 기억할 수 있도록 하기 위해 형상화되기도 한다. 아이콘이 자주 사용되면서 여러 시스템에서 공통적으로 사용될 수 있는 아이콘도 그 수가 증가했다. 아이콘의 기능 부합성은 아이콘의 표상 방식과 밀접하게 관련되어 있다.

만약 이메일을 보내거나 받으려는 사용자가 있다고 가정하면, '이메일' 이나 'e-mail' ,' 전자우편(電子郵便) '이라는 문자를 모르는 경우라 하더라도, 편지봉투 모양의 아이콘, 즉 '✉' 를 제시함으로써 국적이나 언어의 차이에 무관하게 불편 없이 이메일을 사용할 수 있다. 컴퓨터 문화가 보급되고 아이콘의 상용화가 이루어짐에 따라,

* Smith. Irby. Kimball. Verplank & Harslern. 1982.

사용자 인터페이스 중 그래픽 사용자 인터페이스(GUI)에 대한 수준이 향상되고, 물리적인 공간의 제한 없이 일반적으로 이해할 수 있는 글로벌한 아이콘의 개발이 요구되고 있다. 컴퓨터 화면상에서도 복잡한 컴퓨터 언어보다는 한눈에 알 수 있는 아이콘의 개발은 미래를 지향하는 컴퓨터 문화에 보다 적합한 대응방안이다.

애플 사 매킨토시 컴퓨터 아이콘

아바타가 신화를 토대로 종교적 의미에서 출발하여 사이버스페이스에서 새롭게 의미가 재구되었듯, 아이콘도 이콘이라는 종교적 의미에서 출발하여 리얼스페이스와 사이버스페이스, 양쪽을 넘나들면서 실용적인 새로운 의미역을 가진다. 언어, 즉 '글'의 한계를 극복하는 대안이 아이콘, 즉 '그림' 이라는 것은, 그림에서 출발한 스토리텔링의 역사가 글의 발명과 더불어 전세가 완전히 뒤바뀌고, 그림은 글에 비해 즉흥적이며, 감각적이라는 편견과 오해를 받아왔던 사실에 견주어 볼 때, 매우 특기할 만한 일이다.

텍스트 요소

text factor

스토리텔링은 말 그대로 'story' 를 'telling' 하는 만큼, 구술성이 중시된다. 입에서 입으로 전해지던 구전의 시대, 구술문화의 시대는 그 역할을 다하고서 현대에는 '요소'로 남아 일정하게 작용하며 잔존하고 있으나, 여전히 스토리는 텔링되는 것이 가장 자연스럽고 궁극적이다. 물론 스토리텔링은 더 이상 '말' 에 국한되지도 않고, 될 필요도 없다. '그림' 으로 스토리텔링을 하듯 '글' 로도 당연히 스토리텔링이 가능하다. 글은 문자로 구성되며, 문자는 보다 전문적인 세부단위로 구분된다. 그러나 여기서는 음운론적으로 접근하지는 않을 것이며, 다만 문자와 문자 이외의 요소들이 스토리텔링에 어떤 기여를 하는가에 대해 살펴볼 것이다. 단순히 '기여' 하는 것이 아니라, 스토리텔링의 중요한 요소라는 점을 강조할 것이다.

'글' 이나 '문자', '텍스트' 는 각기 다른 의미역을 가진다. 사전적으로 글을 구성하는 자모의 단위나 음절을 문자라고 하고, 그러한 문자로 된 데이터를 텍스트라고 한다. 물론 글로 쓰여진 상태나 본문 · 원문을 텍스트라고도 한다. 다만 여기서는 텍스트의 의미를 문자로 된 데이터로 해석하고, 그러한 데이터들이 스토리텔링에 미치는 영향관계에 대해 조망하고자 한다.

우선 가장 단순하며 초보적인 문자단위인 숫자의 상징적 의미를 통해 각각의 수에 담긴 신비로운 이야기를 찾아낸다. 인류는 종교 및 철학적으로 숫자의 상징을 해석하고 또 의미부여를 해왔으며, 이성의 작용에 따라 숫자로 합리적인 계산을 해왔고, 이를 통해 환경을 지배하기에 이르렀다. 따라서 숫자는 인류가 창조한 일종의 코드이며, 코드를 적용하는 상황이나 시대, 민족과 국가, 사회 · 문화적 배경에 따라 확산되기도 하고 수렴되기도 한다.

다음으로 대표적인 표의문자 한자는 한 글자에 우주를 담고 있다는 표현에 걸맞게 분해할수록 의미역이 확산되는 낱단위의 총합이다. 각 한자마다 담긴 의미를 찾아보고 전체적으로 조화를 이루는 과정은 지적 즐거움이자 문자적 상상력 훈련의 일부라고 할 수 있다. 끝으로 한 두 문장으로 이루어진 짧은 경구를 통해 운수를 풀어내는 트라이그램은 운을 다루는 만큼, 복잡미묘한 함축적 의미가 있다. 물론 단순하게 읽고 넘어가는 경우도 있지만, 보다 복잡한 내용의 경우에는 여러 가지 정보와 지식, 경험을 통해 해석해야 하는 고도의 숙련이 요구된다. 세부적으로는 정월마다 인기있는《토정비결》과 중국식 점술의 일본식 상술인 포춘쿠키, 고대 인도 · 중국 · 유럽 등에서 철학적 연원을 추정하는 타로를 통해 의식와 무의식의 세계를 경험할 수 있다.

숫자 숫자의 역사는 역사 · 신화 · 예술 · 종교 등과 매우 내밀한 관계를 이루고 있다. 숫자는 단순한 미적인 외연과 수리적 기능 이외에도, 대개의 문자가 그러하듯 신비로운 주술적인 효력을 발휘한다고 여겨지며, 접근하는 방식에 따라 다양한 상징적 해석이 가능하다. 또한 숫자는 비밀스럽게 배열되어 있기도 한 창조의 신빙성을 대표하고 있다. 인류는 숫자를 통해 의사소통을 하고, 이성의 작용에 따라 합리적인 계산을 해왔으며, 숫자와 숫자 배열을 통한 계산을 통해 환경을 지배하기에 이르렀다. 숫자는 인류가 창조한 일종의 코드이며, 코드를 적용하는 상황이나 시대, 민족과 국가, 사회 · 문화적 배경에 따라 확산

아라비아 숫자

되기도 하고, 수렴되기도 한다. 결과적으로 숫자의 발생은 이성의 단초라 해도 과언이 아니며, 따라서 앞에서 언급한 숫자의 주술성은 신성하고 초자연적인 의미의 주술성이 아닌, 인간 중심의 인위적인 주술성의 발현으로 볼 수 있다.

숫자 1은 모든 수의 처음이자 근본이며, 순전(純全)과 순수의 상징으로 '오직 하나', '오로지'의 유일성으로 해석되는 반면, 모든 것을 하나로 합치는 전일(全一)의 전체성과 그러한 전체성 너머 낱낱의 개별성도 내포한다. 동일(同一)의 의미로 모든 것과 같음의 전형이면서, 만물을 동일하게 하고 고르게 하는 힘을 가졌고, 확보부동한 불변성과 동시에 만일(萬一)의 가능성을 가진 중의적 기호이다. '신의 수'로서 너무 높은 곳에 위치하기 때문에 보통의 평범한 숫자로 간주되지 않는다. 자기 자신 안에 고요히 머무는 1은 모든 숫자의 출발점이자, 모든 존재의 기원이기도 하다. 각각의 피조물들이 보여주는 다양성 속에는 신적인 통일성이 존재하고, 여러 갈래로 나누어진 다채로움 속에는 나누어지지 않은 것이 존재한다. 이때 분리되지 않은 하나의 안에는 자체적으로 이미 많은 다양한 가능성들이 내포되어 있다. 바로 그 때문에 1은 많은 사물들의 근원 혹은 분리되어 나온 가지들의 뿌리, 즉 모든 존재의 어머니라고 할 수 있다.

1은 그 누구에 의해서 만들어진 숫자가 아니다. 그러나 그것은 모든 것을 만들어 낸다. 시작 지점에 서있는 1은 운동의 출발과 회귀에 바탕이 되는 중심점이자 집합점이 된다. 특히 자신에게서 나와서 다시 자신에게로 되돌아가는 것을 의미하는 원형은 1의 대표적인 상징이다. 숫자 1은 하나이면서 동시에 전체이며, 같음이자 차이이며, 처음이자 맺음이다. 전체로서의 하늘이 있고, 개체로서의 태양이 있되, 그 둘이 하나됨으로써 하나이고 전체이듯이 숫자 1은 일식(日蝕)이자, 일식(一式)이다.

0이자 1이 되는 대표적 사례 일식(日蝕)

숫자 2는 하나에 하나를 더한 수이며, 양자(兩者) 대등한 관계로서의 '짝'을 의미한다. 첫째의 다음으로 오는 둘째의 서수적 의미를 가지며, 처음이 아닌 그 다음의 '버금' 의미를 가진다. 이심(異心)으로 마음이 둘로 나뉜 상태를 상징하며, 유일성에 의심을 품고 별개의 대안을 마련하는 숫자 1에 대한 인간적 회의를 의미한다. '상생과 상극의 수' 이다. 일반적으로 현상세계는 분열된 세계다. 원래는 한데 속했던 것들이 현재는 분리된 상태로 경험된다. 낮과 밤, 어둠과 빛, 천상천하, 직접과 간접, 의식과 무의식, 있음과 없음 등이 그것이다. 사물의 다양성은 하나가 두 개로 분리되면서 시작된다. 다양성은 근원으로서의 하나로부터 떨어져 나왔고, 이를 기점으로 하여 분화와 발전의 역사가 시작됐다.

숫자 2는 여러 층위의 뜻을 함축하고 있다. 우선 하나가 가지고 있던 일치와 완전함을 깨뜨린다는 점에서 숫자 1에 반한다. 한편, 하나 혹은 전체가 가지고 있는 다양한 가능성을 가시화시키기 위한, 일종의 가치 있는 분화라는 해석도 가능하다. 또 분리된 것들을 서로 만나게 하고 화해시키는 일종의 '쌍(雙)' 의 개념을 가리키는 숫자이기도 하다.

숫자 3은 둘 다음에 오는 셋이나 세 번을 의미하는데, 이는 대개 양적으로는 '많다' 의 의미이며, 횟수로서는 '자주' 의 의미로 풀이된다. 다양한 시대와 문화권에 존재했던 선지자들의 가르침을 종합해 보면, 3을 이해하는 사람은 세상을 다 이해하는 것과 같다. 노자는 도교에 대해 설명하면서 도는 하나를 창조했고, 하나는 둘을 창조했고, 둘은 셋을 창조했고, 셋은 모든 것을 창조했다고 역설한다.

또한 숫자 3은 '삼위일체, 조화의 수' 이다. 조화 혹은 전체를 개관하는 성향을 지녔다. 숫자 3은 전체가 유기적으로 전개된 듯한 인상, 그러니까 하나의 단일한 개체로부

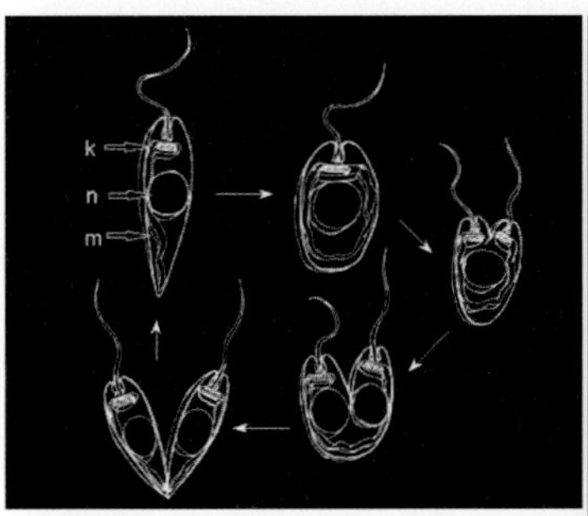

▲ 1에서 2가 되는 대표적 사례 세포분열

▶ 삼위일체(pinkrabbitsays.typepad.com)

터 분화되어 나온 형체들의 전체성으로 인지된다. 인간의 만남, 남녀의 결합은 그 결실로 새 생명을 창조해낸다. 부모와 자식의 관계 또한 3의 의미로 이해할 수 있다. 따라서 3은 생명과 결실의 표현이라고 할 수 있다. 바로 이 점에서 3은 내면적으로 안정된 숫자이면서도, 자신만의 고유한 역동성을 가지고 있는 숫자라고 할 수 있다. 3과 관련된 것들 중에서 가장 강력한 영향력을 발휘하고 있는 것은 기독교의 삼위일체설이다. 신들 간의 내부적인 삶에서도 삼위일체적인 역동성이 느껴진다.*

이외에도 다른 문화나 종교, 신화, 철학에서도 3을 선호하는 경향이 자주 발견되는데, 이러한 현상은 인간에게 새겨진 창조주의 기본적인 구조들을 기초로 하여 세상을 해석하고자 하는 시도로써 설명될 수 있다. 뿐만 아니라 2차원에 비해 3차원의 공간감을 획득하게 된다.

ㅡ이디어그램ㅡ 한자는 대표적인 표의문자(表意文字)로, 실존하는 자료로서 가장 오래된 문자는 1903년 은허(殷墟)에서 출토된 갑골문자(甲骨文字)가 있다. 당시의 중대사를 거북의 등이나 짐승 뼈에 새겨 놓은 실용적인 것이었다. 그 후 주(周)의 사주(史籒)가 주문(籒文 : 大篆)을 만들었고, 진(秦)의 이사(李斯)가 이를 개량하여 소전(小篆)을 만들어 문자를 통일하였다. 한자의 역사, 특히 양식의 변천을 자형(字形)에 따라 고찰하면 갑골문자 · 금석문자 · 전서(篆書) · 예서(隷書) · 해서의 다섯 시대로 구분할 수 있으며 해서 이후로는 오랜 시대에 걸쳐 변화의 흔적이 없다.

그러나 상형 · 지사의 방법만으로는 수없이 많은 지시물을 표시할 수 없으므로 둘 이상의 문자를 합성하는 방법을 생각해 냈다. 이것을 회의라 하며 조(朝) · 모(暮) · 명(明) · 사(死) · 소(掃) 등은 이런 방법으로 만들어진 글자이다. 추상적인 단어를 표시하는 또 하나의 방법은 어떤 단어와의 동음이의어가 이미 문자를 가지고 있을 때 그것을 차용하는 가차의 방법이다. 예를 들면 '만(萬)' 은 원래 전갈을 상형한 문자였으나 그와 동음이었던 수(數)의 뜻인 만(萬)을 가리키게 된 것과 같은 것이다. 또한 동음어의 글자가 동일한 문자로 되는 것을 피하기 위하여 그 한편에 표의적(表意的)인

---

* 오트 베츠. 숫자의 비밀. 배진아 · 김혜진 역. 다시. 2004.

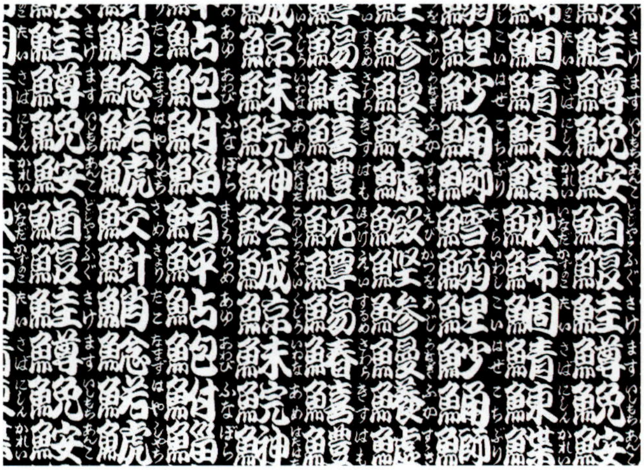

한자

변(邊)을 사용한 글자를 형성(形聲)문자라 하며 한자사전의 10분의 9가 이 형성문자이다.

중국의 한자가 한국에 전래된 것은 고조선시대로 추정되고, 그 후 수천 년 동안 한자는 우리 고유의 문화유산으로 자리매김했으며, 한글과 함께 국자(國字)로서 수용된 상태이다. 한글전용이나 국한문혼용의 정치적 사안을 차치하고서 한자는 단음절 고립어로 한자의 한 글자는 그 1음절을 나타낸다. 그러므로 음소를 나누어 표시하는 표음문자와는 달리 표의문자로서 한 글자마다 특정한 말뜻이 포함되어 있다. 또한 상형·지사문자는 대상을 직접적으로 암시하고 있으며, 회의문자는 그 합성된 각 요소에 의하여 뜻을 나타내고, 형성문자는 그 변에 의하여 암시적인 뜻을 알아낼 수 있다. 몇 개의 대표적인 한자를 통해 그 속에 담긴, 언뜻 보면 평범하지만, 알고 보면 놀라운 스토리텔링을 들어보자.

秋	禾	火
가을	벼	불

가을은 현대인들에게는, 특히 남성의 고독과 황혼무렵 다시 돌아보는 낭만의 계절 등 인간 위주로 통하지만, 한자로 만나는 가을의 스토리텔링은 다분히 자연 위주이다. 가을을 뜻하는 한자 '추'의 경우 위와 같은 구조로 이루어져있는데, 이것을 풀어 보면 들판의 벼가 불타오르는 (것처럼 보이는) 계절이 가을이라는 의미가 된다. 벼가 붉게 타오른다는 의미는 그만

큼 햇살이 더없이 좋은 계절이라는 뜻과, 그 좋은 햇살을 받고 올해도 풍작을 기원하는 민초들의 소망이 담겨 있다. 지금도 가을이 되면 어김없이 수확을 앞둔 농촌풍경을 보면서, 벼가 누렇게 황금들판을 만든다는 표현을 자주 쓰곤 한다. 아무래도 가을이라는 계절 자체가 갖는 인상 중에서 푸른 나무들이 붉게 물들고, 푸른 벼들이 누렇게 익어가는 계절의 속성이 강하기 때문이다.

情	心	青
정	마음/심장	푸르다

인간이 세상과 타인에 대해 교감하면서 형성하는 다양한 정서 중에 가장 흔하면서도 가장 난해한 것이 '정(情)' 이다. 대부분 정서를 형성하는 단어들의 앞뒤에 붙어서 때로는 형이하학적으로 단순하게, 때로는 형이상학적으로 복잡한 의미역을 보여주는 단어다. '정' 의 한자구조를 분석해 보면, 심장과 푸르다는 다소 어울리지 않는 관계를 포함하고 있다. 심장이 푸르다는 것은 어떤 의미일까. 살다 보면 혹은 돌아보면 가슴 뜨거운 혹은 뜨겁던 시절이 누구에게나 있을 것이다. 노익장을 과시하는 예외도 있겠으나, 대부분 그렇게 열정을 품은 가슴으로 화상(火傷)을 입고도 아픈 줄 모르는 시절은 아무래도 청춘이 아닐까 싶다. 청춘(青春). 푸르고 푸른 시절. 세상만사 모든 것은 영원하지 않으니 푸르고 푸른 봄처럼 청춘도 시들어지고 단풍들고 서리맞게 되는 것이 인지상정이다. 이제 그 뜨겁게 불타던 가슴은 서늘하게 식었으니, 타고 남은 재처럼 고즈넉한 상태, 그것이 바로 정(情)이다.

婚	女	昏
결혼	여자	어둠

때가 되면 남들 다 하는 결혼이지만, 막상 자신의 일이 되면 좀처럼 도달하기 힘든 만남의 맺음이 바로 결혼이다. 결혼이나 혼인이라고 할 때의 '혼' 은 남녀의 만남을 통해 닿을 수 있는 가장 사회적이며 경건한 의례임에도 불구하고, 뜻밖의 스토리텔링을 읽을 수 있다. 결혼은 인생의 무덤이라고들 하는데, 언제부터 이 말이 유래했는지는 모르지만, 결혼생활이 평탄하지 않아 불만 가득한 기혼자의 투정만은 아닌 듯하다. 다만, 이 말을 더욱 현실적으로 바꾸려면, 결혼이 누구의 무덤인지, 그 무덤의 주인을 정확히 할 필요가 있겠다. 결혼에서 '혼' 이 들려주는 이야기는, 무덤의 주인이 '여자' 임을 암시한다. 여자의 일생 중

에 가장 아름답고 화사한 시기를 화양연화라고 한다면, 계절 중에서는 봄이겠고 하루 중에는 정오 무렵일 것이다. 그런데 '女' 는 결혼과 동시에 '昏' , 즉 어두움이 드리워지고 저녁에서 밤으로 저물어 버린다. 예나 지금이나 결혼은 남성 보다는 여성에게 불리했음을 어림하면서, 혼인이라는 한자 생성 배경이 무엇인지 알 듯도 하다.

詩	言	寺
시	말	절

'시' 는 삼라만상에 대한 시인의 감흥을 함축적인 언어로 노래한 문학의 한 장르로서, 문학으로 들이미는 입구이자, 문학에서 내어미는 출구이기도 하다. 짧은 형식에 만만하게 생각하고서 일단 시의 세계에 발을 들여 놓았다가는, 그만 그 언어의 고해 속을 자맥질하다가 말멀미를 앓고 속수무책 도망치기 십상이라는 뜻이다. 그만큼 시를 이해하기란 쉽지 않다. 그 이유는 여러 가지가 있겠으나, 앞에서 정리한 시의 정의에 이미 예견되어 있다. 바로 '함축' 이다. 길고 긴, 많고 많은 의미를 아끼고 참고 삼키고 줄여서 담아 놓은 작은 단지처럼 시는 일단 뚜껑을 여는 순간, 한꺼번에 튀어나오는 끝도 없는 신비의 진언(眞言)과도 같다. 진언이라면 종교적인 신의 언어가 아니던가. '시' 는 종사(宗寺)에서 행해지는 말, 즉 진언이라는 의미를 이미 내포하고 태어났으니, 인간이 신의 언어로 말을 하고, 이를 들어야 하는 것은 고해와 난해가 아니겠는가.

트라이그램 트라이그램(trigram)은 괘(卦)를 의미한다. 《주역》을 거론하지 않더라도 누구나 거리낌 없이 점괘라는 말을 할 만큼, 무속의 대명사가 된 지 오래다. 사실 괘는 전 세계적으로 고대에서 현대에 이르기까지 신화와 전설, 민담이나 정신분석 등 다양한 이론과 분석기재를 바탕으로 독특한 체계를 가지고 있으며, 동양의 괘는 양명학을 비롯한 철학의 중심이자 개념이 그 출발이다. 다만 현대화되지 못한 종교를 미신으로 간주하는 폐해로 인해 올바른 평가를 받지 못하고 있다. 비논리적이며 불경스럽다고 무시해도 어쩔 수 없으며, 심심풀이로 점을 보고 재미삼아 괘를 풀이해도 좋고, 신주단지 모시듯 괘를 믿어도 그 또한 각자의 몫일테지만, 여기서는 대표적인 괘를 통한 재미있는 패턴과 스토리텔링에 대해 살펴보고자 한다.

먼저 고전수필이나 고전소설의 한 대목을 읽는 듯한 착각을 불러일으키는 《토정비결》*을 문학적으로 접근해 보자. 《토정비결》은 조선 선조 때의 학자 토정(土亭) 이지함의 도참서(圖讖書)로써 1년 12개월의 신수를 판단하는 일종의 술서(術書)이다. 4언시구(四言詩句)로 이루어지고 그 밑에 한 줄로 번역되어 읽기 쉽게 되었으며, 대부분 다른 점서와 마찬가지로 비유와 상징적인 내용이 많다. "북쪽에서 목성을 가진 귀인이 와서 도와주리라", "꽃이 떨어지고 열매를 맺으니 귀한 아들을 낳으리라"는 희망적인 구절이 많고, 좋지 않은 내용도 "이 달은 실물수가 있으니 잃어버리지 않도록 조심하라", "화재수가 있으니 불을 조심하라"는 식으로 되어 있어 경각심을 일깨워 주기 때문에 절망에 빠진 사람도 희망을 갖게 하고, 매사에 최선을 다하고 조심스럽게 생활을 하도록 독려한 것으로 평가된다. 토정비결 중에서 임의의 전체운수를 살펴 보면 아래와 같다.

> 육리청산 안전별계, 부부가 한 마음 되어 화합하니 가도 가도 복락이 왕성한 운세이다. 만일 관록이 아니면 뜻밖의 재물을 얻고 도처에 재물이 쌓이고 이익만 있는 명리와 행운이 있는 한해다. 금년의 신수는 소망을 이루고 뜻을 펼칠 수 있는 대길하고 복락이 충만한 해로써 삼사월에는 반드시 바라던 일을 성사시키겠다. 새벽까치가 일을 알리니 이익이 서쪽에 있다. 서쪽으로 가면 바라던 대로 일을 성사시킬 수 있겠다. 칠월과 팔월에는 일이 잘 풀리므로 나의 복락이 먼 곳까지 비쳐 우러르는 사람들이 많아지며 내 몸 또한 영귀할 것이다. 이처럼 행운은 하늘이 돕는 것이니 너무 자만하지 말고, 마음을 어질게 하여 덕을 쌓아야 집안에 근심이 침노하지 않는다.

'육리청산 안전별계'는 육리나 되는 청산이 눈앞의 별천지처럼 펼쳐진 대길할 운이라는 뜻이다. 첫 구절부터 범상치 않게 시작된다. 과장법이라 해도 듣는 이는 즐거울

* 이지함(李之菡)은 포천 현감과 아산 현감을 지냈으며, 재임기간 동안 궁핍한 백성들의 생활상을 가까이서 지켜보면서 항상 가슴 아프게 여겨 선정을 베풀었고, 구제대책을 왕에게 상소하여 반영시키기도 하였다. 아산 현감으로 있을 때에 걸인청(乞人廳)을 설치하여 흉년에 극빈자를 수용하는 등 기민(飢民) 구제정책에 전력하였다. 청렴한 생활을 미루어 보면 이 책의 저작 동기와 성격을 짐작할 수 있다.

수밖에 없다. 복락은 끝이 없고 관직에 있지 않은 사람이라면 재물을 얻을 수 있고 관직에 있다면 명리를 얻을 수 있다니, 직업이 없는 이가 괘를 읽을 경우 '재물' 에 초점을 두면 되고, 직장에 다니는 이가 괘를 읽을 경우 '명리' 에 초점을 두면 된다. 듣는 이를 고려하여 양가적으로 해석할 수 있도록 곳곳에 분지를 심어놓은 것이 괘의 특징이다. 가장 자주 등장하는 동서남북의 특정방향에서 기인을 만나거나 일을 성사시킨다는 괘는 솔직히 현대인들이 나침반을 들고 다니는 것도 아니고, 대중교통의 발달로 행동반경이 예전에 비해 괄목하게 넓어진 만큼, 어디를 가더라도 동서남북 어느 하나에 해당되지 않을 수가 없다. 끝으로 너무 좋은 괘라 행여 자만할 것을 우려하여 마지막의 경구로 듣는 이를 긴장시켜서 바로 잡아 주는 것도 잊지 않는다.

풍기서북 모락하처이니 바람이 서북쪽에서 일어나니 모자가 어느 곳에 떨어질 까. 일의 진행과 마무리 단계에서 돌연한 사고가 일어나니 좋지 않은 일이 생기겠다. 능력은 있으나 능란하지 못하겠다. 되어가는 일이 마음먹은 바와 틀리니 헛되이 시간만 보내겠다. 가운이 불리하니 되지 않는 일에 답답한 마음의 근심을 풀기가 어렵겠다. 재물을 잃을 수가 있으니 망령되이 움직이지 말라. 금년의 수는 재물을 잃을 수이니 이를 조심하고 경거망동을 삼가하라. 십년마검 상인미시이니 십년이나 칼을 갈았으나 칼날을 써 보지 못하는구나. 오랜 세월 계획해 온 일을 실행조차 못해 보니 안타깝다. 특히 남의 말을 들으면 공연한 세월만 더욱 허비할 뿐이니 주의하라. 감언이설에 해로움만 있겠다.

길한 괘가 있듯이 흉한 괘도 당연히 있다. 첫 구절, 바람이 서북쪽에서 불어오는 날, 모자를 쓰고 외출한 자의 심정을 돌이켜 본다. 붙잡고 다닌다 해도 바람을 감당할 수 없으니 모자는 행여 벗겨져 어디론가 날아갈 것이 분명하다. 뿐만 아니라 능력이 있어서 일을 도모해 봐도, 일처리를 능수능란하게 못하여 결론적으로 시작은 창대하나 끝이 미흡해질 수 있다. 설상가상, 하는 일마다 뜻대로 되는 일이 없으니, 해보려는 시도 자체가 무의미하다. 10년 동안 칼을 갈며 기회를 노렸건만, 칼을 휘둘러 볼 기회조차 얻을 수 없으며, 구설수까지 조심해야 한다니, 조심하고 또 조심해야할 대흉의 괘다.

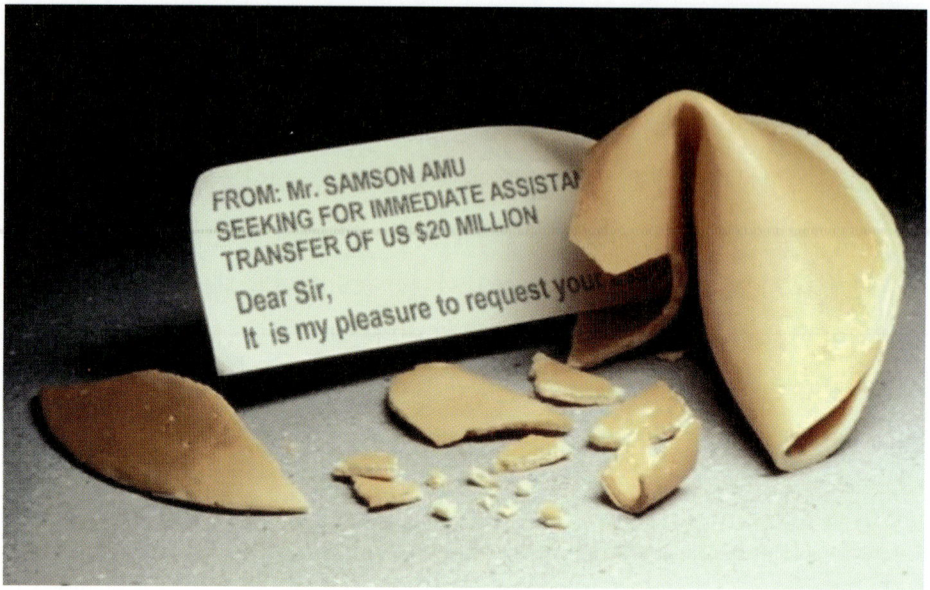

포춘 쿠키와 점괘

과자 속에 숨겨진 메시지가 호기심을 불러일으키는 포춘쿠키(fortune cookie)는 미국의 중국식당에서 식사 후 분위기를 부드럽게 하기 위해 계산서와 함께 제공되는 일종의 후식이다. 쿠키 하나하나에 행운의 말 또는 운세가 적힌 쪽지가 들어 있어 먹는 재미에 보는 재미까지 더해 준다. 실제로 포춘쿠키는 중국인이 아닌, 1909년 샌프란시스코의 일본인 코카 하지와라가 만들기 시작하여 현재까지 전 세계적으로 널리 사용되고 있다. 포춘쿠키는 독특한 모양과 맛의 즐거움뿐만 아니라 그 속에 숨겨져 나오는 다양한 점괘나 이벤트 문구로 식사의 특별한 마무리 을 담당하고 있다. 즉, 고객들의 혀와 마음에 "재미있는 식사(Fun Meals)" 라는 기억을 제공하고 있다.

포춘 쿠키 속에 들어있는 점괘는 매우 다양한데, "당신이 잃은 것에 연연하지 말고, 당신에게 남아있는 것을 소중히 생각하세요" ,"때론 당신이 가진 무관심이 소중한 만남을 놓칠 수 있음을 상기하세요" ,"지나간 것은 지나간 것입니다. 과거의 시간에서 벗어나세요" , "당신이 잃은 것에 연연하지 말고, 당신에게 남아 있는 것을 소중히 생각하세요" , "과거의 소중했던 것들을 그 무엇도 대신할 수 없다는 생각을 버려야 합니다" 등 뭔가 생각하게 만드는 구절들이 담겨져 있다. 밑도 끝도 없이 주어지는 한 두 줄의 문장이 마치 아포리즘처럼 다가와 추억과 사랑과 일상을 건드린다.

자신의 행동에 대해 책임감을 느끼며
스스로를 딜레마에 빠뜨리지 마세요.

살다 보면 털어서 먼지 안 나는 사람 없듯이, 굳이 뒤적거리지 않아도 근심걱정 하나 없이 속 편히 사는 사람은 드물 것이다. 평범한 일상에서 사소한 것도 중차대하게 될 수 있고, 또 그 반대도 가능하다. 이렇게 만 가지 표정을 가진 만득이인형 같은 일상 속에서 자신의 행동에 대해 책임감을 느끼며 스스로를 딜레마에 빠뜨리지 말라는 점괘를 만나게 되면 갑자기 긴장하기 마련이다. 딜레마에 빠질 만큼 고민하지 않던 사람도, 이쯤 되면 자신이 매우 책임감이 강한 부류에 속한다는 착각과 함께 빠지지도 않은 딜레마에서 자신을 건져 올리기 위해 스스로를 격려하고 독려까지 하게 될 지도 모른다.

마음 속의 말 못한 이야기들로 인해서
당신의 진실을 전달할 수가 없습니다.

마음속에 담아두고 차마 말하지 못한 이야기를 굳이 따져 보자면, 일일연속극 10년치 분은 될 것이다. 속내를 다 털어놓고 사는 것이 진실한 삶은 결코 아니다. 그렇게 자위하면서 하고 싶은 말을 참고 살다 보면, 결국 해야 할 말까지도 참게 되는 것이 인생사의 아이러니가 아닐까 싶다. 화병(火病)이 한국인의 특이한 병상으로 공인이 된 것도 이렇게 속으로 삼켜버린 말 못한 이야기들이 결국 고인 물처럼 썩어 들어가 독기를 내뿜어 영혼에 치명상을 입힌 결과라고 할 수 있다. 말 못한 이야기는 이야기가 아니며, 누군가에게 전해지지 않은 이야기는 이야기가 아니다. 여기서 이야기는 진실을 전달하는 수단이기에, 이야기가 전달되지 않았다는 것은 진심이 전달되지 않았다는 의미이며, 따라서 말을 하지 않고서는 진실을 전달할 가망은 없다. 이야기는 계속되어야 한다.

고대에는 신비한 경로, 정신적 계율, 성서, 신비한 전통이 대거 양산되었는데, 이 중 타로는 적응 · 변화 · 성장하면서도 모든 것을 포용하는 철학을 유지하면서, 직관에 직접 호소하는 신비한 체계로서 풍부한 내용과 해석의 가능성을 담고 있다. 15세기 이탈리아와 고대 이집트, 인도의 학자들이 타로의 기원을 알아내기 위해 다양한 노력을 했으며, 타로와 유사한 그림은 그리스도의 수난을 나타낸 십사처(十四處)에서 찾을 수 있는데, 십사처에 대해 명상하고 동일시함으로써 종교의 극치에 이를 수 있듯이, 타로의 그림은 내면의 잠재의식과 만날 수 있도록 이끈다. 타로가 철학 체계로서 성공을 거둘 수 있었던 것은 보편성을 잃지 않는 해석의 유연성과 당대의 관습에 따르는 개방성, 그리고 의식과 무의식의 세계를 이해하는 해석의 깊이 때문이다. 타로의 해석은 그래픽적 요소를 전적으로 고려해야 하지만, 그림은 화가에 따라 달라지는 반면, 카드의 명칭과 텍스트적 내용은 변함없다는 점에서 트라이그램으로 포함시켜 다룬다.

가장 오래된 것으로 알려진 타로카드는 르네상스 시대 이탈리아에서 그려졌고, 22개의 주요 트럼프가 들어있다. 한 벌의 카드에는 메이저 아르카나와 마이너 아르카나

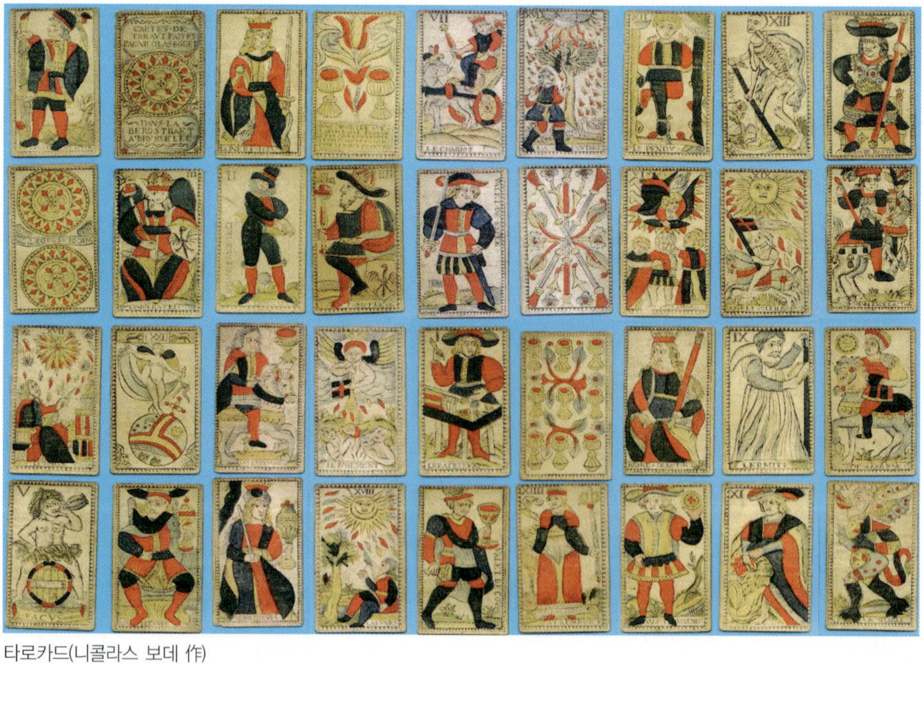

타로카드(니콜라스 보데 作)

가 있고, 메이저 아르카나는 22장의 카드가 있고, 일반적으로 트럼프라고 부른다. 이 카드는 1번부터 21번까지 순서가 매겨있으며, 순서와 무관하게 0번으로 표시된 광대(Fool) 트럼프가 있다. 타로카드는 다양한 그림이 그려진 78매의 카드를 뽑아가면서 문제를 분석하고 해답을 찾아가는 방법을 제시하는 일종의 점이다. 타로카드는 흔히 정통 또는 클래식으로 불리는 '마르세이유 타로' 를 비롯해 프랑스 이탈리아 스페인 등에서 성행한 것으로 알려지며 현재 그 종류만도 1,000여 종이 넘는다. 카드의 그림들은 운명의 수레바퀴에서 부터 은둔자, 정의의 여신, 죽음의 여신, 광대, 마술사, 교수형을 당한 죄인 등 세상의 만물을 대변하고 있어 해석의 변수는 무궁무진하다.

위 XIX태양(알리슨 스톤 作)
아래 XVIII 달(알레이스터 크로리 作)

오른쪽 그림(위)은 타로 중에서 '태양' 의 카드이다. 태양은 자아가 만개하고 정신의 소생을 의미한다. 태양 아래 새로운 것은 없다는 속담처럼 겸손해지는 것을 배우게 된다. 벌거벗은 남녀는 마치 에덴동산의 아담과 이브를 연상하게 하며, 지상에 활짝 핀 해바라기는 태양의 비유와도 같다. 아담과 이브의 발아래는 푸른 물이 흐르고, 푸른 물을 초록의 대지가 감싸고 있으며, 초록의 대지를 둘러싼 견고한 푸른 성벽은 하늘로 이어진다. 마치 에덴동산의 울타리와도 같고 바벨의 탑과도 같다. 그리고 푸른 물의 한 가운데는 태양의 그림자가 비치고 있다. 천지사방 태양이 비추지 않은 곳이 없음을 일깨워준다. 태양은 하늘의 얼굴로서 아담과 이브로 표상되는 인간을 내려다보면서 지켜주고, 축복해주고 있다. 두 팔을 한껏 벌린 상태에서 서로 손을 잡고 약간 입을 벌린 채 각기 다른 방향을 바라보는 두 사람의 포즈는, 태양을 숭배하면서도 경외하는 의미로 이해할 수 있다. 결국 여기서 태양은 단순히 위대한 자연이라기보다는 신의 다른 이름이다. 이 카드는 세상 모든 곳에 태양의 온기가 가득하니 언제 어디를 가더라도 신의 가호를 받게 되리라는 길조의 카드이다.

앞의 그림(아래)은 타로 중에서 '달'의 카드이다. 달은 음(陰)의 상징으로서 고독과 광기의 해석이 가능하다. 사람을 태운 배의 앞쪽에 물살이 이는 것으로 보아 달리는 중이며, 그의 머리 위에는 알 수 없는 신비의 상징이 새겨진 원형이 머리를 짓누르고 있다. 손에는 경종을 들고 있으니 위험에 대해 사전에 경고하는 의미로 풀이된다. 배가 닿는 육지는 작은 집이 외따로 떨어져 있고, 집 뒤쪽을 까마득히 이어진 계단의 끝에 비로서 마음의 그림자가 보인다. 만약 거센 물살을 헤치고 배가 육지에 닿는다 해도, 까마득한 계단을 힘겹게 오른다 해도, 계단의 중간쯤에서 달을 보고 짖는 사나운 개와 계단을 주시하는 듯한 늑대를 지나가야만 한다. 달을 보고 짖는 개는 불길한 징조를 느낀 때문이겠고, 늑대의 마법적 본능을 자극하는 보름달이 뜬 밤이니 더욱 음산함이 더하다. 이 카드는 부정적인 이미지로 가득하다. 그만큼 혼돈스럽고 위험한 상황에 처해있음을 의미한다. 그러나 아무리 현상황이 고독하고 두렵더라도 이 어둠을 극복해야만 한다. 계단을 오르고 또 오르면 분명 마을에 닿을 수 있음을 믿어야 한다.

오디오 요소

audio factor

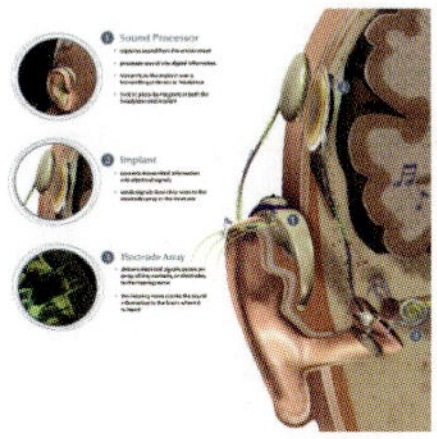

스토리텔링에서 '소리'가 차지하는 비중은 지대하다. '텔링' 자체가 말하고 들려짐을 내포하기 때문에 더욱 그러하다. 그렇다면 소리란 무엇이며 그 범주는 어느 정도일까. 사전적 의미에서 소리는 물체의 진동에 의하여 생긴 음파가 귀청을 울리어 귀에 들리는 현상을 의미한다. 그렇다면 '들리는' 모든 대상과 작용, 그리고 현상이 소리에 해당한다. 너무 광범위하므로 좀 더 의미를 축소해보면, 일정한 내용을 가진 사람의 말이나 이야기 또는 글을 소리라고 한다. 사람의 말소리를 특히 '음성'이라고 표현하는데, 발음기관을 통해 나오는 말뿐만 아니라 글까지도 소리라고 한다. 그 밖에 일정한 가락과 장단을 가진 노래를 소리라고 하고, 을씨년스러운 바람소리나 경외감을 불러일으키는 천둥소리, 추적추적 내리는 빗소리 등 자연이 만들어내는 다양한 소리도 있다.

이 모든 소리들이 스토리텔링의 작용을 한다는 것은 얼핏 이해하기 어려울 수도 있다. 물론 사람의 말소리, 즉 음성의 경우는 성우(聲優)가 존재할 만큼, 발성이나 음색 등 개인차에 따라 의사 및 의미 전달에 큰 역할을 한다. 부드러운 여성 화자의 음성으로 낭송되는 시(詩)는 작품의 유려함과 서정성을 십분 살려줄 수 있다. 카리스마가 느껴지는 남성의 저음의 경우, 목소리만으로도 기선을 제압하는 효과를 주게 된다. 이렇게 성별로 구분할 수도 있으며 노소(老少)로 구분할 수도 있다. 노인의 발화만큼 이야기에 사실감과 시간성을 부여하는 경우도 드물 것이다. 정말 그랬을 것만 같은 개연성의 이야기들도 있을 것이며, 다소 불가사의하더라도 어쩌면 노인의 시대에는 가능했으리라 믿을 수도 있을 것이다.

노래와 가락을 포함한 음악은 그 자체만으로도 한 편의 이야기이다. 노랫말이 포함된 음악이든, 멜로디만으로 이루어진 연주곡이든, 듣는 이로 하여금 무한의 스토리텔링을 가능하게 해준다. 빗방울 구르는 듯 부드럽고 감미로운 건반악기의 소리를 들으면서 수많은 상념이 가능해진다. 날카로운 현악기의 소리를 들으며 긴장과 영적 자극을 받을 수도 있다. 그 밖에도 동물과 곤충의 소리, 빗소리와 천둥소리, 바람소리 등의 자연음과 금속음과 엔진음, 경보음 등의 기계음 등은 모두 소리의 형태로 그 자체만으로 각양각색의 이야기를 들려준다. 물론 단순히 소리를 소리로 듣는다면 어떤 스토리텔링도 가능하지 않다. 따라서 소리를 이야기화할 수 있는 능력은 절대음감에서 오는 것이 아니라 청각적 상상력에 있다.

보이스 창세기에 보면, 하느님은 '말씀'으로 천지를 창조한다. 하느님께 바치는 인간의 기도 또한 원칙적으로는 '소리' 내어 말하라고 되어 있다. 속으로 생각하여 품고 있는 상태와 그것을 소리내어 말하는 발화는 차원이 다르다. 소리를 낸다는 것은 듣는 이를 고려하는 듯하면서도 기본적으로는 발화하는 자기 자신을 듣는 이에 포함시키는 적극적인 행위이다. 결과적으로 말하면서 듣게 된다. 자신의 발화내용을 자신이 들으면서 스스로 발화에 있어서 1인칭 주인공이자 관찰자로서, 발화내용의 진위나 정당성 여부를 청자와 동시에 판단하게 된다. 만약 거짓을 말한다면, 청자와 화자 자신, 이렇게 목격자는 둘이 된다. 제 자신이 말하며 들은 거짓말에 대해 그 어떤 변명도 용납될 수 없음은 물론이다. 말을 하는 '나'와 그 말을 듣는 '나'는 다른 층위라고 할 수 있다. 전자의 경우는 평범한 발화자일 뿐이지만, 후자의 경우는 발화내용을 대조하는 일종의 자기검열이자 내적 기록자라고 할 수 있다. 음성이 중요한 까닭은 단순히 말소리로 이야기를 전달해서가 아니라, '소리' 자체가 스토리텔링이 될 수 있기 때문이다. 이제 말소리를 테마로 다룬 스토리텔링에 대해 살펴보도록 한다.

그리스 신화에 등장하는 님프(nymph)는 신부를 뜻하는 바다 · 강물 · 나무 등에 사

▲ 에코와 나르시소스(존 워터하우스 作)
▶ 에코와 나르시소스(니콜라스 푸셍 作)

는 정령으로, 나무의 님프 드라이어드(dryad), 땅의 님프 그놈(gnome), 바다의 님프 네레이드(nereid), 물의 님프 나이아드(naiad), 산의 님프 오레아드(oread), 불의 님프 살라만데(salamander), 공기의 님프 실프(sylph) 등 아름다운 소녀로 묘사된다. 님프는 정령이니만큼 여러 가지 신비한 능력을 가지고 있지만, 그렇다고 해서 신(神)은 아니다. 인간 보다 장수하지만, 인간처럼 영혼을 가진 존재가 아니기 때문에 죽음과 동시에 영멸한다. 일반적으로 님프는 인간의 남자에게 친절하여 신화 속에 자주 그런 모습으로 등장하는데, 산의 님프 오레아드 중 하나인 에코(Echo)는 그 이름에서부터 '메아리'의 소리성(性)을 가진 만큼, 지금부터 하려는 스토리텔링의 주인공이다.

에코는 산의 님프답게 꽃이나 나무들 하고만 대화를 하다 보니 세상물정 모르고 순진했던 모양이다. 어느 날, 제우스는 에코의 단순성을 간파한 듯, 매일 정해진 시간에 여신 헤라에게 말을 걸어 그녀의 주의를 끌라고 명령한다. 아내 헤라의 눈을 피해 다른 님프들과 연애를 하려는 제우스의 의도를 전혀 모르는 순진한 에코는 시키는 대로 정해진 시간마다 헤라에게 이런저런 말을 하여 그녀의 주의를 산만하게 한다. 꼬리가 길면 밟히는 법, 예민한 헤라는 어리석은 에코보다 먼저 예감을 하게 되고, 에코를 다그쳐서 사건의 전모를 밝혀낸다. 결국 제우스의 불륜과 자의든 타의든 그에 일조한 에코를 용서할 수 없었던 헤라는 정작 잘못은 제우스에게 있음에도 불구하고, 옆에서 거든 시누이가 더 밉다는 속담을 몸소 실천하면서 에코에게 벌을 내린다.

말로서 죄업에 동참했으니, 말로서 치죄한다. 결국 에코는 다른 이가 말을 하면 그

끝부분만을 되풀이하는 형벌을 받게 되고, 숲 속에 틀어박혀 혼자 지내던 중, 아름다운 미소년 나르시소스(Narcissos)를 만난다. 첫눈에 반한 에코는 그에게 말을 걸고 싶지만, 그가 먼저 말하기 전에는 단 한 마디로 할 수 없는 저주로 고통스러워한다. 에코를 발견한 나르시소스는 호감을 느끼고 말을 건네지만, 에코는 그의 끝말마디만 반복할 뿐이다. 그녀의 저주를 이해하지 못한 나르시소스는 이내 그녀가 자신을 우롱한다고 오해하고 이후 그녀를 냉대했으며, 이에 상심한 에코는 동굴에 틀어박혀 상사(相思)의 고통으로 육체가 산화되고 애타는 목소리로 남게 된다. 물론 에코의 신화는 메아리라는 자연현상을 설명하기 위하여 만들어진 대표적인 신화이지만, 그 얽힌 이야기만큼은 낭만적이다.

사랑하는 사람에게 자신의 사랑을 고백할 수 없다는 것이 연애의 제일 큰 고통이라면 에코는 차라리 낫다. 비록 타인의 말 자락을 흉내낼 수밖에 없을지라도 발성 자체는 가능했으니 말이다. 에코에 비해 아예 사랑하는 사람 앞에서 신음조차도 낼 수 없었던 비운의 여인이 있다. 그녀의 이름은 태생적 특징에 따라 단순히 '인어(人魚)' 지만, 신분이 공주였던 만큼 세간에서는 '인어공주' 라고 불린다. 바로 안데르센의 동화 〈Little Mermaid(1837)〉의 주인공이다. 인어공주는 15번째 생일날, 16번째 생일파티를 하는 왕자를 보고 첫눈에 사랑에 빠진다. 그녀는 이후 왕자의 사랑을 얻기 위해 동화의 히로인 중에서 가장 적극적이지 않았나 싶을 정도로 온갖 수단을 동원한다. 왕궁 가까이에 있는 수면 위로 떠올라 몰래 왕자를 훔쳐보기도 하고, 왕자의 소문을 엿듣기도 한다. 인어공주의 이런 행동들은 요즘의 스토킹에 가까운 면도 있지만, 왕자에게는 일말의 피해조차 주지 않는 비밀스럽고 애교스러운 구애작전이다.

코펜하겐 인어상

동원할 수 있는 모든 방법을 시도해도 여의치 않자, 드디어 인어공주는 극단적인 결정을 내린다. 아무래도 왕자를 바다로 데려올 방법은 없으므로, 차라리 그녀가 육지로 상륙하고자 어둠의 절차를 밟는다. 그 과정 중에 인어공주는 목소리를 잃어버리게 된다. 에코처럼 남의 사랑을 도와주다 벌을 받은 것이 아니라, 자신의 사랑을 위해 스스로 목소리를 버린다. 목소리는 상대에게 자신의 의사를 표현하는 가장 적극적인 방법이며, 그녀는 인간이 되는 대신, 의사표현의 자유를 상실한 것이다. 목소리 대신 '아름다운 몸매(beautiful form)' 과 '우아한 걸음걸이(graceful walk)' , '감성이 풍부한 눈동자(expressive eyes)' 만 있으면 사랑을 이룰 수 있다는 마녀의 말에 설득당한다. 안타깝게도 인어공주의 선택은 결과적으로 오판이었으며 이야기는 비극으로 치닫는다.

인어(존 워터하우스 作)

인어공주는 왕자와의 사랑을 위해 목소리를 내어주고 벙어리가 된다. 그러나 왕자는 인어공주를 사랑하지 않는다. 인어공주는 무한히 희생하고 인내하면서 왕자의 곁을 지키지만 왕자는 그녀를 사랑하지 않는다. 에코는 형벌로서 타인의 말을 반복하는 소리만을 허락받았고, 인어공주는 목소리 자체를 스스로 포기했다. 발화하지 않은 말은 이야기가 될 수 없으며, 표현하지 않는 사랑은 로맨스가 될 수 없다.

ㅡ사운드ㅡ 음성을 제외한 모든 소리들의 스토리텔링에 대해 살펴보자. 소리들이 이야기를 들려준다는 발상자체가 억지스럽고 낯설 수 있겠으나, 사실 모든 소리는 이야기를 품고 있다. 다만 그 소리를 통해 얼마나 기가 막힌 상상력을 발휘하느냐 못하느냐의 문제일 뿐이다. 자연의 소리(ambient sound), 특히 비오는 밤의 소리들은 주위를 둘러보게 만들 만큼 마성(魔性)을 지닌다. 특히 천둥 번개를 동반하는 그믐밤이라거나 보름달이라도 떴다면 납량특집 시리즈로서 분위기만큼 최고조가 된다. 에드거 앨런 포의 〈어셔가 의 몰락(The Fall of he House Usher, 1839)〉은 빗소리, 바람소리 등 음향이 만들어내는 극단적인 텍스트의 공포, 묘사의 공포를 제대로 형상화한 작품이

다. 글을 읽으면서 소리를 들을 수 있을 만큼 작품 속에 묘사된 소리들은 시퍼렇게 살아 있다.

서술방식은 1인칭 관찰자 시점으로 주인공 '나'는 오랜 친구 로더릭 어셔의 편지를 받고 그의 저택으로 향한다. 한바탕 비가 쏟아질 듯 잔뜩 흐린 먹구름의 하늘은 두려울만큼 음산한 분위기를 고조시킨다. 오랜만에 만난 로더릭은 심각한 우울증상을 보이면서, 쌍둥이 누이 마더린의 죽음과 장례를 치룬 이야기를 들려준다. 뭔가에 쫓기는 사람처럼 극단의 공포와 불안에 떨고 있는 로더릭이나 저택 전체를 감돌고 있는 기묘한 어둠의 기운, 폭풍우가 몰아치기 일보직전의 하늘, 미친듯이 흔들리는 나무 등 소설 전체에는 온갖 소리로 가득하다. 뭔가 질질 끌리는 듯한 소리와 함께 쿵- 문이 닫히는 소리, 끼이이- 문이 열리는 소리, 삐그덕- 계단을 오르는 소리, 휘이잉- 바람소리, 투투툭- 빗소리, 우르르쾅- 천둥소리 등 그 모든 소리의 주인이 로더릭의 방문앞에 서고, 얼어붙은 로더릭의 표정과 함께 콰당- 문을 열고 실체를 드러낸다. 그것은 바로 로더릭에 의해 생매장된 마더린이다. 그녀는 죽지도 살지도 못하는 가사(假死)의 주검으로 지하실에서 나와 계단을 오르고 복도를 지나 자신을 죽인 로더릭을 끌어안음으로써 결국 극단의 공포로 그의 목숨을 앗아간다. 이를 목격한 주인공은 혼비백산 저택에서 도망치고, 괴기스러운 저택은 두 동강이 나면서 늪 속으로 가라앉는다.

멀리서 아스라하게 들리는 눈 내리는 소리를 '여인의 옷벗는 소리'라고 노래한 시

▲ 어셔가의 몰락(피터 해밀 作)
▶ 늑대

인의 표현은 절묘하다. 그만큼 자연의 소리는 오묘한 신비로 가득하다. 그 소리를 언어로 표현하는 과정에서 시인은 자신의 청각적 상상력을 극단적으로 발휘한다. 자연을 닮은 짐승의 소리 또한 신비롭다. 특히 첩첩산중에서 들려오는 늑대의 울음소리는 전설과 민담에 자주 등장하면서 주술적인 스토리텔링으로 이어진다. 늑대는 개과에 속하면서도 야생의 본능을 가지고 그에 충실하게 숲에서 살아간다. 인간도 타고난 야생의 본능을 가지고 있으나, 교육을 통해 억제하는 법을 배움으로써 마치 잘 훈련된 개처럼 사회 속에서 살아간다. 그러다 우연히 내재된 본성과 마주치게 될 때마다 인간은 자기 안의 늑대를 느낀다.

인간과 늑대의 관계, 특히 늑대로 변하는 인간의 테마는 스토리텔링의 초기형태에서 지배적인 모티프로 등장한다. 외적으로는 육체는 사람이고 머리와 손은 늑대이며, 내적으로는 인간의 지성과 늑대의 야성을 갖춘 '늑대인간(Wolf Man, Were Wolf)'의 존재는 신화 속의 영웅만큼이나 위압적이다. 늑대인간의 전설은 동구권에 주로 퍼져있는 전설로 죽은 자의 영혼이 늑대로 부활한다거나, 특정기간에 주술자에 의해 늑대로 변신할 수 있다는 등의 전설이 전해내려온다.

《늑대인간(1941)》

베리 로페즈에 따르면, 중세 유럽을 지배한 로마 교회는 악마들이 실제로 세상을 헤매고 다닌다는 느낌이 들도록 늑대의 사악한 이미지를 이용했으며, 종교재판 시대의 사회 정치적 불안 상태를 억누르고 세속적인 권력을 유지하기 위해서 늑대인간을 색출하여 처형했다고 한다. 당시 법정에 끌려가 늑대인간으로 판명된 부류는 종교적 측면에서의 이단자와 정치범 이외에도 간질환자·백치·정서장애자·신경증환자 등이 있었으니 일종의 우성학에 토대로 둔 마녀사냥류로 보여진다. 이들은 사회의 적이라는 유죄 판결을 받았으나, 늑대와의 관계에 관한 증거는 지극히 빈약했다. 그럼에도 불구하고 늑대인간에 대한 호기심과 믿음은 시간이 흐를수록 구체화된다.

늑대인간이 늑대로 변하는 시기는 일반적으로 보름달밤으로 알려져 있으며, 늑대인간이 되는 방법에 대해서도 의견이 분분한데, 강한 힘을 얻기 위해 마법의 힘을 빌려 늑대로 된다거나, 일정한 시간과 장소에 이르게 되면 누구나 늑대가 되기도 하고, 우연히 늑대에게 물려 늑대인간이 되는 수도 있다. 늑대인간을 다루는 방법은 민족이나 국가, 전설에 따라 다양하다. 프랑스에서는 늑대인간의 피를 세 방울만 채혈하면 제압할 수 있다고 믿었으며, 일반적으로는 축성받은 은탄환으로 늑대인간을 제거할 수 있다. 교교한 밤, 높은 곳에 올라 보름달을 보며 독특한 방식으로 울부짖는 늑대의 울음소리는 아무래도 듣는 이들의 상상력을 자극하지 않을 수 없었으리라.

ㅡ뮤직ㅡ 음악이란 소리를 일정한 형식과 법칙에 따라 적절하게 결합시키는 청각예

멜포메네, 에라토, 폴리힘니아(에스타쉐 르 수에르 作)

술이다. 음성이나 음향도 청각적 상상력에 기반을 두고 있으나, 음악만큼은 아니다. 음악은 그 자체만으로도 무한한 스토리텔링의 요소를 내재하고 있으며, 듣는 이로 하여금 시간과 공간의 한계를 극복하게 하고, 정서작용을 활발하게 하여 속박된 삶에 대한 여유로운 이완작용을 한다. 과거와 현재, 그리고 미래까지 넘나드는 초월적 여행이 가능한 음악의 풍부한 미적 스토리텔링은 작곡자나 연주자가 주체가 되어 들려주는 것이 아니라, 전적으로 듣는 이에 달려있다. 결국 자신이 아는 만큼만 들을 수 있다. 여기서는 단순한 음악의 장르나 장르적 특성 보다는 음악을 관장하는 9명의 뮤즈를 통해 음악과 기억의 상관관계에 대해 살펴보고자 한다.

그리스 신화에 등장하는 '음악의 여신' 뮤즈(Muse)는 무사(Musa)의 영문표기이며, 원칙적으로는 9명의 여신을 통칭하는 복수형 무사이(Musai)가 타당하다. 일반적으로 뮤즈는 시나 음악의 신으로 알려져 있지만, 역사나 천문학까지도 포함하는 학예 전반의 신으로 간주된다. 티타노마키아와 기간토마키아에서 승리한 제우스는 자신의 업적을 남기기 위해 기억을 관장하는 티탄의 여신 므네모쉬네(Mnemosyne)와 9일밤을 동침하여 9명의 딸을 낳는다. 가면을 쓰고 혼(horn)을 불거나 단검이나 붓, 책을 들고 있는 모습으로 묘사되는 멜포메네(Melpomene)는 비극의 뮤즈이며, 탬버린이나 리라를 연주하는 모습으로 묘사되는 에라토(Erato)는 연시(戀詩)의 뮤즈이고, 플룻을 연주하는 모습으로 묘사되는 폴리힘니아(Polyhymnia, Polymnia)는 찬가(讚歌)의 뮤즈이다.

슬픈 얼굴의 가면을 쓴 멜포메네는 비극 자체를 상징한다. 감수성을 자극하는 음악에서 비극적 요소는 중요하다. 우울한 음악을 들으며 지나치게 감정에 몰입하다가 결국 스스로 생을 마감한 사람들의 이야기는 음악의 비극성을 단적으로 설명한다. 멜포메네의 손에 든 책은 음악이 한편의 이야기를 들려주는 행위라는 의미이며, 멜포메네의 손에 쥔 날카로운 비수는 듣는 이로 하여금 비극적 죽음으로 이끌 수 있음을 암시한다. 에라토의 리라는 한없이 가볍고 맑은 음색을 낸다. 긴장된 정서를 이완시키고, 불안한 마음에 평화를 주는 그녀의 음악은 듣는 이로 하여금 마음에 품고 고백하지 못한 자신의 감정을 한 편의 사랑의 시로 쓰도록 한다. 폴리힘니아는 경건하고 명징한 플룻의 음색을 통해 신과 영웅의 업적과 그들의 위대함에 대해 찬양한다.

그리고 두루마리나 책, 붓을 들고 있는 모습으로 묘사되는 클리오(Clio)는 역사의 뮤

클리오, 에우테르페, 탈레이아(에스타쉐 르 수에르 作)

즈, 성관(星冠)을 쓰고 콤파스를 들고 있는 모습으로 묘사되는 우라니아(Urania)는 천문학의 뮤즈, 플룻이나 트럼펫을 연주하는 모습으로 묘사되는 에우테르페(Euterpe)는 음악과 서정시의 뮤즈, 트럼펫을 불거나 책 또는 월계관을 들고 있는 모습으로 묘사되는 칼리오페(Calliope)는 서사시의 뮤즈, 꽃화관을 쓰고 비올(viol)이나 리라(lyre)를 연주하는 모습으로 묘사되는 테르프시코레(Terpsichore)는 가무(歌舞)의 뮤즈, 가면을 쓰고 작은 비올을 연주하는 모습으로 묘사되는 탈레이아(Thalia)는 희극과 목가시의 뮤즈이다.

클리오를 통해 역사 또한 음악의 일부라는 것은 '기억'과 밀접한 관계가 있다. 역사는 기억해야 할 기록이며, 음악은 기억의 보존과 형성을 돕는다. 별을 관측하고 하늘의 뜻을 읽는 우라니아의 작업 또한 음악의 일부이다. 에우테르페는 선율을 통해 의미를 상징화한 음악의 코드야 말로, 시인의 깊은 언어를 내밀화하여 함축한 시의 코드와 같다는 것을 의미한다. 칼리오페의 머리 위에 놓인 월계관은 승리와 영광의 상징인 만큼 영웅의 일대기를 노래하고 축원한 서사시 또한 음악의 주요한 기능, 즉 대상이 되는 인물의 칭송을 노래함으로써 그 덕을 오래도록 기린다는 의미가 있다. 테르프시코레는 정적인 음악과 동적인 춤의 만남을 상징한다. 춤은 음악에 대한 가장 적극적인 반응이다. 탈레이아는 비극의 멜포메네와 대응되는 희극의 뮤즈로서, 가면을 쓴 모습으로 등장한다. 치사량의 음악으로 생을 마감하는 경우가 비극이라면, 음악을 통해 생의 활기를 되찾는 경우가 희극이다.

이렇게 9명의 여신이 음악으로 대표되는 학예를 관장하는 무사이로서, 주신(主神)인 아버지와 기억의 여신 어머니 사이에서 태어나 아버지의 업적을 다양한 방식으로 기억하는 역할을 하게 된다. 그 기억의 방식은 앞에서 살펴본 그녀들의 전담분야, 즉 천문학, 역사, 시, 무용, 연주, 연극 등 장르의 경계를 넘나들면서 현대의 인문예술 전분야를 막론한다. 그런 의미에서 애초에 음악은 지금처럼 단순한 멜로디나 연주곡, 노랫말을 의미하는 것으로 범주가 좁혀지면서 특화되어 분화되기 이전에는, 다양한 학문 및 예술장르의 총화라고 할 수 있다.

제우스가 자신의 업적을 후세들에게 남기기 위해 기억의 여신을 통해 9명의 딸을 낳았다는 설정에서 '9'는 대표성과 전체성, 하늘의 수를 의미한다. 즉, 제우스는 최고신이었던 만큼, 특정한 분야가 아닌 학문과 예술 전반에서 자신의 업적을 칭송하고 기억해야 한다고 판단한 만큼 '음악'이라는 원관념을 통해 아홉 가지 이상의 보조관념을 만들어낸 것이다. 즉 모든 분야에서 기억하게 만들고자 하는 강력한 의지가 내포되어 있다. 기억을 모태로 삼은 음악은 결국 기억의 연장이자, 그리움의 대지에서 자라는 추억의 다른 이름이다. 제우스가 그러했듯, 음악을 들으며 각자 기억을 더듬으며, 추억에 잠기는 것은 바로 이 때문이다.

버추얼 요소

virtual factor

일반적으로 '버추얼(virtual)' 은 존재감이 없는 대상물을 실제로 존재하는 것처럼 효과적으로 표현하는 상태 혹은 현상을 의미한다. 어원을 살펴보면, 이상적인 감각의 소유자로서의 인간을 뜻하는 라틴어 'vir' 와, 힘과 남성미, 미덕을 뜻하는 라틴어 ' virtus' 에서 유래한다. 따라서 중세에서는 확고부동한 신체적 미덕을 소유한다는 다소 마초적인 의미로 쓰였으나, 현대에 와서는 이름도 형체도 실체도 없는 대상을 실재하게 만드는 현상이나 작용을 의미하는 것으로 전의된다. 어떤 의미에서는 지덕체를 갖춘 완전한 이상형으로서의 중세적 남성상이야말로, 그 누구도 그리될 수 없다는 가상성의 역설이 아닐까 한다.

가상의 한자어가 많은 만큼 그 의미를 하나로 결정하기는 쉽지 않다. 우선 가상을 '假像' 이라고 표기할 경우의 의미는 '주관적으로 그렇게 보일 뿐 실제로는 존재하지 않는 거짓 모습' 을 의미하며 실재(實在)의 상대어로 쓰인다. '假相' 이라고 표기할 경우의 의미는 '불교철학을 바탕으로 현세의 덧없고 헛된 모습을 이르는 말' 이나 실재가 아닌 물상(物象)을 의미하며 실상(實相)과 상대어로 쓰인다. '假想' 이라고 표기할 경우의 의미는 '꼭 그렇지 않거나 또는 그런지 아닌지 또렷하지 않은 것을 그렇다고 가정하여 생각' 하는 것으로 마지막 의미가 현재 일반적으로 사용하는 버추얼에 대한 가장 근사한 해석이다.

결과적으로 무게중심은 참과 거짓(假)을 판단(想)하기 힘들 정도의 실재감에 두게 된다. 초고속 브로드밴드에 의한 네트워크 정보사회에서는 모든 것을 가상으로 표현하려는 의지가 충만한다. 특히 가상성은 컴퓨터를 통해 매개된 사이버스페이스를 설명할 때 주로 사용된다. 실체가 없는 허상의 상태로 네트워크를 통해 거듭 창조되고, 실재와 유사하게 모의(模擬)되면서 원본과 사본의 개념을 초월하고, 그 경계를 무너뜨리면서 무수히 복제되는 가상성이야말로 컴퓨터로 매개된 상상력의 극단이라고 말할 수 있다.

컴퓨터를 비롯한 특수한 메카닉에 의해 만들어지는 가상성과 가상현실(virtual reality)은 단순히 과학의 발전이나 사이버스페이스의 개념을 정의하는 데에만 기여하는 것이 아니라, 신의 창조성에 도전하여 인간의 이성으로 창조할 수 있는 최상의 차원을 의미한다. 바벨의 시민들이 쌓아올린 탑처럼, 가상현실은 신에 대한 인간의 도전정신의 구체적 산물이며 공감각적 상상력의 총화이다. 바벨의 탑이 신의 분노로 무너진 것과 달리, 가상현실은 실체가 없기 때문에 결코 무너질 수조차 없는 철옹성이다.

모션 게임이나 애니메이션, 영화 등은 허구로 구축된 또 다른 의미의 가상현실이다. 실재하지 않는 인물과 (아무리 실화나 역사를 기반으로 한 작품이라 해도) 작가의 주관에 따라 왜곡 혹은 변형된 사건을 보다 실감나게 묘사하고 설득하는 것이 기본이다. 따라서 제대로 작품을 감상하기 위해서는 먼저 그 작품 속에 묘사된 공간과 시간, 그리고 인물에 대해 타협해야 한다. 그런 의미에서 문예의 본질인 허구성은 가상성과 닮아 있다. 실재하지 않는 것을 실재하는 것처럼 보이게 하는 것이 가상의 본질이라면, 움직임은 가상의 차원을 한 단계 상승시키는 요소이다. 움직이지 않는 사물의 경우, 실재처럼 보이게 하는 것은 극사

물방울(김창열 作)

실주의 그림이나 사진 등을 통해 쉽게 만날 수 있다. 특히 그림의 경우에는 극도의 섬세함과 정성과 집중이 요구되는 지난한 작업임에 틀림없기 때문에 그림의 메시지보다는 그 화법의 정교함과 사실감에 대해 경이로움이 먼저 앞서게 된다.

그렇다면 움직이는 생물 혹은 사물의 경우는 어떠한가. 실재하지 않으면서 움직이는 대상, 즉 인간을 비롯하여 동물, 자동차 · 자전거 등의 경우는 움직임을 만들어 내야만 가상이 된다. 마땅히 움직여야 할 대상이 움직이지 않는다면 가상을 위한 상상력은 작동 혹은 작용하지 않는다. 따라서 움직임을 표현하기 위한 노력이 꾸준히 계속되는데, 미국의 디즈니 스튜디오에서 모델의 동작을 수작업을 통해 복사하는 로토스코핑(Rotoscoping) 방식을 사용했으며, 이후 애니메이션 기법으로 발전했다. 레베카 앨런이 반사경을 이용해서 녹화된 댄서의 춤동작을 컴퓨터 그래픽으로 저장하면서 컴퓨터가 모션에 중요한 요소로 대두되고, 그 결과 모션 캡처(Motion Capture)가 구체화된다. 1980년대 컴퓨터를 이용해서 인간의 동작을 분석하는 방법이 체계화되고, 탐 발버트는 통신분압기를 무릎 양쪽에 부착하고 컴퓨터 아바타와 일치하는 초기 형태의 모션 캡처를 처음으로 고안한다. 이후 인체에 부착된 LED 센서의 2차원 값과 카메라를 통해 얻은 값을 통합한 3차원 정보의 랜더링 기술이 발달하여 현재까지 사용되고 있다.

2D의 시대에서 3D의 시대로 발전하는 변천사는 가상의 범주가 그만큼 확산되었음을 의미한다. 3D는 2D보다 실감나는 버추얼을 보여줌으로써 가상의 지평을 확장시킨다. 평면적으로 움직이는 대상과 입체적으로 움직이는 대상은 그만큼 차이가 있다. 최근 컴퓨터를 이용한 애니메이션 작업의 대부분이 기술발전과 더불어 3차원 영상을 표방하고 있으며, 이는 인간 이성의 총화라고 할 수 있는 과학을 바탕으로 가상현실을 보다 사실적으로 구현하고자 하는 욕망의 표출이다. 가상현실은 이러한

듀얼 모션 캡쳐(www.3drender.com)

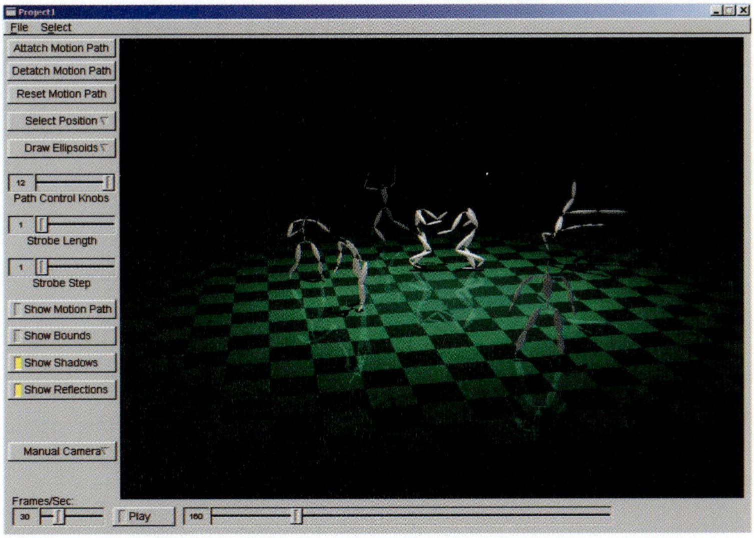

BVH 모션 뷰어·에디터

모션 캡쳐 기술의 도움을 받아 실제보다 더욱 실감나는 시공간을 창출함으로써 온라인과 오프라인의 경계를 넘나드는 다양한 가능성을 보여준다. 모션 캡쳐는 단순히 기술적인 발전이나 진보를 의미하는 것이 아니라, 가상현실을 더욱 현실감 있도록 하기 위한 근본적인 툴이다.

모션 캡쳐는 특수 제작된 의상을 착용한 모델이 동작하는 움직임을 즉시 또는 약간의 시간 차이를 두고 기록하는 작업을 말한다. 즉, 모델의 동작을 보다 정확하게 데이터화하기 위해 관절마다 센서를 부착시키고 다양한 동작을 주문한 다음, 모델의 실험을 통해 기록된 정보를 수치적 데이터로 저장하고, 컴퓨터상의 아바타에게 위치 및 각종 모션 데이터를 전달함으로써 실재 움직임을 그대로 재현하는 과정을 의미한다. 모션 캡쳐의 위치 정보 전달은 특정 부분을 움직이는 모델의 동작과 아바타의 위치를 일치시키는 직접 정보전달과 피부색이나 감정표현 등을 나타내는 간접 정보전달로 구분한다. 모션 캡쳐는 애니메이션은 물론, 특수촬영의 역사를 고쳐 쓰는데 기여한 영화 《스타워즈(Star Wars)》, 《배트맨(Batman)》, 《터미네이터(Terminator)》, 《스타쉽 트루퍼스(Starship Troopers)》 등에 사용되어 보다 실감나는 영상을 보여줌으로써 그 진가를 발휘하고 있다.

원격실제감 움직임을 통해 실감을 느끼는 가상의 요소가 '모션' 이라면, 마치 공존하는 듯한 착각을 불러일으키는 가상의 정서적 반응은 '원격현장감' 이다. 원격현장감은 공간적으로 떨어져 있는 장소 또는 가상의 장소를 신체적으로 경험하는 것으로, 네트워크를 통해 컴퓨터와 원격지를 연결함으로써 물리적으로는 경험할 수 없는 시간과 공간을 가상으로 체험하게 된다. 원격실제감은 원격 조정, 즉 먼 거리에 있는 어떤 대상을 조정하는 것이다. 예를 들어, 캠코더와 마이크로폰을 장착한 모델이 캠코더와 마이크로폰을 장착한 원격로보트로부터 받은 정보를 통해 로보트를 제어하는 원리이다. 모형비행기나 자동차를 리모콘으로 조정하는 것과 같은 원리로서, 지하공간이나, 우주, 심해같이 인간이 접근하기 어려운 위험한 장소에서 경험하거나, 방사능 물질을 운반하거나 유독성 물질을 다루는 등의 위험한 작업을 하는 경우 유용하게 사용된다.

물리적 환경에 대해 자연스럽게 인식하고 공존한다는 느낌이 실제감이며, 멀리 떨어져 있음에도 불구하고 감각적으로는 공존한다고 느끼는 것이 원격실제감이다. 일종의 감각의 일시적 마비 혹은 착각이라고 할 수 있다. 원격실제감을 설명하기 위해 마비나 착각이라는 용어를 사용한 것은, 두 단어가 가지는 부정적인 의미보다는 어차피 존재하지 않는 가상을 존재한다고 믿는 것이나 믿게 하려는 것 자체가, 이성의 측면에서는 마비이며 오류라고 설명할 수밖에 없기 때문이다. 있지도 않은 것을 있(다고 믿)게 하는 것이야말로 예술의 본질이지만, 모든 이성의 결정체인 과학이 이러한 과정에 동참한다는 것은 이율배반적이 아닐 수 없다. 그러나 과학적 원격실제감은 단순히 착각을 일으키는 것이 아니라, 의학적 수술이나 비즈니스 상담, 회의 등 중요한 사안에 대해 물리적 거리감을 최소화하고 시간으로부터 해

위 해저로봇 오베론
아래 텔레스페전스(질레스 프란체스카노 作)

방되려는 의지의 일환이다.

원격실제감의 핵심은 거리감을 최소로 하고, 상호작용을 최대로 하는 것이다. 원격현장감은 인간의 감각기능을 모방한 장치들을 통해 구현된다. 따라서 인간의 감각기관을 대체할 기술이나 설비 등을 개발하는 노력은 장차 육체적 한계를 극복하고 인간과 기계의 긍정적인 하이브리드를 통해 인간의 능력을 확대할 수 있다. 잡종을 의미하는 하이브리드(hybrid)의 어원은 라틴어 'hibrida' 로 두 인종 혹은 두 이민족으로부터 태어났다는 의미를 가진다. 이 단어는 변종 · 이종의 교배에 의해 초래된 개체를 가리키며 그리이스어의 하이브리스(hyvris)는 모든 과잉 · 오만 · 모욕 · 학대 · 능욕과 같은 의미를 파생시킨 정도를 벗어난 상태를 의미한다.

동서양을 막론하고 긍정적인 의미로 초인이나 영웅, 부정적인 의미로 마물(魔物)이나 괴물은 대개가 순종이 아닌 둘 이상의 종(種)이 혼재된 잡종이다. 인간은 태생적 유한성을 극복하기 위해 결국 하이브리드는 불가피하다. 현재도 생명공학으로는 각종 동물과 인간의 적합성을 판단하는 실험이 계속되고 있으며, 이미 인공장기 등 다양한 신체부위에 대한 하이브리드가 이루어지고 있다. 다만 인간은 인간 이외의 다른 종과의 교배를 금기시했으며, 때문에 생명공학은 동물에 대한 연구에서 인간의 체세포 연구로 선회하고 있다. 그러나 기계나 기구로 표상되는 메카닉은 종의 개념에서 자유로울 뿐만 아니라, 인간의 한계를 보완한다는 의미에서 긍정적이다. 따라서 물리적 거리감과 이물감을 극복하는 원격실제감은 인간의 제7의 감각이라 해도 과언이 아니다.

시뮬레이션 시뮬레이션의 사전적 의미 '모의실험' 으로, 복잡한 문제를 해석하기 위하여 모델에 의한 실험, 또는 사회현상 등을 해결하는 데서 실제와 비슷한 상태를 수식 등으로 만들어 모의적으로 연산을 되풀이하여 그 특성을 파악하는 시뮬레이션은 실제 또는 가상의 동적 시스템 모형을 컴퓨터를 사용하여 연구하는 것을 말하며 모의실험 또는 모사(模寫)라고도 한다. 현실에서는 체험할 수 없는 전문적인 상황이나 복잡한 경험에 대해서 실제와 유사하거나 실제의 핵심요소만으로 간단하게 내외적 조건을 갖추어 가상환경을 사용하여 실험하고, 그 결과를 계산적으로 처리하는 과정 전체를 의미한다.

물리적 모형을 사용하는 시뮬레이션으로 대표적인 사례는 항해 중에 발생할 수 있는 위험요소와 변수 등을 미리 대비하기 위해 풍동(風洞)을 써서 동일한 환경을 구축하고 실험하거나, 항해 중에 발생할 수 있는 변수를 체크하기 위해 물탱크를 동원한 가상환경을 만들어 실험하는 등이 해당된다. 오늘날은 자동차 운전자의 훈련용 운전석 모형, 비행기 조종사 훈련용의 콕피트(cock-pit) 모형, 우주비행사 훈련용 캡슐 모형 등의 시뮬레이터가 많이 개발되어 안전운행을 위해 중요한 구실을 하고 있다.

시뮬레이션은 직접적인 실험이나 참여에 다른 위험 부담을 줄이기 위하여 컴퓨터 프로그램을 통하여 훈련할 목적으로 시작되었으며, 공간적 가상성이 게임성과 밀접하게 관련된 화두가 되면서 다양하게 게임화되었다. 시뮬레이션 게임은 초보 운전자를 위한 실내연습용으로 사용되거나, 건설, 경영, 육성 등 게임 분야에 다양하게 이용되고 있다. 특히 시뮬레이션이 경제학 분야에서 두드러지게 발전했음을 감안하여 경영 시뮬레이션 게임 사례를 통해 시뮬레이션의 게임화 과정을 살펴보기로 한다. 시뮬레이션 게임의 하위 장르는 기준에 따라 다양하게 분류될 수 있으며, 각각의 시뮬레이션 게임들이 두 가지 이상의 특성을 모두 포함하고 있기 때문에, 엄밀하게 각각의 하위장르를 서로 무관하게 구분할 수 있는 근거는 희박하다. 다만 경제이론을 토대로 하여 다양한 방식으로 경제관념을 강조한다는 의미에서 이코노믹 시뮬레이션이라고도 불리는 경영 시뮬레이션(Management Simulation;Management SIM) 게임이라고도 한다.

모의 군사훈련 장면(www.news.navy.mil)

《캐피탈리즘》 스크린샷

《인더스트리 자이언트》 스크린샷

여기서 경영(Management)의 의미는 '운영, 육성, 조직, 경제, 사업, 실무, 관리, 지배, 감독, 처리, 행정, 조종' 등 매우 다양하게 해석될 뿐 아니라, 자칫 의미역이 지나치게 넓어져서 모든 하위 장르를 다 포함하는 것으로 확대될 우려가 있다. 따라서 의미를 제한하여, 사용자가 CEO가 되어 병원, 공원, 회사, 도서관 등을 직접 경영하고, 필요에 따라 단체를 조직하고 운영하는 비즈니스 시뮬레이션(Business Simulation) 게임과 공간을 확보하고 건물을 짓거나 사물을 배치하고, 보수 및 철거 등 무게중심을 두는 빌딩 시뮬레이션(Building Simulation) 게임으로 대별한다. 대표적인 비즈니스 시뮬레이션 게임으로는 사업적 측면과 재정적 측면을 모두 관리하는 방식의 기업경영 시뮬레이션 《캐피탈리즘(Capitalism)》, 《인더스트리 자이언트(Industry Giant)》, 《코퍼레이트 머쉰(The Corporate Machine)》, 《엔터프라이즈(Entrepreneur)》 등이 있으며, 이밖에도 다국적 기업경영 보다는 범위를 축소하고 집중화하여 미국식 농장을 경영하는 《심팜(SimFarm)》, 캐러비안 섬을 관리하고 경영하는 《심아일(SimIsle)》, 호텔이나 다가구주택 등 주상복합건물을 경영하는 《심타워(SimTower)》 등이 있다.

비즈니스 시뮬레이션 게임은 원칙적으로 전략적인 속성을 갖고 있으며, 게임 내의 개인이나 물리환경, 교통 및 운반수단 등 유닛과의 상호작용이 거의 없으나, 그 모든 것의 초석을 다지고 결정하는 권한을 갖는다. 물론 대중이나 시민, 건물이나 시설의 이용자들의 의견과 반응에 어느 정도 간접적으로 영향을 받기는 하지만, 그것을 수렴할 것인가 묵인할 것인가의 결정도 모두 사용자의 재량에 달려있다. 비즈니스 시뮬레이션 게임에서 가장 중요한 게임의 목표는 사용자가 관리하는 공간이나 건물 및 현물 등 수익창출 방법을 연구하고 기획하여, 비즈니스적 경쟁력을 강화하고, 연계 산업분야의 환경 변화에 융통성 있게 대처하는 주체적인 리더의 모의실험이라고 할 수 있다. 물론 비즈니스 시뮬레이션 게임이 경영에 대한 이해와 실무적용 능력을 향상시키고 균형 있는 감각을 갖춘 전문 경영인을 양성하기 위해 개발된 것은 아니지만, 실상 매우 과학적이고 현실적인 데이터에 의거하는 시뮬레이션의 속성에 충실하게해 기획하는 게임인 만큼, 실제로 많은 기업에서 비즈니스 시뮬레이션 게임을 통해 교육을 하고 있다는 사실은 이를 증명해준다.

위 《플라잇 시뮬레이터 98》 커버
아래 《플라잇 시뮬레이터 2002》 스크린샷

한편, 비행 시뮬레이션(Flight Simulation)은 다른 시뮬레이션 장르에 비해 주야의 변화, 계절, 대기, 바람 등의 배경 환경요소를 표현하는데 보다 집중하면서 심지어 실제보다 더욱 실감나는 비쥬얼을 만들어 낸다. 비행 시뮬레이션 게임의 클래식은 1982년 브루스 아트윅이 애플용으로 개발한 〈플라잇 시뮬레이터(Flight Simulator)〉로, 실제 비행에 사용되는 모든 패러미터들을 시뮬레이팅했으며, 마이크로소프트(Microsoft)와 손잡고 그래픽의 단점을 극복하고 사실감을 강화하여 PC기반 《플라잇 시뮬레이터 1.0(Flight Simulator 1.0)》을 출시한다. 이후 《플라이트 시뮬레이터》 시리즈는 해를 거듭할 수록 기술적으로 향상되어, 1989년 《플라잇 시뮬레이션 4.0(Flight Simulation 4.0)》부터는 철도와 다리, 빌딩 등 다양한 형태의 구조물들이 구현되었으며, 플레이어가 직접 자신의 비행기를 만들어서 프로그램에서 조종할 수 있게 되었다. 1993년 출시된 《플라잇 시뮬레이션 5.0(Flight Simulation 5.0)》은 전 세계 실제 공항들을 모델링하였으며, 실제 세상과 유사한 사진 수준의 시너리를 사용하여 계절과 시간대별로 로 시너리의 색상을 다양화하였다.

1995년 출시된 《플라잇 시뮬레이션 95(Flight Simulation 95)》은 졸작으로 혹평을 받고, 이를 재도약의 계기로 삼아 절치부심 끝에 1997년 출시된 《플라잇 시뮬레이션 98(Flight Simulation 98)》은 비행 시뮬레이션의 모의성을 극대화함으로써 실제 게임을 통한 비행연습이 미해군 비행학교의 비행테스트에 실제효과로 확인되는 경이로운 정교함을 여실히 보여준다. 단순한 게임의 경계 혹은 한계를 넘어 과학적 시뮬레이터로서 진화했음을 확인할 수 있다.

이후 《플라잇 시뮬레이터 2000(Flight Simulator 2000)》을 통해 미연방 항공국이 제공하는 비행사 자격시험의 교육 및 시험도구로 이용이 될 정도로 정교한 시뮬레이팅 구현을 공인받게 된다. 당시 《플라잇 시뮬레이터》 시리즈 중 가장 완성도 높은 작품으로 평가받는 《플라잇 시뮬레이터 2002(Flight Simulator 2002)》는 플레이어의 체감 비행을 더욱 향상시켜 주는 요소들로는 실제적이고 구체적인 관제탑의 모습을 담은 대화형 항공관제기능(ATC), 비행 시 바로 아래의 지형에 맞는 건물과 초목을 자동으로 구현해 주는 경이로운 시각효과와 자동 배경 생성 기능(Auto-Generated Scenery), 공항 주변 및 공항과 공항 사이에 적당한 항공 교통 상황을 만들어 주는 새로운 인공 지능 시스템 등을 도입했다.

비행 시뮬레이션 게임에 대해 몇 가지 짚고 넘어가야 할 문제들이 있다. 과연 게임인가 어플리케이션인가의 근본적인 문제이다. 비록 게임이지만, 비행 시뮬레이션은 앞으로도 상업적인 큰 성공보다는 일부 매니아들의 전유물일지는 모른다. 하지만 더 중요한 의의는 비행 시뮬레이션 장르 자체가 게임개발사 입장에서는 게임 이전에 시뮬레이터로 진일보하는 계기와 핵심기술의 하나로 그것을 인정받을 수 있다는 점이다. 게임은 단지 값싼 여가활동의 일부가 아닌 전문 어플리케이션 영역까지 넘볼 수 있는 기회로 발전될 수 있는 기술이라는 또 다른 측면을 간과해서는 안 된다.

가상현실 가상현실(virtual reality)는 가상세계(virtual worlds), 가상환경(virtual environment), 가상공간(virtual space), 인공환경(artificial environment), 인공현실(artificial reality), 사이버스페이스(cyberspace), 합성환경(synthetic environment) 등과 동의로 사용되면서 다양한 번역어를 양산하는 주요 개념 중 하나가 되었다. 이들 용어들이 표방하는 공통점은, 현실공간에 대해 가상성(virtuality)의 지배를 받는 공간' 을 칭하고자 한다는 점이다.

가상은 현실과 일정한 관련을 맺는다는 점에서 환상(幻想)이나 환각(幻覺)과는 변별되고, 현실과 일정한 거리를 둔다는 점에서 현상(現象)과도 구별되는, 모호한 경계의 개념이다. 무엇을 가상으로 보는가는 그것에 대립되는 현실적인 것으로서 무엇을 상정하느냐에 따라 여러 종류의 가상이 성립될 수 있는데, 지적 현실에 대한 '심적 가상(心的假想)', 일상적 현실에 대한 '미적 가상(美的假想)', 논리적 규범에 대한 '논리적 가상(論理的假想)', 이성(理性)의 한계에 대한 '초월론적 가상(超越論的假想)' 이 있다.

가상현실의 세계는 현실에 구애받지 않고 상상의 세계를 현실을 모의(simulation)하여 만들고, 물리적 거리감을 상실한 원격실제감(telepresence)에 의해 인체의 모든 감각 기관이 인공적으로 창조된 세계에 몰입됨으로써 공존하는 듯한 착각에 빠지게 된다. 가상현실의 체험자는 특수 제작된 장비를 장착하고 실제 환경과 유사하게 만들어진 컴퓨터 모델 속에 공존을 체험하면서, 다양한 감각기관을 이용하여 가상의 세계를 경험하고 상호교환적으로 정보를 주고받는 것이 가상현실이다. 가상현실

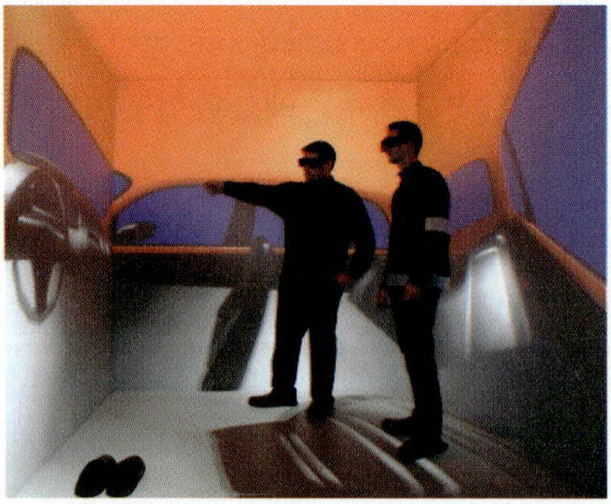

가상현실(TU Berlin)

속에서는 실제로는 없는 물체이지만 이를 감지할 수도 있고 이들의 정보를 접할 수도 있고, 이를 변형시킬 수도 있는 등 모든 상황을 자신의 의도대로 이끌어 갈 수 있다.

'가상' 은 이처럼 단순하게 정의될 수 있는 만만한 개념이 아니다. 오히려 지나치게 다양한 분야에서 오랫동안 나름의 의미역을 가지고 존재해 왔으며, 각 분야에서의 개념 또한 지나치게 공고하다. 또한 우리가 표기하고자 하는 이 제3의 공간은, 기존의 현실세계와 전통적 연구대상과는 다른 영역이며, 아직 개발가능성이 무궁한 미개지(未開地)와 같다. 따라서 컴퓨터를 매개로 구축되는 이 제3의 공간에 정확한 용어를, 이미 타영역에서 독자적인 의미부여가 이루어진 가상이라는 개념어에 기대어 통일할 수 있는 근거는 현시점에서 희박하다.

이제 이미 기존의 외국학자들에 의해 사용되어 꾸준한 공중절차를 거치고 있는 '사이버(cyber)' 라는 접두어에 주목한다. 사이버의 어원은 원래 '동물 및 전기적으로 조작되는 자동기계에 있어서의 제어와 전달의 이론 및 기술을 비교 연구' 하는 사이버네틱스(cybernetics : 인공두뇌학)의 학문적 용어에서 유래한다. 태생 자체가 모호한 '사이버' 가 하나의 접두어로서 인정을 받으면서 급속도로 전파되어 현재와 같은 사회 문화적 파장과 공신력을 얻을 수 있었던 계기는 1984년 윌리암 깁슨이 자신의 소설《뉴로맨서(Neuromancer)》에서 '사이버스페이스(cyber-space)' 라는 용어를 사용하면서부터이다.

윌리암 깁슨이 자신의 소설에서 묘사하는 사이버스페이스는 다국적 기업의 데이터를 3차원의 비디오 게임으로 나타나게 한 것인데, 등장인물들은 직접적으로 뇌파가 연결될 수 있도록 머리에 전극을 꽂고, 전극에 연결된 컴퓨터 단말기를 통해 시스템 속으로 들어가게 된다. 결국 등장인물의 두뇌(정신)와 육신은 분리되어 각기 활동하면서, 두뇌는 컴퓨터시스템 속의 매트릭스(matrix) 안을 돌아다니고, 육체는 현실 속에서 계기판을 두드려 좌표를 입력한다. 이처럼 육체로부터 분리된 두뇌가 돌아다니는 컴퓨터 매트릭스 안의 공간이 바로 '사이버스페이스' 이다.

소설 속의 등장인물은 매트릭스 속에서 오히려 자유를 만끽하고, 현실 속의 육체는 컴퓨터 매트릭스의 수동적인 구성 재료처럼 느끼게 된다. 이 소설은 사이버스페이스에서 펼쳐지는 남녀 간의 애틋한 사랑을 다루고 있다. 남자는 여자를 만나 사랑

《매트릭스(1999)》

하게 되지만, 결국에는 여자를 잃고 모든 것을 상실한 채, 사이버스페이스에 홀로 남는다는 줄거리를 갖고 있다. 이처럼 깁슨은 소설 속에서 사이버스페이스를 "상호연결된 다양한 가상현실(virtual reality)들을 구축할 수 있는 광범위한 네트워크"로 규정하고 있으며, 이는 우리가 정의내리고자 하는 '컴퓨터 네트워크에 의해 구축되는 제3의 공간'과 일맥상통한다.

그러나 사이버는 윌리암 깁슨의 조어(造語)로서 작품 속에서 그가 부여한 의미역을 그대로 수용하는 경우에만 온전히 자리매김할 수 있다. 따라서 타당한 학문적 어원상의 검토를 통해 학문적 용어로 정착하기에는 무리수가 따른다. 우리는 아직까지 사이버라는 접두어를 번역할 적확한 언어를 마련하지 못하고 있으며, 적절한 언어가 마련되지 않는 현시점에서 '컴퓨터'를 외래어로 수용했듯이, '사이버' 또한 외래어로 수용하는 것도 방법이 될 수 있겠다. 이러한 사이버스페이스, 네트워크로 연결된 가상현실 속에서만 작동되는 '게임'은 또 하나의 분명한 '이야기'를, 삶의 '단면'을 보여주는 형이상학적 '가상현실'을 구축한다. 이것은 이중삼중으로 중첩된, 가상적 현실의 엄연한 '층위'라고 할 수 있다.

가상현실의 이상은 가상의 공간에서 완전한 현실감을 느끼는 것이다. 어찌 생각해보면 인간적인 감각을 느낀다는 것은 그만큼 어려운 일인지도 모른다. 지금 시점에서 가장 중요한 것은 가상현실 기술 개발의 발전 방향을 정하는 것이다. 기술의 발전이 좋기만 한 것은 아니기 때문이다. 그에 따른 파급 효과도 충분히 고려해야만 한다. 미래의 기술들은 과거의 소설가들이 묘사한 것처럼 부정적인 사회상을 초래할지도 모르는 일이기 때문이다. 앞으로의 세상은 전자 사회가 주도해 갈 것이다. 미래의 사회는 사이버펑크 작가들이 그리는 것처럼 우울하고 암담하지 않은 희망적인 세계가 되어야 할 것이다. 진정한 가상현실은 완벽한 인간에 대한 이해와 과학 기술과의 조화만이 이룩할 수 있을 것이다.

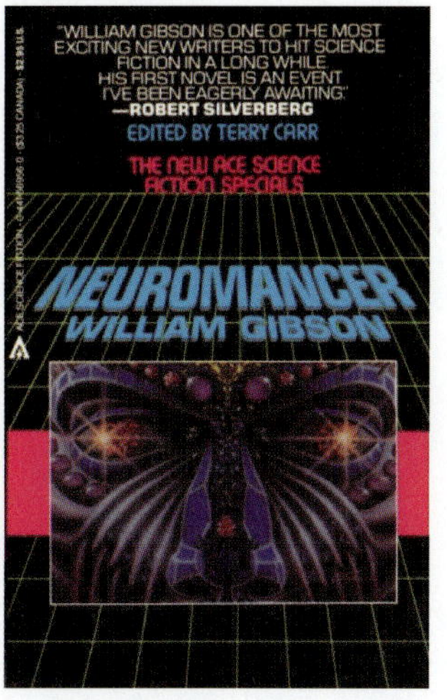

《뉴로맨서(1984)》

Step 3.

Storymaking

스텝3에서는 스토리텔링의 산업적 의미에 대해 살펴본다. 스토리텔링의 진정한 의미는 앞에서 언급했듯이 유동성과 유기성에 있다. 물론 스토리 자체는 고정되거나 일정할 수 있으되, 발화자나 발화장소 등의 발화과정을 통해 다소 변화하거나 전혀 다른 스토리로 진화하기 때문이다. 그러한 스토리의 변화 혹은 진화의 중요한 원인은 매체에 있다. 스토리는 매체와 결합하면서 매체에 따라 자연스럽게 몸을 바꾸게 되고, 스토리텔링의 매체적 의미와 산업적 의미는 바로 이러한 변신의 과정과 원칙에서 발생한다.

스토리와 영화가 만났을 때, 영화의 영상성으로 인해 스토리는 단순히 '들려주는' 이야기의 형태에서 '보여주는' 이야기의 형태까지 포함하는 중의성을 띄게 된다. 스토리와 애니메이션이 만났을 때, 애니메이션의 과장된 동선표현과 오락적 목적성으로 인해 스토리는 강약의 기복을 보이면서 제한된 혹은 의도된 주제 내에서 일정부분 통제된다. 스토리와 TV드라마가 만났을 때, TV드라마의 통속성과 대중성, 유행성으로 인해 스토리는 패턴화되고 한 마디로 '드라마틱'하게 극단화된다. 끝으로 스토리와 컴퓨터게임이 만났을 때, 게임의 비선형성과 상호작용성으로 인해 스토리는 결말보다는 과정을 중시하거나, 플레이어와의 상호작용을 통해 분지(分枝)를 거점으로 각기 다른 멀티앤딩을 맞게 된다.

이렇게 스토리는 매체와 만날 때마다 그 매체의 고유한 특성에 맞게 유기적이며 능동적으로 반응한다. 이러한 반응은 스토리텔링의 역사가 인류의 역사와 동궤라는 점을 상기할 때, 매우 자연스러운 것이다. 스토리텔링은 인류와 함께 공존해왔으며, 인류가 시대와 공간에 따른 척박한 역사적 토양에 나름대로 자생해왔듯이 스토리텔링 역시 어떤 매체환경에서도 강한 생명력을 가지고 스스로를 진화해왔다. 이러한 스토리텔링의 산업화 혹은 매체화에 대해 스토리메이킹이라 명명하고, 각 매체별로 제작방식을 알아보고자 한다.

다만 지면의 한계상 매체에 따른 스토리텔링에 대한 상술은 되도록 지양하고, 다만 각 매체가 스토리라는 매질과 어떻게 화학작용함으로써 나름대로 산업화하고 장르화했는가에 대하여 각 매체의 역사, 장르, 제작과정, 그리고 산업적 비전 등의 항목으로 세분화하여 살펴보고자 한다. 이를 통해 최근 성장가도를 달리는 게임산업이나 영화, 애니메이션 등에서 스토리텔링의 위상변화를 확인할 수 있을 것이며, 아울러 스토리메이킹의 활용가능성도 예측할 수 있을 것이다.

영화 만들기

film making

영화는 '텍스트' 라는 입구로 들어가서 '비쥬얼' 이라는 출구로 나가는 대표적인 장르이다. 영상성에 대해 영화를 구심점으로 하지 않고서는 논할 수 없을 정도로 영화는 영상문화의 중심에 있다. 얼마나 더 실감나게 현실적인가와 얼마나 더 황당하게 비현실적인가의 극과 극을 자유롭게 넘나든다. 영화의 스토리텔링은 본질적으로 영화적이다. 물론 만화적이거나 드라마적인 영화도 존재하지만, 영화는 '영화적' 일 때 가장 영화답다. '영화적' 이라는 표현은 과연 어떤 의미일까. 주관적으로는 그 어떤 의미부여도 가능할 것이다. 다만 가장 일반적인 의미로서 '영화적' 이라는 표현은, 시감을 사로잡는 장면미학, 청감을 자극하는 사운드미학, 이성과 감성에 동시 작용하는 스토리미학, 그리고 노련하게 계산된 혹은 타고난 직관에 따르는 타이밍을 통해 형성되는 미묘한 움직임, 설레임, 떨림 등 형언할 수 없는 공감각의 '결' 이 맺히고 풀리면서 만들어내는 정서반응이라고 비유할 수 있다.

영화적 스토리텔링은 바로 이러한 정서반응을 최대한 이끌어낼 수 있는 스토리미학, 즉 문학과 영상의 절묘한 편직(編織)이다. 문학은 근본적으로 읽히기 위해 존재하지만 영화에 있어서 문학은, 자막을 예외로 하면 들려지기 위해 존재한다. 영상은 보여지기 위해 존재하므로, 영화는 청각과 시각에 지배적으로 작용한다. 영화감상이란, 음성과 음향을 듣고 장면과 화면을 보는 일이다. 음성화된 부분과 장면화된 부분의 스토리텔링이 영화의 핵심이다. 씨실과 날실로 편물을 짜듯, 이성과 감성을 교차하고, 문학과 영상을 교직하여 한 편의 작품으로 뜨개질하는 내적 동인이 영화적 스토리텔링이라고 할 수 있다. 따라서 영화의 문학적 요소는 문자를 매질로 하는 만큼 관객으로 하여금 이성적 반응을 유도하고, 영상적 요소는 동적인 도상(圖像)을 통해 감각적 반응을 유도한다.

문학적인 영역에서 작용하는 영화적 스토리텔링의 요소는 대부분의 문학작품을 이해하는 것과 동일한 접근이 가능하다. 즉 등장인물의 독백과 방백, 인물간의 대화와 나레이션 등 시나리오(스크립트)에 구체적으로 문자화되어 표현된 것들이 주축이 된다. 주옥 같은 명대사를 O.S.T(Original Sound Track)만큼이나 자주 언급하고 인용하는 것도 문학적 효과로 볼 수 있다. 이에 비해 영상적인 영역에 작용하는 스토리텔링의 요소는 주로 지배적 감각인 시각에 영향을 받는다. 장소선정(Location)과 장면설정, 촬영방법과 조명, 연출과 연기, 녹음과 편집, 음향과 음악 등이 영화의 영상성을 부각시키는 요소이다. 이처럼 문학과 영상, 동시에 이루어지는 영화의 스토리텔링은 이성과 감성에 긍정적으로 일 수밖에 없다.

— 역사 — 물론 영화의 역사가 곧 영화적 스토리텔링의 역사는 아니다. 그러나 영화가 탄생하게 된 배경과 발전과정, 침체와 부흥 등 일련의 유기적 순환을 검토하는 작업은 영화적 스토리텔링의 특징을 이해하는 초석이다. 영화사는 작품만이 아니라 특정한 영화작가들의 활동으로 이루어지기 때문에, 각 시대와 국가에 있어서 영화에 영향을 미친 고유한 예술이론, 기술적 특성 등 다양한 관련 사항들도 언급될 필요가 있다. 그러한 요인들은 영화가 예술로서 어떻게 시작되었으며, 어떠한 형태로 발전되어왔는가를 연대기적 접근을 통해 살펴보도록 한다.

영화를 기술적으로 정의하자면, 개개의 정사진을 빠르게 연속하여 일련의 움직임을 만들어 낸 것이다. 따라서

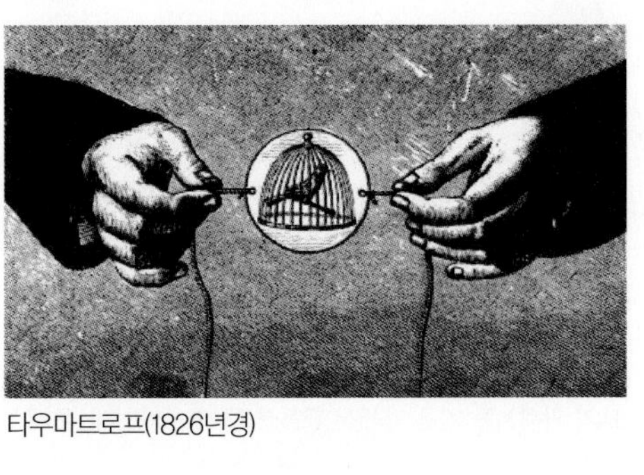
타우마트로프(1826년경)

영화가 예술적으로 자리매김하기 위해서는 과학의 발달이 전제되어야만 한다. 1823년 프랑스의 조제프 니에프스와 루이 다게르, 영국의 헨리 탈보트 등에 의해 비슷한 시기에 사진술이 발명된 이후, 1826년 최초의 애니메이션 장치 타우마트로프(Thaumatrope)가 발명되고, 1832년 죠셉 플라토에 의해 최초로 움직이는 화상을 만드는 장치 페나키스트로스코프(Phenakistroskope)*가 발명되면서 '움직임'의 환상이 구체화된다. 1879년 미국의 에드워드 머이브리지가 유리판 필름과 빠른 노출력을 사진기들을 설치하여 달리는 말의 연속사진을 성공적으로 촬영하고, 1882년 프랑스의 에띠엔느 마레는 회전하는 필름 디스크에 12개의 개별영상을 기록하는 사진기를 고안, 1888년에는 필름 두루마리를 이용하는 최초의 사진기를 발명한다. 1889년 코닥(Kodak)에서 셀룰로이드 필름 베이스를 출시하면서 여러 사진가와 발명가의 공로에 힘입어 1890년대 영사기의 초기형태가 서서히 윤곽을 드러낸다. 물론 본격적인 영화영상의 발전은 미국의 토마스 에디슨과 프랑스의 오귀스트와 루이 뤼미에르에 의해 이루어진다.

뤼미에르 시네마토크라프

1893년 에디슨의 조수 윌리엄 딕슨은 카메라를 개발하여 35mm 단편영화를 만들고, 이에 에디슨은 '발성'을 위해 축음기와 결합을 시도하여 1인용 핍쇼(Peep Show) 기계, 키네토스코프(Kinetoscope)를 개발한다. 1895년 프랑스의 뤼미에르 형제는 현상과 영사를 겸하는 카메라 시네마토그라프(Cinématographe)를 독자적으로 발명하고, 최초로 스크린 투사 방식의 공개 영화 시사회를 연다. 이후 앞다투어 영화 관련 기술들이 고안 및 발명되는 등 19세기말 무렵 거의 동시적으로 영화의 기술적 진보가 이루어

* 'motion shower' 라는 뜻으로, 그림이 그려진 톱니모양의 스핀 디스크와 핸들로 이루어진 장치이다. 애니메이션을 보기 위해서는 거울 앞에서 핸들을 돌리면 되는데, 이때 톱니가 영사기의 셔터 역할을 하게 된다.

진다. 뤼미에르 형제의 영화는 영상의 사실성과 기록성을 중시하는 기록영화의 전신이며, 영화의 허구성과 이야기성은 G.메리에스에 의해 확립되어 극영화로 발전한다.

1910년대 영화문법과 영화언어의 완성자인 데이비드 그리피스에 이르러 비로소 영화는 고유한 언어를 가진 예술적 표현의 매체로 정착하게 되었다. 프랑스의 파테나 고몽 등 초기의 영화 제작사들, 그리고 에디슨을 비롯한 미국의 독점업자들이 영화기업의 토대를 구축하는 데 이바지했으며, 그 후 대제작사들에 의해 영화는 산업으로 발전했다. 1920년대 코미디 장르를 통해 천재적인 풍자와 해학으로 인간과 사회를 조망한 미국의 찰리 채플린, 사실주의의 극치를 보여준 슈트로하임, 독일영화의 황금기를 장식한 비네, 무르나우 등 표현파 영화의 등장, 몽타주 이론을 중심으로 하는 소련의 브제볼드 푸도프킨과 세르게이 에이젠슈타인, 우크라이나의 도브젠코 등이 독특한 세계를 펼쳐갔다. 1927년을 기점으로 무성 · 파트토키 · 유성 등의 공존하면서 서서히 무성영화의 시대가 막을 내리고, 1930년대 전음성화(全音聲化)를 통한 본격적인 발성영화의 시대가 도래한다. 이 시기는 페데르, 르누아르, 뒤비비에, 카르네 등의 사실주의 경향과 스파크와 프레베르 등의 염세주의 경향 등으로 프랑스 영화의 황금기를 장식하였다.

1940년대 미국의 오손 웰스는 일련의 작품을 통해 영화사에 획을 그을 영화미학적 혁신을 이루고, 이후 영화는 예술적 커뮤니케이션의 중요한 매체로 성장한다. 2차 대전 직후 경제악화와 사회불안으로 야기된 이탈리아의 네오리얼리즘은 로셀리니, 비스콘티, 잠파 등으로 대표되면서 허구가 아닌, 평범한 인간군상의 사회적 갈등을 다루는

몽타쥬 기법의 대표작 《전함 포텐킨(1925)》

누벨바그의 대표작 《400번의 구타(1959)》

다큐멘터리식 영상을 선보였다. 1950년대 프랑스의 누벨 바그(Nouvelle Vague)는 현대 영화예술의 획기적인 발화점으로, 샤브롤, 장 뤽 고다르, 프랑소와 트뤼포 등 작가주의 영화, 예술영화의 신지평을 열었다.

1960년대 카메라를 통해 세상의 진실과 대면하는 프랑스의 시네마 베리떼(Cinéma Verité)와 기성에 대한 일탈의 아이콘으로 대두되는 미국의 뉴 아메리칸 시네마(New American Cinema), 1970년대 미국 영화계의 마지막 혁명세대로 불리는 뉴 허리우드 제너레이션(New Hollywood Generation), 1980년대 누벨 바그를 계승하되 비쥬얼을 강조한 누벨 이마주(Nouvelle Image) 등이 등장한다. 이와 같이 영화의 사조와 이론에 영향을 준 작가주의 감독과 작품이 있는 반면, 영화의 산업적 부흥을 도모하는 대작들도 양산된다. 1980년대부터 루카스, 스필버그 등으로 대표되는 블록버스터급 영화의 흥행 성공은 1990년대로 계승되어 영화산업은 활기를 되찾았고, 2000년대 고전의 현대적 재해석, 동서양의 비교문화적 상호작용, 장르 및 미디어의 크로스오버, 사이버스페이스 등 가상현실을 통한 공간지평의 확장 등 문화 및 문명의 격변 속에서 재도약을 모색하고 있다.

장르 영화 장르는 장면과 상황, 등장인물과 배우, 주제와 소재, 플롯과 내러티브 등 영화문법과 관례가 일정범주 이상 유사하거나 한 눈에 알아볼 수 있는 직관적인 패턴을 보여주면서 다양하게 변주되는 그룹을 의미한다. 특화된 영화 장르를 논하기에 앞서 기술적으로 분류해보면, 논픽션/픽션, 무성/유성, A급/B급, 흑백/컬러, 와일드스크린/팬 & 스캔(Pan & Scan) 포맷, 국내/국외, 주류/비주류(독립 · 전위 · 예술), 등급/미등급 등으로 유형화할 수 있다.

액션 장르의 대표작 《007》 시리즈

이러한 일반적 분류는 작품 자체를 기준으로 한 것이 아니라 기술적인 측면에서 접근한 방법이다. 이에 비해 작품 자체를 통한 장르구분은 무성영화 시대가 막을 내리면서 멜로드라마, 웨스턴, 호러, 코미디, 액션-어드벤처 등 본격적으로 유형화되는데, 뮤지컬은 발성영화 시대와 함께 개시되었고, SF장르는 1950년대까지 대중화되지 않았다. 물론 이 같은 구분은 상투적이지만, 영화가 일상화된 만큼 상투적 접근법이 보다 유효하다. 또한 대부분의 영화들은 몇 가지 이상의 장르성이 혼재해 있다. 이를 감안하고 가장 일반적인 장르구분을 시도한다.

먼저 액션(Action) 장르는 대개 많은 제작비를 들여 제작되는데, 숨 막히는 추격전과 고난도 스턴트, 살신성인의 구조와 손에 땀을 쥐게 만드는 구출, 생사를 건 탈출과 시공을 초월한 추적, 끝없는 도전과 응전, 홍수·지진·태풍·산사태·화산폭발·환경파괴 등 자연재해, 종교·정치·문화적 이질감에서 비롯된 각종 테러, 대규모 군중을 동원한 스펙타클한 장면과 이벤트, 상상을 초월하는 환상적인 모험과 여정, 선악 이분법의 논리에 지배되는 평면적인 캐릭터, 정의로운 프로타고니스트(protagonist)의 승리와 악의적 안타고니스트(antagonist)의 패배로 귀결되는 권선징악의 천편일률적인 결말 등 관객의 현실도피와 대리만족을 위해 기획된다.

어드벤처(Adventure) 장르는 이국적인 공간에서 벌어지는 신기한 경험이나 흥미진진한 스토리를 다루는데, 이 과정에서 필연적으로 액션성을 포함하기 때문에 액션 장르와 유사하거나 종종 액션 장르와 결합하는 형태를 보인다. 어드벤처 장르는 허풍선이들을 주요 등장인물로 하는 전통적인 극형식인 스워쉬버클러(Swashbucklers)에서부터, 아틀란티스나 파라다이스, 에덴과 같은 신화와 전설의 섬이나 해적의 보물을 숨겨둔 보물섬, 잉카나 마야 문명을 삼킨 정글, 신기루를 품은 사막 등 잃어버린 공간이나 지도·성배(聖杯)·성검(聖劍) 등의 보물을 찾아 떠나는 에픽(Epics) 장르와 유사한 대하역사시대극 등이 해당된다.

슬랩스틱 코미디의 대가 찰리 채플린

코미디(Comedy) 장르는 고도로 계산된 우연과 필연에 의한 유쾌하고 경쾌한 플롯을 토대로 개성적인 인물들의 평범한 일상의 실수나 고의적으로 과장된 해프닝을 통해 더 많은 웃음을 유발하도록 기획된다. 웃음을 유발하는 다양한 요소는 비단 재치있는 대사나 즉흥적 애드립, 각 인물 간의 관계나 설정된 에피소드에만 국한되는 것이 아니라, 배우의 희극적 표정연기와 마임적 행동연기를 통해서도 부수적으로 유발되기 때문에 배우의존도가 높은 장르이기도 하다. 스틱을 휘두르듯 과장된 행동으로 웃음을 유발하는 슬랩스틱(Slapstick), 입심 좋은 남녀 주인공의 만담식 대사를 중심으로 좌충우돌하다가 우여곡절 끝에 맺어지는 로맨틱코미디의 원형 스크류볼(Screwball), 원작에 대한 희극적 재해석 패로디(Parodies), 풍자적인 블랙코미디(Black Comedy) 등으로 세분화된다.

갱스터(Crime & Gangster) 장르는 범죄조직이나 범법자 개인의 악질적인 범법행위, 즉 은행강도, 지하조직, 마약상, 극악무도한 폭력배 등 그들 나름의 조직과 규율을 통해 살인과 강도 및 범죄행각을 일삼는 내용을 주요 스토리로 다룬다. 갱스터 장르는 영화사적 측면에서는 서부(Western) 장르의 근대적 계승이며, 형식의 측면에서 필름느와르(Film Noir)나 추리(Detective-Mystery) 장르와 유사하다.

드라마(Drama) 장르는 실감나는 인물설정과 배경 및 생활상, 인물들 간의 밀고 당기는 관계의 탄력적 긴장감과 정서적 상호작용을 반영한 스토리, 플롯기반의 진지한 기승전결 등을 특징으로 한다. 드라마 장르는 코미디, 액션, 에픽, 멜로드라마, 로맨틱 등 다양한 장르적 요소를 갖추고 있으나 특별히 어느 하나에 무게중심을 두지 않는 가장 광범위한 합집합으로, 대개 한 인물의 드라마틱한 일대기를 다룬 바이오픽스(Biopics, Biographical Films)에 해당된다.

에픽(Epics & Historical) 장르는 풍속극, 역사극, 시공의 차원을 파노라마적으로 다루는 환상극 등을 포함한다. 에픽 장르는 시공을 넘나드는 스케일의 스토리를 다룬다는 점에서 어드벤쳐 장르와 유사하며, 영웅의 일대기를 다룬다는 점에서 드라마 장르와 유사하다. 그런 의미에서 시간과 인물을 진지하게 해석한 공들인 '어드벤쳐 드라마'라고 할 수 있다. 에픽 장르는 역사적 상상력을 토대로 하는 사건, 신화와 전설, 영웅적 인물을 중심으로, 화려한 배경과 의상, 스펙타클과 드라마틱한 장면, 대규모 엑스트라

위 에픽 장르의 대표작 《벤허(1959)》
아래 전쟁 장르의 대표작 《플래툰(1986)》

동원, 장중한 사운드트랙까지 작품성을 위해 최대한 제작지원을 하게 된다.

이밖에 전쟁(War & Anti-War) 장르는 액션·어드벤쳐·드라마·로맨스·블랙코미디·에픽 장르의 요소를 포함하면서, 역사적 사실을 토대로 전쟁을 재현하여 전쟁의 공포와 고통, 인간의 존엄성을 각성하게 한다. 호러(Horror) 장르는 비현실적인 세계관을 토대로 추악한 괴물과 충격적인 결말, 인간의 잠재된 혹은 잊혀진 마성(魔性)과 이물(異物)에 대한 공포와 긴장을 최대한 이끌어 내어 겁박한다. SF(Science Fiction) 장르는 영웅과 어둠의 세력, 외계인과 외계행성, 불가능한 임무와 환상적인 공간 등을 통해 디스토피아나 유토피아적 미래관을 보여준다. 뮤지컬(Musicals) 장르는 영화 내러티브의 일부로서 배경음악과 노래, 안무(按舞) 퍼포먼스를 강조한 영화 형식이다.

— 제작 — 영화의 제작과정은 일반적으로 프리프로덕션(Pre-Production), 프로덕션(Production), 포스트프로덕션(Post-Production)으로 삼분된다. 프리프로덕션 단계에서는 작가와 프류듀서의 역할이 중요한데, 이를 기준으로 시나리오에 직접 관련된 부분과 영화제작에 관련된 부분으로 나뉜다. 우선 작가는 시나리오를 쓰기 위해 기본적인 아이디어와 콘셉트가 필요하다. 콘셉트를 얻는 방법은 작가별로 천차만별이며, 대게 독서나 영화 등 2차 저작물을 통해 아이디어를 얻기도 하고, 자전적이며 신변잡기적인 콘셉트에서 출발하는 경우도 있고, 가족이나 친구 등 타인의 경험을 추체험화하는 경우도 있다. 이렇게 얻어진 콘셉트를 스크립트로 발전시키고 디자이너와 함께 사진 및 그림 등의 이미지를 통해 시각화하는 과정도 프리프로덕션의 중요한 단계이다.

제작에 관련된 부분에는 스토리에 대한 권리를 확보하고 점유하는 법적인 교섭단계에서부터, 프로듀서의 역할을 법적으로 범주화하고, 영화를 기획하고 완성하기 위한 제작비를 마련하고, 작품을 완성하도록 가이드라인을 정한다. 즉 예산확립 및 기획은 물론, 제작비를 확보하기 위한 융자 및 투자조성, 감독과 스크립터, 배우 캐스팅과 스텝 선정 등을 확정한다. 프리프로덕션 단계에서 이러한 '관계'를 철저하게 확립해두면, 추후 본격적인 제작시 역할분담과 이해관계로 인해 월권과 힘겨루기 등 불필요한 소모전이 발생할 위험이 줄어든다. 따라서 프리프로덕션 단계에서는 프로듀서의 역할이 매우 중요하다. 디렉터와 시나리오작가, 배우와 스텝들의 관계를 현명하게 조율하면서, 협력적이며 우호적인 제작환경을 조성하기 위해 최대한 배려해야만 한다.

프리프로덕션: 콘셉트

프로덕션 단계는 촬영단계와 동의어로 사용되며, 프리프로덕션 단계에서 작가와 프로듀서가 중요했던 것에 비해, 프로덕션 단계에서는 감독의 역할이 중요하다. 감독의 역량은 화면을 통한 영상화뿐만 아니라, 배우의 연기를 통한 형상화로 판가름된다.

캐스팅은 주연(principal players), 조연(secondary players), 단역(extras)의 캐스팅을 모두 포함하는 작업으로, 단순히 유명세나 인지도에 따라 배역을 캐스팅하는 식의 쉬운 일만은 아니다. 캐스팅이 완료되면, 배우와의 관계가 중요하다. 배우는 영화의 얼굴이며, 그들로부터 최선의 연기를 이끌어 내는 것이야말로 확실한 성공의 첩경이다. 모든 대인관계와 마찬가지로, 배우와의 관계는 일반적인 규칙이나 해법이 있는 것은 아니다. 경험을 통해 습득해야 하는 지혜인 만큼, 배우를 위해 전적으로 만족할만한 조건을 만들어 주던가, 아니면 완벽하게 그들을 제압하는 두 가지 극

프로덕션: 영화감독

단적인 방법을 유효적절하게 적용해야 하며, 이것이야말로 영화라는 전장에서 살아남기 위한 용병술이다.

프로덕션 단계는 실제 촬영단계인 만큼 실무에 능한 전문가들의 역할이 중요하다. 우선 제작 디자이너(Production Designer)는 세트의 건축과 색채 설계를 계획하고, 미술감독(Art Director)은 이를 토대로 세트의 구성과 그림을 계획한다. 로케이션 매니저(Location Manager)는 단순히 촬영지를 물색하고 선정하는 일만이 아니라, 그 지역에 대한 사전조사와 관련기관의 협조 등을 통해 최적의 촬영조건을 만드는 역할을 담당하고, 실제 촬영에 관한 업무는 감독과 촬영기사(Cinematographer)가 담당한다. 또한 사운드에 관한 기술적인 업무는 사운드 전문가(Sound Crew)가 담당하고, 영화의 배경음악은 음악감독(Music Director)이 담당한다. 물론 사운드와 음악의 경우는 포스트프로덕션에서 본격적인 작업에 들어가게 되지만, 영화제작의 핵심 멤버로서 프로덕션 단계부터 감독과 호흡을 맞추면서 영화의 완성도에 기여한다.

포스트프로덕션 단계는 사전적 의미처럼 촬영완료 시점에서 시작되는 것이 아니라 촬영 기간에도 이루어진다. 영화의 인상을 결정하는 마지막 변화요인은 편집이다. 편집기사(Editor)는 촬영된 다양한 필름들을 분류하고 조합하는 업무를 담당한다. 각종 편집기술 및 장비의 발달과 편집기사의 숙련도에 따라 영화의 분위기는 큰 편차를 보이게 된다. 특히 각각의 쇼트는 대개 여러 테이크로 촬영되므로 촬영방식에 따라 편집기사의 역할은 매우 광범위해진다.

쇼트들이 거의 정리되면 음향편집기사(Sound Editor)는 음향효과를 녹음하고 대사를 재녹음한다. 이러한 작업을 프로덕션 단계의 사운드 작업과 구분하여 포스트프로덕션 사운드(Post-Production Sound)이라고도 하는데, 영화의 성패를 좌우하는 또 다른 주요한 요소이다. 배우들의 대사, 사운드효과, 음악 등 전체적인 조화가 관건이기 때문에 영화 전체에 영향을 준다 해도 과언이 아니다. 특히 마지막 믹싱(Mixing) 단계에서 개별적인 트랙을 마스터 트랙으로 조합하여, 영상과 음향이 완성된 포지티브

포스트 프로덕션: 편집

프린트(Positive Print)가 되고, 최종 승인되면 상영필름(Release Print)이 만들어진다. 최종단계는 상영과 배급이다. 완성된 영화를 언제, 어디에, 얼마 동안 상영할 것인가에 관한 배급협상에서 프로듀서는 배급자로서 상영필름의 판매를 위한 모든 물질적 지원을 아끼지 말아야 한다. 이처럼 영화의 예술적 성공은 감독의 연출력, 배우의 연기력, 스텝들의 기술력에 좌우되지만, 영화의 상업적 성공은 배급에 달려있다.

— 전망 — 영화는 과학에서 출발하여 예술이 되었고, 이후 영상매체의 선구자로 각광받으면서 그 산업적 가치를 인정받기에 이르렀다. 즉, 초기 사진술의 발달에 따라 단순한 완구형 기구에서 출발하여, 활성화된 연속움직임을 통한 무성영화 시대를 거쳐, 소리와 영상의 결합이라는 쾌거를 이룬 유성영화 시대를 넘어서, 장르적 완성이라고 할 수 있는 예술영화 시대를 맞으면서, 이제 영화는 영상문화의 대표장르라 해도 과언이 아니다. 이처럼 제일선에서 영상문화를 선도하는 만큼, 영화의 '오늘'은 다른 장르의 '내일'로서 발달과정과 산업적 예술적 행보까지 귀추를 주목할 수밖에 없다.

전 세계 국가별 제작 편수 추이

구분	1999	2000	2001	2002	2003	5년 평균
미국	758	683	611	543	593	638
캐나다	60	72	59	66	69	65
유럽	882	917	960	1,073	1.313	993
중동/아프리카	28	39	26	17	25	27
아시아	1,738	1,937	2,019	2,188	2.094	1,995
남미	90	89	88	100	118	97
합계	3,556	3,737	3,763	3,987	4,030	3,815

자료 : MPA 2004, Screen Digest 2003. 7; 2004. 6

세계의 영화산업 시장은 1998년말 기준으로 약 172억 달러 정도인 것으로 추정되며 최근 들어 매년 꾸준히 성장하고 있다. 이러한 규모의 세계시장에서 할리우드로 대표되는 미국의 영화산업은 높은 점유율을 차지하고 있어 현재의 세계 영화산업은 미국이 독점하고 있다고 해도 과언이 아니다. 1999년에서 2003년까지 전 세계 영화 제작 편수, 관객수, 극장매출 등을 통해 전 세계 영화산업 현황과 변화 추이를 보면, 극영화 제작 편수는 꾸준히 증가한 것으로 나타나지만, 지역별로는 아시아와 유럽의 증가세가 뚜렷한 대신, 미국은 다소 감소했음을 알 수 있다. 2003년 세계적으로 4천여 편의 영화가 제작되었으며 제작국가별로 살펴보면, 인도를 포함한 아시아가 52%, 유럽이 약 28%, 미국이 약 15%를 점유하는 것으로 나타났다. 관객수는 약 71억 명으로 추산되고, 역시 인도의 기여로 아시아가 약 40억의 관객을 동원하여 전체 관객의 55%를 차지한다. 이를 성장률로 환산해 보면, 지난 5년간 전세계 극장관객은 평균 1.6% 성장했으나, 성장폭은 매년 감소하고 있다. 극장매출은 216억 달러로, 미국이 전체 매출의 44%인 95억 달러를 벌어들였고, 유럽이 30%를 기록했다. 이에 비해 제작편수와 관객점유율이 가장 높은 아시아는 매출의 경우 20%인 42억 달러에 그쳤다. 관객수와 달리 극장매출은 연간 비교적 큰 폭으로 상승하여 평균성장률 6.3%를 기록했다.

전 세계 영화산업 규모는 2003년 749억 달러로 조사되었으며, 지역별로 보면 미국이 339억 달러, 유럽이 222억 달러, 아시아가 133억 달러, 남미가 13억 달러로, 북미의 영화산업 점유율이 절반 이상임을 알 수 있다. 1999년 이후 평균 9.6% 성장을 기록하는 등 빠른 성장세를 보여준다. 국가별로 보면, 캐나다가 평균 17.8%, 유럽이 16%, 아시아는 5.2%로 아시아의 성장세가 다소 둔화된 것을 볼 수 있다.* 이러한 추세가 이어지

전 세계 영화산업 국가별 점유율 추이

구분	1999	2000	2001	2002	2003	5년 평균
미국	49.6%	47.8%	47.1%	46.1%	45.3%	47.2%
캐나다	3.5%	3.5%	4.1%	4.9%	5.1%	4.3%
유럽	22.9%	22.9%	26.8%	28.4%	29.7%	26.6%
중동/아프리카	0.6%	0.6%	0.5%	0.5%	0.5%	0.5%
아시아	21.3%	21.3%	19.6%	18.3%	17.7%	19.5%
남미	2.0%	2.0%	1.9%	1.8%	1.7%	1.9%
합계	100%	100%	100%	100%	100%	100%

자료 : MPA 2004, Screen Digest 2003. 7; 2004. 6

* 정현창. 세계 영화산업 규모 및 현황 연구. 영화진흥위원회. 2004.

게 되면 2010년에는 세계의 영화 흥행 수익이 250억 달러에 달할 것으로 예상되는데, 이는 1995년 총수익의 거의 2배에 해당한다.

영화는 일반적으로 제작, 배급, 상영이라는 메카니즘을 거쳐 공급되며 부가가치의 창출이 큰 관심을 받고 있다. 소비자는 감독, 스타의 출연여부, 영화제에서의 수상여부에 대한 정보를 종합하여 어떤 영화를 소비할지를 선택하게 되며 진반적으로는 경제적인 요소들, 즉 소득과 가격 등에 의해 영화산업의 시장규모가 결정된다. 영화산업도 다른 문화산업과 마찬가지로 온라인화, 디지털화, 무국적화, 독점화라는 변화의 과정이 예상되고 있다. 따라서 지역시장만을 바라보는 영화산업 발전 전략은 의미가 없게 되며 전 세계 시장을 목표로 전략적 방안을 구축하여야 할 필요성이 대두되는 것이다. 현재 세계적인 영화 기업들은 이러한 위험과 기회를 인식하고 시장을 선점하려하고 있으며 인터넷 영역도 포괄하는 야심찬 계획을 구상 중이다. 따라서 최근 괄목할 만한 질적 성장과 인터넷 인프라 구축을 통해 증명된 만큼 초고속 브로드밴드 시대의 가장 유력한 차세대 영상주자는 다름 아닌 한국이다.

주요국 자국영화 점유율 비교

구분	1999	2000	2001	2002	2003	5년 평균
인도	n.a.	n.a.	n.a.	n.a.	n.a.	95%
미국	93.4%	95.7%	94.3%	96.3%	95.1%	94.9%
프랑스	32.4%	28.9%	41.4%	35.1%	35.0%	34.5%
영국	16.5%	19.6%	4.9%	8.3%	10.2%	11.9%
일본	31.9%	31.8%	39.0%	27.1%	34.0%	32.7%
한국	39.7%	35.1%	50.1%	48.3%	53.4%	45.3%

(n.a.=통계 자료 불명)

자료 : 세계 영화산업 규모 및 현황연구, 영화진흥위원회

한국의 영화산업은 1997년부터 상당한 성장세를 유지하고 있으며 최근 미국을 제외한 세계 국가 중에서 자국영화의 점유율이 높은 국가 중의 하나로 부각되고 있다. 하지만 아직은 세계시장을 공략할 수 있는 경쟁력을 갖추지는 못하고 있으며, 영화산업의 수출입이 큰 불균형을 이루고 있다. 또한 영화규모에 비해 심각한 스타권력화가 여러 가지 불공정한 행태들을 야기하고 있다. 따라서 이러한 문제들을 해결하기 위해

서는 영화 산업의 고유성에 대한 실증적인 연구가 선행되어야 하며, 나아가 영화 산업에서의 계약관행, 수익배분구조, 수직계열화의 효과에 대한 객관적 연구가 필요하다. 또한 영화 산업에 대한 과학적인 이해를 기반으로 투자자와 제작자의 투자 결정과 정책당국의 산업지원정책이나 공정경쟁규제 등 법제화가 이루어져야 한다.*

오늘의 영화는 여전히 강대국의 경제논리에 따라 그 지배권 안에 있다. 영화가 사회상과 시대상과 인간상을 반영하는 한, 국가별·시대별·작가별·배우별로 각기 다른 취향과 감상팁이 존재할 수밖에 없다. 영화는 인간과의 만남이며, 세상과의 교감이다. 강국의 시점으로 영화를 보는 한, 예술이라는 이름의 정치(政治) 속에서 그들의 논리와 만날 뿐이다. 다양한 시점과 다른 각도가 필요한 것은 바로 이 때문이다. 선진국과 후진국의 선후(先後) 개념은 예술에 있어서는 무용하다. 소위 제3세계 영화를 통해 영혼의 통과의례를 느끼거나, 참신한 소재와 전개방식에 신선한 충격을 받는 것은, 바로 예술적 잣대와 산업적 잣대의 차이에 기인한다. 영화산업이라는 전략적 어구를 통해 영화와 산업의 불편한 결합 대신, 예술로서의 영화로 돌아가 장르적 재도약을 준비해야한다. 따라서 영화의 내일은 획일적인 경제 및 파워 논리가 아닌, 민족의 고유성과 자국의 독자적인 예술성을 바탕으로 다양성이 존중받는 변화의 바람을 기대해 본다.

* 임준. 문화경제학으로 본 스타시스템. KISDI칼럼. 정보통신정책연구원. 2005.

애니메이션 만들기

animation making

애니메이션, 애니메이터 등 이와 관련된 모든 단어들은 '생명을 부여하다' 라는 뜻의 라틴어 '아니마레(animare)' 에서 유래되었다. 특히 애니메이션의 개념은 일반적으로 생명이 없는 윤곽이나 형태에 인위적으로 움직임의 환상을 창조하는 작업, 그 자체를 의미한다.* 생명이 없는 것에 생명을 부여하려는 욕망이야 말로 바벨의 도시에 솟아오른 탑의 완곡한 비유이자, 신에 의해 제압당한 영생에 대한 이데아이다. 정지된 것을 움직이고자 하는 강력한 내적 동원은 인간의 역사를 진보 혹은 변화로 인도한 신성모독의, 그러나 절실한 리트로에너지이며, 애니메이션의 근원에는 이처럼 활유(活喩)의 욕망이 자리잡고 있다.

이러한 욕망은 19세기 말 과학의 발달과 기술의 진보와 더불어 구체화되지만, 장르화의 영광은 애니메이션이 아닌, 실사(實寫)를 장점으로 내세운 영화에게 돌아간다. 영화가 장르적으로 눈부시게 성장하는 동안, 애니메이션은 그 그늘에 가려 와신상담하듯 영화와는 변별된 나름의 위상을 구축하기 위해 고군분투한다. 애니메이션에 대한 고전적 정의는 "직접 녹화한 것이 아니라 한 프레임 한 프레임 손으로 직접 움직임의 환상을 만들어가는 방식으로 제작된 영화" 이다. 컴퓨터 애니메이션 기법으로 제작

* 폴 웰스. 애니마톨로지@. 한창완 · 김세훈 역. 한울아카데미. 2005.

되는 형태나 다른 영상기법에 의한 이미지와 같이 새로운 테크놀로지에 이해 만들어지는 차세대 애니메이션에 대한 현대적 정의는 "움직이는 그림의 예술이라기보다는 그려진 움직임의 예술"이며, 따라서 각 프레임에서 일어나는 움직임보다 각 프레임 사이에서 일어나는 움직임들이 훨씬 중요하다.

즉, 애니메이션은 실사영화와 달리 움직임을 창의적으로 표현할 수 있는 탄력성을 가지고 있으며, 느린 동작과 빠른 동작을 통해 물리적 가능성을 과장할 수 있다. 움직이는 선과 색상, 형태와 상징들은 아이디어나 감정을 현실적으로 나타낼 수 있고, 명확성이나 생동감, 또는 유머를 통해 이를 표현할 수 있다.* 다만 애니메이션을 만화영화의 확대 정도로 평가절하하는 등 진지하고 엄밀한 평가가 아직 부족한 실정이다.많은 사람들이 애니메이션과 실사 영화를 비교하는 우를 범하곤 하는데, 애니메이션은 예술과 시각적 커뮤니케이션 두 분야 모두에서 서자(庶子)이지만, 정보·지식과 재미·흥미를 동시에 갈망하는 현대사회의 복잡한 구조와 욕망화된 기술지향성을 해석하고 진단하는데 있어서 애니메이션만큼 적절한 매체도 드물지 싶다.

— 역사 — 애니메이션의 역사에 대해 혹자는 기원전까지 소급하여 알타미라(Altamira) 동굴벽화를 언급하기도 한다. 그러나 그것은 움직임에 대한 욕망의 가시화일 뿐, 거기에서 장르적 애니메이션이 배태되었다고 할 수는 없다. 마찬가지 이유에서 16세기 유럽의 플립북(flip-book)이나, 17세기 중반의 유리 슬라이드를 사용한 장치 등이 애니메이션의 장르적 기원이 될 수는 없다. 다만 애니메이션의 역사는 영화의 역사와 같은 기원을 가지고 있으며, 영화와 초기 역사를 공유하는 것도 그 때문이다. 움직임에 대한 순수한 욕망 자체를 장르화했다는 점에서 애니메이션은 영화 보다 초심을 고수한다고 볼 수도 있다.

영화의 장르적 발전이 최초의 애니메이션 장치 타우마트로프(Thaumatrope)와 최초로 움직이는 화상을 만드는 장치 페나키스트로스코프(Phenakistroskope)가 발명되면서 구체화되고, 이후 시네마토그라프(Cinématographe)에 의해 실현되었던 것처럼, 영

* 존 할라스. 세계 애니메이션 작가와 작품. 황선길 · 박현근 역. 범우사. 2002.

《꼭두각시들의 드라마(1908)》

화와 애니메이션은 '움직임'에 초점을 맞추어 동시적으로 초기발전을 도모했으며, 그 방향성에 있어서 실제적인 차이가 가시화된 것은 전문화가 이루어진 이후의 일이다. 그 당시에는 세 가지 영화가 있었는데, 실사영화, 움직임을 단계별로 나누어 촬영한 정지동작 촬영기법을 사용하는 애니메이션, 그리고 실사영화와 애니메이션을 결합한 트릭촬영이 그것이다.

1890년대 조르주 멜리에는 다양한 형태의 촬영기술을 대중화했으며, 1897년 제임스 블랙튼은 새로운 매체로 다양한 실험을 통해 특수효과 기법을 혁신적으로 진보시켰고, 1899년 영국의 아서 쿠퍼는 움직이는 성냥개비를 스톱모션 기법으로 촬영한 최초의 상업용 애니메이션 《성냥개비의 호소(Match Appeal)》을 선보인다. 1906년 블랙튼은 실사 영화의 트릭과 애니메이션 기법을 결합시킨 《재미있는 얼굴의 익살스런 양상(Humorous Phase of Funny Faces)》를 완성하고, 1908년 프랑스의 에밀 콜은 단순한 시각적 기법을 통해 인간의 잠재된 심리를 다룬 《꼭두각시들의 드라마(Un Drame Chez les Fantoches)》를 통해 애니메이션에 예술적 향훈을 불어 넣는다. 이처럼 애니메이션은 영화의 초기역사를 공유하면서 영화적 장치들과 실험적인 기법들의 도입하면서 차츰 독자적인 장르로 분기된다.

20세기에 들어서면서 영화가 예술의 영역으로 도약할 때, 애니메이션은 오락의 형태로 발전한다. 1911년 미국의 윈저 맥케이는 1907년 인기를 얻은 코믹스 《잠의 나라의 꼬마 네모(Little Nemo in Slumberland)》를 동명의 애니메이션으로 발표하고, 1914년 만든 《공룡 거티(Gertie, the Dinosaur)》를 극장영화의 상영 전에 홍보용으로서 상영한다. 여기서 미국과 유럽 애니메이션이 각기 변별되는 발전양상을 보이게 되는데, 미국은 블랙튼과 맥케이의 성공에 힘입어 스튜디오 시스템이 구축되어, 1919년 패트 설리번 스튜디오는 《어리석은 고양이(Feline Follies)》를, 맥스플라이셔는 《잉크병에서의 탈출(Out of the Inkwell)》 시리즈를 선보인다.

▲《공룡 거티(1914)》
▶《아크메드 왕자의 모험(1926)》

이에 비해 유럽의 경우는 산업이 아닌 예술적 실험의 사례로 이어지는데, 1912년 러시아의 블라디슬로프 스타레비츠가 만든《아름다운 루카니다(The Beautiful Leukanida)》, 1915년 스칸디나비아의 빅톨 벨달이 알콜중독을 소재로 만든《트롤드리켄(Trolldrycken)》 등이 그것이다. 1920년대까지 유럽의 애니메이션은 산업화의 조짐이 보이지 않았으며, 다만 영화의 발전을 위해 미학적인 내용에 바탕을 둔 새로운 아이디어를 애니메이션으로 도입하려는 실험적 시도로 일관한다. 1926년 독일의 롯데 라이니거는 음영의 대조를 통한 실루엣 애니메이션 기법을 도입하여《아크메트 왕자의 모험(Die Abenteuer des Prinzen Achmed)》를 제작, 상영했으며, 1931년 오스카 피싱거는 특정음악에 맞춘 추상적 움직임을 보여주는《브람스의 헝가리 무곡(Brahm' s Hungarian Dance)》를 선보이고, 1932년 베르톨트 바르토쉬는 에칭과 목판으로 그린《관념(L' Idee)》를 발표하여 호평을 받는다.

이렇듯 유럽의 애니메이션이 예술로 도약할 때, 미국은 1930년대 본격적인 카툰의 황금시대를 맞이한다. 여기에는 미키마우스, 플루토, 구피, 도널드 덕을 통해 캐릭터 애니메이션의 가능성을 보여준 디즈니 스튜디오의 공로가 크다. 1930년에 설립한 반 뷔렌 스튜디오는 1935년 회사명을 워너 스튜디오로 바꾸고 톰과 제리, 벅스 바니, 대피 덕 등 비틀리고 왜곡된 풍자화법을 통해 개성적인 캐릭터로 인기를 얻으면서 디즈니 스튜디오와 어깨를 나란히 하게 된다. 1937년 디즈니 스튜디오는 기술력과 자금력을 바탕으로 총천연색의 그래픽과 실사에 가까운 캐릭터 모션, 완성도 높은 사운드를

《백설공주와 일곱 난장이(1937)》

갖춘 첫 장편 애니메이션《백설공주와 일곱 난장이》를 발표하여 흥행에 성공한다.

1940년대 미국의 만화영화계는 포스트디즈니(Post-Disney)가 화두가 되면서, 셀애니메이션 스타일과 상업성을 극복하려는 노력이 표면화된다. 1951년 디즈니 스튜디오 출신 애니메이터들이 설립한 UPA의 아카데미 수상작 《제럴드 맥보잉 보잉(Gerald McBoing Boing)》이 대표적이다. 1950년대 중반 이후 텔레비전의 보급으로 텔레비전용 애니메이션 시대가 열리면서 세력이 약화된 극장용 장편 애니메이션은 1990년대에 동화를 각색한 디즈니 애니메이션의 연이은 흥행성공으로 활기를 되찾는다. 이후 기존의 셀애니메이션 뿐만 아니라, 클레이 애니메이션, 실루엣 애니메이션, 컴퓨터 애니메이션 등 다양한 방식의 애니메이션이 흥행에 성공하는 한편, 작가주의 애니메이션 또한 꾸준히 제작되면서 애니메이션은 독자적인 장르로 온전하게 자리매김하고 있다.

—장르— 애니메이션의 장르는 내용적 측면에서 살펴보기보다는 제작과정과 재료의 측면에서 접근하는 것이 보다 유효하다. 라인 애니메이션(Line Animation)은 레지스트레이션을 맞춘 종이 위에 곡선이나 직선 등의 간단한 선을 그려서 촬영한 장르이다. 작업방식의 단순함으로 인해 기법적 측면의 인정을 받지 못하지만, 가장 전통적인

방식이자 가장 기본적인 애니메이션 장르라고 할 수 있다.

위 실루엣 애니메이션 《프린스 앤 프린세스(1999)》

셀 애니메이션(Cell Animation)은 종이에 그림을 그려 투명한 셀에 옮겨 채색 후 배경 위에 놓고 촬영하는 가장 전통적인 방법이지만, 1990년대 후반부터 디지털 방식의 보급으로 사양세이다. 페이퍼 애니메이션(Paper Animation)의 기법은 셀 대신 종이만을 사용하여 촬영한다. 종이마다 배경과 캐릭터를 조금씩 변화된 형태로 그림으로써 여러 장의 종이를 교체해야만 하는데, 캐릭터와 배경선이 함께 변화하는 점은 환상적이기는 하지만 제작기간이 길기 때문에 특별한 용도로만 사용된다.

컷아웃 애니메이션(Cut-Out Animation)은 형태를 오려내어 배경 위에 올려 놓고 그 조각들을 움직이면서 촬영하는 기법이다. 관절을 연결하면 보다 다양한 움직임 표현이 가능해지지만 손수 움직여야 한다는 점에서는 변함이 없다. 컷아웃 기법은 특수효과와 적용하여 실험적으로 제작되는데, 특히 조명효과를 통해 컷아웃 캐릭터의 음영을 극대화한 실루엣 애니메이션(Silhouette Animation)이 대표적이다.

오브제 애니메이션(Object Animation)은 재료 및 물체에 움직임을 부여하는 장르로, 동전, 접시, 핀, 나무, 칼, 고리 등 주위에서 흔하게 볼 수 있는 잡동사니를 이용하는 애니메이션으로, 단순히 나무토막을 굴린다거나 점프하는 동작의 연속촬영을 통해 일정한 의미가 부여되고 결과적으로 내러티브가 형성되는 애니메이션 예술의 최고 정점이라고 할 수 있는 독특한 제작방식을 보여준다. 기성의 인형에 움직임을 부여하는 경우 인형 애니메이션(Puppet Animation)으로 세분화하는데, 인형 애니메이션은 입체감을 뚜렷이 느낄 수 있어 사실감을 주지만, 속도감이나 감정의 특별한 표현이 어려워 미리 다양한 표정의 인형을 준비하거나 관절을 움직일 수 있도록 고안하는 등 장비 및 기술적 지원이 필요하다. 시각적인 효과만큼은 탁월하여 특수분야의 개성적 표현에 자주 사용된다.

클레이 애니메이션(Clay Animation)은 점토를 변형시켜 움직임을 극단적으로 과장

위 인형 애니메이션 《선술집 주인의 하루(2005)》
아래 《누가 로저 래빗을 모함했나?(1988)》

할 수 있는 가장 애니메이션의 본질에 가까운 장르이다. 3차원의 사물을 본래와 다른 형태로 끊임없이 바꿀 수 있으며, 모양의 변화를 통해 발생하는 순수한 움직임의 원형을 관찰할 수 있다. 또한 디지털 시내에 손끝이 느껴지는 가장 아날로그적인 방식으로 인간적인 감동을 주는 장르이다. 샌드 애니메이션(Sand Animation)은 유리판 위에 모래를 뿌리면서 그림을 그리고 그것을 촬영하는 장르이다. 이를 위해서는 특수하게 고안된 장치가 필요한데, 유리판 아래에 조명을 설치하고, 위쪽에 카메라를 고정시킨다. 동일한 장치에서 모래 대신 페인트를 뿌리게 되면 페인트 온 글래스 애니메이션(Paint on Glass Animation)이 된다.

핸드메이드 애니메이션(Handmade Animation)은 카메라를 사용하지 않고 펜, 송곳, 칼 같은 도구를 이용하여 필름 표면을 긁어 그림을 그리고 채색하는 기법이다. 필름이 그대로 영사되기 때문에 촬영과정이 생략된 형태로, 필름에 작업을 해야하기 때문에 고도의 숙련도가 요구된다. 추상 애니메이션(Abstraction Animation) 작가들은 정사각형과 직사각형, 점, 선의 여러형태, 음악의 기호 등에서 그 소재를 다양하게 찾았다. 또한 그래픽 컴퓨터의 발달로 보다 다양한 표현을 얻을 수 있게 되었다. 추상은 구상에 비해 그 표현의 세계가 무한하다. 합성 애니메이션(Sythetic Animation)은 실사 영화와 애니메이션을 조합하는 기법으로, 실제 배우가 출연한 화면 위에 애니메이션 캐릭터가 등장하여 자연스럽게 어울리는 방식이다. 초기에는 반투명 유리판을 중심으로 위에는 셀을, 아래는 필름을 투영시켜 촬영하였으나, 이 후 콘덴서 렌즈의 개발로 실사영화와 애니메이션의 동시촬영이 가능해졌으며, 현재는 컴퓨터로 합성한다.

컴퓨터 애니메이션(Computer Animation)은 기존 애니메이션에 컴퓨터의 이용이 크게 두 방향으로 진행된다. 동화까지 셀 애니메이션으로 작업한 후 스캐닝에 의해 디지탈화 해 채색 이후의 작업을 컴퓨터에 의존하는 경우와, 원화작업부터 디지타이저라 부르는 도구를 이용해 컴퓨터에 직접 그리는 것이 있다. 후자의 경우 한 사람이 한 장소에서 한 세트의 장비를 가지고 애니메이션의 모든 과정을 진행시킬 수 있다는 장점을 지닌다. 현재 제작비 절감을 위해 셀 애니메이션 업계에서도 컴퓨터 도입을 적극적으로 모색하고 있다. 플래시 애니메이션(Flash Animation)은 1990년대 중반 이후 보급된 플래시 프로그램을 사용하여 편집과 촬영을 하는 방식으로, 소규모 제작 환경에서도 제작이 가능한 장점 덕분에 새로운 장르와 리치미디어를 대표하는 매체로 자리매김 하고 있다.

— 제작 — 애니메이션 제작과정은 영화와 동일하게 세 단계로 나뉜다. 먼저 기획과 시나리오 등의 과정을 일컬어 프리프로덕션(Pre-Production)이라고 부르고, 원화 · 동화 · 배경 등을 통해 영상을 완성하는 과정까지를 프로덕션(Production), 그리고 완성된 영상에 자막 · 더빙 · 사운드를 포함하여 영상편집, 특수효과, 마케팅 등을 포함한 과정을 포스트프로덕션(Post-Production)이라 부른다. 단순 명확하게 구분되어 있는 듯하면서도 모든 작업은 서로 긴밀하게 관련되어 있음은 자명하다. 이제 영화와는 다른 애니메이션의 제작과정에 대해 자세히 살펴보기로 한다.

《비글(2005)》 스토리보드

우선 애니메이션은 기법적으로 실험적이고 본격적인 제작에 앞서 철저한 기획력이 요구되는 만큼, 프리프로덕션 단계가 무엇 보다 중요하다. 기획에 대한 측면은 콘셉트을 잡고 간단한 시놉시스를 구축하고, 이를 보다 발전시켜서 과연 어떤 식으로 이야기를 전개할 것이며, 어떤 주제와 소재를 택할 것인지, 어떤 인물에 관한 이야기인지, 어떤 방식이나 재료를 사용하여 표현할 것인지에 관한 간략한 트리트먼트(treatment)를 만드는 일반적인 과정을 그대로 따른다. 즉, 작품의 전체적인 분위기나 스타일, 주제와 내용의 긴밀한 연관성에 대한 부분, 출품이나 감상용인지, 오락이나 실험용인지, 교육이나 홍보용인지 등 작품의 기능을 염두에 두는 것은 물론, 타겟이 되는 대상연령층에 대한 것까지도 고려한다. 이 과정을 통해서 앞으로 제작하려는 스토리가 하고자 하는 애니메이션의 기법 혹은 장르에 적합한지 적합성 여부를 판단하게 된다.

이제 이러한 트리트먼트를 대강의 스케치로 옮기는 스토리보드(storyboard) 작업을 해야 한다. 스토리보드는 프로듀서에게는 하나의 아이디어와 콘셉트를 어떻게 운영

캐릭터 설정(arania.kamiki.net)

---

* 존 할라스·로저 맨벨. 애니메이션의 이론과 실제. 이일범. 신아사. 2003.

할 수 있는가를 실험적으로 테스트해 보는 최초의 스케치이고, 또 상정 중에 있는 애니메이션이 어떻게 발전할 것인지를 예상하는 실마리도 된다.* 그 무엇보다 중요한 것은 애니메이션은 '이미지' 와 '움직임' 을 중심으로 하는 장르인 만큼, 단순히 텍스트로 된 시놉시스로서는 충분한 설득력을 가지거나, 제작과정에서 공감대를 형성시킬 수 없다는 점이다. 어떤 식으로든 묘화(描畵)되어야 한다. 스토리보드는 프리프로덕션에서 이루어지는 만큼, 보통 하나의 명확한 '형태' 를 만들기보다도 유동적인 것이 바람직하다. 그것은 회화적 수법으로 행동이나 이야기를 시각적인 장치로 표현하는 동시에 작품의 스타일, 경향, 동선의 연속성 등에 관한 시사를 한다. 애니메이션뿐만 아니라 실사영화에서도 스토리보드를 통해 장면화를 하는 작업을 거치는 까닭도 이 때문이다.

다른 장르에 비해 비쥬얼적 요소에 영향을 받는 애니메이션의 경우, 캐릭터 구축은 매우 중요하다. 소설작법에서 캐릭터는 단순히 등장인물의 '성격' 을 구축하는 것만으로도 설정이 가능하지만, 애니메이션이나 영화는 다르다. 영화의 경우는 시나리오에 설정된 캐릭터와 가장 근사한 이미지의 배우를 '캐스팅' 해야 하고, 애니메이션은 애니메이터가 처음부터 의도한 캐릭터를 체형이나 외모의 개성까지 그려내야만 한다. 특히 캐릭터 중심의 애니메이션이 되는 경우에는 캐릭터가 그 작품을 대표한다고 해도 과언이 아니다. 애니메이션 캐릭터는 한 가지 특징을 지나치게 강조한다던가, 직업이나 성격에 있어서 일반화된 요소를 극단적인 전형성으로 몰아가는 등 과장과 왜곡의 원리를 효과적으로 사용해야 하며 뿐만 아니라, 무성영화의 시대가 아닌 바에야, 각 캐릭터의 육성(肉聲)에 의해 크게 영향을 받는다. 때문에 프로프로덕션 단계에서부터 치밀하게 고민하고 기획해야만 한다.

프로덕션 단계에서는 최종 결정된 스토리보드를 토대로 각 프레임에 기초를 두는 숏(shot)이나 연속 동작을 분석하고, 이를 통해 각 부분의 움직임과 타이밍을 결정하는 워크북을 만들어야 한다. 워크북에는 영화의 카메라워크에 해당되는 지시 및 정보들이 구체적으로 제시되어야 하며, 숏이나 시퀀스의 편집방식 또한 명시되어야 한다. 스타일을 결정하는 레이아웃 과정에서는 각 숏의 색채와 색조의 연속성이 구상되고, 배경과 전경의 이미지와 그 상호관계까지 정착된다. 레이아웃 과정에서 작품의 시각적 전모가 드러나게 된다. 이러한 일련의 작업을 보다 정교하게 항목화하고 촬영상의 세부 주의사항이나 강조점 등을 상술하는 도표가 카메라 노출도표(Dope Sheet)이다.

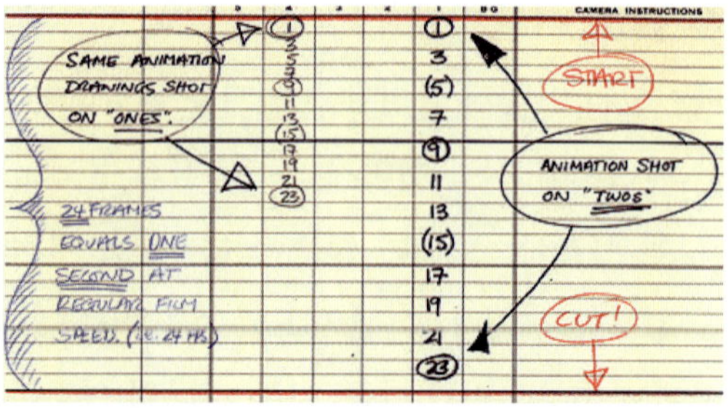

카메라 노출도표 : 도프시트

촬영에 해당되는 상기 과정이 진행되는 동안, 음악과 음성, 음향 등 사운드 레코딩 과정이 병행되고, 전체적인 영상이 갖추어지면 키 애니메이션(Key Animation) 과정으로 접어든다. 이 과정에서 키 애니메이터는 핵심적인 부분, 예를 들어 캐릭터의 포즈나 주요 장면의 초안을 잡는 방식으로 이루어지는데, 본격적으로 스케치 상태의 그림을 유동적으로 살아있게 하는 진정한 애니메이터의 작업이 시작되는 것이다. 키 애니메이터가 남긴 여백을 채우는 등의 세부작업을 중간 애니메이터가 한 다음, 라인테스트와 러프테스트를 한다. 그 과정에서 배경이 완성되면 촬영에 돌입한다. 포스트프로덕션 단계에서는 편집과 사운드 등의 최종 점검이 이루어지는데, 후반 작업은 영화와 유사하지만, 애니메이션의 편집이란 영화처럼 필름을 커팅하는 것이 아니라, 픽처 트랙(picture track)과 사운드 트랙(sound track)의 최종 편성을 의미한다. 특히 타이밍으로 편집과정에서는 타시간적 일치와 움직임의 템포가 조화로운지 살펴야 한다.

전망 문화의 시대, 문화상품의 전쟁시대인 21세기에 애니메이션은 가장 가능성 높은 잠재 경쟁력을 가진 문화상품이다. 극장수입은 물론, VHS, DVD, 교육용 CD, TV 시리즈, 소설, 출판만화, 게임, 각종 팬시용품, 프라모델*, 머천다이징 산업으로 확산되는 등 황금알을 낳는 부가가치 산업이다.** 국가별로 애니메이션 산업에 대한 기대치

* 프라모델이란, 유럽에서부터 시작되어 상용화된 플라스틱 모델(Plastic Model)의 일본식 표현으로, 실제 존재하는 사물이나 상상 속에 존재하는 형상을 소정의 비율로 축소하여 대량생산에 적합한 플라스틱 사출금형에 맞도록 분할시켜 제품화한 것을 말한다.

** 이원복. 황금알이 열리는 부가가치 극대산업. 애니메이션산업의 현황과 그 가치. 제일기획. 1998.

와 추구하는 스타일은 매우 다르다. 세계 애니메이션 시장은 크게 극장용과 TV용으로 양분되어 있다. 극장용의 경우, 작품성이 제작비에 정비례할 만큼 노동집약적인 특성을 보이고 있기 때문에 자본의 측면에서 우월한 미국, 특히 디즈니사가 우위를 차지하고 있다.

미국은 거대자본을 바탕으로 디즈니가 주축이 되어 휴머니즘과 가족성을 강조하고, 유럽의 경우는 인건비 상승과 언어 및 문화의 차이로 인해 예술적 표현미학을 구현하고, 일본의 경우 오시이 마모루로 대표되는 디스토피아적 미래를 담은 로보틱스 메카니즘부터 미야자키 하야오로 대표되는 목가풍의 동화적 상상력, 그리고 곤 사토시로 대표되는 정신분석학적 리얼리즘까지 가장 다양하게 변주된다. 국가와 민족에 따라 애니메이션의 지향점이 다른 만큼, 지배적인 미국의 디즈니에 대응하는 포스트디즈니의 열풍이 만만치 않다. 미국 내에서도 의도적으로 디즈니를 공공연히 타겟으로 내세워 극복하려는 움직임이 어느 정도 실효를 거두었으며, 각국마다 다양한 소재와 표현기법, 세계관을 다루면서 고유성을 강조하는 방향으로 대세가 흐르고 있다.

《포켓몬》 캐릭터

일본의 경우, 극장용 애니메이션은 일본 내수용으로 출발하여 지나치게 일본색이 짙은 단점이 있으나, 특히 최근 세계적으로 인기를 얻은 《포켓몬(Pokemon)》* 의 경우처럼 TV용 애니메이션 시장은 세계의 70% 이상을 석권하고 있다. 즉, 탄탄한

* 포켓몬스터는 일본에서 지난 1995년 게임으로 먼저 출시된 뒤 출판 만화, 애니메이션, 캐릭터 상품으로 최고의 인기를 모은 문화상품으로, 그 인기비결은 한 마디로 캐릭터의 승리이다.

시장을 갖춘 출판만화를 통해 완성도가 검증된 작품을 TV시리즈로 기획하고, 미국의 방만한 제작방식에 비해 경제원리에 입각한 초절약의 연출기법을 도입하여 제작비의 단가를 낮췄으며, 다양한 소재와 자극적인 내용을 통해 스토리를 강화하면서, 동시에 개성 넘치는 캐릭터를 강조하여 연계산업과의 시너지 효과를 도모했다.

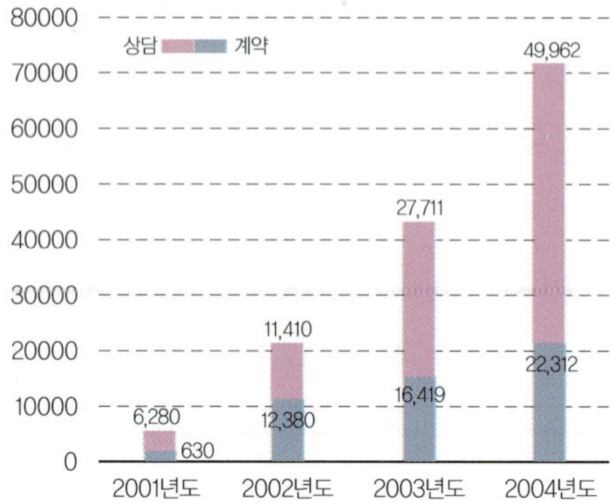

밉콘 전시회 수출실적(inews24.com)

한국 애니메이션의 경우, 세계적인 애니메이션 제작에 있어서 OEM 방식으로 하청제작에만 의지한 나머지 창의력 부재와 기획력의 부실이 고질적인 문제로 지적된다. 수치상으로 알아보면, 1999년 하청 위주의 제작방식으로 1억 6천만 달러의 높은 수출실적을 올렸으며, 이후 하청이 아닌 창작 위주로 방향을 선회하자 2003년 절반까지 하락하는 등 애니메이션 산업에 적신호가 켜졌다. 그 와중에 《마리이야기》나 《오세암》 등 유수의 작품들이 세계적인 애니메이션 영화제에서 수상하면서 작품성을 인정받기 시작했고, 이로 인해 국내 창작 애니메이션에 대한 국제적 인지도와 평가가 상승하자, 2004년 다시 회복세로 돌아섰다.

그 당연한 결과로 각종 전시회에서 국산 애니메이션의 판매계약 상담이 증가하는 등 청신호가 되고 있다. 물론 국내 애니메이션 업계는 산업적 측면에서는 여전히 영세성을 극복하지 못하고 있는 형편이다. 그 이유는 다각도로 접근해볼 수 있겠는데, 우선 국내 산업 전반에 걸친 인건비 상승으로 인해 제작비가 천정부지로 뛰게 되고, 국내 극장용 애니메이션 시장 자체가 크지 않기 때문에 적극적으로 대규모 투자를 하기에는 지나치게 리스크가 크다. 이런 추세로 가다가는 충분한 기술력을 갖추고 있음에도 불구하고, 예술지향적 혹은 소호적 유럽형 애니메이션과 유사한 전철을 밟게 될 우려도 있다.

현 단계에서 제작여건이나 제작비용이 높은 극장용 애니메이션을 기획하여 미국이나 일본과 경쟁한다는 것은 다소 무모하다. 오히려 내수를 중심으로 TV애니메이션 시장을 공략하는 전략적 방법이 요구된다. 오랜 OEM 제작으로 쌓아온 노하우를 바탕으로 승산이 아주 없는 것은 아니다. 내수시장을 중심으로 기획력을 배양하고, 꾸준한 제작을 통해 기술력을 향상시키는 것은 물론, 장기적 안목으로 대학 · 대학교 등에 운영되는 만화 관련 학과를 통해 전문가를 배출하는 등 애니메이션 인프라를 꾸준히 구축하는 것이 첩경이다.

정책적 지원의 측면에서는 다행스럽게도 1990년대 중반 이후 애니메이션과 캐릭터 산업의 시장성과 잠재성을 인식한 정부의 발빠른 지원사업으로 어느 정도 기반이 갖춰지고 있다. 즉, 서울국제만화페스티발(SICAF)나 춘천만화페스티발 등 다양한 만화 애니메이션 관련 행사들이 줄을 이었고, 1999년 남산에 서울애니메이션센터를 개원하는 등 국내 기획 애니메이션의 발전을 위한 단계적 움직임이 진행되고 있다. 이처럼 애니메이션과 만화에 대한 전반적인 사회적 시각의 변화가 생기고 있는 만큼 꾸준한 발전을 기대해 본다.

텔레비전 만들기

television making

텔레비전은 '멀리' 라는 'tele' 와 '보다' 라는 'videre' 의 합성어로, 현장에서 일어나는 상황을 멀리까지 생생하게 재현해주는 기술상의 용어이자, 미디어 자체를 지칭한다. 텔레비전이 과연 예술로서 가능한 창조력을 완전하게 가지고 있는가 하는 문제는 그 역사가 매우 짧다는 점에서 정확한 판단을 내리기 어렵다. 더구나 텔레비전은 나날이 발전하는 기계기술을 수단으로 하기 때문에, 그 현재의 모습에서 미래상을 예측하려는 시도는 성급한 태도일 것이다. 또 이러한 여러 면을 고려하더라도 역시 텔레비전에 대한 미학적 내지 예술학적 연구에는 많은 어려움이 있다.

예를 들면 텔레비전 영상은 스튜디오에서의 카메라 촬영이나 야외중계, 또 필름이나 녹화 테이프 등 영상송신기에서 보낼 수 있는 것이라면 무엇이든지 전달가능하다. 즉, 텔레비전 영상에는 다양한 생성과정을 거치는 내용들이 모두 포함되기 때문이다. 또 방송 프로그램에는 예술적 표현을 1차적으로 하는 것만이 아니라, 넓게는 보도 · 오락 · 교육 · 교양 등 다양한 장르가 포함되며, 그 표현과 전달의 형식 및 내용도 다양하다. 그 특성 중에는 다른 예술과 공통적인 것보다도 오히려 상반되고 서로 모순되게 여겨지는 것이 많다. 텔레비전에 관한 학문적 연구가 이제 겨우 시작된 만큼 과연 텔레비전이 예술로서 새로운 표현영역을 개발하여 다른 예술들로부터 독립하기에 충분히 자율성을 가질 수 있는가 하는 문제는 모두 앞으로의 과제로 남겨지게 된다.

텔레비전의 현실성 전자공학의 특성인 신속하고 광범위한 전파능력에 의해 시청자가 공간적으로 멀리 떨어져 있더라고 현장으로부터 직접 전달받고 있다는 의식에 지배될 때 더욱 강력하게 된다. 이는 텔레비전 전달의 즉시성·동시성·현장성의 기능을 최대한으로 충실하게 발휘하는 실황중계 프로그램에서 분명히 알 수 있다. 텔레비전 방송의 가장 포괄적이며 다면적인 형식은 생방송에서 보여진다. 이때 어떤 사상의 생생한 전달에 의한 행위의 불가역성, 1회성의 의식은 매순간의 전달을 다수의 시청자가 동시에 향수하고 있다는 의식과 함께, 텔레비전 영상을 고도의 전체적 현실성에 이르게 한다. 한편 이러한 현실성의 인상은 텔레비전이 다른 예술에서와 같은 환상적 이미지의 형성력을 크게 결하고 있음을 보여준다. 대체로 시청자는 허구적인 작품의 영상에 대해서도 거의 그 허구적 성격을 의식하지 못하고 현실적인 것으로서 파악하기 쉽다. 그러므로 텔레비전 영상은 감상자에게 영상을 보충하기 위한 상상작용을 제어함으로써 영상과는 다른 이미지를 형성할 여지를 그다지 주지 않는다.

— 역사 — 텔레비전이 언제 발명되었는가 하는 문제는 단순하게 연대기적으로 정리한다고 해서 규명되는 것만은 아니다. 하나의 미디어가 장르적으로 산업적으로 자리매김하는 과정이 으레 그렇듯, 과학 문화 사회 철학 등 다양한 분야의 발전상황과 요구조건이 배경과 전경이 되어 부합할 때, 비로소 태동이 시작된다. 텔레비전의 역사 또한 마찬가지다. 1817년 스웨덴의 이왼스 야코브 베르젤리우스는 우연히 광전효과를 내는 셀렌(Se) 원소를 발견하고, 1873년 아일랜드의 루이스 메이는 셀렌에 빛의 세기를 조절하여 전기적 신호를 만드는 광전효과를 발견한다. 1875년 미국의 조지 캐리는 광전효과를 영상화 과정에 활용하여 영상을 멀리 전달하는 영상전달기, 즉 최초의 텔레비전을 발명한다.

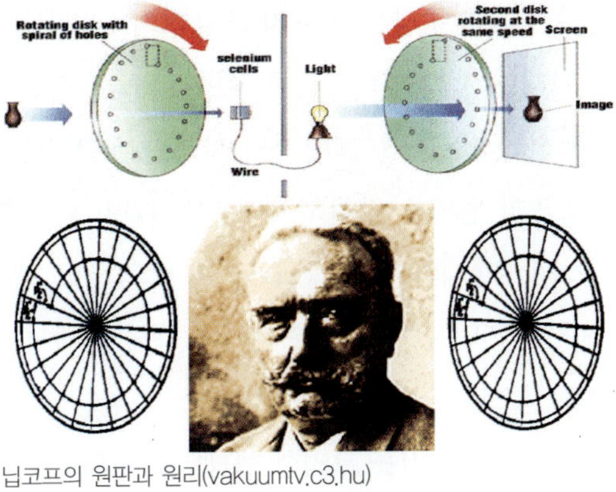

닙코프의 원판과 원리(vakuumtv.c3.hu)

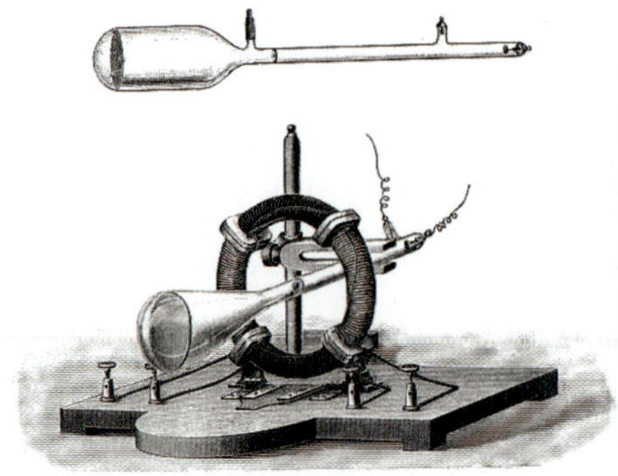

브라운관

베어드와 텔레바이저

이후 1884년 독일의 파울 고틀리베 닙코프는 전기신호를 영상으로 바꿀 수 있는 초보적인 장치를 발명하고 특허를 출원한다. '닙코프 원판' 이라고 불린 이 장치는 회전하는 원판에 24개의 작은 구멍을 뚫어서 물체를 주사(走査)하고, 이 구멍을 통과한 빛이 셀렌광전지에 전기를 일으켜서 발생한 신호를 전선 한 개로 송출하여 영상을 복원하는 방식이다. 1897년 독일의 카를 페르디난트 브라운은 전자기학 분야에 몰두하던 중, 음극선관을 이용하여 전기신호를 가시곡선으로 변환하여 사진이나 기록을 기입하는 음극선 오실로그래프(Cathode-ray Oscillograph)를 발명하는데, 후세 사람들은 그의 이름을 기리기 위해 이것을 '브라운관(Braun Tube)' 이라고 명명하였다. 브라운은 무선전신 연구의 업적으로 1909년 이탈리아의 마르코니와 함께 노벨물리학상을 받았다. 브라운관이 산업적 가치를 인정받은 것은 한참 후이다.

1923년 러시아의 블라디미르 코스마 즈보리킨은 닙코프 원판 방식보다 진공관 방식의 우위를 주장하던 보리스 로싱의 영향을 받아, 브라운관의 효용성을 깨닫고 전자식 텔레비전 촬영용 진공관 '아이코노스코프(Iconoscope)' 를 발명하여 이를 이용해서 원시적인 전자식 텔레비전의 시대를 개막한다. 한편, 1925년 영국의 존 로지 베어드는 닙코프의 원판을 장착하고 1분에 600번 회전시켜 영상을 복원하는 기계식 텔레비전 시스템, '텔레바이저(televisor)' 를 발명하고, 텔레비전의 상업화 가능성을 최초로 타진한다. 1925년 런던의 셀프리지 백화점 앞에서 시사회를 통해 일반에 공개되어 센세이션을 일으킨다.

베어드는 화질을 고려한 텔레바이저의 기술적 업그레이드뿐만 아니라, 텔레비전의 상품성을 높이기 위해 연극 등 다양한 프로그램들을 개발하는데 박차를 가하며, 1929년 영국 BBC는 텔레바이저를 이용하여 세계 최초로 TV방송을 실시한다. 주사선 30개의 새로운 텔레바이저는 당시 영국 전역에 약 4천대 정도 보급된 것으로 기록되었고, BBC를 통해 1935년까지 시험방송된다. 물론 기계식 텔레비전은 전자식 텔레비전의 발전과 함께 바통을 넘겨주게 된다.

영국의 기계식 텔레비전 방송 이후, 즈보리킨의 전자식 텔레비전의 가능성에 보다 염두를 둔 RCA는 적극적인 투자를 통해 1931년 전자식 텔레비전의 첫 시험방송을 한다. 유럽 여러 나라들이 1930년대에 텔레비전 실험방송과 정규방송을 개시한다. 프랑스와 독일은 1935년, 기계식을 고집하던 영국의 BBC도 이후 전자식 텔레비전으로 교체하여 1936년 정규방송을 개시한다. 미국은 1939년 NBC 소유의 W2 XBS국이 만국박람회 개회식, 프로야구 중계방송 등 실험 정규방송을 개시한다.

그러던 중, 1차 대전의 발발로 인해 텔레비전 방송이 중단되고, 이후 전쟁이 끝나고 나서 비로소 본격적인 실용화와 보급이 이루어진다. 1945년 프랑스는 종전과 동시에 텔레비전 방송을 재개하였으며, 1964년 제2텔레비전 방송을 개시한다. 영국의 BBC도 1946년 방송을 재개하고, 1955년 상업방송제작회사를 설립하여 상업 텔레비전 방송의 송신 시설을 소유 · 운영하며 프로그램의 제작과 방송을 감독하는 ITA(Independent Television Authority) 방송을 개시한다. 1952년 독일이 텔레비전 방송을 시작하고, 1963년 제2텔레비전 방송을 개시한다. 1954년 정규방송을 시작한 이탈리아는 1961년에 제2텔레비전 방송을 개시한다. 이후 원판과 브라운관 방식으로 출발한 텔레비전의 역사는 TFT-LCD, PDP 등 다양한 방식이 개발되면서 기존 아날로그 방식을 디지털 방식이 대체하고 있으며, 화질에 대한 요구가 증가하면서 고화질의 HDTV가 개발되는 등 과학기술의 발전에 따라 앞으로도 텔레비전은 진화와 발전을 거듭할 것이다.

장르 한국의 법령은 목적을 기준으로 방송 프로그램을 법률상 보도방송, 교양방송, 오락방송, 교육방송, 광고방송, 대외방송의 6가지로 규정하고 있다. 우선 보도방송은 정치 · 경제 · 사회 · 문화 등 모든 분야의 시사에 관한 속보 또는 해설을 목적으로 하는 방송프로그램을 지칭하며, 일반적으로 보도방송에는 뉴스, 보도 다큐멘터리, 시

대표적 보도방송 '뉴스'

사토론 등이 해당된다. 뉴스는 새로 일어난 사건이나 아직 일반에게 알려지지 않은 소식 및 정보를 전달하는 프로그램으로서, 시의성·근접성·영향성·저명성과 흥미요소를 중심으로 편성된다. 보도 다큐멘터리의 경우, 사회적으로 주목받는 현상이나 사건, 인물을 심층 분석하고 그 장단점과 문제점을 진단하여 해설, 평가하는 프로그램이다. 소재에 따라서는 논란의 여지가 있는 문제를 다루게 되는 경우가 많기 때문에 소재 및 테마 선정에 신중을 기할 필요가 있다.

다음으로 교양방송은 국민의 교양 향상 및 교육을 일차 목적으로 하며, 세부적으로는 어린이 · 청소년의 교육을 목적으로 하는 방송프로그램을 말한다. 최근에는 단순히 교육을 뜻하는 에듀케이션(education)에 유용한 단어들을 조합하여 신조어들이 양산되기도 하는데, 대표적인 신조어로 '놀면서 배우자' 는 취지의 교육과 오락을 접목시킨 에듀테인먼트(education+entertaiment)나 단순한 정보전달 프로그램에 흥미와 오락성을 접목시킨 인포테인먼트(informaion+entertainment) 등이 그것이다. 딱딱한 정보를 재미있게 가공한다는 취지와 달리 공익적 논리가 약화되고 오락적 상업적으로 치닫는 경우가 많아 비판받기도 한다. 교양방송에는 시사토론, 정보 프로그램 등이 해당되는데, 시사토론의 경우 사회적으로 관심 있는 주제를 놓고 토론을 벌이는 프로그램으로 선거기간 중 후보자들의 정책토론이나 유세의 장으로 발전하기도 한다. 다양한 뉴미디어의 발달로 시청자의 참여가 용이해 쌍방향커뮤니케이션 활용의 대표적 프로그램이다. 정보 프로그램은 생활에 필요한 유용한 정보를 집약적으로 제공하는 프로그램으로 오락적 요소를 가미하여 정보쇼의 형태로 진화하고 있다.

오락방송은 국민정서의 함양과 여가생활의 다양화, 그리고 오락성을 목적으로 코미디나 다양한 코너가 있는 버라이어티 쇼, 토크 쇼 등을 총칭하는 프로그램을 지칭한다. 오락방송에는 코미디쇼, 버라이어티쇼, 토크쇼, 음악 프로그램 등이 해당되는데,

◀ 대표적 오락방송 '버라이어티 쇼'
(sbs 《실제상황 토요일》)
▲ 대표적 교육방송 'TV특강'
(EBS 《수능특강》)

코미디쇼는 《개그콘서트》나 《웃음을 찾는 사람들》과 같이 다양한 하위코너를 통해 쇼의 형태로 코미디를 선보이는 프로그램을 의미한다. 토크쇼는 진행자와 게스트, 패널로 구성되어 서로 이야기를 주고 받으면 입담으로 진행되는 프로그램이며, 버라이어티쇼는 노래와 댄스, 개그 등 말 그대로 다양한 쇼와 출연진을 통해 각양각색의 즐거움을 종합선물세트처럼 선사하는 프로그램이다.

교육방송은 학교교육 또는 사회교육을 목적으로 공중(公衆)의 일반적 교양 향상을 직접 목적으로 하여 행하는 방송을 지칭한다. 무엇보다 교육방송의 경우 교육대상을 명확히 하여야 하고, 그 내용은 조직적 · 지속적이어야 하며, 방송의 계획과 내용을 사전에 공표하여야 한다. 본래 방송에는 다른 여러 기능과 아울러 교육적 기능이 내포되어 있다고 볼 수 있으나, 그 중에서도 특히 교육적 변화를 주목적으로 기획되는 방송만 교육방송이라고 엄밀하게 규정한다. 교육방송에는 학교방송, 사회교육방송, 정규교육방송 등이 해당되는데, 학교방송의 경우, 학교수업의 연장선상으로 수업의 내용을 보충하기 위해서 실시하는 방송과 방송통신 대학이나 방송통신 고등학교 등 방송을 통한 정규과정을 패스하기 위한 방송 등이 해당된다. 사회교육방송은 일반인을 대상으로 교양향상을 도모하고 평생교육을 실현하는 방송으로 외국의 경우, 방송의 교육적 기능성을 활용하여 영국 BBC의 성인교육방송과 방송통신대학, 일본 NHK의 성인교육방송, 중국의 CTS교육방송, 독일의 성인교육방송 등 꾸준히 활성화되고 있다.

대외방송은 자국에 대한 올바른 인식을 돕는 동시에, 국제친선 및 이해의 증진과 문화 · 경제 교류의 증진에 기여하기 위해 외국을 대상으로 하는 방송과 외국 방송국에 제공하는 프로그램을 뜻하며, 사전에 정부의 승인을 받아야 한다. 특정국 또는 불특정 다수국을 대상으로 실시하기 때문에 국제방송 또는 해외방송이라고도 한다. 현재 세계의 주요국은 거의가 이러한 방송을 실시하고 있다. 대외방송의 선구는 1927년 네덜란드가 네덜란드령 동인도세도로 보낸 단파방송이며, 이후 1929년 소련, 1931년 프랑스, 1932년 영국, 1933년 독일, 1934년 이탈리아, 1935년 일본, 1936년 미국 등 30년대에는 각국이 해외방송을 개시하고, 한국은 1955년 대일방송(對日放送) '자유대한의 소리'로 대외방송을 시작한다. 초창기에는 1차적으로는 해외식민지나 속령과 본국과의 긴밀한 연결을 목적으로, 2차적으로는 대외 홍보활동의 일환으로 국가시책을 주지시키는 역할을 했으며, 유사시에는 자국의 국책선전 기관으로서 대외 선전활동에 활용되기도 한다.

제작 TV제작 과정은 영화나 애니메이션과 마찬가지의 단계로 이루어진다. 프리프로덕션은 프로덕션의 전 단계로, 프로듀서가 새로운 아이디어를 발상하여 기획안을 작성하고, 작가가 대본을 완성하면 대본을 분해하여 녹화 스케줄과 예산을 작성하는 단계다. 이 과정에서 중요한 것은 시장(market)을 파악하고 시청자 요구(needs)를 이해하고 충족시켜야 한다는 것이다. 시청자는 단순하지만 여러 가지 변수를 가진 어린아이와 비슷하다. 자신이 뭘 원하는지 분명하지만, 정확하게 요구를 파악하기도 힘들며 파악했다 하더라도 그것만으로 좋은 결과가 보장되는 것은 아니다. 따라서 프로듀서는 시청자와 시장의 변화와 요구를 이해하고 충족시키는 것도 중요하지만, 전혀 다른 방식으로, 즉 비록 시장의 유행사조와 역행하고 시청자의 요구와 상충된다 하더라도, 시청자와 대세를 선도(先導)하는 모험을 할 수 있어야 한다. 성공한 TV 작품의 경우는 대게 이러한 선구자적 프로듀서에 의해 기획되고 제작된다.

프로듀서는 아이디어 발상을 통해 시놉시스를 구축하고, 초고를 완성하고, 총예산을 수립하고 캐스팅에 들어가며, 프로그램 제작 결정회의와 프로덕션 미팅을 통해 촬영 스케줄을 확정하는 등 구체적인 제작과정으로 들어가기 위한 전 과정에 관여한다. 프로덕션 매니저(Production Manager)는 프로듀서를 도와 대본을 완성하고, 완성된 대본을 분해하여 제작 스케줄을 정하고 예산을 수립하는 일을 진행한다. 프로덕션 매니저는 사무실과 사무용품 등 제작에 필요한 공간과 비품을 마련하는 업무는 물론, 촬영장소의 섭외와 출연진의 각종 서류절차를 담당한다.

리허설 장면

프로덕션 단계는 프리프로덕션에서 결정한 기획안을 바탕으로 작가에 의해 완성된 대본을 영상 이미지와 사운드로 구체화하는 단계다. 이 단계는 주로 감독에 의해 실행된다. 감독은 연출하고자 하는 작품에 부합하는 연기자의 연기를 지도하고, 세트 디자인, 조명 · 렌즈나 앵글 등 카메라 제반의 업무를 촬영감독과 협의하고, 음향 등 전문 스태프들을 지휘하여 예술적 감각으로 영상화 작업을 완수해야 한다. 프로덕션 과정에서 중요한 것은 셋업(setup)과 리허설(rehearsal)* 이다. 리허설을 위해 장비와 제작 스태프들을 셋업하고, 세트에서 연기자 블로킹(performance blocking)과 카메라 블로킹(camera blocking)을 실시해야 한다. 스튜디오에서 여러 대의 카메라로 제작하는 멀티카메라 제작의 경우에는 부조정실에서 감독이 기술감독와 연계해야 하고, 싱글카메라 제작의 경우는 감독이 지시할 수 있다.

이 단계에서 각종 행정업무와 회계업무를 총괄하는 프로덕션 매니저는 가정으로 비유하자면 주부의 역할을 한다고 볼 수 있다. 스태프들과 조역들의 이동경로와 이동에 소요되는 시간을 파악하고 있음은 물론, 의상 및 분장 등 세부적인 스케줄에 대해 프로듀서에게 알려줘야 한다. 또한 무엇 보다 중요한 것은 프리프로덕션 단계에서 확정된 예산의 적절한 집행에 촉각을 곤두세워야만 하는데, 사용한 비용이 타당한 것인지, 예산초과의 가능성을 사전에 방지하기 위해 프로듀서와 협의하며 가이드라인을 설정해야 한다.

---

* 이남기. 텔레비전을 만드는 사람들. 커뮤니케이션북스. 2006.

각종 편집 장비

포스트프로덕션 단계는 프로그램 제작이 마무리되는 과정으로, 협의적으로는 편집 과정을 뜻하고, 광의적으로는 제작된 프로그램의 판매까지도 포함시킬 수 있다. 녹화된 영상 이미지와 사운드를 편집해서 완성된 프로그램을 만들어내는 단계다. 장면별, 시퀀스별로 녹화된 영상을 대본에 맞춰 편집하고 여기에 음악과 각종 효과음, 특수효과를 추가하여 완성된 작품을 만들어낸다. 이 단계에서는 프로듀서나 감독보다는 편집감독이 중심이 되는데, 프로듀서나 감독이 편집 과정에 개입하는 경우에는 감독과 협의를 해야 하지만, 촬영된 영상과 사운드를 편집하는 작업은 편집감독의 고유 영역이라 해도 과언이 아니다.

편집은 영상 편집과 음향 편집으로 구분할 수 있다. 영상 편집은 선형 편집 시스템과 비선형 편집 시스템으로 구분되고, 음향 편집의 경우는 연기자의 대사, 음악과 효과음 등이 주요 편집 대상이 된다. 영상편집의 경우, 촬영본을 정리하고 시사(試寫)한 다음, 이를 토대로 편집대본을 만들고, 편집에 들어간다. 그래픽의 경우 타이틀 스토리보드를 작성하고 타이틀 촬영을 하고 자막을 편집하는 과정을 진행한다. 음향 편집의 경우, 음악을 정리하여 선택하고 저작권 문제를 해결하고 나레이션 · 효과음 등 각종 사운드 관련 편집을 진행한다. 이처럼 편집과정에서 편집, 음악, 음향, 특수효과 등 스탭들이 편집감독과 상호협력하여 완성된 프로그램을 만들어낸다.

TV 속의 TV (NBC 《보난자》)

— 전망 — 방송시장은 공중파TV, 케이블TV, 위성TV 그리고 인터넷방송 등이 상호 보완하면서 경쟁하는 새로운 국면을 맞게 되었다. 이제 방송 컨텐츠 시장은 질과 다양성이 무엇보다 성패를 좌우하게 되었고, 위성방송의 도입은 디지털방송 장비의 수요증가, 고용창출, 독립제작사의 활성화 등 관련 산업의 진흥에 크게 기여할 것으로 기대된다. 방송계의 지각변동은 여기서 끝나지 않는다. 방송의 역사가 기술발달의 역사이듯 방송은 기술의 산물이다. 신기술의 등장에 따라서 방송의 내용과 운용, 제작-배급-수신의 양태가 크게 달라지고 있다.

기술의 진보에 따라서 방송매체는 크게 네 가지 형태로 발전해 가고 있다. 첫째 기존의 방송기술에 새로운 기술, 기능이 추가되는 경우이다. 문자다중방송이나 AM스테레오 방송이 좋은 예가 될 것이다. 둘째, 오래 전에 개발된 기술이지만 방송현상에 거의 쓰이지 않다가 뒤늦게 프로그램 배급기술로 채용된 것들이 있다. 케이블텔레비전과 위성방송이 대표적이다. 셋째, 전화 · 컴퓨터 등이 결합하여 다수 대 다수 또는 포인트캐스팅(pointcasting)으로 기능하는 매체들이 새롭게 각광받고 있다. VOD나 인터넷방송이 여기 속한다. 넷째, 기존의 텔레비전과는 기술적으로 크게 다른 뉴미디어로서 새로운 차원의 텔레비전들을 거론할 수 있다. 기존 TV의 연속선상에서 연구 개발된 것으로 벽걸이TV, 입체TV, 향기TV, ATV 등을 손꼽을 수 있고 기술적으로 전혀 다른 텔레비전으로서 HDTV를 생각해 볼 수 있다.*

공중파 아날로그TV가 제1세대 방송이라면, 케이블TV는 제2세대 방송으로 채널희

* 김우룡. 디지털 시대의 방송산업 그 현황과 문제점. 한국정보법학회. 제5차 학술심포지움. 2001.6.30.

소성으로 인한 독점적 시장구조를 점차 과점적 경쟁구조로 변화시켰다. 당초 난시청 지역을 해소하기 위한 방안으로 등장한 케이블TV는 1970년대까지 지형적 한계와 시간적 지체를 극복할 수 없었다. 그러나 1972년 유료TV로 출발한 미국의 HBO가 채택한 위성전송방식은 케이블TV의 사업적 활성화를 자극하고, 이로 인해 본격적인 다채널시대를 열게 되었다.

그러나 미국을 제외한 대부분의 나라에서는 기존 방송체제의 보호와 자본투자에 비례하여 불확실한 수익성에 대한 회의로 케이블TV의 도입이 지체되었다. 더욱이 지역적 제한을 일거에 해소시키는 위성방송의 도입은 많은 나라에서 케이블TV의 보급을 가로막게 되었다. 이처럼 케이블산업이 당초의 기대와 달리 크게 발전하지 못하고 있는 가장 큰 원인으로는 세계적으로도 드문 삼분할 사업자구도와 이로 인한 비효율성, 과대한 초기 투자, 열악한 제작환경 등을 들 수 있다. 또한 프로그램에 대한 심의완화 등 정책적 배려가 결여된 것도 한 몫을 하였다.*

인터넷 방송은 기존 방송 컨텐츠를 중심으로 운영되고 있다. 공중파 방송사들이 인터넷 방송을 병행하여 뉴스 서비스와 스포츠 전문 정보를 주요 컨텐츠로 제공하고 있으며, 각 방송국의 주요 프로그램을 다른 정보와 함께 서비스하고 있다. 그럼에도 불구하고 인터넷 방송은 두 가지 면에서 심각한 문제점을 드러내고 있다. 첫째, 음란물의 확산이다. 포르노사이트는 인터넷이 빚어낸 가장 부정적인 영역이지만 아이러니하게도 인터넷 방송 가운데 가장 사업성이 좋은 분야이기도 하다. 2010년까지 수익규모가 70억 달러에 달할 만큼 문제가 심각하다. 둘째 대부분의 인터넷 방송은 누적 적자에 허덕이고 있다는 점이다.**

디지털 방송의 등장은 인터넷 방송과 공중파방송의 경계를 허물 것으로 전망된다. 초고속 인터넷의 대중화와 전송기술의 혁신은 인터넷 방송의 컨텐츠 수준을 질적으로 크게 향상시켜서 공중파 TV와 큰 차이가 없게 될 것으로 보인다. 또한 휴대전화와 PDA를 활용한 무선 인터넷 시장의 급속한 성장은 단방향 커뮤니케이션에서 진화하여 쌍방향 커뮤니케이션을 활성화함으로써 인터넷 방송의 장래를 밝게 하고 있다. 인터

---

* 한국경제. 2001.5.30.

** 문화일보. 2001.5.4.

넷 방송은 시간과 공간의 제약이 없고 대화형 서비스가 가능해 방송·통신·인터넷의 융합을 촉진할 것이라고 지적했다.*

파워 인터넷 TV

이처럼 21세기의 방송환경은 사상적으로는 신자유주의라는 세계화의 이념이 확산되면서 방송정책의 일률적 재구조화가 진행되고, 기술적으로는 디지털화로 인한 다채널의 급속한 확산이 전개되면서 일어나고 있다. 현대는 영상의 시대이며, 곧 텔레비전의 시대이다. 텔레비전은 뉴스의 전달자이며, 오락과 레저의 생산자이고, 공유를 통해 의사소통의 장을 마련해주는 정보제공자다. 정보사회의 핵심 기능을 수행하는, 영향력이 지대한 매체이다. 현대사회에서 차지하는 텔레비전의 존재와 기능의 중요성을 생각할 때, 이 새로운 매체의 신비한 창조력은 예측할 수 없을 정도이다. 최근 텔레비전학(Television Studies)에 대한 새로운 시각을 제시하거나 여러 분야에 흩어져 있던 텔레비전 연구** 들을 체계적으로 정리하려는 시도를 통해, 점차 텔레비전은 단순히 상업적 영역이 아닌, 학문적 영역으로 입지를 확고히 하게 될 것이다.

* 동아일보. 2001.6.15.

** 이남기. 텔레비전을 만드는 사람들. 커뮤니케이션북스. 2006.

게임 만들기

game making

컴퓨터 게임은 1970년대 이후에 등장한 새로운 여가활동의 한 형태로서 '기억능력이 있는 실리콘 칩 컴퓨터 회로에 의해 작동되는 모든 놀이의 총칭' 으로 전자오락 게임, 비디오 게임, 멀티미디어 게임 등 다양한 용어들과 함께 사용된다. 전 세계적으로 청소년뿐만 아니라 성인들도 즐겨하는 여가오락 활동의 하나로 정착하였으며, 그 정도는 갈수록 증가되고 있는 추세이다. 특히 컴퓨터 매체가 게임 장르에 접목되어 적극 활용됨으로써 컴퓨터 게임의 장르적 다양화와 세부화가 추진되었고, 그 결과 컴퓨터 게임은 과거의 오락실용 아케이드 게임과는 변별되는 독자적인 경지를 구축한다. 이러한 급성장 이면에는 영화, 애니메이션, 드라마, 뮤직비디오, 판타지 및 무협소설, 출판만화 등 다양한 기존 매체 및 장르의 장단점을 신속하게 분석하고 과감하게 수렴하면서 대중문화의 지류에서 주류로 위상을 정립한 공격적인 개척정신에 있다.

컴퓨터로 영화를 보고, TV를 시청하고, 게임을 하고, 문학작품을 감상하는 행위는 더 이상 이질적인 계층의 특기할 행동양식이 아니다. 오히려 그 반대의 경우들, 즉 영화는 극장의 스크린으로, TV는 안방의 브라운관으로, 게임은 오락실 게임기로, 독서는 종이책으로 하는 것이라는 사고방식이 '아날로그적' 이다. 디지털적인 사고방식에서는 컴퓨터로 영화를 보거나 제작하고, TV를 보고, 게임을 즐기고, 독서행위가 이루어진다. 특히 컴퓨터 문학이라는 용어보다 컴퓨터 게임이라는 용어가 보다 자연스럽게 통용될 만큼, 컴퓨터와 게임은 밀접한 관계이다. 컴퓨터 매개 문화 중에서 가장 괄목할 성장가도를 달리는 것도, 가장 대중적인 호응을 얻는 것도 바로 컴퓨터게임이다.

컴퓨터 게임의 지난 약사를 살펴보면, 단순한 게임에서 만족하는 것이 아니라 영화와 문학 장르와의 심도 있는 교류와 접목을 시도하여 도약할 것을 요구받아왔다. 그 당연한 귀결로 컴퓨터 게임은 영상성에 있어서는 영화를 닮아가고 있으며 서사성에 있어서는 문학을 닮아가고 있다. 컴퓨터 게임 문학은 우선 기획단계에서부터 독자적인 텍스트 형태로 작업이 이루어진다. 세계관, 스토리, 대사, 캐릭터 등의 설정조건에 맞추어 컴퓨터 게임 장르에 따라 치밀하다. 컴퓨터 게임의 서사성을 영화의 범주로 볼 것인가, 문학의 범주로 볼 것인가의 문제는 미묘하다. 국외의 연구서들은 컴퓨터 게임 문학의 특성에 대해 내러티브(narrative)를 강조하고, 국내의 경우는 내러티브와 시나리오(scenario)를 혼용한다. 컴퓨터 게임에 대한 체계적인 접근은 영상성과 문학성, 그리고 산업적 측면에서 다각도로 이루어지는 것이 이상적이다.

￣역사￣ 게임사를 국내외로 나누어 살펴보면, 게임은 그래픽과 엔진 등 다양한 기술발전에 힘입어 시각적 기술적 측면에서 괄목할 만한 성장을 한다. 1950년대와 1960년대에도 일부 메인프레임급 컴퓨터에서 초보적 수준의 게임이 제작되었으나, 본격적 의미의 컴퓨터 게임은 1972년으로 소급된다. 미국 MIT 대학 타임셰어링시스템(Time-Sharing System)의 그레고리 욥(Gregory Yob)이 개발한 텍스트 게임 《움푸스(Wumpus)》는 메인프레임을 기반으로 만들어졌으며, 다섯 개의 화살로 무장하고 동굴을 탐험하면서 그 과정 중에 다양한 장애물을 극복하고 '움프스'라는 생물을 찾는다는 내용이다. 이 게임은 아르파넷(ARPANET)을 통해 폭발적인 인기를 얻었으며

텍스트 게임 〈움푸스〉

현재도 웹움프스라는 이름으로 웹에서 즐길 수도 있다.

같은 해 윌리 코스터는 거대한 동굴을 탐험하면서 많은 보물을 모아 출발점으로 되돌아오는 최초의 텍스트 기반 어드벤처 게임 《어드벤처(Adventure)》를 만들었다. 이 게임은 아르파넷을 통해 확산되면서 대학생들을 중심으로 인기를 얻었다. 이 같은 텍스트 기반의 게임시대에서 그래픽 기반의 게임이 등장하게 된 것은 1977년 MIT의 데이브 레블링(Dave Lebling)과 마크 블랭크(Marc Blank)가 개발한 《조크(Zork)》의 공로가 크다. 이 게임은 두 명의 사용자가 미로를 돌아다니면서 서로 총을 쏴 맞추는 게임으로 이후 두 개발자는 인포컴이라는 게임 회사를 설립했다. 1980년에 윌리엄스 부부는 온라인시스템스라는 회사를 만들고 그래픽과 텍스트를 결합한 최초의 애플II용 게임 《미스테리 하우스(Mystery House)》를 발매했다. 추리소설처럼 집 안 이곳저곳을 돌아다니면서 위험한 장애물은 피하고 보물을 찾아내는 게임으로 그래픽 수준은 인포컴의 조크에 비해 훨씬 떨어졌지만 텍스트와 그래픽을 동시에 이용할 수 있었기 때문에 대중적으로는 대단한 인기를 얻었다. 이후 온라인시스템스는 시에라온라인으로 개명하고 1984년 IBM의 CGA 그래픽 기능을 갖춘 'PC jr'의 성능을 최대로 발휘한 그래픽 어드벤처 게임 《킹즈 퀘스트(King's Quest)》를 발매한다. 이를 기반으로 시에

《울티마 온라인》

라온라인은 이후 루커스 아츠가 새로운 강자로 떠오르기까지 《스페이스 퀘스트(Space Quest)》, 《폴리스 퀘스트(Police Quest)》 등으로 그래픽 어드벤처에서 독보적인 위치를 차지했다.

1977년 리처드 개리엇은 텔레타이프 머신을 이용하여 던전 게임을 개발하고, 이를 1979년 《아카라베스(Akalabeth)》라는 던전 게임으로 발전시키는데, 1980년 캘리포니아 퍼시픽 사에 의해 상용화되어 《울티마(Ultima)》로 발매된다. 1983년 개리엇은 오리진 시스템을 창업하고 한 사람의 플레이어가 4명의 모험가를 제어할 수 있는 《울티마 III(Ultima III)》를 내놓는다. 이어 《울티마 IV(Ultima IV)》에서는 가상 인격체인 아바타(avatar)를 게임에 처음 도입해 본격적인 롤플레잉게임(RPG)의 출발을 알렸으며 이후 머드(MUD:Multi User Dungeon) 방식을 적용하여 《울티마 온라인(Ultima Online)》으로 성장하면서 RPG 분야의 대명사로 계속 그 명성을 유지하고 있다.

1980년대 하반기에 게임 개발회사들에 가장 큰 이슈는 애플이나 C—64, IBM, 아미가 등 다양한 시스템 플랫폼을 지원하는 게임을 만드는 것이었다. 하지만 88년까지는 역시 PC에서 볼 수 있는 그래픽이 16색으로 한계가 있었기 때문에 게임 발전도 더딜 수밖에 없었다. 1989년은 게임 산업의 지도를 바꾼 해로 기록된다. 256색 VGA 그래픽

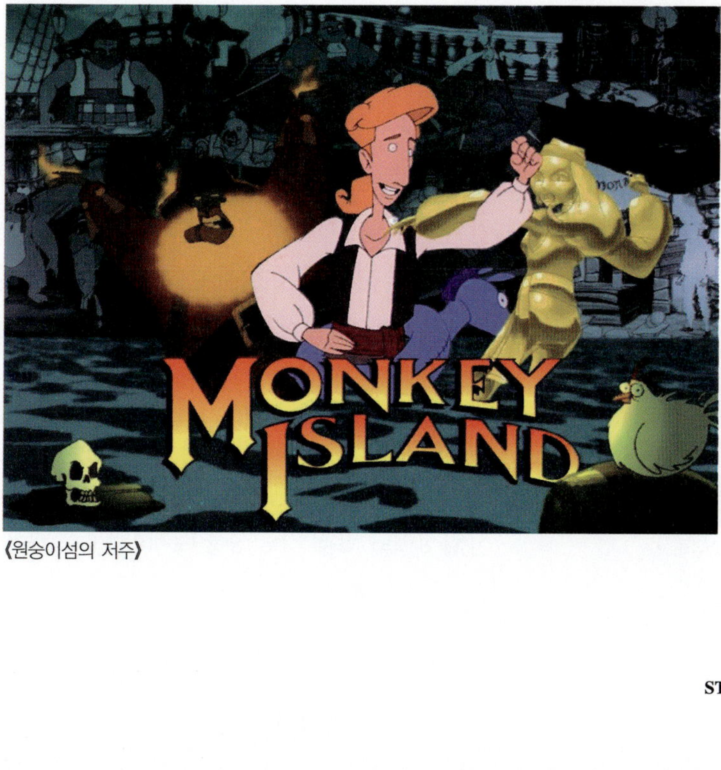

《원숭이섬의 저주》

이 가능해졌고, 최초의 사운드 카드(sound card) 애드리브(Adlib)와 사운드블러스터(Sound Blaster)가 출시되었다. 또한 모뎀을 통해 초보적인 네트워크 게임을 즐길 수 있는 제품도 이 해에 처음 나왔고, 최초 CD롬 기반의 《맨홀(Manhole)》이 처음 등장한 해이기도 했다. 1089년을 계기로 PC 게임은 하드웨어의 발전과 함께 멀티미디어의 방향으로 급속하게 진전하기 시작한다.

1991년에 이르면 대부분의 게임 회사들이 CD롬을 적극적으로 활용하기 시작한다. 특히 CD롬의 방대한 데이터 용량을 이용한 동영상 구현이 게임 회사들의 가장 큰 관심사가 되기 시작한 것도 이때부터다. 이전까지만 해도 기껏해야 2MB 이하의 용량만 담을 수 있는 플로피 디스크를 이용해야 했지만 한 장에 640MB라는 엄청난 용량을 담을 수 있는 CD 출현은 게임 산업의 본질을 바꿀 정도로 큰 영향을 미쳤다. 오리진 사의 《윙 커맨더(Wing Commander)》나 루커스 아츠의 《원숭이섬의 저주(The Curse of The Monkey Island)》가 처음 출시된 것도 1991년이었다. 영화감독 조지 루커스가 1982년 만든 루커스 아츠는 1993년 SVGA 그래픽과 사운드를 이용한 《엑스 윙(X-Wing)》을 내놓으면서 PC에서 멀티미디어 기반으로 게임업계의 판도를 바꾼다. 1994년 발매된 《인디카레이싱(Indi Car Racing)》은 시뮬레이션과 스포츠 게임에 획을 그은 작품으로 실제 스포츠카를 운전하는 것과 거의 똑같은 상황을 설정해 시뮬레이션과 스포츠 게임 매니아를 열광시켰다. 이와 같은 게임과 멀티미디어의 결합이 정점에 이른 사건이 바로 《둠(Doom)》의 출시다. 《둠》은 이드소프트 사에서 제작한 1인칭 슈팅게임으로, 3차원 게임용 엔진이라는 개념을 처음 등장시킨 게임이다. 즉, 이동할 때마다 주위 환경이 눈으로 보는 것처럼 달라지는 3차원 게임의 비전을 제시한 이후 《언리얼(Unreal)》, 《퀘이크(Quake)》, 《하프라이프(Half Life)》 등으로 이어지며 1인칭 액션게임이라는 장르와 3차원게임의 지평을 연 대작으로 평가받고 있다.

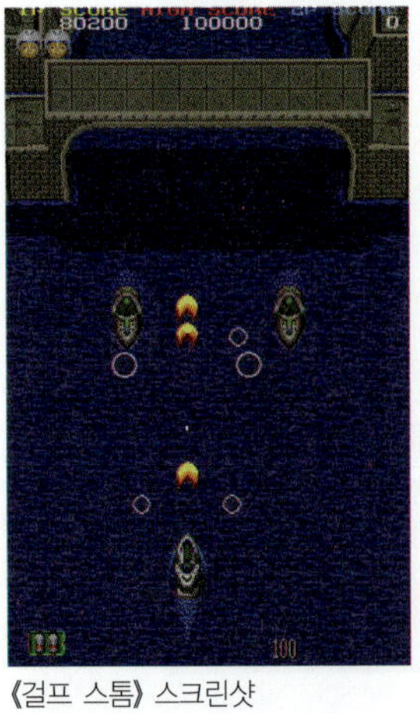
《걸프 스톰》 스크린샷

이에 비해 국내 게임의 역사는 엔터테인먼트 자체의 사업성이나 발전 가능성을 배제한 미국, 일본의 발전에 가려 자체 개발보다는 수입이나 복제에 의존하여 단기간에 수익을 올리려는 투자방식을 한동안 유지해왔다. 1980년 후반 형식적으로나마 자체개발에 주력하였으나 오락실을 중심으로 일본산 게임류의 전시장을 방불케 했다. 1989년 애플용 게임 《신검의 전설》이 개발되었으나, 본격적인 게임 역사는 두용실업, 빅컴, 유니코 등이 소규모 업소용 게임개발과 수출에 박차를 가하면서 시작된다. 1990년 정부가 IBM을 교육용 공식 PC로 지정한 이후, 1991년 걸프전을 배경으로 한 두용실업의 슈팅장르 《걸프 스톰》이 파격적인 판매고를 올렸다. 이후 업소용 슈팅장르의 붐을 타고 《폴럭스》 등 완성도 높은 게임들이 출시되고, 빅컴의 대전장르 《극초호권》이 등장하면서 동서게임 등의 유통사가 등장하였다. 그러나 일본의 앞선 게임산업에는 무력한 상황이었기에 이후 자체 게임개발은 전무하게 되고 1995년 두용실업이 문을 닫으면서 이후 업소용 게임시장에서는 개발보다는 수입에 주력하게 된다.

이후 1995년 국내 애니메이션 제작에 힘입어 게임, 영화에 대한 정부 지원이 확대되는 추세에 따라 게임 산업에 대기업들이 진출하였으나 의욕적인 성과를 거두지는 못하고 게임 산업에서 일찌감치 손을 떼었으며, 막고야, 미리내, 소프트액션, 패밀리프로덕션 등의 개발사가 설립되어 자체 게임개발에 꾸준한 성과를 보이면서 본격적인 활동을 시작했고, 그 열매는 최초의 IBM 컴퓨터 게임이라 일컬어지는 1992년 소프트액션의 《폭스레인저》를 기점으로 새로운 장이 열리기 시작한 것이다. 이렇게 국산 컴퓨터 게임은 대망의 첫 발걸음을 떼기 시작했다. 《울티마》를 벤치마킹한 《신검의 전설》을 필두로 한 그 시작은 미약했다. 사실 국산 컴퓨터 게임이 본격적으로 날개를 펴기

《폭스레인저》

《어스토니시아 스토리 R》

시작한 것은 막고야, 미리내, 소프트액션의 개발사 3사가 주름잡던 1992년부터라고 봐야 한다. 《신검의 전설》 이후 1994년까지 《우주전사 둘리》나 MSX용으로 개발된 미리내의 《그날이 오면》, IBM PC게임 《풍류협객》 등은 당대의 화제작이었지만, 그 성과는 미미한 편이었다.

그러나 1993년 미리내의 《그날이 오면 III》이 전작의 실패를 딛고 대단한 성공을 기두고, 소프트액션의 《박스 레인저》도 전작에 못지않은 성공을 거두자 국산 게임 업체들은 자신감을 회복했으나, 아케이드 게임 일색에 취약한 그래픽과 사운드, 개선되지 않는 고질적인 버그들은 국산 게임의 한계로 지적되며 새로운 변화의 필요성이라는 문제에 직면하게 된다. 1994년 국내 시장에 패키지 정품 체제가 막 자리 잡혔던 시기이면서, 동시에 국내 게임 개발업체들의 본격적인 시스템 가동이 시작된 단계였다. 손노리의 《어스토니시아 스토리》는 아기자기한 코믹요소 등 해외 게임 수준의 그래픽을 가진 무엇보다 중요한 요소로 작용했던 한글이라는 점이 성공의 요인이다.

이어서 1996년 국산 게임의 거울이 될 만한 소프트맥스의 《창세기전 2》가 화려한 그래픽이 아니지만 뛰어난 시나리오와 특이한 진행방식으로 10만 카피를 또 다시 달성함으로써 게임업계의 진로를 크게 틀어 놓는다. 1998년 초창기 1세대 한국 PC게임계를 이끌어나가던 미리내가 퇴장하고, 막고야는 《요정전사 뒤죽》을 출시하고, 소프트액션은 《박스레인저》를 출시하는 등 국산 PC게임은 마침내 본격적인 발걸음을 시작했다. 통신을 통한 텍스트 머드 게임이 게임매니아 사이에 초기 온라인 네트워크 게임의 붐을 조성하기 시작하여 마리텔레콤의 《단군의 땅》 등이 인기를 얻기 시작했다.

《리니지》 스크린샷

1997년 PC방의 대중화와 1998년 블리자드의 《스타크래프트(Star Craft)》는 게임에 대한 접근방식과 지평을 확장하면서, 국내 게임 인구의 괄목할 성장을 유도했다. 뛰어난 밸런스와 화려한 그래픽, 인상적인 실시간으로 동시에 여러 명이 즐길 수 있다는 강점을 지닌 《스타크래프트》를 벤치마킹한 숱한 국내 게임이 개발 및 발매되고 프로게이머라는 신종 직종이 탄생되기도 한다.

이후 초고속 브로드 밴드의 상용화로 인해 국내 컴퓨터 게임 산업은 비약적인 발전을 하는데, 1999년 엔씨소프트의 《리니지》는 국내 최고의 온라인 네트워크 게임으로 등극하면서, 온라인게임을 주력산업으로 만드는 데 일등공신의 역할을 하게 된다. 이처럼 국내 게임의 역사는 일천하지만, 짧은 기간 괄목할 만한 성장을 이루었으며, 콘솔·보드·모바일 등 플랫폼의 다변화와 시나리오의 다양화를 통해 제2의 도약을 준비하고 있다.

ㅡ장르ㅡ 게임의 장르는 국가별·연구자별·평론가별로 매우 분분하여 세분화되어 있으나, 본고에서는 지나친 세분화를 지양하면서 상위개념과 하위개념으로 포괄적 규정을 위한 방향으로 논지를 전개하고자 한다. 기본적으로 내용이나 인터페이스, 플랫폼 등 다양한 기준에 따라 구분이 가능한데, 대개 일반적으로 진행방식에 따라 크게 아케이드(Arcade), 액션(Action), 어드벤처(Adventure), 스포츠(Sports), 롤플레잉(Role Playing), 시뮬레이션(Simulation), 전략(Strategy), 기능성(Serious) 게임 등으로 구분할 수 있으며, 각각 세부적인 하위개념을 포함하고 있다. 아케이드 장르는 스크롤(Scroll) 아케이드와 보드(Board) 아케이드로 세분화되고, 스크롤 장르는 방향성에 따라 횡(橫) 스크롤과 종(縱) 스크롤로 구분하기도 하고, 보드 장르는 다시 타일(Tile), 카드(Card), 퍼즐(Puzzle) 장르로 세분하기도 한다.

액션 장르는 격투(Fighting), 총격(Shooting), 공포(Horror) 등으로 구분할 수 있다. 다시 격투 액션은 일대일 대전과 팀별 타이틀 매치형태의 대전방식으로 세분되고, 총격 액션은 1인칭 시점(First Person Shooting)과 3인칭 시점(Third Person Shooting)으로 세분할 수 있다. 어드벤처 장르는 텍스트 기반(Text-based) 장르와 액션 기반(Action-based) 장르로 세분화된다. 스포츠 장르는 경기(Athletics) 장르와 경주(Racing) 장르로 구분된다. 롤플레잉 장르는 테이블 토크(TRPG) 장르와 컴퓨터 기반(CRPG) 장르로 이분된다. CRPG는 다시 직렬식(Series) CRPG·병렬식(Parallel) CRPG·온라인(Online) CRPG로 세분화된다. 시뮬레이션 장르는 건설 장르·조종 장르·육성 장르·경영 장르·연애 장르 등으로 세분화되며, 전략 장르는 턴기반(Turned-based) 장르와 실시간

(Real-Time) 장르로 세분할 수 있다. 기능성 게임은 학습보조와 진단을 위한 교육용 게임과 공공복지 등의 특수목적형 게임으로 구분할 수 있다.

우선 아케이드 장르는 원래는 동전을 넣고 진행되는 단순한 인터페이스의 업소용과 콘솔(console) 게임을 지칭하며, 최초의 비디오 게임이 〈퐁(Pong)〉과 같은 아케이드 게임인 관계로 아케이드 게임의 역사는 콘솔의 역사와 매우 밀접하다. 아케이드 장르는 매우 다양하고 게임 장르에 따라 아케이드적 요소를 갖고 있기 때문에 다른 게임 장르와 구분이 힘들 경우가 많다. 아케이드 장르라고 할 때는 컴퓨터나 업소용, 콘솔이라는 매체를 막론하고, 대개 '조작이 평이' 하고, '행동력이 중시되고' , 가로든 세로든 '직진하는' 방향성을 가진다. 아케이드 장르는 다시 스크롤과 보드로 나뉘는데, 스크롤 아케이드는 말 그대로 '두루마리(scroll)' 가 펼쳐지듯 가로로 혹은 세로로 캐릭터가 이동하면서 게임이 진행되는 방식을 뜻한다. 보드 아케이드는 한 '판(板, boad)' 의 개념으로 체스나 바둑, 장기와 같이 모니터 상에 하나의 판이 형성되어 그 판에서 승패를 가리고 나서야 다음 판으로 선택이동 혹은 강제이동할 수 있는 방식을 뜻한다.

액션 장르는 쌍방 간 또는 다수 간에 서로의 기량을 겨뤄 승부를 가리도록 하는 격투 및 대전 방식의 파이팅 액션과 총이나 대포를 발사하여 목표물을 맞추어 격추시키

FPS 장르의 대표작 《레인보우 식스》 스크린샷

컴퓨터 게임의 장르

상위장르	하위장르	관 련 작 품
아케이드 (Arcade)	스크롤(Scroll)	〈백구〉〈BNB〉〈탱구와울라숑〉 등
	보드(Board)	① 타일(Tile):마작, 바둑, 장기, Chess 등
		② 카드(Card):Blackjack, Bridge, Gostop 등
		③ 퍼즐(Puzzle):Bingo, Crossword, Hexa, Tetris 등
액션 (Action)	격투(格鬪, Fighting)	〈Street of Fighter〉〈Tekken〉등
	총격(銃擊, Shooting)	〈Space Invader〉〈House of Dead〉 등
	공포(恐怖, Horror)	〈Devil may cry〉〈Biohazard〉〈화이트데이〉 등
어드벤처 (Adventure)	텍스트(Text-based)	〈Adventure〉〈King's Quest〉 등
	액션(Action-based)	〈Tomb Raider〉〈The Curse of Monkey Island〉 등
스포츠 (Sports)	경기(競技, Athletics)	〈FIFA〉〈NBA〉〈NHL〉〈NFL〉〈MLB〉〈Golf〉 등
	경주(競走, Racing)	〈Need for Speed〉〈F1〉〈Grandprix〉 등
롤플레잉 (RPG:Role Playing)	TRPG(Table-talk)	〈Rune Quest〉〈Tunnels & Trolls〉 등
	CRPG (Computer-based)	① 직렬식(Series):〈창세기〉〈악튜러스〉 등
		② 병렬식(Parallel):〈어스토니아〉〈씰〉 등
		③ 온라인(Online):〈리니지〉〈메이플스토리〉 등
시뮬레이션 (Simulation)	건설(建設)	〈Simcity〉〈Roller Coaster Tycoon〉〈Sims〉 등
	조종(操縱)	〈코만치골드〉〈JSF〉〈B-17플라잉포트리스〉 등
	육성(育成)	〈Princess Maker〉〈토막〉〈딸기노트〉〈리플레이〉 등
	경영(經營)	〈쿠키샵〉〈벤쳐타이쿤〉〈편의점〉〈큐피드비스트로〉 등
	연애(戀愛)	〈동급생〉〈To Heart〉〈스카드잼〉 등
전략 (Strategy)	턴기반(Turn-based)	〈Age of WondersII〉〈Heroes of Might & MagicIV〉
	실시간(Real-time)	〈Starcraft〉〈Age of Empire〉〈임진록〉〈강철제국〉
기능성 (Serious)	학습보조	〈토익넷〉〈하이둘리〉〈디어미즈〉〈스펠메이지〉 등
	특수목적	〈웅변왕〉〈시각장애우용 보드게임〉〈치매방지게임〉

거나 명중시키는 총격 방식의 슈팅 액션, 공포스런 배경이나 스토리, 캐릭터가 등장하는 호러 액션으로 구분된다. 파이팅 액션은 원래 아케이드 장르에서부터 비롯되었으며, 버튼에 강약을 주어 연속해서 누르는 난이도 있는 조작과 다양하고 복잡한 기술기

를 사용하기 위한 인터페이스, 영화나 애니메이션을 방불케 하는 화려한 영상과 그래픽 등 독자적인 장르성을 발전시킨 지금까지도 아케이드의 속성을 어느 정도 보유하고 있다. 파이팅 액션은 영화적인 스토리라인에 따라 임무(mission)를 달성하기 위해 각각의 퀘스트(quest) 혹은 라운드(round)마다 등장하는 단수 혹은 복수의 캐릭터를 상대로, 총이나 검 등과 같은 적절한 무기를 선택하여 결투를 벌이는 방식으로 이루어지며, 각 라운드의 배정시간은 지루하지 않을 정도로 적절히 안배되어 있다.

슈팅 액션은 다시 시점을 기준으로 1인칭 시점의 FPS(First Person Shooting)와 3인칭 시점의 TPS(Third Person Shooting)로 구분한다. FPS는 1인칭 '주인공' 시점의 이점을 살려 게이머들은 스스로 영웅적인 주인공이 되어 미션을 해결한다. 이에 비해 TPS는 3인칭 '관찰자' 시점으로 주인공 캐릭터의 위치를 비롯하여 주위 사물과 캐릭터들의 상황을 구체적으로 관찰할 수 있다. 경우에 따라 동일한 게임 내에서 FPS 모드와 TPS 모드로 변환할 수 있으며, 두 모드의 공통점은 주인공의 무기가 각 미션을 해결할 때마다 단계별로 화력이나 조준의 정확성 등이 증가하면서 다양하게 업그레이드되면서 사용자의 성취감을 배가한다는 점과, 단순한 총격전뿐만 아니라 때에 따라서는 미션을 끝내기 위해 특별한 퍼즐을 풀기도 하고, 문을 열거나 상자를 옮기는 등의 일반적인 행

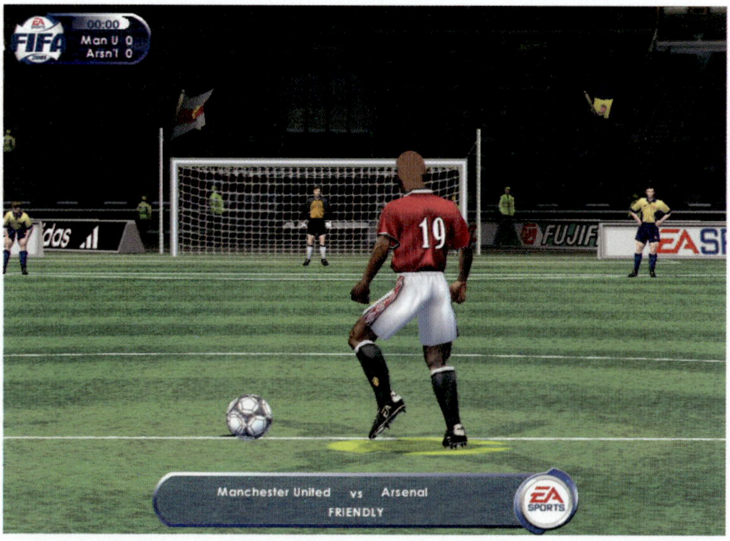

스포츠 장르의 대표작 《FIFA 2001》 스크린샷

위조작이 가능하다는 점이다.

호러 액션은 컴퓨터 게임 장르 중에서 가장 서사성이 부각되는 장르 중 하나이며, 더불어 영화적인 영상미와 연출, 장르의 특성상 배경음악이 매우 중시되는 관계로 게임성과 동시에 시청각성이 강조되는 복합장르이다. 호러 액션 장르의 스토리성은 게임의 소재와 테마, 배경스토리를 단편소설이나 영화로부터 빌려오는 경우가 많기 때문에 가능한 일이며, 그로 인해 일정 수준 이상의 반응을 얻은 호러 액션 게임이 영화로 제작되는 경우도 빈번하다는 것은 바로 이러한 호러 장르의 시청각성을 단적으로 보여주는 실례이다.

스포츠 장르는 축구, 야구, 농구, 하키, 풋볼, 스케이트보드, 골프, 익스트림 게임(X-games) 등 스포츠에 관련된 모든 게임을 총칭한다. 굳이 세분화하면 경기(athletic) 스포츠와 경주(racing) 스포츠로 구분할 수 있는데, 경기는 특별히 정해진 비교적 협소한 공간(field/court)에서 행해지는 스포츠를, 경주는 스케일 있는 공간을 달리면서 진행하는 스포츠를 칭한다고 볼 수 있다. 물론 경주 스포츠를 독립된 장르로 구분하는 경우도 있으며, 권투 종목의 경우는 파이팅 액션 장르로 구분하는 경우도 있고, 가상의 스포츠 경주나 경기인 경우에는 별도의 장르로 구분하기도 하지만 일반적인 분류 기준에 따라 스포츠 종목의 경우는 스포츠 장르에 속한 것으로 본다.

어드벤쳐 장르는 최초로 개발된 게임인 《어드벤쳐(Adventure)》의 특성을 계승한 '텍스트 기반' 의 어드벤쳐와 이후 슈팅이나 파이팅 등 장르의 영향을 받은 '액션 기반' 의 어드벤쳐로 구분할 수 있다. 초기의 텍스트 기반 형태는 사용자가 단어나 문구를 직접 입력하는 방식으로 진행됨으로써 이야기를 완성해나가는 구성인데, 근래에는 '액션 기반' 의 어드벤쳐 장르가 어드벤쳐 장르의 대표주자로 각광받고 있다. 사용자가 주인공이 되어 게임을 진행시키며 퍼즐을 풀고 위험을 극복하거나 탈출하는 등의 '모험' 을 주테마로 다룬다. 주인공이 정해져있고 성격이나 능력이 변하지 않고 고정된 것이 일반적이며, 또한 사건을 위주로 하는 만큼 서사성이 두드러지기 때문에 기존 소설이나 애니메이션 등 서사장르에서 대중적으로 성공을 거둔 작품을 어드벤쳐 장르로 게임화하는 경향이 있다.

'역할극' 으로 해석되는 롤플레잉 장르는 TRPG(Table-talk Role Playing Game)와

TRPG의 대표작 《던전스 앤 드래곤스》

CRPG(Computer Role Playing Game)로 구분되는데, 1941년대 언어학자 존 로널드 톨킨(John Ronald Reuel Tolkien)의 《반지의 제왕(The Lord of the Rings)》이 판타지 문학의 초석을 이루면서 이를 바탕으로 타로카드 제작사인 TSR에서 D&D(Dungeon & Dragons) 룰을 만들어 상품화하면서 TRPG의 토대가 형성된다. 이후 1978년 카오지움(Chaosium) 사에서 난이도를 상향조정한 TRPG 《룬 퀘스트(Rune Quest)》를 발매하고, 1979년 플라잉버팔로(Flying Buffalo) 사에서 초보자를 위한 TRPG 《터널 앤드 트롤스(Tunnels & Trolls)》를 발매한다. 이처럼 롤플레잉 장르의 전통적 형태인 TRPG는 컴퓨터를 매개로 하지 않던 시절부터 여러 명이 모여서 DM(Dungeon Master)이라는 역할을 맡은 사람이 상황설명과 D&D 룰에 따라 진행을 하면서 플레이어가 자신의 캐릭터를 가지고 선언을 하고, 전투를 하면서 역할연기를 하는 게임이다.

이후 1981년 TRPG에 자극을 받은 리처드 게리엇이 애플용으로 제작한 컴퓨터 기반의 머드(MUD) 게임이 최초의 1인용 RPG 《울티마》 시리즈의 모태가 된다. 결국 이러한 TRPG의 인기는 컴퓨터의 보급과 함께 CRPG로 이행되는데, CRPG는 상당한 자유도를 가지면서 게임 속에서 자신의 캐릭터를 움직이고 조정하며 말하고 생각하고 듣고 행동하는 말 그대로 역할을 수행하는 장르이다. CRPG는 다시 직렬식(일본식), 병렬식(미국식), 온라인(한국식)으로 나뉘게 된다. 직렬식 RPG는 서사성이 강하고, 병렬식 RPG는 방대한 자유도가 강점이며, 온라인 RPG는 파티를 구성하여 최대한 다수가 동시에 참여할 수 있는 머드(MUD) '커뮤니티'가 강조된다. 물론 최근에는 여러 장르가 혼합되어 정통성이 희미해지고 있으며, 시대의 변화와 게임 장르가 복잡해짐에 따라 RPG에 대한 새로운 정의가 필요하게 되었는데 그 핵심은 성장이다.

시뮬레이션 장르에는 비행기나 지하철, 기차 등을 실제로 운전석에 착석하여 조종하는 것과 같은 정밀한 '조종' 시뮬레이션, 기업이나 농장, 도서관이나 도시 전체를 운영하는 '경영' 시뮬레이션, 도로를 건설하거나 건물을 짓기도 하고, 벽지 및 장판 등 소도구를 이용하여 주택의 인테리어를 하는 '건설' 시뮬레이션, 캐릭터를 선택하여 다양한 경험을 명령함으로써 성장 및 훈련시키는 '육성' 시뮬레이션, 특정 캐릭터들의 연애담을 중심으로 다른 캐릭터들과 교류하면서 관계의 발전을 도모하는 '연애' 시뮬레이션 등으로 구분할 수 있다. 시뮬레이션 장르는 모의된 현장감을 플레이어가 느낄 수 있으며, 엔딩(Ending)의 개념이 약하고 게임 과정에 있어 사용자마다 변별된다.

시뮬레이션 대표작 《심즈》 스크린샷

전략 장르는 구성 요소 각각에 대한 운용 능력뿐만 아니라 게임 흐름 전체에 대한 플레이 능력, 즉 전략적 사고 능력을 중요시한다. 자원 채취, 어떤 유닛 생산 및 순서, 적 공격의 효과적인 방어 및 공격 등 게임의 전반적인 부분을 잘 운용해야 하는 그런 게임들이 전략 장르에 해당된다. 전투방식이나 진행방식에 따라 TBS(Turn-Based Strategy)와 RTS(Real-Time Strategy)로 구분한다. TBS는 사용자마다 공격순서가 이미 정해져 있어서 상대의 공격기회에는 방어할 수 있으며, 자신의 공격기회에는 최대한 그 효과를 극대화할 수 있는 묘수를 고안할 수 있는 게임방식이다. 바둑이나 장기, 체스의 진행방식에 기저를 둔 것으로 전략을 구축할 충분한 시간을 '공평하게' 분배한다는 점에서 전략적이다.

이에 비해 TBS의 순서상 지연요소를 과감하게 제외하고, 역동적인 액션 요소만을 강화한 RTS는 사용자들에게 공격이나 방어의 순서가 정해져 있지 않기 때문에 자유도가 높은 만큼, 치밀한 전략을 구축할 시간이 넉넉하지 않다. RTS의 승리조건은 효율적인 자원생산과 유닛관리, 신속한 건물건설과 배치, 정확한 상황판단과 시간안배에 있으며, 개발자들은 각 종족이나 유닛의 밸런스를 유지하는 것이 최대의 관건이다. 블리자드의 《스타크래프트》와 《워크래프트(War Craft)》, 웨스트우드(Westwood)의 《커맨

전략 장르의 대표작 《스타크래프트》

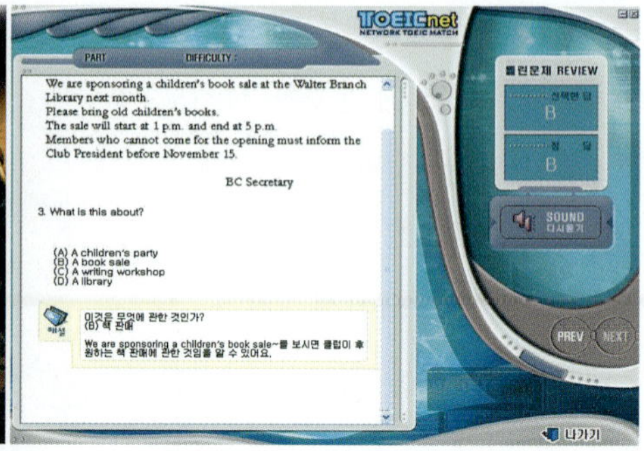

기능성 장르의 대표작 《토익넷》 스크린샷

드 앤드 컨커(Command & Conquer)》 등을 대표작으로 들 수 있다.

기능성 게임은 미취학아동을 위한 단계별 학습보조와 일반인을 대상으로 하는 평생교육 시스템의 일환으로 맞춤형 진단학습을 위한 교육용 게임과 치매예방 · 재활의학 및 정책홍보, 공공복지 등의 특수목적형 게임으로 구분할 수 있다. 국내 기능성 게임 산업은 규모가 영세하고 콘텐츠개발방법론이나 제작프로세스가 표준화되지 못했으며, 기능성 콘텐츠의 필수 구성요소인 동기부여, 몰입요소, 상호작용성이 효율적으로 구비된 콘텐츠와 교육적 효과를 기대할 수 있는 콘텐츠의 함량미달로 인해 수요자의 눈높이를 맞춰 주기 어려운 실정이다. 이에 대한 대안으로 온라인 분야에서 기능성 게임의 돌파구를 찾고 있으며 해외진출도 활발하게 모색 중이다.

기존 기능성 게임은 대부분 교육용 게임으로서 아동층을 대상으로 개발된 일종의 '교육용 솔루션' 에 가까운데, 대표적인 사례로 이니엄의 《하이둘리》는 어린이 영어교육 포탈사이트로서 《파닉스 첫걸음》, 《헬로우 생활영어》, 《도전 퀴즈왕》, 《문법아 놀자》 등 단계별로 영어교육과 게임을 접목시키고 있다. 이에 비해 현재 온라인 연계 영어학습을 주도하는 ESL에듀의 《토익넷》 게임의 경우 소재의 특성상 다소 높은 연령대를 주요 타깃으로 한다. 이 게임 역시 문제를 경쟁적으로 푼다는 게임적 발상을 제외한다면 교육 솔루션에 가깝다. 게임에 학습요소를 첨가한 것이 아니라, 학습 효과 증진을 위해 게임을 차용한 것이다. 이밖에도 시각장애우를 위해 특수 리더기와 점자 매뉴얼이 개발되고, 절전 · 절수, 민방위훈련 등과 같은 정책적 측면의 사회교육 솔루션으로서 기능성 게임 분야가 점차 각광받고 있다.

— 제작 — 게임은 영화나 애니메이션과 달리 '프로젝트(Project)'라는 표현이 통용되고, 프로젝트 매니저(Project Manager; PM)가 게임 제작 전반을 관리하게 된다. 프로젝트는 유일한 제품이나 서비스를 창출하기 위해 수행되는 일시적인 노력이라고 정의될 수 있다. 게임 제작을 프로젝트라고 하는 이유는, 영화나 애니메이션처럼 과학기술의 발달로 배태된 게임은, 영화나 애니메이션이 비록 기복은 있으나 예술성과 상업성 사이에서 균형감각을 유지한 것에 비해, 예술성이 아닌 오락성과 상업성 사이에서 성장한 엔터테인먼트이기 때문이다.

결과적으로 게임의 본질은 오락, 즉 유희(play)이며, 그런 의미에서 특수목적용으로 제작된 '제품'이자, '서비스'라고 할 수 있다. 하나의 제품으로 제작되어 출시 및 납품되기도 하고, 온라인 게임의 경우는 아예 노골적으로 서비스라는 표현을 사용한다. 게임은 제품을 생산하여 판매하기도 하고, 생산된 제품이 현물성이 없는 경우에는 서비스를 판매하는 방식으로 산업적 입지를 다진다. 그렇다면 게임은, 시청률과 광고주에 좌지우지되는 TV프로그램과 유사한 방식으로 제작되는, 완전한 고객만족 시스템으로 운용된다고 볼 수 있다. 따라서 TV프로그램의 경우 시청률이 저조하면 광고협찬도 감소하고 조기종영이라는 극약처방이 난무하듯이, 온라인 게임의 경우도 플레이어의 반응이 약할 경우 더 이상 서버를 증설하지 않고 소홀하게 관리하기도 하며, 아예 서비스 자체를 그만두는 사태가 발생한다. 게임 제작을 '프로젝트'라고 하는 이유가 바로 이 때문이다.

게임 제작 과정도 영화나 애니메이션처럼 프리프로덕션, 프로덕션, 포스트프로덕션으로 구분해서 살펴볼 수 있는데, 프리프로덕션 단계에서는 브레인스토밍을 통해 얻은 아이디어를 취사선택하여 콘셉트을 잡고, 타이틀과 장르, 시스템 사양과 플랫폼, 세계관과 캐릭터, 플레이 방식과 인터페이스에 대한 전반적인 내용을 결정한다. 본격적인 프로덕션 단계에서는 초기 디자인과 상세 디자인, 2D나 3D 등 그래픽을 통한 구현, 시스템 프로그래밍 등이 이루어지고, 포스트프로덕션 단계에서는 각종 테스트가 이루어진다.

세부적으로 살펴보면, 프리프로덕션 단계는 '기획' 단계로서 게임 기획과 프로젝트 관리 기획을 한다. 게임 기획은 단순히 스케치하듯 설정하는 것이 아니라, 게임의 주

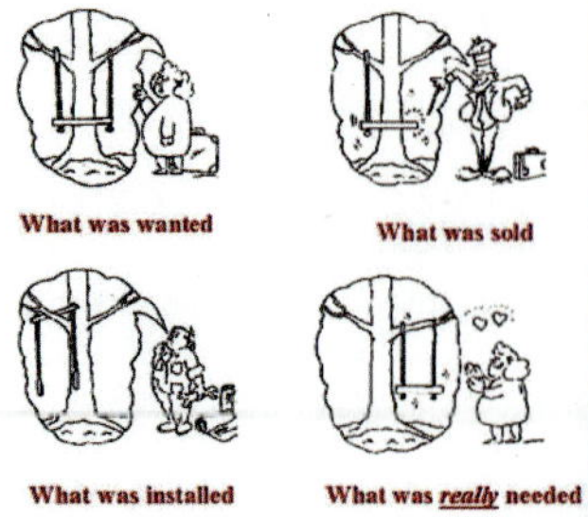

▲ PM의 역할
▶ 《젤다》의 월드맵

제와 목표, 사전 시장조사 결과 및 분석, 게임의 주요 타겟으로 삼은 집단의 성별과 연령층, 제작에 투입되는 인력과 필요한 설비, 게임 스펙 초안 자성, 게임 마케팅 방법과 예상수익 등의 구체적이며 전략적인 기획을 해야 한다. 프로젝트 관리 기획은 게임 기획의 결과와 프로젝트 진행에 관한 구체적인 계획을 PM이 단순한 메모나 러프한 스케치 정도로 끝내는 것이 아니라, 디자인문서로 작성되어 스텝과 투자가에게 보고하는 방식으로 이루어진다.

프로덕션 단계는 '설계' 와 '개발' 과정을 모두 포함하는데, PM의 기획서를 토대로 각 파트에서 본격적인 시스템 개발에 착수한다. 우선 게임디자인 파트에서는 게임기초를 설계하고, 아이디어 발상이나 콘셉트에 도움을 준 기존 작품과의 변별성, 신화 · 전설 · 민담 등 구체적인 게임의 소재와 게임 타이틀, 판타지 · 무협 · SF 등 게임 전체를 관통하는 공간적 세계관과 고대 · 중세 · 근대 · 현대 · 근미래 · 원미래 등의 시간적 세계관, 경제 · 사회 · 풍속 · 정치 · 학문 · 의상 · 언어 · 종교 등의 문화적 세계관과 기후 · 토양 · 식물 · 동물 등의 자연적 세계관 등을 설정하고, 캐릭터의 신체적 특징과 성격적 특징 · 직업 · 나이 · 인종 · 성별 · 사용하는 주요 무기스타일 · 특수기술 · 각각의 캐릭터의 배경스토리 · 말투 등을 구축하게 된다.

또한 대강의 시놉시스를 작성하여 이를 시나리오로 발전시킨다. 프로그램 설계 파트에서는 서버 엔진과 클라이언트, DB를 설계하고, 그래픽 설계 파트에서는 초기 디자인 콘셉트와 디자인 스케치를 거쳐 원화를 제작한다. 개발 과정으로 들어가면, 프로그래밍 파트에서는 서버프로그램과 클라이언트 프로그램을 코딩하고, 그래픽 파트에서는 캐릭터 디자인과 무기구 · 방어구 · 장신구 등 각종 아이템 디자인, 배경 화면과 특수 효과 및 동영상 등이 개발된다. 사운드 파트에서는 각 스테이지와 타이틀 음악, 캐릭터의 육성(肉聲) 및 효과음이 개발된다.

포스트프로덕션 단계는 '테스트' 과정으로, 기능 및 통합 테스트, 알파 테스트, 클로즈 베타 테스트, 오픈 베타 테스트 등 각종 테스트를 통해 버그를 수정하고 서버관리 능력을 향상시킨다. 알파 테스트는 프로젝트를 완성하고 일반에 공개하기 전, 게임회사 내부에서 시범적인 운영을 하는 것을 말한다. 알파 테스트가 안정적으로 끝나면, 한정된 플레이어를 모집하여 일정기간 동안 게임 안정화 · 밸런스 · 버그 등 세부적인 내용을 모니터링 하는 클로즈 베타가 시작된다. 일반에게 완전히 공개되는 오픈 베타는 부분유료화 및 상용화 직전의 단계를 의미한다.

이밖에도 사용자 매뉴얼을 문서화하는 단계도 포스트프로덕션 단계이다. 또한 마케팅 전략을 세우고, 판촉물 및 카탈로그, 캐릭터 상품 등 홍보자료를 동원하는 등 각종 미디어를 적극 활용한 광고를 기획한다. 온라인 게임의 경우는 서버관리와 함께 홈페이지 운영 및 관리 등 포스트프로덕션 단계가 일종의 반환점이 되어 본격적인 행보를 시작한다 해도 과언이 아니다.

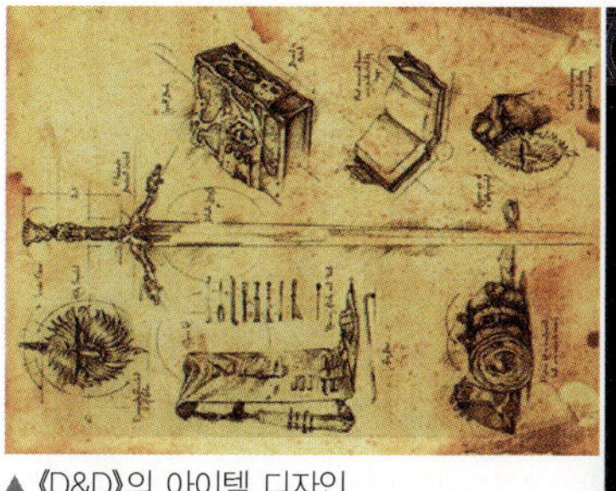

▲《D&D》의 아이템 디자인
▶《유버스페이스》의 알파테스트 스크린샷

—전망— 게임 산업을 배태한 형이상학적 형이하학적 기반요소를 살펴보면 게임 산업의 현주소를 확실히 알 수 있다. 즉, 텍스트 기반의 시스템에서 비쥬얼 기반의 시스템으로의 구조적 전환, 멀티미디어의 발달과 초고속 인터넷의 보급, 그리고 IT 산업의 낙관적 성장론이 가세하여 게임산업은 촉망받는 미래산업의 총아로 대두되었다. 하나의 산업이 탄생하고 성장하기 위해서는 산업적 기반뿐만 아니라, 문화적 문명적 기반이 바탕이 되어야 함은 물론이다. 게임산업의 눈부신 성장은 단순한 유행성 '현상'이나 '이슈'가 아니라, 엄연한 과학과 문화의 연대적 교점에서 탄생하고 합목적적으로 성장할 미래지향적 산업이라는 점에서, 초고속 인터넷의 보급과 사이버스페이스의 생활화 추세에 편승하여 우후죽순 형성된 기존 기생적 인터넷 관련 업종 현상이나 한시적 유행산업과는 변별된다.*

세계 게임 시장 현황 및 전망

단위:억 달러

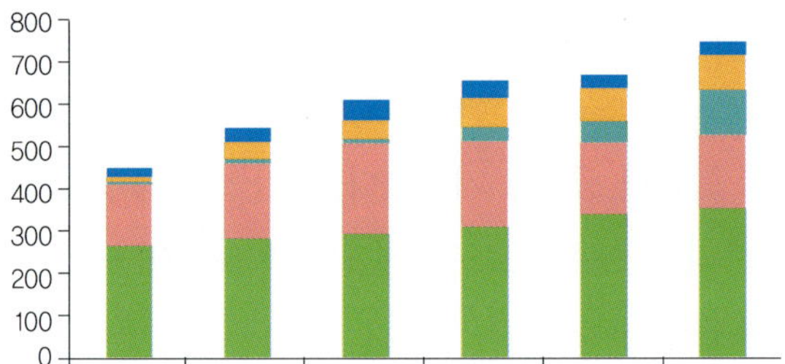

	2000	2001	2002	2003	2004	2005
PC게임	33	36	37	38	37	37
온라인 게임	25	36	36	76	90	97
모바일 게임	0.32	10	16	26	48	99
비디오 게임	138	186	209	204	174	174
아케이드 게임	267	280	204	309	331	348

자료 : 한국게임산업개발원(2002)

물론 초기 컴퓨터 게임에 대한 기본인식은 단순한 키보드와 마우스의 조작, 그리고 다음 단계로의 진행을 명령하는 일종의 프로세스 기능 정도였으며, 이러한 기본인식이 그대로 적용될 수 있는 단순한 인터페이스의 게임 장르도 있다. 과거 그러한 장르

* 조은하. 매체 환경변화에 따른 문학의 패러다임 전환. 한국헤세학회 춘계학술대회. 성신여대 인문과학연구소. 2005.

가 게임의 대표 장르였던 것도 사실이다. 컴퓨터 게임의 시도는 실제 인간관계 속에서 오락적인 요소들을 지닌 어떤 규칙이나 행위를 컴퓨터에 도입한 것이다. 따라서 게임은 컴퓨터의 연산 및 사고 능력과 모니터와 같은 영상 매체, 그리고 마우스나 조이스틱과 같은 제어 도구를 이용하여 컴퓨터상에 그대로 묘사함으로써 게임을 통하여 인간이 즐거움을 추구하던 놀이 행위와 동일한 기능과 목적을 가지도록 한 것이다. 과거의 컴퓨터 게임은 일반적으로 서사적 인과성을 인지할 수 없는 그저 단순한 여가나 소일을 위한 청소년층의 오락 중 하나일 따름이었으나, 작금의 컴퓨터게임은 단순한 인터페이스(interface)를 통한 오락에서 그치지 않고, 문학과 애니메이션과 영화적 요소를 포함한 거대한 미디어 산업으로 도약하고 있다.

이처럼 게임 환경의 하드웨어적 소프트웨어적 급속한 발달에 따라 게임 개발에 요구되는 정보의 양은 기하급수적으로 증가하고 있으며, 게임 개발에 종사하는 연구 및 개발인력 또한 정비례 관계로 증가하고 있다. 따라서 게임 산업의 육성, 게임 기술 및 인력의 균형적 발전과 수급을 도모하기 위해서는, 게임 산업에 필수적인 정보의 취사선택과 결과물에 대한 정당한 관리 및 평가, 즉 비평문화의 확립이 요구된다. 따라서 게임의 기획 및 개발, 시나리오*의 설정과 전개방식 기능적 효율성과 사회적 기능성, 게임성과 대중성, 확장성(One Source Multi-Use) 등을 총체적으로 파악하고 평가하는 타당한 공적 기준의 확립이 시급하다.

특히 컴퓨터 게임의 지난 약사를 살펴보면, 단순한 게임에서 만족하는 것이 아니라 영화와 문학 장르와의 심도 있는 교류와 접목을 시도하여 도약할 것을 요구받아왔다. 그 당연한 귀결로 컴퓨터 게임은 영상성에 있어서는 영화를 닮아가고 있으며 서사성에 있어서는 문학을 닮아가고 있다. 영화 시나리오는 희곡과 달리 문학의 영역에서 제외되며, 그것만으로는 온전한 독자적 장르가 아니다. 시나리오는 최종고가 나오기까지 끊임없는 각색과 윤색의 작업이 계속되어야 하며, 촬영과정 중에도 개작이 이루어진다.

때문에 영화 시나리오는 최종고라는 개념이 모호하고 어쩌면 영원히 텍스트로서

---

* 컴퓨터 게임의 경우는 통상 '작가'라는 명칭보다는 게임 디자이너(game designer) 혹은 게임 프로듀서(game producer), 게임 기획자(game planner)라는 명칭이 자주 사용된다. 즉, 컴퓨터 게임 문학에서도 작가가 존재하고 있으나, 기존의 작가와는 그 장르 내의 역할좌표가 다르다.

국내 게임 시장 현황 및 전망

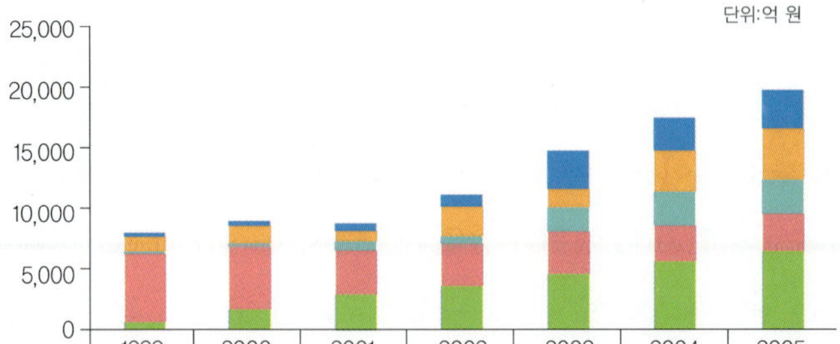

	1999	2000	2001	2002	2003	2004	2005
비디오 게임	51	90	146	1,920	2,400	2,830	2,900
PC 게임	1,181	1,323	1,810	2,202	2,497	2,863	3,024
모바일 게임	11	17	497	854	1,923	3,002	3,872
아케이드 게임	5,878	5,844	3,528	3,352	3,702	3,887	4,139
온라인 게임	863	1,628	2,983	3,743	4,412	4,963	5,517

자료 : 첨단게임산업협회(2002)

완결될 수 없다. 컴퓨터 게임의 서사성은 기획단계에서부터 독자적인 텍스트 형태로 작업이 이루어진다. 세계관, 스토리, 대사, 캐릭터 등은 설정조건에 맞추어 컴퓨터 게임 장르에 따라 상당히 치밀하게 구성된다. 경우에 따라서는 별도의 책자로 발매되기도 한다. 이처럼 컴퓨터 게임의 개발에서 문학적 창작행위는 단순히 보고서 및 기획서를 조성하는 것이 아니라 일반 작가들의 창작 노정과 동일하다. 온전한 작품으로 독립 출판이 가능하도록 게임의 시나리오를 작성하는 것이 최종목적이다. 영화 시나리오의 작업에 있어 영상화 가능성을 고려해야 하듯이, 게임 시나리오는 게임상으로 표현할 수 있는 기술성을 고려해야 한다.

현재 질적·양적 측면에서 고루 발전하고 있는 컴퓨터 게임의 서사성에 대해 국외의 연구서들은 내러티브(narrative)를 강조하고, 국내의 경우는 내러티브와 시나리오(scenario)를 혼용한다. 내러티브는 서사성을 가진 모든 서사물에 해당되는 일반적인 용어지만, 컴퓨터 게임에 있어서는 서사물 일반이 아니라 '문학적' 서사물을 지칭하는 의미로 사용한다. '시나리오'의 경우는 컴퓨터 게임의 영상력에 초점을 두어 파생된 용어로 국내에서 통용된다.

따라서 게임 산업의 발전을 위해서는 기술력이나 막대한 자금력보다는 독창적인 아이디어와 탄탄한 시나리오, 전문적인 기획력이 우선이다. 앞으로도 당분간 온라인

스토리성과 영상성으로 호평 받은 《파이널 판타지 X》

네트워크 게임이 게임 산업을 주도할 것이며, 각 게임의 변별력이 경쟁력이 될 것이다. 게임은 이제 단순히 놀이나 오락이라는 단일영역에 국한되지 않고 군사, 의학, 교육, 방송, 경영활동 등 다양한 분야로 응용되고 있다. 게임 산업은 전자산업의 기술적인 토대인 H/W와 S/W의 축적된 기술과 게임의 내용을 구성하는 문화적 창조기술이 중요하게 인식되어야 할 것이다.

Step 4.

Storybuilding

이야기를 만드는 방법에 대해 기술하면서도 그런 방법론이 있다는 혹은 있어야 한다는 사실은 별로 유쾌하지 않다. 자고로 작가에게는 자신만의 뮤즈가 있다고 하는데, 이야기가 뮤즈로부터의 영감으로 쓰여지는 자연발생적이라는 견해는 분명 비과학적이며 비교육적이기까지 하지만, 어딘지 모르게 매력적이다. 누구나 설계도를 보면 똑같은 인공위성을 만들 수 있듯이, 이야기를 만드는 데에도 설계도가 있다고 믿는다면, 밤하늘에 빛나는 것들은 실상 지구 주위를 도는 궤도위성이라는 과학적이지만 낭만이라고는 없는 차가운 답변을 믿는 것과도 같다. 물론 이야기의 설계도는 없(겠)지만, 분명 순서도는 있다. 여기서는 바로 이야기의 순서도에 대해 설명할 것이다.

우선 이야기를 만들기 위해서는 콘셉트가 필요하다. 콘셉트란 특별한 사례들로부터 파생되거나 그러한 상황을 암시하는 추상적이고 일반적인 아이디어이다. 추상적이며 일반적 혹은 우주적이라고까지 할 만큼 콘셉트의 의미역은 매우 넓고, 사건과 실재, 관계의 범주를 구축하도록 유도하는 기능을 담당하게 된다. 아이디어가 콘셉트를 포함하여 모든 사고 및 심상의 작용을 포함하는 개념이라면, 이에 비해 무시할 수 있을 만큼 사소하지만 내러티브로 성장할 수 있는 배아의 상태가 바로 콘셉트이다. 따라서 콘셉트는 조밀하게 연결된 아이디어의 네트워크로 발전하게 된다.

이렇게 구축된 콘셉트를 발전시키면서 시놉시스를 만들게 된다. 시놉시스를 통해 전체적인 윤곽을 잡을 수 있어야 하기 때문에 분량은 짧을수록 좋다. 시놉시스는 작가가 생각하는 주제를 다른 사람에게 알리기 위해 알기 쉽게 간단히 적은 것을 말한다. 흔히 줄거리 또는 개요 · 일람이라고 하며, 장르와 작품의 의도, 등장인물과 작가의 메시지, 그리고 대강의 스토리에 관한 정보를 담고 있다. 작가 입장에서는 어떤 방식으로 심중에 있는 내용을 타인에게 소개할 것인가, 제작자 입장에서는 완성작의 어떤 부분이나 내용을 강조함으로써 보다 많은, 보다 뜨거운 호응과 반응을 이끌어 낼 것인가 등의 문제는 전적으로 시놉시스에 달렸다고 해도 과언이 아니다.

시놉시스를 발전시키는 과정에서 중요한 것은 캐릭터이다. 작가는 빙산의 일각처럼 작품 표면에 드러나는 인물의 수면 아래 부분을 알고 있어야만 한다. 즉, 작가는 자신이 창조하는 인물의 자서전을 한 권 이상 가지고 있어야만 한다. 그만큼 인물의 설정과 구축은 매우 중요하다. 언뜻 자극적이고 다이내믹한 사건이 중요하다고 생각하기 쉽지만, 실상은 그렇지 않다. “잘 키운 인물 하나, 열 사건 안 부럽다.” 작가는 인물을 통해 자연스럽게 사건을 만들어 가면서 다양한 서사양식의 보편성 속에서 자신이 원하는 스토리를 이끌어 낸다. 이 모든 유기적 상호작용 속에서 작품이 탄생한다.

콘셉트 구축하기

concept building

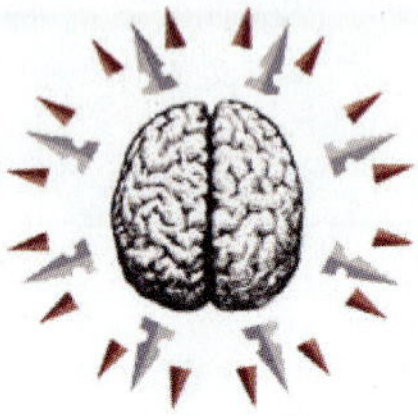

콘셉트의 사전적 의미는 특별한 사례들로부터 파생되거나 그러한 상황을 암시하는 추상적이고 일반적인 아이디어이다. 추상적이며 일반적 혹은 우주적이라고까지 할 만큼 콘셉트의 의미역은 매우 넓고, 사건과 실재, 관계의 범주를 구축하도록 유도하는 기능을 담당하게 된다. 콘셉트와 아이디어(idea)는 유사하지만 동일어는 아니며, 층위를 구분하자면 철학적 배경에 근거하여 아이디어, 즉 이데아가 상위개념일 수 있겠으나, 여기서 다루고자 하는 콘셉트나 아이디어의 개념이 철학분야에만 국한된 것이 아니라, 매체적 의미에서의 스토리텔링 과정 혹은 보다 폭넓고 자유로운 정신작용에 해당되기 때문에 사전적 정형(定型)이나 학문적 금형(金型)으로부터 자유로워질 필요가 있겠다.

사실 아이디어와 콘셉트를 동의어로 사용하기도 하지만, 스토리텔링에 있어서는 이 둘의 개념을 구분하는 것도 창작의 과정을 이해하고 또 창작 자체를 준비하는 데 있어서 유용하다. 아이디어와 콘셉트의 차이를 비유로 설명해 보자면, 아이디어는 내러티브로 확장될 필요성이나 인과율의 부담 없이 자유롭게 떠오르는 궁극적인 만유(漫遊)의 준입자(quasi-particle)라면, 콘셉트는 그러한 준입자들이 몇 가지 내적 자성(磁性)에 의해 달라붙어 형성되는 입자(particle)를 의미한다. 즉, 아이디어가 콘셉트를 포함하여 모든 사고 및 심상의 작용을 포함하는 개념이라면, 이에 비해 무시할 수 있을 만큼 사소하지만 내러티브로 성장할 수 있는 배아의 상태가 바로 콘셉트이다. 따라서 콘셉트는 조밀하게 연결된 아이디어의 네트워크로 발전하게 된다.

결국 콘셉트와 아이디어를 구분하고, 또 콘셉트의 의미를 정확하게 범주화하기 위해 무게중심을 두어야 하는 것은 바로 '내적 자성' 이다. 여기서 '내적' 이라는 표현을 '스토리상' 으로 바꾸어도 무방하다. 이야기가 형성되는 것은 밖이 아니라 안이기 때문이다. 아직 온전한 형태를 갖추지 못했다 해도 스토리로 매무새를 갖출 수 있는 기본적인 요소들이 콘셉트에는 담겨 있기 때문이다. 콘셉트는 스토리라는 꽃으로 피어나기 위해 존재하는 씨앗과도 같다. 물론 어떤 꽃의 씨앗인지 알 수도 있으나, 수분과 양분, 햇살에 따라 그 꽃의 질적인 부분이 달라진다. 결과적으로 일단 콘셉트가 발아(發芽)되고 개화(開花)된 이후에 꽃에 대한 평가는 천차만별이다. 동일한 콘셉트에서도 다른 상태의 꽃, 즉 스토리가 만들어지는 것은 바로 이 때문이다.

ㅡ아이디어 얻기ㅡ 앞에서 콘셉트와 아이디어의 관계를 언급했듯이, 콘셉트는 망망(茫茫)한 아이디어의 바다에 크기가 정해진 코의 그물을 던져 일정한 크기의 물고기들을 건져 올리는 작업이다. 따라서 제대로 된 콘셉트를 위해서는 아이디어가 전제조건이다. 아이디어를 얻는 방식은 자발적인 것과 의도적인 것이 있는데, 자발적인 방식은 다양한 매체를 통해 정보 및 자료를 접하면서 자연스럽게 내적 피드백이 이루어지면서 일정한 콘셉트로 형성되는 방식을 의미한다. 그림을 감상하면서 관련된 아이디어를 자연스럽게 떠올릴 수도 있으며, 독서나 TV 시청, 영화 감상 등 기존의 예술작품들을 통해서 새로운 아이디어를 떠올릴 수도 있으며, 개성에 따라 독창성을 발휘하여 자신만의 아이디어를 만들어낼 수도 있다. 물론 이러한 특정한 매체를 매개하지 않고서도 매순간 평범한 일상의 도처에서 아이디어는 발생한다. 밥을 먹거나, 사람들과 만나거나, 사랑을 하거나, 이별의 체험

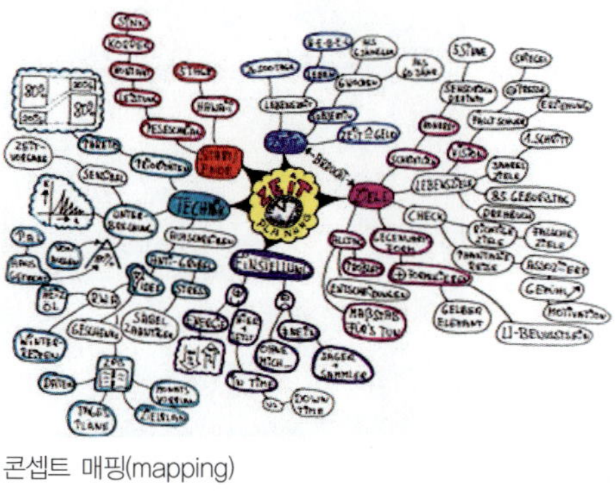

콘셉트 매핑(mapping)

을 하는 등 보편적이면서도 개별적인 크고 작은 경험 속에서 아이디어는 무궁무진하게 솟아난다.

이에 비해 의도적인 방식은 정형화된 몇 가지 방식을 통해 아이디어의 발상을 독려하는 측면이 강하다. 대표적인 방식으로 브레인스토밍(brainstorming)이 있다. 브레인스토밍은 여러 사람이 모여 어느 한 문제에 대한 아이디어를 공동으로 내어놓는 회의 방식의 집단사고 방식이다. 이 방법은 광고회사의 알렉스 오스본(Alex Osborn)에 의해 창안된 방법으로 여러 사람이 모여서 어느 한 주제에 대해 다양한 아이디어를 공동으로 내놓는, 집단사고를 통해 사고의 확산을 추구하는 회의 방식이다. 즉, 폭풍이 몰아치듯 두뇌를 자극하여 집단의 효과를 살리고 아이디어의 연쇄반응을 얻고자 하는 것이다. 따라서 이 방법의 중점은 아이디어의 질보다는 많은 아이디어의 생산에 있다고 보면 가장 이해하기가 쉽다. 굳이 규정하자면 브레인스토밍의 가장 중요한 원칙은 정반합(正反合)의 원리로서, 둘 이상의 합이 이전의 개체보다 유용하다는 의미를 내포하고 있다.

예를 들어 세 사람이 한 그룹에 속하여 브레인스토밍을 한다면, 각자 자신이 속해있는 그룹의 누구도 갖지 않은 경험이나 사실들을 갖고 있으며, 동시에 세 사람의 경험을

브레인스토밍

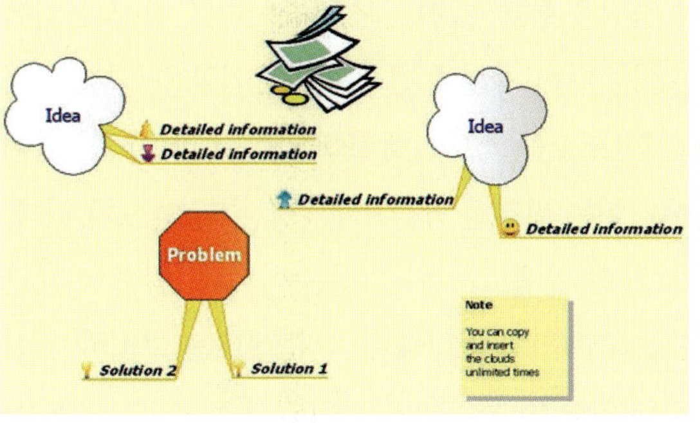

브레인스토밍 단계

종합하여 훨씬 더 많은 새로운 아이디어를 창출해 낼 수 있는 것이다. 한 개인으로서는 도저히 움직일 수 없는 무거운 돌을 여러 사람이 모아 움직일 수 있는 것 같이 정신적으로 결합된 한 팀도 큰 힘을 낼 수 있다. 이러한 집단 브레인스토밍을 적절히 활용하면 아이디어의 연쇄반응을 일으켜, 보다 짧은 시간 내에 전통적인 회의보다 더 많고 우수한 아이디어를 생산할 수가 있기 때문에, 발명 아이디어의 개발에 가장 효과적인 방법의 하나로 이용되고 있다.

브레인스토밍을 잘 하기 위한 기본 원칙을 살펴보면, 우선 자유분방한 분위기를 조성해야 하며 어떤 의견이 나오더라도 비판이나 비방을 해서는 안 된다. 브레인스토밍에서 가장 아이디어를 많이 내는 이유는 발표한 아이디어를 비판하지 않기 때문이며, 그 이유는 아이디어의 질보다는 양이 중요하며, 결합과 개선에 의한 발전을 지향하기 때문이다. 이것이 바로 정반합의 원리에 해당되는데, 브레인스토밍에 참여한 그룹원들의 아이디어를 둘 이상 결합함으로써 제3의 아이디어를 얻거나 기존 아이디어를 보다 발전적인 방향으로 개선할 수 있게 된다. 또한 주제의 선정에 있어 너무 구체적이면 아이디어 생성이 어렵다. 따라서 가능한 한 조원들이 인식하고 있는 공통적인 사항으로 단순한 것이 효과적이다.

무엇보다 브레인스토밍의 주요한 목적은 궁극적으로는 최상의 아이디어를 얻기 위한 것이기 때문에 여러 차례의 모임을 통해서 많이 나온 아이디어 중 선별하는 작업이 필요하다. 아이디어의 평가에 있어서 브레인스토밍은 문제 해결을 위한 집단 토의이므로 생산된 아이디어는 독창성뿐만 아니라 경제성, 실용성도 평가해야 한다. 평가는 객관성과 전문성을 가진 사람이 담당하여야 하나 가벼운 문제일 경우에는 다른 조원이 평가할 수 있으며, 특별한 발명품의 제작이나 문제해결을 위한 것이 아니라면 평가를 하지 않아도 관계없다.

아이디어 엮기 매체나 일상의 경험을 통한 자연스러운 아이디어 발상과 회의를 통한 의도적인 아이디어 발상 등은 아이디어 자체를 생성시키는 역할을 한다. 그러나 아이디어가 생성되었다고 해도 그것만으로는 스토리텔링에 있어서 창의적인 기여를 하지는 못한다. 일단 '생성' 한 아이디어는 일정한 방식으로 '성장' 할 필요가 있다. 즉, 아이디어 자체만으로 내적 목표를 가진 콘셉트가 되는 것은 아니다. 앞에서 개관했듯이 아이디어는 통제불가능한 부정형(不定形)의 상태이며, 콘셉트는 그러한 아이디어들이 몇 가지 규정할 수 있는 고리에 의해 몇 묶음씩 연결된 상태로 볼 수 있다. 따라서 콘셉트는 아이디어와 아이디어 사이에 일정한 공통점과 특이점을 신속하게 찾아내고, 일련의 창의적 두뇌작용을 통해 그룹지어 연결함으로써 아이디어와는 다른 형태로 발전하게 된다. 아이디어를 연결하는 방식도 아이디어를 얻는 방식처럼 두 가지로 구분해서 살펴볼 수 있다. 우선 연상(聯想)을 통한 자발적 방법이며, 다른 하나는 체크리스트(checklist)를 통한 의도적인 방법이다.

먼저 연상은 하나의 관념으로 말미암아 관련되는 다른 관념을 생각하게 되는 현상으로, 특정한 단어나 이미지에서 출발하여 자연스럽게 그 다음 생각을 이어가는 방법이다. 함부로 자유롭게 생각하는 것이 아니라 일련의 아이디어들을 연결시킬 수 있도록 처음부터 광범위하지만 일정한 주제를 제시함으로써 아이디어의 연계성을 고려하는 방법이라고 할 수 있다. 연상의 의미와 과정에 대해 가장 잘 보여주는 사례로 국민동요라고 할 수 있는 작자미상의 동요 한 곡을 살펴본다. "원숭이 엉덩이는 빨개. 빨가면 사과. 사과는 맛있어. 맛있으면 바나나. 바나나는 길어. 길면 기차. 기차는 빨라. 빠르면 비행기. 비행기는 높아. 높으면 백두산." 어린 시절 들어봤던 귀에 익고 눈에 익고 입에 익은 동요인데, 이 동요가 구전되다 보니 가창된 지방이나 단체에 따라 후반부가 각기 다르게 개작된 사례로 유명하다.

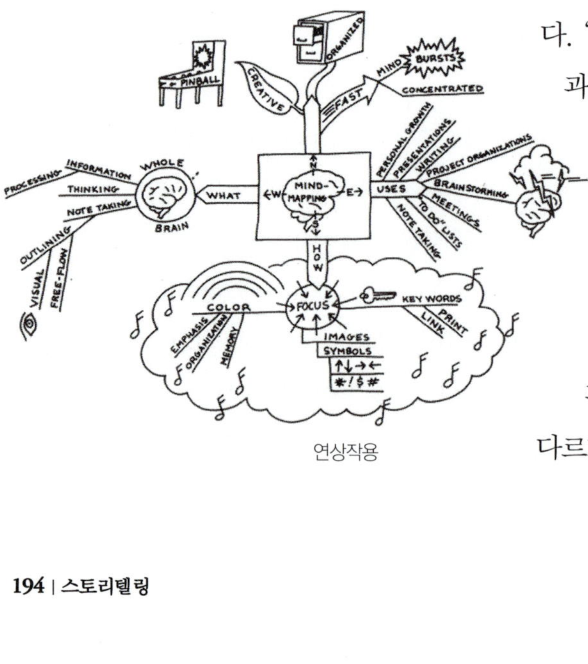

연상작용

연상작용 과정

1단계 (명사)	1차연상	2단계 (형용사)	2차 연상	3단계 (명사)
원숭이 엉덩이	→	빨갛다	=	사과
사과	→	맛있다	=	바나나
바나나	→	길다	=	기차
기차	→	빠르다	=	비행기
비행기	→	높다	=	백두산

위의 도표를 가만히 보면, 일련의 단어와 심상에 따른 연상 작용의 단순한 연쇄성을 그대로 볼 수 있다. 우선 연상의 1단계는 명사로 시작된다. 1단계 명사에 의한 1차 연상은 '즉흥적' 이거나 '즉물적' 이다. 원숭이 엉덩이를 정의내릴 수 있는 다른 증거나 비유에 비해 붉은 색상을 통한 제시가 더 설득적이지는 않다. 연상의 2단계는 형용사로 시작된다. 형용사는 보다 구체적이므로 여기서 출발한 연상 작용 또한 1단계에 비해 설득적이다. 2차 연상에 의해 도달한 '사과' 는 붉은 색상을 가장 선명하게 부각시킬 수 있는 사물로서 상당한 설득력을 확보한다. 이후의 노랫말도 '1단계—1차 연상—2단계—2차 연상—3단계' 로 이어지면서 진행된다.* 표면적으로는 연상의 각 단계마다 큰 차이가 없어 보이지만, 내적 과정을 분석해 보면, 위의 표와 같이 층위가 형성되어 있음을 알 수 있다.

이처럼 아이디어는 일정한 내적 기준과 전개에 따라 서사적으로 성장해야 한다. 그런데 어디까지나 사고의 과정으로서 아이디어와 아이디어의 자연스러운 고리를 중시하는 자유연상법과 달리 구체적인 기록의 과정으로서 아이디어와 아이디어를 관련짓는 체크리스트 방법은 아무래도 이성의 필터링을 거칠 수밖에 없다. 사고의 출발점 또는 문제해결의 착안점을 미리 정해 놓고 그에 따라 다각적인 사고를 전개함으로써 능

* 이러한 연상방법은 심리학과 밀접하게 연관되어 있는데, 특히 히스테릭 환자를 치료하기 위한 '정화법(Catharsis)' 에 적용된다. 원래 카타르시스는 종교적 정화와 의학적 배설을 뜻하는 그리스 어로 아리스토텔레스의 《시학(Poetics)》에서 언급되었으며, 이후 정서반응과 승화작용으로 해석된다. 지그문트 프로이트(Sigmund Freud)는 이를 체계화하여 환자로 하여금 자신의 최초 증세를 말하게 하고, 합리적 조직적 의도적 담화가 아닌 자연발생적인 생각을 끝없이 나열하도록 조성함으로써 이를 통해 증상을 치유하고 개선할 수 있는 '자유연상법' 으로 발전시킨다.

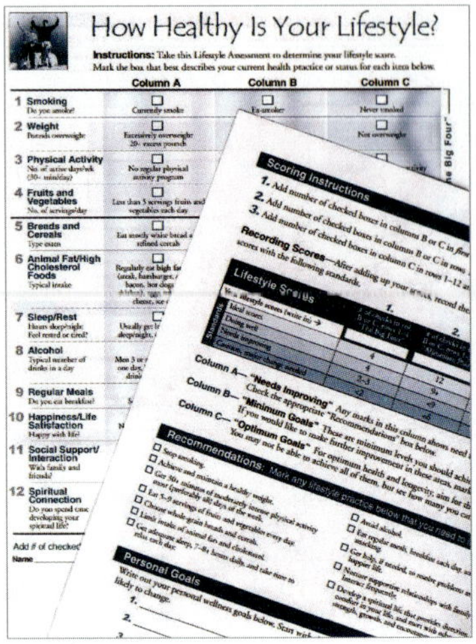

체크리스트

률적으로 아이디어를 얻는 방법이다. 체크리스트 방법은 동일한 목적을 달성하기 위해 다양한 수단과 방법을 동원하고, 문제에 대해 구체적인 방향과 해법을 제시하는 방법으로 교육성이 높은 점이 특성이다.

체크리스트는 프로젝트의 전체에서 이슈화되어 있는 요소들을 리스트로 작성하여 사용성 테스트의 진행 시에 각 요소들에 대한 사용자의 반응을 체크하고자 만든 시트지이다. 이러한 결과는 후에 시놉시스 작성시에 주요한 자료로 쓰이게 될 뿐만 아니라 제작자의 의견이나 의문사항도 사전에 적극 수용할 수 있다는 점과 아이디어 발상 과정 전반을 리스트화할 수 있다는 점에서 매우 유용하다. 관련된 항목들을 정리하는 체크리스트 방법은 아이디어의 새로운 창출과 연쇄적인 파생효과를 얻는 데 그 목적이 있다.

그러나 이 방법은 몇 가지 고려할 요소를 가지는데, 우선 체크리스트에 너무 의지하게 되면 자기 자신의 의견이나 아이디어를 구상하기 보다는 리스트화된 항목들에 국한하여 오히려 상상력을 제한할 수도 있으며, 새로운 문제의 발생가능성을 제외할 우려가 있다. 또한 불필요한 내용과 사소한 것들까지 문항화하여 체크하게 되어 시간을 낭비할 우려가 있다. 따라서 체크리스트 방법은 새로운 아이디어에 대한 폭넓은 접근을 가능하게 한다는 점에 의의가 있으며, 아이디어를 얻는 유일한 방법은 아니라는 점에 유의해야 한다.

아이디어 쌓기 아이디어를 '생성' 하고 둘 이상의 아이디어를 결합함으로써 아이디어를 '성장' 시키는 단계 이후에는 성장한 아이디어를 갈고 다듬는 '탁마(琢磨)' 의 단계가 이어진다. 예를 들어 어떤 그림이나 사진을 보다가 강한 인상을 받게 되는 경우가 있는데, 이처럼 그림을 토대로 아이디어가 생성되고 일련의 아이디어가 결합함으로써 콘셉트를 구축하게 될 수 있다. 아이디어를 탁마하는 과정에 대해서는 이론적인 설명을 차치하고, 사례를 통해 살펴보기로 한다. 대표적인 사례로 기거(H.R. Giger)의 비쥬얼 아트를 콘셉트로 하여 영화적으로 구현한 리들리 스콧(Ridley Scott)을 들 수 있다.

1940년 스위스 출신의 아티스트 H.R. 기거는, 이전까지 전통적으로 로봇메카닉이 지배적인 심상으로 작용하던 SF장르에서 바이오메카닉을 과감하게 적용한 것으로 유명하다. 그의 특별한 외계생명체 비쥬얼은 당시로서는 이미지의 쇼크였는데, 당시 SF영화의 프리프로덕션(pre-production) 단계에 있던 리들리 스콧 감독은 시나리오 작가이자 공동제작자인 댄 오배넌(Dan O' Bannon)으로부터 H.R. 기거의 아트북 《네크로노미콘(H.R. Giger' s Necronomicon)》을 우연히 소개받고 강한 인상을 받게 된다. 결국 스콧 감독은 영화제작에 H.R. 기거와 그의 비쥬얼을 과감하게 영입하여 1979년 기존 SF 장르에 혁명을 일으킨 《에일리언(Alien)》 시리즈가 탄생하게 되고, H.R. 기거는 《에일리언》을 통해 1980년 아카데미 시각효과상(Best Achievement for Visual Effect)을 수상하게 된다.

위 H.R.기거의 에일리언 **아래** 《에일리언 III(1992)》

H.R. 기거의 비쥬얼을 통해 재현된 리들리 스콧의 《에일리언 I》은 바이오테크놀러지를 접목시킨 SF영화이다. 외계의 광물을 실어 나르던 우주 화물선 노스트로모 호는 외계 행성 주위에서 우주선의 구조 신호 듣게 되고, 원인 파악을 위해 파괴된 우주선으로 향한다. 모든 승무원이 죽어있는 파괴된 우주선에서 사망 원인을 파악하던 중, 승

무원 케인의 머리에 이상한 생물체가 달라붙게 된다. 가까스로 생물체를 떼어내지만, 케인의 배에서 생물체의 새끼가 부화하게 되고 그 미지의 생물체가 인간을 숙주로 사용한다는 사실을 알게 된다.

이처럼 《에일리언》 시리즈에서 외계인은 로보틱스 메카니즘이 지배하던 과거 SF 영화의 지성적이며 정신력이 고강한 외계인과는 달리, 돌연변이적이고 인간을 숙주로 삼으려는 동물적 생식적 본능만을 지닌 생명체로 묘사되는데, 이러한 캐릭터 설정과 분장과 배경 설정은 H.R. 기거의 작품 전면에 흐르는 바이오 메카니즘으로부터 콘셉트를 구축했기 때문이다. 이후 H.R. 기거의 에일리언 콘셉트는 컴퓨터게임 《스타크래프트(Starcraft)》의 저그종족에까지 영향을 미친다. 이처럼 일련의 그림이 독창적인 아이디어가 되고, 내적인 자장이 형성되면서 콘셉트로 구축된다. 무심히 간과할 수 있는 이미지라 할지라도 이를 통해 아이디어를 얻고, 그렇게 얻어진 아이디어를 발전시키고 다듬어서 전혀 다른 매체나 스토리로 재현하기 위한 준비과정이 바로 콘셉트이다.

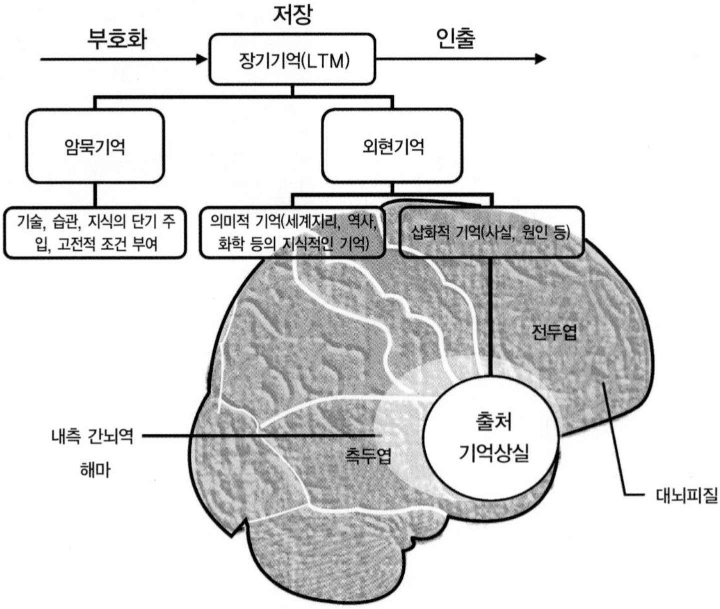

뇌의 기억과정과 기억상실

이미지뿐만 아니라 특별한 병명(病名)이 아이디어를 생성하고 고리를 지어 연결되면서 콘셉트를 구축하는 경우도 있다. '기억' 에 관한 다양한 질병 중에서 최근 의학계에서 영화계로 활동무대를 옮길 만큼 관심을 받고 있는 것이 기억상실(Amnesia)과 단기기억상실(Short-Term Memory Loss)이다. 기억은 과거의 경험을 통해 얻은 정보를 저장한 다음, 현재의 감각정보와 결합하여 상황에 따라 창조적으로 반응할 수 있도록 유도한다. 기억은 지속 시간에 따라 10분 이내의 초단기, 며칠 동안의 단기, 몇 달 간의 중기, 몇 년 이상 지속되는 장기기억으로 나뉜다. 기억상실증은 기억불능이나 기억등록이 불가능한 상태로서 기억저장의 지속에 문제가 있기 때문에 발생한다.

기억상실증은 과거의 기억을 상실하는 후행성기억상실증과 새로운 경험을 기억하지 못하는 선행성기억상실증으로 구분된다. 물론 기억상실증을 주요한 테마 혹은 결정적인 사건으로 설정한 스토리는 흔하다. 예를 들어 연인이 사고로 기억을 상실하면서 겪게 되는 최루성 멜로가 대표적이다. 그런데 단기기억상실증은 전문가 이외에는 평소 알기 힘든 병명인만큼, 이를 아이디어로 삼고 콘셉트로 발전시키는 일련의 작품들의 경우, 병명이 사건의 심화나 갈등에 기여하는 구성적 측면이 아니라, 아이디어의 발상과 성장을 통해 기획된 콘셉트의 측면에서 살펴볼 수 있다.

크리스토퍼 놀런(Christopher Nolan)의 《메멘토(Memento)》는 강간 · 살해된 아내로 인해 10분밖에 기억을 지속시키지 못하는 단기기억상실증 환자를 주인공으로 한다. 그의 최종 기억정보는 자신의 이름과 아내의 죽음, 범인의 이름뿐이다. 레너드는 아내의 복수를 위해 사건을 수사하고 범인을 추적하면서 기억을 유지하는 방법으로 사진과 메모, 그리고 문신을 활용한다. 사소한 정보는 사진을 찍어두고 메모를 남기고, 중

위 《메멘토(2000)》
아래 사진과 메모를 분석하는 레너드

요한 정보는 결코 잊지 않기 위해 몸에 문신으로 새기는 것이다. 그러나 정상인들이 어떤 목적이나 기억능력의 개인차, 그리고 자기방어를 위해 자신의 기억일부를 추억이라는 이름으로 조작하거나 미화시키듯이, 레너드의 10분은 물리적 시간이라기보다는 상대적인 시간인 만큼 비록 10분 동안 유지되는 기억이지만 거기에서도 정보의 상실과 기억의 왜곡은 진행된다.

레너드의 주위를 맴도는 인물들은 한결같이 뭔가 불순한 의도를 가지고 레너드의 질환을 악용하려는 혐의가 있으며, 레너드의 아내 사건을 담당했던 테디는 레너드의 기억상실증을 이용하여 마약상을 제거하고 돈을 횡령하려는 의도를 가지고 그에게 접근하여 거짓정보를 흘려서 레너드로 하여금 마약상 지미를 살해하도록 사주하고, 한편 레너드에 의해 살해된 지미의 애인 나탈리는 복수를 하기 위해 레너드를 역으로 이용하여 마치 그의 아내를 죽인 범인이 테디인 것처럼 정보를 조작해서 제공한다. 결국 레너드는 거짓정보에 속아 테디를 죽이지만, 아내를 죽인 범인은 다름 아닌 레너드 자신이다. 단기기억상실증을 미처 알지 못했던 당시, 당뇨를 앓고 있던 아내에게 인슐린 주사를 과다하게 주사해서 약물과다복용으로 아내를 죽게 한 것이다. 이를 인정하지 않고자 하는 자기방어본능은 타인에게 아내의 죽음에 대한 책임을 전가시키기 위해 정보를 조작하고 기억을 왜곡시키게 된다.

《메멘토》는 기억장애를 앓고 있는 비정상인을 주인공으로 그가 앓고 있는 희귀한 질환의 병상을 치밀하게 연구하고 조사하여 스토리로 활용하는 기획적 콘셉트의 성과를 교과서적으로 보여준다. 단순히 단기기억상실증 환자의 드라마틱한 경험담으로 치부할 수 없는 이유는, 그 누구도 기억이 추억이 되는 과정에 대해 해명할 수 없으며, 그 과정 중에 어떠한 식으로든 미화되거나 강화되거나 혹은 추화되기까지 하는 일련의 작용들의 내적 동인을 설명하기 힘들기 때문이다. 어쩌면 기억을 '단기' 저장한다는 것은 기억을 '장기' 저장하는 정상인에 비해 그 의도적 혹은 자발적 왜곡과 조작의 정도가 덜할 수도 있다.

인간의 기억용량은 인생에 정비례하는 것이 얼핏 정상으로 생각되지만, 실상 인간의 기억용량에는 한계가 있어서 일정 수준 이상이 지나면 기억이 저장되지 않고 유실되거나 상실되곤 한다. 특히 노인의 경우 새로운 기억정보를 저장하는 일이 매우 힘들고 또 드물게 된다. 그런데 이에 대한 반작용으로 오히려 과거 어느 시점의 기억이 정상인에 비해 매우 명확해지는 경우가 있다. 한창 잘나가던 때의 이야기나 듣거나 겪었던 경험담을 토씨하나 빠뜨리지 않고 막힘없이 이야기하는 노인들의 입담은 익히 잘 알려져 있다. 새로운 정보를 저장할 수 없는 대신 기존의 기억을 강화하는 현상으로 이해할 수도 있겠는데, 실상 노인의 경우는 '과거'의 기억을 기억하는 것이 아니라, 자신의 '발화내용'을 다시 기억하는 과정으로서 기억의 기억을 통해 자연스럽게 과거의 사실은 왜곡되고 미화된다. 《메멘토》는 이처럼 비정상적 기억장애를 통해 과연 기억이란 무엇이며, 물리적 시간에 의해서든 의도적 망각이든 기억의 변형과 왜곡이 가능하다면 사실과 진실은 어떻게 달라지는가 등의 철학적 질문을 던지는 작품이다.

베아트리체 첸치(귀도레니 作)

1817년 프랑스의 작가 스탕달(Stendhal)은 이탈리아 피렌체의 산타크로체성당에서 우연히 그림 한 점을 만나게 된다. 귀도 레니(Guido Reni)의 〈베아트리체 첸치(Beatrice Cenci)〉. 1577년에 태어나 22년을 살다간 비운의 여인 베아트리체는 부친에게 강간당하고 그 수모를 견디다 못해 결국 부친을 살해한 죄목으로 교수형에 처해진다. 당시 그녀의 미모는 세간에 화제가 될 정도였기에 그녀의 처형일에 구경꾼들이 구름처럼 몰려들었다고 하는데, 화가 귀도 레니는 그녀의 마지막을 화폭에 담게 된다. 아름다움을 간직했으나 빛이 되지 못하고 젊은 나이에 안타깝게 형장의 이슬로 사라진 베아트리체의 수심가득한, 그러나 맑은 눈동자와 희미한 미소는 보는 이로 하여금 성녀(聖女)의 순교를 떠올릴 만큼 경외롭다.

▲ 스탕달
▶《스탕달 신드롬(1996)》

스탕달은 이 작품을 감상하고 나오던 중 무릎에 힘이 빠지면서 황홀경을 경험하게 되고, 이에 대해 일기에 기록한다. 전 세계에서 고전 미술품을 가장 많이 보유하고 있는 피렌체에서 수많은 관광객들이 집단적으로 이와 유사한 증상에 시달렸다는 보고서가 입수되자 심리학자들은 이와 같은 현상을 최초로 경험한 스탕달의 이름에 빗대어 스탕달 신드롬(Stendhal syndrome)이라고 명명한다. 스탕달 신드롬은 예술작품에 지나치게 열광하거나 비이성적인 정서반응을 보이는 경우를 지칭하며, 역사적으로 유명한 미술품을 감상하다가 순간적으로 가슴이 뛰거나 정신적 일체감, 격렬한 흥분이나 피해망상, 우울증이나 자아상실, 현기증과 정서혼란은 물론, 심지어는 전신마비 등의 격렬한 육체반응 등 정서적 압박이나 분열 증상을 야기하는 증후군이 이에 해당된다.

스탕달 신드롬의 증상은 매우 다양한데, 혹자는 조각상을 보고 격렬한 흥분상태에 빠져 자신도 모르게 조각상을 모방하여 동일한 자세를 취하기도 하고, 혹자는 명화를 감상하던 중 공포와 불안, 안정과 평화라는 공존하기 힘든 감수성의 괴리에 고통스러워하기도 하고, 혹자는 문학작품을 읽던 중 정서불안을 느끼면서 분열증상을 호소하기도 한다. 스탕달 신드롬은 주로 감수성이 예민한 사람들에게 나타나는 것으로 알려져 있으며, 현대에는 훌리건과 같은 광적인 팬이나 매니아들을 일환으로 간주하기도 한다. 다리오 아르젠토(Dario Argento)의《스탕달 신드롬(The Stendhal Syndrome; La Sindrome Di Stendhal)》은 바로 이러한 특이한 증상에서 아이디어를 얻어 콘셉트로 구축한 작품이다.

이카루스의 추락이 있는 풍경(피터 브뤼겔 作)

강력반 여형사 안나는 잔인무도한 연쇄강간살인범을 추적하는 과정에서 범인에 대한 제보를 받고 미술관으로 향한다. 안나는 미술관에서 피터 브뤼겔(Peter Bruegel)의 〈이카루스의 추락이 있는 풍경(Landscape with the Fall of Icarus)〉을 감상하던 중 스탕달 신드롬 증세를 보이며 실신한다. 스탕달 신드롬 증세를 일으킬만한 명화였는지 살펴보기 전에, 우선 그림의 배경이 된 이카루스(Icarus)의 신화에 대해 살펴볼 필요가 있겠다. 물론 이카루스 신화는 잘 알려진 대표적인 그리스 신화 중 하나이다. 이카루스는 크레타의 왕 미노스(Minos)의 총애를 받던 장인(匠人) 다이달로스(Daedalus)의 아들이다. 그런데 다이달로스는 왕비 파시파이의 부정을 도운 죄목으로 왕의 미움을 사서 아들과 함께 탑 속에 갇히게 된다. 탑 주위는 바다로 둘러싸여 있기 때문에 탈옥은 애초부터 불가능하지만, 다이달로스는 장인답게 성 위에 떨어지는 깃털들을 모아 양초를 녹여 붙여서 거대한 날개를 만든다. 이카루스는 날개를 달고 하늘로 날아오른다. 너무 높게 날아오르면 태양에 가까워져 양초가 녹아버릴 수 있다는 아버지의 경고에도 불구하고, 비상의 희열에 취해 태양까지 상승하다가 양초가 녹아 추락하여 죽는다.

이카루스가 떨어져 죽은 바다를 이카리아 해(海)라고 부르는데, 여러 모로 고민스러운 신화임에 틀림없다. 이카루스가 설마 날개 두 쪽을 달았다고 해서 자신이 새가 된 것으로 착각했을 리가 있겠는가. 다만 인간이 새처럼 날 수 있다는 비상(飛翔)의 꿈이 실현된 흥분에 잠시 이성을 잃은 때문이다. 탈출의 기쁨보다 비상의 기쁨이 더 컸다는 것은 인간의 오랜 비상의 욕망을 상징적으로 보여주는 부분이기도 하다. 아무튼 이후 이카루스의 신화는 어리석은 욕망의 화신, 인간의 자멸을 상징한다.

브뤼겔은 이카루스의 신화를 냉정하고 객관적인 시선으로 바라본다. 즉, 이카루스의 화려한 비상이나 슬픈 추락이 아니라, 이카루스가 앞바다에 추락하는 바로 그때, 근해의 농부나 어부는 방외자인양 각자 자기 할 일들을 하고 있을 뿐이다. 이카루스의 비극이 모두의 비극이 될 수 없다. 그것은 그 자신만의 비극일 뿐, 타인에게는 아무런 영향력을 행사할 수 없다. 인생은 가까이 보면 비극이고 멀리 보면 희극이다.

이카루스의 비극은 그 자신에게는 추락이며 파멸이지만, 한 걸음 물러서서 바라보면 그 어리석음은 실소를 자아내는 슬랩스틱 코미디에 가깝다. 이것이 인간의 내면 혹은 인생의 이면에 도사린 아픈 진실이다. 그렇다면 이 그림으로 인해 스탕달 신드롬을 일으킨 안나는 바로 이러한 아픈 진실, 즉 아무리 잔혹한 사건일지라도 희생자에게는 중대한 일이지만, 제3자에게는 일상의 일부일 뿐이라는 사실을 목도한 것은 아닐는지. 결국 안나는 범인의 목표물이 되어 이카루스처럼 걷잡을 수 없이 나락으로 추락하고, 그 누구도 그녀를 돕지 못하는 그림 속 상황이 연출된다.

시놉시스 구축하기

synopsis building

이렇게 구축된 콘셉트를 통해 대강의 시놉시스를 만들게 된다. 시놉시스는 작가가 생각하는 주제를 다른 사람에게 알리기 위해 알기 쉽게 간단히 적은 것을 말한다. 흔히 줄거리 또는 개요 · 일람이라고 하며, 장르와 작품의 의도, 등장인물과 작가의 메시지, 그리고 대강의 스토리에 관한 정보를 담고 있다. 어원적 의미에서 시놉시스(synopsis)는 '함께, 동시' 라는 뜻의 'syn' 과 '유사' 하다는 뜻의 'opsis' 의 합성어로, 작가의 심중에서 아직 발화되지는 않았으나 장차 전체성을 가질 가능태로서의 본작에 대한 '유사품' 이라고 할 수 있다. 물론 본작 보다 나은 시놉시스가 있긴 있지만, 본작의 가치를 혼돈시키는 일반적인 유사품의 주의사항을 시놉시스에서 굳이 적용시킬 필요는 없다.

원래 시놉시스의 용도는 작가 입장에서는 자신이 장차 쓰고자 하는 작품이라는 목적지를 향해 길을 잃지 않고 무사히 도착하기 위한 일종의 표지판이며, 독자(감독/관객/투자가/제작자) 입장에서는 장차 감상이나 구매를 위해 선택하고자 하는 작품의 특장점을 미리 보는 샘플 혹은 가이드북이라고 할 수 있다. 특히 대규모 자금을 동원해서 제작을 지원해야하는 투자가 입장에서 시놉시스는 매우 중요하며, 본격적인 제작으로 향하기 위해 가장 신중을 기해야 하는 첫 번째 단계이다.

대인관계로 비유하자면, 첫대면에서 만나는 첫인상이라고 할 수 있다. 첫인상으로 모든 것을 결정짓는 사람도 있겠지만, 첫인상은 첫인상일 뿐 사귀다 보면 진면목을 발견하여 오히려 첫인상이 선입견으로 작용할 수도 있다. 시놉시스와 본작의 관계 또한 마찬가지다. 시놉시스는 본작의 첫인상으로서 시놉시스만으로 단번에 결정내리는 경우도 가능하고, 경우에 따라서는 첫인상에 결정적으로 좌우되기보다는 첫인상은 말 그대로 첫 번째 받은 인상 정도의 의미로 축소시키고, 본작을 통해 확산될 두 번째 이후의 인상을 수용할 신호탄으로 간주하고 마음의 준비를 할 수도 있다.

첫인상의 영향력을 어느 정도로 설정하느냐 하는 것은 목적과 개인에 따라 다르다. 다만 시놉시스는 다양한 방식으로 본작의 구체적인 제작이나 감상을 유도하는 홍보대사로서 최일선에서 활약하게 된다는 점에서 중요하다. 작가 입장에서는 어떤 방식으로 심중에 있는 내용을 타인에게 소개할 것인가, 제작자 입장에서는 완성작의 어떤 부분이나 내용을 강조함으로써 보다 많은, 보다 뜨거운 호응과 반응을 이끌어 낼 것인가 등의 문제는 전적으로 시놉시스에 달렸다고 해도 과언이 아니다. 이제 한 편의 스터디 필름을 통해 다양한 방식으로 서술되는 시놉시스의 사례를 살펴보도록 한다.

ㅡ사례 분석ㅡ 1968년 제작된 로만 폴란스키의 《악마의 씨(Rosemary' s Baby)》는 《죽음 전의 키스(A Kiss before Dying)》 등으로 유명한 추리소설가 아이라 레빈(Ira Levin)의 원작을 영화화한 작품으로, 우드하우스 부부가 겪게 되는 공포를 중심으로 하는 오컬트(Occult)* 호러의 걸작이다. 《악마의 씨》는 이후 1973년 엑소시즘을 테마로 인간 내면에 도사리고 있는 악마성을 충격적으로 다룬 윌리엄 프리드킨(William Friedkin)의 《엑소시스트(Exorcist)》, 악령이 깃든 정도가 아니라 악령의 자식을 다룬 1976년 리차드 도너(Richard Donner)의 《오멘(Omen)》 등 일련의 오컬트 호러 작품에 광범위한 영향을 준다.

한눈에 봐도 연약한 체구에 여리고 고운 심성을 지닌 로즈메리 우드하우스는 조연배우인 남편 가이 우드하우스와 함께 뉴욕 맨하탄의 작은 아파트를 싼 값에 구입하여 신혼생활을 시작한다. 유난히 얇은 벽면으로 설계된 아파트는 알고 보니 원래는 한 아

---

* 오컬트는 '숨기다, 감추어진 것'을 뜻하는 라틴어 'occultus'를 어원으로 하며, 과학이나 이성으로는 설명할 수 없는 인간이나 자연의 숨어있는 힘, 초자연적 · 초경험적인 현상, 악마주의 · 신비주의 등을 연구하는 경향을 일컫는다.

파트였으나 이를 칸막이로 구분하여 두 집으로 나눈 것으로, 옆방에서의 소음이 그대로 들리는 약점을 가지고 있다. 그럼에도 불구하고 소박한 신혼부부는 가격대비로 만족하면서 아파트를 새 단장하고 곧 아이를 가질 계획을 세우며 행복한 시간을 보낸다. 그러던 중, 지하 세탁실에서 로즈메리가 우연히 만난 테리라는 여성이 특별한 이유없이 투신자살하는 사건이 발생하고, 테리의 자살현장에서 같은 아파트에 사는 노부부 미니 카스테베트과 로만 카스테베트을 만나게 된다.

《악마의 씨(1968)》

테리의 죽음 이후 로즈메리의 일상 속으로 상식의 차원을 넘어서는 알 수 없는 불안의 그림자가 드리워진다. 여러모로 낯설고 불안한 우드하우스 부부는 친절을 베풀며 그녀의 양부모 노릇을 자처하는 카스테베트 부부와 급격하게 친해지게 되는데, 미니는 임신한 로즈메리를 위해 손수 만든 음료수를 매일 권하고, 죽은 테리의 목걸이와 동일한 목걸이를 로즈메리에게 선물한다. 이때부터 로즈메리는 정체를 알 수 없는 기이한 악몽과 기괴한 소음에 시달리던 중, 미니가 만들어준 푸딩을 먹고 현실인지 꿈인지 분간할 수 없는 환각상태에서 샷된 눈동자를 가진 마물(魔物)에게 강간당한다. 악몽에서 깨어난 로즈메리는 실제 자신의 몸에서 알 수 없는 상처들을 발견하게 되고, 자신의 실수라는 남편의 변명에도 불구하고 어쩌면 자신이 본 것이 환상이 아니라 현실일 수도 있으리라 의심하기 시작한다.

우드하우스 부부

그 날 이후 로즈메리는 임신을 하게 되고, 신경쇄약 직전의 괴이한 환상에 시달리면서 완벽하게만 보였던 이웃과 심지어 남편까지도 그녀

아이를 보고 경악하는 로즈메리

에게 불안과 공포의 대상으로 각인된다. 유일하게 로즈메리의 편이 되어준 삼촌은 삿된 세력에서 고통받는 그녀를 위해 사탄에 관한 책을 건네주려던 차에 의문의 죽음을 맞게 되고, 이를 계기로 로즈메리는 자신의 불안과 의심에 대해 심증을 굳히면서 조금씩 관련 증거를 모으는 과정에서 남편을 포함한 주위의 모든 사람들이 사탄숭배자라는 충격적인 사실을 알게 된다.

만삭이 된 로즈메리는 사탄에게 영혼을 팔고 부와 명예, 영생을 얻은 이웃과 남편을 피해 도망치려 하지만, 유일하게 믿었던 담당의사마저 사탄숭배자임을 알고 더 이상 도망칠 수 없음을 깨닫고 실신한다. 한참 뒤에 깨어난 그녀는 자신이 사산(死産)했다는 비보를 듣게 된다. 아이를 잃은 슬픔에 지칠 때로 지친 로즈메리는 이미 투지를 상실했으나, 얇은 칸막이 너머 옆방에서 희미하게 들리는 아이의 울음소리는 아이의 죽음에 대한 반증이 된다. 결국 로즈메리는 사산(死産)은 자신으로부터 아이를 빼앗으려는 사탄숭배자들의 사악한 음모임을 깨닫게 된다.

이에 로즈메리는 용기를 내어 흉기를 들고 벽장문을 통해 옆방으로 몰래 잠입한다. 악의 세상이 도래했음을 알리는 적그리스도의 탄생을 자축하며 세계 곳곳에서 모인 사탄숭배자들은 로즈메리의 등장에 놀란다. 몇몇이 그녀의 손에 든 흉기를 보고 그녀를 저지하려는 순간, 로만은 그들을 만류한다. 로만은 그녀의 강한 모성애와 결국 그로 인해 악의 본연성에 지배될 것임을 확신한 듯, 오히려 그녀를 아이에게 인도한다. 아이의 마성(魔性) 가득한 눈을 보며 그 실체를 확인한 로즈메리는 경악하면서 흉기를 든 손을 쳐들지만, 결국 그녀도 모성애에 승복하고 마는 충격적인 중의적 결말을 보여준다. 이처럼 《악마의 씨》는 침묵과 느림의 미학을 통해 기존 공포영화와는 다른 독창적인 공포 미학을 창출한 작품이다.

— 요약형 — 시놉시스의 가장 기본적인 형태적 특징은 무엇보다 '압축'이라고 할 수 있으며, 단순히 분량의 측면에서가 아닌, 제한된 분량으로 작품 전체를 홍보하는 역할까지 하게 된다. 130분이 넘는 전체 영화의 분량은 원고지 4-5장 정도의 분량으로 솜씨 좋게 압축하는 것이야 말로 시놉시스의 본질이며, 압축을 하면서도 단순히 내용을 줄인다는 것이 아니라 전체 내용에서 정확하게 포커스를 맞춰 구현하는 것이야말로 시놉시스의 내공이라고 할 수 있다. 지금부터 앞에서 대략 살펴본 《악마의 씨》의 스토리를 토대로 본작을 압축한 시놉시스 사례들을 주의 깊게 분석하면서 압축의 원리와 방법에 대해 점검하고자 한다.

> 로즈메리는 남편과 함께 맨하탄의 어느 아파트에서 신혼살림을 시작한다. 그러나 이 아파트에서 생활하며 이들은 이상한 일들에 휘말리게 된다. 임신한 로즈메리가 혼동과 공포를 경험하는 가운데 산부인과 의사로부터 믿기 어려운 사실들을 하나 둘 알게 되고 공포는 더욱 심해지는데…*

위의 시놉시스는 영화 전체를 기승전결(起承轉結)로 나눈다면, 기(起)에 집중되어 있는 형태이다. 로즈메리와 가이가 맨하탄에 이사오는 장면은 기(起) 단계에서도 극초반에 해당하며 이후 벌어지는 초자연적인 현상에 대해서는 그저 '이상한 일'이라고 추상적인 표현을 사용한다. 이러한 구체성이 결여된 표현은 호기심을 자극하는 긍정적인 기능도 하지만, 영화의 장르를 설명하는데는 부족하다. 영화의 주된 정서로 작용하는 로즈메리의 악몽과 불안, 공포에 대해서는 다만 '혼동과 공포'라고 표현하고 있으므로 공포의 주체 혹은 실체에 대해서는 제대로 언급하고 있지 않다. 《악마의 씨》의 장점은 공포의 주체와 전개 방식이 여타 호러장르와는 변별된다는 점에 있으므로, 이런 식의 대책 없는 일반론은 오히려 작품의 감상을 유도하는 시놉시스의 기능을 축소시킨다.

뿐만 아니라 이 시놉시스의 결정적인 실수는, 시놉시스를 작성한 사람이 영화를 감

---

* www.sorishop.co.kr 참조.

상하지 않은 상황에서 '대충' 작성했다는 점이다. 그 이유는 '산부인과 의사로부터 믿기 어려운 사실들을 하나 둘 알게' 된다는 진술에서 찾을 수 있다. 마치 이 진술을 그대로 받아들인다면, 산부인과 의사가 로즈메리의 조력자가 되어 그녀를 위해 정보를 제공한다는 내용으로 읽힐 우려가 있다. 실제 영화에서 산부인과 의사는 두 명이 등장하는데, 첫 번째는 로즈메리의 주치의이고, 두 번째는 미니에 의해 소개받은 저명한 노의사이다. 이들 두 사람은 로즈메리에게 사탄에 관한 정보를 주거나 암시를 한다기보다는, 두 사람 모두 사탄주의 추종세력임이 밝혀지면서, 로즈메리 주위에 있는 평범한 인물들 모두가 알고 보니 사탄주의 숭배자였음을 보여주는 충격적인 사례로서의 역할을 담당할 뿐이다.

> 뉴욕의 새 아파트로 이시간 로즈메리와 가이 부부는 이사를 가자마자 이웃에 사는 나이 든 부부와 친해져 그들과 친구처럼 많은 시간을 함께 지내게 된다. 그러던 중 로즈메리가 화장실에서 우연히 만났던 한 여자가 의문의 죽음을 당하는 일이 발생하게 되고, 그녀는 매일밤 악몽과 환청에 시달린다. 얼마 후 로즈메리는 임신 사실을 알게 되고… 예민해진 그녀는 이웃사람들이 자신과 뱃속의 아이를 헤칠 계획을 하고 있다는 의심을 갖게 되는데…*

위의 시놉시스는 단계적으로는 기승전결에서 기(起)와 전(轉)을 다루고 있으며, 시놉시스에서 자주 등장하는 '말줄임표'의 적절한 사용도 살펴볼 수 있다. 앞에서 살펴본 시놉시스보다는 다양한 내용을 제시하고 있다. 그런데 이 경우도 마찬가지로 작품을 실제로 감상하지 않은 상태에서 작성된 시놉시스로서, 사건 전개와 인물의 관계에 있어서 전후가 뒤섞여 있다. 즉, 시놉시스에는 로즈메리 부부와 이웃 노부부가 친해진 다음에 한 여자의 의문사가 발생하는데, 실제로는 한 여자의 투신자살로 소란해진 밤거리에서 우연히 이웃 노부부와 첫대면을 하게 된다. 친분을 나눈 다음에 제3자의 죽음을 목격하는 것이 아니라, 그 죽음을 계기로 노부부를 만나게 된다는 것은 노부부의

---

* www.nkino.com 참조.

부정적(否定的) 존재감을 암시하는 설정이므로 내용의 전개에 있어서 신중을 기해야 하는 진술이다.

뿐만 아니라 로즈메리가 그녀를 우연히 만난 장소는 화장실이 아니라 아파트 지하에 있는 공동세탁실(세탁소)이며, 그곳에서 로즈메리는 그녀가 카스테베트과 동거한다는 사실을 듣게 되고, 그녀의 목걸이가 특이하다고 칭찬하며 그녀와 몇 마디 대화를 하게 된다. 사소한 내용이라고 생각할 수도 있겠으나, 이후 그녀가 투신자살을 했음을 목격하게 된 로즈메리는 그녀가 바로 어제 자신과 대화를 나누었다는 사실로 인해 더욱 예민하게 반응하게 되었고, 또한 노부인에게 선물받은 목걸이가 죽은 그녀의 것과 동일하다는 설정이 로즈메리의 죽음을 예고하는 방향으로 전개되는 만큼, 이 장면은 엄연한 복선으로 중시되어야 한다.

> 맨하튼에 위치한 공동식 아파트에 새로 입주한 젊은 부부, 로즈메리와 가이. 이들의 일상은 지나친 친절을 베푸는 이웃들 때문에 방해받는다. 남편 가이는 점점 이들과 어울리게 되고 로즈메리는 자신을 조여오는 불안의 실체를 알지 못한 채 고통에 시달리고 악몽 속에 임신을 한다. 임신을 한 후 유명한 산부인과 의사를 통해 믿기 어려운 사실들을 찾아내며, 그녀 주위에는 불길한 사건들이 연달아 일어난다. 더구나 이웃에 사는 로만과 미니는 로즈메리를 곤경에 빠트리는 소름끼치는 짓을 하는데…*

위의 시놉시스는 단계적으로는 기승전결에서 기(起)와 승(承)을 다루고 있으며, 스토리의 단순한 축약이 아닌 '이들의 일상은 지나친 친절을 베푸는 이웃들 때문에 방해받는다' 와 같은 설명적 개입이 특징적이다. 영화의 실제 스토리를 '사실' 이라고 한다면, 기존 시놉시스는 몇 가지 중요한 사실을 문장형태로 나열하는 것에 그쳤으나, 이 경우는 사실을 '설명' 한다는 점이 변별된다. 이후 벌어지는 사탄 추종자들의 행각을 '소름끼치는 짓' 이라고 우회적으로 설명하는 방식은 앞에서 다룬 '이상한 일' 의

---

* www.cine21.com 참조.

우회성과 일치한다. 물론 표현상으로는 얼마든지 용인될 수 있는 일반적인 표현이지만, 지나치게 상투적인 표현인 만큼 홍보나 광고의 효과는 그다지 크지 않을 것으로 추측된다.

무엇보다도 여기서도 산부인과 의사의 역할에 대해 잘못 기재하고 있으며, 로즈메리에게 정보를 제공하고 위험을 암시하는 삼촌의 역할에 대해서는 여전히 함구하고 있다. 실제 영화를 보고 시놉시스를 작성하는 경우에는 이러한 기본적인 오류가 발생할 가능성은 거의 없다. 왜냐하면 시놉시스에 언급되는 등장인물은 실제 영화에서 매우 중요하거나 스토리의 전개나 전환에 큰 기여를 하는 인물 위주로 언급되는 만큼, 영화상 삼촌의 존재와 등장, 그리고 죽음은 로즈메리에게 상황을 각성시키는 결정적인 계기가 되기 때문이다.

> 로즈메리 우드하우스와 그녀의 남편 가이 우드하우스는 뉴욕 맨하탄의 작은 아파트에서 신혼 생활을 시작하게 된다. 로즈메리의 옆집에 사는 친절한 노부부 미니 카스테베트과 로만 카스테베트. 로즈메리와 가이는 그들과 친해진다. 어느날 근처에 살던 테리라는 여자가 자살한다. 로즈메리는 세탁실에서 그녀를 만났는데, 그녀의 죽음엔 단순한 자살 이상의 뭔가가 있었다. 로즈메리는 그녀의 이상한 죽음에 관심을 갖게 된다. 그리고 잇달아 이상한 일들이 로즈메리의 주위에서 벌어지는데... 로즈메리는 정체를 알 수 없는 악몽과 기괴한 소음에 시달리고 카스테베트 부인은 로즈메리에게 죽은 테리가 하고 있던 것과 똑같이 생긴 목걸이를 선물한다. 남편과의 사이는 점점 멀어지고 그녀는 임신을 하게 된다. 이웃들은 로즈메리의 아기에 대한 모종의 계획을 세우고 있었는데…*

위의 시놉시스는 단계적으로는 기승전결에서 기(起)와 승(承)을 다룬다는 점에서는 앞의 경우와 다르지 않지만 보다 구체적이다. 비록 여전히 테리를 만나게 되는 사건과 노부부와 친해지는 사건의 전후를 전도(顚倒)하고 있지만, 적어도 로즈메리와 테리가

---

* www.movist.com 참조.

처음 만난 장소를 세탁실로 정확하게 표기하고 있다. 그런데 이 시놉시스의 중대한 오류는 단순히 사건의 전후를 오기했다는 정도가 아니라, 로즈메리라는 캐릭터 설정에 치명적인 진술을 하고 있다. 이 시놉시스를 읽게 되면, 로즈메리가 테리의 죽음 이후 '그녀의 이상한 죽음에 관심' 을 갖고 마치 아가사 크리스티의 탐정처럼 추리를 하는 것처럼 오해할 소지가 있다. 적어도 영화 속에서 로즈메리는 탐정적 추리력을 가진 존재는 아니며, 오히려 지나치게 심약하고 허약하여 보는 이로 하여금 동정과 연민을 불러일으키는 존재이다.

> 로즈마리와 가이는 뉴욕의 고급 아파트에서 신접살림을 시작한다. 그러나 그 곳은 사탄 숭배자들의 소굴임이 밝혀진다. 로즈마리의 달콤한 신혼생활은 처음에는 위층의 노부부를 통해, 그러나 차츰 아파트 전체 거주자들을 통해 악마와의 전쟁으로 바뀐다.*

지금까지 살펴본 압축형 시놉시스 중에서 가장 황당한 시놉시스를 소개한다. 넉 줄밖에 되지 않는 간단한 시놉시스가 제작자와 관객을 오도할 수 있는지 보여주는 실례라고 할 수 있다. 우선 작품을 제대로 모르는 상태에서 대충 넘겨짚기 식으로 시놉시스를 써내려가는 과정에서 우드하우스 부부를 위협하는 요소로 '아파트 전체 거주자' 라는 표현을 사용하는데, 다른 인물들은 사실상 장면화나 사건화되어 등장하지는 않고, 로즈마리의 악몽 속에서 잠깐 등장하고 이후 마지막 장면에서 등장할 뿐이다. 또 사소한 부분이지만, '신접살림' 이라는 표현부터가 부적절하다. 신접살림이나 신접살이라는 단어는 다분히 한국적인 단어로서 일일연속극이나 한국적 스토리에 사용할 경우 자연스럽지만, 그 이외의 장르에 사용하게 되면 코믹한 어감을 주기 때문이다.

그리고 '사탄 숭배자의 소굴' 이라고 결정적인 반전요소를 이미 밝혀버렸다. 스릴러 요소를 통해 홍보할 가능성을 과감하게 포기하겠다는 생각이 아니고서야 이 부분의 표현은 좀 더 신중을 기해야만 한다. 무엇보다 위의 시놉시스의 결정적인 문제는

---

* www.myzon.com 참조.

'악마와의 전쟁' 이라는 표현을 사용한 것에 있다. '전쟁' 이라는 표현은 상당한 액션을 상상하게 하는 단어이기 때문에, 자칫 이 영화를 호러액션으로 받아들일 수 있다. 좋은 시놉시스는 있지도 않은 내용을 지어내어 관객과 제작자의 구미를 자극하는 것이 아니라, 가지고 있는 요소 중에서 강약을 조절하여 표현할 줄 아는 능력이다.

이처럼 스토리를 압축하는 방식의 시놉시스라 해도 어떤 단계에 집중하느냐, 어떤 사건에 집중하느냐, 어떤 인물에 집중하느냐, 그리고 어디까지 알려주느냐에 따라 미묘한 차이에서부터 전혀 다른 영화내용을 예측하게 하는 등 다양하게 차별화된다. 물론 앞에서 제시한 시놉시스의 사례들은 작가입장에서 원고를 집필하기 전에 대강의 안내표지로서 작성했다기보다는 영화가 이미 제작된 다음, 홍보차원으로 제작사에서 제작한 것이 대부분이다. 다만 어떤 취지로 작성했던 간에, 시놉시스는 본작을 왜곡하지 않는 범주 내에서, 본작의 특장점을 가장 적확하게 포커싱할 수 있는 부분에 무게중심을 두고 작성되어야 한다는 점에서는 변함이 없다.

— 상술형 — 앞에서 살펴본 압축 형태의 시놉시스는 '압축' 의 정도에 따라 흥미를 유발시키는 소지가 다분하다. 특히 말줄임표의 적절한 사용은 읽는 이로 하여금 말줄임표의 생략 너머에 있는 내용에 대해 각자의 능력에 따른 상상력을 발휘하게 된다. 즉, 독자의 상상력이 매우 큰 경우에는 말줄임표의 효과는 더욱 클 것이며, 상상력이 빈약한 경우에는 말줄임표의 기대효과는 별반 크지 않을 수도 있다. 그런데 워낙 오래된 고전 명작이나, 여러 가지 경로를 통해 내용이 이미 잘 알려진 작품, 그리고 스토리가 중요한 것이 아니라 메시지가 중요한 작품의 경우는 말줄임표의 사용이나 압축이 오히려 영화에 대한 관심과 접근을 방해할 수도 있다. 아예 스토리를 들려주다 만 듯한 압축형 '예고편' 시놉시스보다는, 차라리 전체적으로 영화에 대해 알아야 할 스토리상의 정보를 세부적인 것까지 공개하면서 스토리 이면에 집중하도록 유도하는 방식의 구체적인 시놉시스가 유효하다.

로즈메리는 배우인 남편 가이와 맨하탄의 중산층 아파트에 이주한다. 평화로워 보이는 이 아파트에서 이들은 이웃의 친절한 노부부와 가까워져 함께 많은 시간을 보낸다. 그러던 중 로즈메리가 화장실에서 만났던 한 여자가 의문의 죽음을 당하는 일이 발생하고, 로즈메리는 악몽을 꾼 뒤 임신한다. 그녀가 임신을 하면서 산부인과 의사를 통해 믿기 어려운 사실들을 알게 되는데, 그 뒤로도 그녀 주위에는 불길한 여러 사건이 일어나게 된다. 더구나 이웃에 사는 노부부도 점차 로즈메리를 궁지에 몰아넣는다. 그 와중에 그 아파트가 악마숭배자들의 소굴이고, 남편 가이가 스타가 되기 위해 악마와 계약을 맺었으며, 심지어 로즈메리가 잉태한 아기가 악마의 씨앗이라는 사실이 밝혀진다.*

위의 시놉시스는 영화를 기승전결 단계별로 중요한 사건 중심으로 모두 제시하고 있다. 초반의 진술을 보면 아파트로 이주, 이웃 노부부와 친교, 테리의 죽음, 악몽 이후의 임신 등 압축형 시놉시스와 거의 유사하지만, 중반 이후의 진술은 매우 다르다. 즉 영화의 중요한 테마라고 할 수 있는 사탄주의와 추종자들의 정체를 밝히고 있으며, 그 중에서도 특히 가장 충격적인 불경의 사례인 남편 가이 우드하우스의 변절까지도 고스란히 밝히고 있다. 뿐만 아니라 로즈마리가 악마의 씨앗을 임신하고 있다는 결정적인 내용까지도 노출하고 있는 만큼, 이 시놉시스는 거의 스포일러**에 가깝다.

이러한 시놉시스의 경우, 대상 타겟은 순수한 의미에서의 관객이라기보다는 연구나 학습의 연장선상에서 작품을 감상하는 전문가집단에 해당한다. 일반적인 관객은 대개 우회적인 표현 뒤에 감추어진 비하인드 스토리를 알기 위해, 그리고 말줄임표 너머로 생략된 영화의 결말이 궁금해서 영화를 감상하기 때문이다. 이미 내용을 다 알고도 매니아로서 중복감상하는 사례도 물론 있겠으나, 그런 경우는 시놉시스를 찾아 읽을 이유가 없기 때문에, 시놉시스의 작성시 대상 타겟에서 제외될 수밖에 없다. 그렇다면 이러한 상술된 시놉시스의 의도는 무엇인가. 바로 작가의 안내표지판으로서의 시놉시스가 이러한 형태라고 할 수 있다. 누구를 위해 작성한 시놉시스가 아니라, 작

* www.ebs.co.kr 참조.

** 스포일러(spoiler)는 '손상시키거나 망쳐놓는 존재'의 뜻으로, 주로 영화를 볼 때 방해가 될 만큼 지나치게 친절한 사전 정보를 제시하는 경우를 지칭한다. 즉, 내용의 중요한 부분까지 구체적으로 제공함으로써 영화의 흥미를 반감시키기 때문에 특히 온라인에서 문제가 된다.

가 자신의 지침으로 삼기 위해 작성한 것이다.

> 평범한 주부 로즈메리 우드하우스는 남편 가이 우드하우스와 함께 뉴욕 시 브램포드의 허름한 아파트로 이사를 간다. 꽤 쓸 만한 아파트지만, 오래도록 산 거주자들 외에 신규입주자는 거의 없는 건물이다. 그런데 이웃에 사는 가스데베트 노부부는 로즈메리에게 유난히 친절하게 잘 대해준다. 보수적인 로즈메리지만, 그런 친절에 마냥 거절하기도 뭣한 형편이다. 한편, 배우인 남편은 아직 운이 좋지 않아 힘들게 경력을 쌓고 있다. 그런데 남편은 언제부턴가 이웃 사람들과 시간을 보내더니, 로즈메리에겐 다소 소홀해진다. 더구나 이웃과 잘 지내라는 권유를 하는데, 그녀는 그 때문에 불길한 느낌을 자꾸 갖는다. 또한 건물에서 미스터리의 소리가 환청처럼 들려오고, 이상한 일이 자꾸 생긴다. 게다가 우연이 겹쳐 남편의 라이벌이 다치고 그 대신 남편이 브로드웨이의 주연배우로 발탁되는 것도 심상치 않다. 이웃집의 카스테베트 부부는 집에서 만든 초코렛을 권하며, 그녀를 돕는다고 하지만 그녀로선 부담스러울 뿐이다. 어느날 밤 로즈메리는 야수에게 강간당하는 악몽을 꾸고, 임신을 한다. 그러자 카스테베트 부부는 그녀에게 각별한 관심을 쏟는다. 점점 알 수 없는 고통 속에서 아이를 출산하지만, 그녀가 알게 되는 것은 악마적인 진실이다.*

위의 시놉시스는 작가용 시놉시스라고 할 수 있다. 등장인물의 캐릭터 설정까지 암시하는 표현이 곳곳에서 발견된다. 로즈메리를 '보수적' 이라고 규정한 부분과 '그런 친절에 마냥 거절하기도 뭣한 형편' 이라는 진술은 그녀의 성격과 우유부단함까지 모두 암시한다. 또한 이제까지 다른 시놉시스들이 로즈메리의 불안상태를 막연하게 진술하던 것과 달리, 남편이 이웃과 지나치게 가까워지면서 점점 그녀에게 소홀해지고 그로 인해 그녀는 소외감과 불안감을 느끼게 된다는 진술을 통해 로즈메리의 불안한 심리의 진행 과정을 제대로 짚어주고 있다. 뿐만 아니라 남편의 예기치 못한 행운이 오히려 불운을 자처하리라는 반전을 암시하고 있으며, 그러면서도 노골적으로 그녀가

---

* www.cizle.nate.com 참조.

악마의 씨를 임신하고 있다는 직설의 방법이 아닌, '악마적인 진실' 이라는 비유적 표현으로 대신하는 등 강약과 완급을 조절하는 능숙함을 보여준다.

그런데 여기서도 삼촌에 대한 진술은 거세되어 있다. 스토리상 삼촌의 등장과 죽음으로 인해 로즈메리가 각성하게 되고, 이후 자신의 불안과 공포의 원인을 구체적으로 확증하는 단계로 이행할 수 있게 되는데, 모든 시놉시스가 삼촌의 존재 자체를 언급하지 않는 것은 이상할 정도이다. 그것은 아무래도 영화를 직접 감상하고 시놉시스를 작성한 것이 아니라, (실제 영화를 감상하고 작성하거나 작가용으로 작성된) 구체화된 시놉시스를 읽고, 이를 다시 압축하는 빈익빈의 원리에 입각한 때문으로 추측된다. 결국 시놉시스에도 원본과 이본이 존재하는 아이러니와 만나게 된다.

캐릭터 구축하기
character building

작품 속에 구축된 허구적 인물을 캐릭터 혹은 페르조나라고 하는데, 페르조나(persona)는 '인격(人格), 위격(位格)' 등의 뜻으로 쓰이는 라틴어이다. 원래는 연극배우가 무대 위에 오르기 위해 자신의 본 얼굴을 감추려고 쓰던 가면(假面)을 가리키는 말이었으나, 점차 인격 자체를 가리키는 말로 쓰이게 되었다. 페르조나에서 파생된 단어 중에 주목할 만한 것으로, '성격'을 뜻하는 'personality'와 '인간'을 뜻하는 'person'이 있다. 가면은 궁극적으로 인간이나 동물의 형상을 본떠서 만든 것으로, 특정한 상황이나 목적을 위해 자신의 진면(眞面)을 가리기 위해 사용한다. 결과적으로 '가면—성격—인격'으로 이어지는 일련의 어의확장을 통해 그만큼 가면이 인간과 관계를 형상화하고 구체화하는 데 밀접한 관련을 맺고 있음을 알 수 있다.

옥타비오 파스(Octavio Paz)는 "인간은 생존하는 한 각자의 이름과 가면으로부터 숨어 지낼 수 없다. 이들은 우리의 형태로부터 떨어질 수 없는데 가면은 곧 우리의 모습"이라고 노래했다. 점차 인생을 연극에 비유할 수 있다면, 인간은 배우이며, 우리는 인생이라는 무대 위에 매순간 자의타의에 의해 가면을 쓰고 오르게 된다. 그것은 일면 자연스러운 현상이다. 이처럼 인간은 내적으로 외적으로 수많은 가면을 가지고 있으며, 때로는 의식적으로 때로는 무의식적으로 상황에 따라 다른 가면으로 자신을 감추거나 드러낸다. 마치 무대 위의 배우들이 배역에 따라 매번 다른 가면을 쓰듯이 개인은 인생이라는 무대에서 그가 속한 집단과 조직과 사회의 성격과 상황에 따라 각기 다른 페르조나를 연출할 필요가 있다. *

캐릭터 설정이나 분류상 가장 일반적인 구분은 고전적 문예이론에서 E.M. 포스터(E.M. Foster)가 성격 표출양상에 따라 인물을 평면적 인물(flat character)과 입체적 인물(round character)로 이분한 방법론이다. 평면적 인물은 고전서사물의 권선징악처럼 초반부터 선악으로 확연하게 판별되는 경우에 해당되고, 입체적 인물은 현대서사물의 다양하게 변화 · 성장하여 예측불허한 경우에 해당된다. 물론 이분법의 함정을 감안하더라도 모든 서사물의 인물이 이 두 가지에 해당될 수는 없다. '뫼비우스의 띠' 처럼 평면이면서 입체인 인물형도 있을 수 있다. 다만 여기서는 상황에 가장 잘 어울리는 가면, 즉 변화무쌍한 페르조나의 사례를 보여주는 대표성을 가진 인물의 창출에 대해 살펴보고자 한다.

ㅡ마쵸형ㅡ 스페인 어 '마쵸(macho)' 는 '인간 혹은 남자' 라는 뜻으로, 멕시코를 비롯한 남미 출신 남성들에게 일반적으로 사용되는 단어이다. 단순히 성염색체로 구분되는 '남자' 라는 의미라기보다는, '육체성을 가진 남성' 을 의미한다는 것이 보다 정확하다. 그런데 점차 상업적 정치적인 영향을 받으면서 마쵸의 의미가 다양하게 변모 · 변색되고 있다. 단순한 외형만을 강조하여 근육질의 건장한 '체구' 를 가진 정력적인 남성에게 마쵸라는 단어를 사용하기도 하고, 그것이 정의든 불의든 이성이 아닌 주먹부터 앞세우며 힘의 논리를 우선시하는 남성에게 마쵸라는 단어를 사용하기도 한다. 한 걸음 더 나아가서 근거 없이 여성들을 공격하거나 언어폭력을 행사하여 여성을 비하하는 여성차별주의자나 남성 우월주의자(Male-Chauvinist)를 뜻하는 말로도 사용된다. **

이처럼 마쵸는 사전적 의미와는 달리 다양한 뉘앙스로 변주되고 있는데, 분명한 것

---

* 조은하. 시나리오작법-인물 편. 한국게임산업개발원. 2004.

** 마쵸와 변별할 것으로 마치스모(machismo) 현상이 있다. 마치스모 현상은 남성다움에 자신을 잃은 남성이 일으키는 사회적 문제로, 자신을 잃고 불안해진 남성이 여성에게 성폭력을 일삼거나 구타하는 등 무모한 짓을 함으로써 남자임을 과시하는 행위를 말한다. 우월감을 과시하는 마쵸와 달리 마치스모는 남성이 자신의 우월감을 받쳐 주고 확인할 수 있는 기제가 없을 때 느끼는 갈등에서 비롯된다.

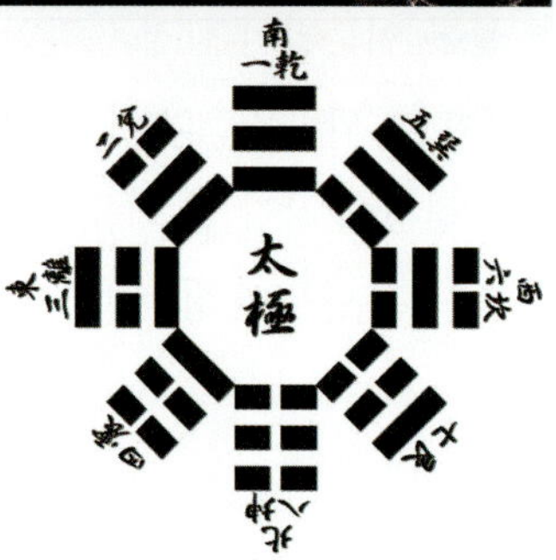

위 마쵸맨 아래 음양오행

은 마쵸라는 단어에는, 그것을 긍정하든 부정하든, 과거지향적인 보수의 경향이 지배적으로 내포되어 있다는 것이다. 한마디로 마쵸는 남성우월주의 혹은 남성중심주의이다. 다만 여기서의 '남성' 이라는 의미는 sex가 아닌 gender로서의 남성이다. 따라서 서구적 의미의 마쵸에 비해 동양적 의미의 마쵸는 보다 정확한 접근방법을 제시한다. 유교의 영향으로 동양적 의미의 '마쵸' 에는 단순한 '힘' 으로 대표되는 논리에서 진일보하여 학식과 덕망을 갖춘 기개의 군자가 포함된다. '남성' 이라는 의미는 남녀의 대립적 구도에서 접근하기보다는, 동양적 음양론(陰陽論)에 입각하여 '양기(陽氣)' 라는 단어로 대치하는 것이 논지의 전개에 무난할 것이다.

한마디로 마쵸는 과거 세계사를 주도했던 양기 충만한 인물형을 총칭한다. 물론 성별이나 성역할을 구분하는 것조차 구태의연한 이분법이 되어버린 시대에서 마쵸적 인물은 시대착오적인 인물로 배척받고 있으나, 마쵸적 인간형에 대한 추종은 일종의 트라우마로 남아 있다. 이러한 현상은 비단 과거 잘나가던 호시절을 추억하는 남성들만의 것이 아니라, 여성들에게도 해당된다. 그 이유는 현대 여성들의 여권이 신장되면서 형성된 것으로, 사회로 진출하여 자신의 목소리를 높이고 권리를 누린다는 것 자체가 바로 '양기' 에 해당되기 때문이다.

동양적 의미의 마쵸와 서양적 의미의 마쵸는 구분할 필요가 있다. 체격이나 체력적 측면에서 마쵸를 규정할 경우, 상대적으로 동양의 마쵸는 서양의 마쵸에 비해 열등하게 폄훼될 소지가 있기 때문이다. 굳이 이렇게 부연설명을 하지 않더라도 동양철학의 바탕에서 구축된 마쵸형 인물은 서양과는 전혀 다르다. 동양적 마쵸의 대표적 캐릭터는 역시 협객(俠客)이다. 협객행(俠客行)을 의미하는 협기(俠氣)는 당대 협객들의 역사적 확신과 시대의 소명의식의 산물로서, 고리타분한 고전소설의 주요 테마나 전근

▲ 비장한 표정의 협객
▶ 난세의 영웅이 된 7명의 총잡이 《황야의 7인(1960)》

대적인 가치명제와 더불어 평가절하될 수 있다. 그러나 장르의 존재이유는 시대상의 반영에 있으며, 협의를 포함하여 이를 바탕으로 하는 애국과 애족의 정신에 대해 누구도 시대착오적이라고 비난할 수는 없다.

진정한 협객은 선을 권장하고 악을 징벌하는 식의 이분법적 구분으로 판단하는 것이 아니라, 그것의 과거 지향적인 수구(守舊)의 소산일 지라도 자신이 추구하는 신념과, 자신이 섬기는 왕과, 지키는 백성을 위해 신의와 충의로서 자신의 사명을 다하여 목숨을 초개처럼 버리는 부류를 의미한다. 필연적으로 파란의 정사(政事) 한 복판에서 살아야 했던 그들에게 선견지명이 없을 리 없다. 역사의 대세 앞에서 그들의 신념은 흔들리고, 섬기던 왕은 정론에 따라 하야하고, 지키던 백성들의 죽음을 목도해야 한다. 그럼에도 불구하고 자신의 신념과 의지를 무모하리만큼 굽히지 않았던 강인한 인간군상을 협객이라 부른다.

신념에 희생하는 인물은 시대를 막론하고 비장하다. 그것이 단순한 근시안적 정견으로 맹목적인 것이라 할지라도 인간이 자신의 믿는 바에 따라 행동하고 제 운명을 다스린다는 것은 경이로움이다. 따라서 협객들의 협기, 그 발자취를 추적하게 되면 무협이야말로 서양에서 발흥하여 대중적으로 위세를 떨치는 판타지 장르에 비견할 동양의 자생 분야라는 사실과 만날 수 있다. 따라서 유럽에도 무사도가 있으나 동양에 국한하기로 한다. 한국, 중국, 일본 모두 각 전통적 토양 하에 성장한 고유한 '무사도'가 있다. 아시아 전반에 무협의 기운이 승하던 무렵의 역사적 배경을 소급해 보면, 중국의 지배적 영향을 거론하지 않을 수 없다.

협기가 동양적 마쵸 정신을 단적으로 표현한다면, 호기는 서양적 마쵸 정신을 단적으로 표현한다. 호기는 철학적 사고의 소산인 호연지기(浩然之氣)와는 다르다. 단순히 호기는 씩씩하고 호방한 기상의 발현이며, 호기만발(豪氣滿發)이라는 사자성어는 '거드럭거리며 뽐내는 기운이 온몸에 가득 차서 겉으로 드러난다'는 뜻으로 호기의 의미를 제대로 함축하고 있다. 협객들의 정신사를 관통했던 협기와는 엄연하게 다른 기운이 서양적 마쵸 정신에 있다는 가정 하에 호기라는 용어를 임의로 사용한다. 협기와 호기의 공통점은 진정한 마쵸형 인물들이 대거 등장한다는 것이며, 협기의 인물들이 도검(刀劍) 등의 무기를 사용하거나 혹은 특정하게 연마한 무예를 사용하는 것처럼 호기의 인물들은 대부분 총을 무기로 사용한다.

총은 서구문화에 있어 하나의 코드이다. 동양에서 도검이 일반적인 것처럼 서양에서 총기는 일반적이다. 특히 미국에서의 총기 문제는 크고 작은 사건사고를 양산하는 등 엄청난 후유증을 낳고 있으나, 그럼에도 불구하고 총기 소지를 규제한다는 것에 대해서는 미국인의 대부분이 회의적인 반응이다. 총을 사용하여 원주민을 지배하면서 시작된 미국 개척사의 전통이 강하게 남아 있기 때문에 총의 소지함으로써 총의 위협으로부터 자신과 가족의 안전을 지키

갱스터 영화의 품위를 격상시킨 《대부(1972)》

려는 의식이 매우 강하다.

총을 사용하는 호기형 마쵸들을 등장인물로 다룬 장르들은 그런 의미에서 가장 서구적 혹은 미국적이라고 할 수 있다. 총기 소지와 사용이 비교적 자유로운 일부 국가에서나 총기 사례를 접할 수 있으며, 이를 영상적으로 표현할 수 있기 때문이다. 그 대표적 장르로는 일명 '서부영화' 로 통하는 웨스턴무비(Western Movie)이며 서부개척사의 건맨들에 대해 다룬다. 근대로 접어들면서 건맨들은 활동영역을 넓혀 도시의 음지로 진출한다. 러시아 및 이탈리아 마피아·삼합회·야쿠자 등으로 대표되는 조직폭력의 갱스터무비(Gangster Movie)가 바통을 이어받는다.

1920년대부터 당대의 사회·문화적 배경을 가지고 확실하게 자리잡은 갱스터 영화는 자본주의에 대한 비판적 기제로 쓰였다. 금주령이 발효되면서 급성장한 범죄 조직과 갱스터의 범법 행위를 소재로, 당대 사회의 실상에 대한 반영을 오락의 형태로 만들며 시작되었다. 갱스터 영화에서 주로 다루어지는 주제나 등장인물, 내러티브 등을 보면 갱스터는 단순한 논리를 지닌 산업사회의 희생양으로서, 언제나 '악' 의 편에 서며 따라서 궁극적으로는 파멸한다는 권선징악의 정형적 이분논리로 해석된다. 초기 갱스터 영화에서는 평범하던 주인공이 우여곡절 끝에 갱스터와 타협하게 되고 자본주의 사회에서 성공하기 위해 점차 야심을 키워나가다가 결국 '게임의 법칙' 에 따라 파멸하는 전형적인 내러티브를 보여준다. 이러한 전형성은 사회분위기에 따라 조금씩 변모하면서도 본질적으로 유지되는 갱스터 영화의 척추가 된다.

ㅡ이상형ㅡ 이상형(異常型) 인물은 대중적 서사물에서 가장 빈번하게 등장하는 유형 중 하나이다. 이상형 인물은 일반적으로 정상의 궤도를 이탈하여 범죄를 저지를 소지를 가지고 있으므로 잠정적 범죄형 인물로 간주되기도 한다. 이들은 사회적 의미에서 아웃사이더(outsider)*에 해당되는데, 사전적 의미에서 인사이더(insider)의 반의어로, 사회·경제·법률적 테두리 밖에 있는 사람을 칭하는 단어이다.

---

* 아웃사이더는 1956년 콜린 윌슨의 ⟨⟨아웃사이더(The Outsider)⟩⟩에서 주목받은 개념으로, 사회질서에 대하여 반항하면서 자칫 사회문제로 간주되기 쉬운 아웃사이더를, 인간존재의 본질에 깔려 있는 속물성(俗物性)을 극복하려고 노력하는 윤리적 존재로서 새롭게 의미부여한다.

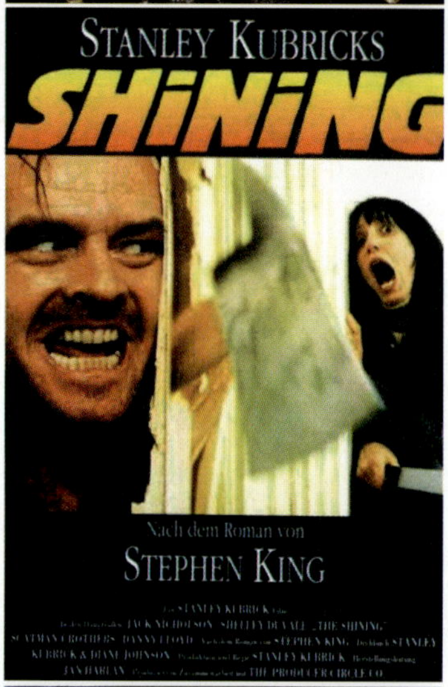

위 10대들의 이유없는 반항 《아웃사이더(1983)》
가운데 가족이라는 이름의 광기 《샤이닝(1980)》
아래 인간의 적이 된 공포의 광견 《쿠조(1983)》

아웃사이더의 공통점은 자신이 속한 사회와 이를 유지하기 위한 규범, 공간과 시대, 나아가 일상으로부터의 일탈을 도모한다는 데에 있다. 일탈은 단순히 '벗어난다'는 사전적 의미만이 아니라, 그 이면에는 시대와 사회에 따라 상대적으로 해석될 수 있는 유동성이 전제된다. 사회적 규범의 테두리를 벗어나려는 혹은 대사회적 발언권을 확보하기 위한 '의도적' 일탈도 존재할 것이며, 개인의 규범 자체의 영역이 사회 규범의 영역과 교차됨으로써 발생하는 '우발적' 일탈도 존재할 수 있다. 이러한 일탈의 에너지는 사회의 질서를 거스르는 리트로 에너지(retro-energy)로서 정도의 차이가 있겠으나, 광기(狂氣)의 소산으로 볼 수 있다.

광기는 정상을 벗어난 비정상의 이상 증세로 설명될 수 있으나, 철학자 프리드리히 니체(Friedrich Nietzsche)는 광기를 품지 않는 예술의 진정성에 대해 회의적이었으며, 블레즈 파스칼(Blaise Pascal)은 인간은 본질적으로 광기에 사로잡혀 있으며 미치지 않았다는 것은 아마도 미쳤다는 것의 또 다른 형태일 것이라고 말한다. 미셸 푸코(Michel Foucault)에 따르면 광기를 통해 인간은 지배적인 이성의 작용 속에서 자신의 이웃을 감금하고, 비광기(nonmadness)라는 냉혹한 언어를 통해서 서로를 인지하고 상호 소통한다. 전통적으로 광인(狂人)의 발작과 광포함은 정상인들에게는 불안과 위협, 공포와 경계의 대상이었으며 따라서 중대한 사회적 위험요소로 간주된다. 광인은 결코 인간으로 간주될 수 없다는 부정적인 견해는 역사적으로 일반화된 편견이다. 이러한 광인을 비인(非人), 즉 동물적 관점에서 바라보는 편견은 일종의 강박관념으로 해석될 수 있다. 광인을 비인으로 보는 관점은 짐승에 대한 오랜 불안과 공포의 강박관념과 일맥상통한다.

그러나 21세기를 맞이하는 시점에서 동물적인 변형은 더 이상 극악한 힘의 가시적인 기호도 아니며, 비이성의 악마적인 작용의 결과도 아니다. 인간 속에 내재된 동물성은 자기 자신 이외의 어떤 다른 것과도 매개되지 않고 바로 광기로 변형된다. 광기 속에서 날뛰고 있는 동물성은 인간에게서 인간적인 요소를 박탈한다. 그것은 인간을 다른 힘에게로 맡기기 위해서가 아니라 단지 인간의 본성이 무(無)에 이르는 지점에 인간을 위치시키기 위해서이다. 사실 이러한 내재된 동물성 때문에 광인은 인간적인 허약함과 불확실, 그리고 병으로부터 오히려 차단되었으며, 동물적인 강인함과 단단함은 광인을 초인적인 존재로 경원시하게 만들었다.

죽음이 시간의 영역에서 인간의 한계이듯 광기는 동물성의 영역에서 인간의 한계이다. 종교적 의미에서 죽음이 그리스도의 죽음에 의해 신성시되었듯이 가장 야수적인 본성을 갖는 광기 또한 신성시된다. 광기는 신이 자신의 인간화를 통해서 감수한 인간성의 최저 단계이다. 그러한 신의 감수를 통해서 인간에게 있는 어떤 비인간적인 것도 회복되거나 구원받을 수 있다는 것을 보였다. 최악의 타락이 신성의 현존에 의해 영광을 얻은 것이다. 즉, 광기를 둘러싸고 벌어진 이상한 관행들, 광기를 징벌하는 동시에 광기에게 영광을 부여한 이러한 행위들은 광기를 동물성에로 환원시켰으며, 동시에 광기로 하여금 구원을 가르치게 했다.

스스로를 가둔 자폐적 광기 《뷰티풀 마인드(2001)》

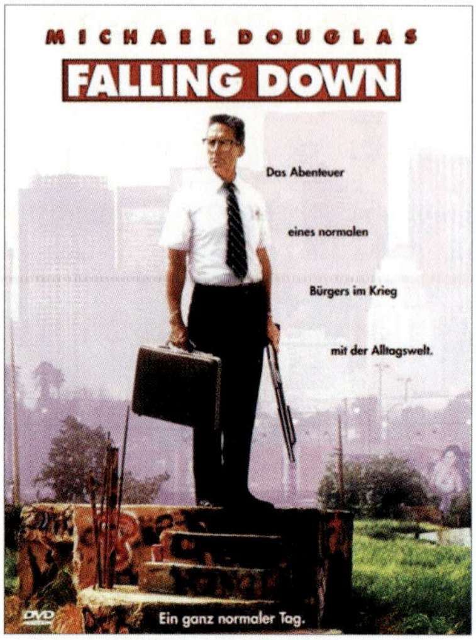

실존적 광기와 살인을 다룬 현대판 '이방인' 《폴링 다운(1993)》

광기는 처음부터 육체와 영혼의 질병이며, 뇌와 영혼으로부터 동일하게 영향을 받는 특질, 동일한 기원과 본성을 갖게 되는 질병이다. 광기는 영혼과 육체의 통합과정에서 발생하는 가역반응(可逆反應)이며, 열정이 정지된 상태, 인과성이 훼손된 상태, 영혼과 육체의 통합이 해체된 상태이다. 광기는 열정의 필연성과 바로 이 열정 자체에 의해서 해방되어 열정을 극복하고, 열정이 함축하는 모든 것을 거부하는 무정부상태와 같다. 육체와 영혼의 질병으로서 광기는 격렬한 신경과 근육의 운동으로 인해 의지나 생각, 상상의 모두를 균열시키고 일탈하는 현상이며, 그 이상이다. 로버트 제임스(Robert James)는 그런 의미에서 광기를 정신착란(精神錯亂, delirium)으로 보았다. 정신착란을 뜻하는 영문 표기 delirium은 항적(航跡)을 의미하는 'ira' 에서 유래하였으며, 따라서 'deliro' 는 항적에서의 이탈, 즉 이성의 고유한 영역에서의 이탈을 의미한다.

이처럼 광기는 모든 종류의 정신분열, 일체의 자기애의 망상, 맹목적인 열정 등을 포괄하는 총체적인 현상이며, 광기의 극단적 발현은 자신을 포함하여 타인에게 해를 미치는 살기(殺氣)로 귀결된다. 살인의 사전적 의미는 매우 단순 명료하다. 살인(殺人), 즉 사람이 사람을 죽이는 일체의 행위를 뜻한다. 조물주의 피조물 중에서 인간은 가장 그의 형상을 닮게 만들어졌다. 그러한 신화적·종교적 진술은 인간을 만물의 영장으로 격상시키기에 충분한 것이지만, 살기는 인간의 모든 가능성을 부정하는 가장 극단적인 형태이며 야수성으로의 퇴행이다. 인간이 살기를 품는 경우 그는 더 이상 신을 닮은 창조물이 아니며, 실존의지가 아닌 부정의지를 통해 비인의 나락으로 떨어지고 만다.

역사적으로 살인은 '가진 자' 의 특권이었다. 한 사람을 죽이면 죄인이지만, 다수를 죽이면 영웅이라는 말이 있다. 지배층은 피지배층을 효율적으로 지배하기 위해 유효

적절한 명분을 내세워 합법적 혹은 불법적 살인을 자행했다. 따라서 가지지 못한 피지배층은 때로는 제의적으로, 때로는 정치적으로, 때로는 무고하게 희생되는 것을 감수해야만 했다. 현대의 지배층은 국익의 명분을 내세워 국민들을 전장에 내보내는 합법적·간접적 살인을 자행한다. 전쟁은 인간을 고려하지 않는 정치적·경제적·이념적 명분을 위한 폭력적 산물이며, 대량학살을 통한 현대적 의미의 제의(祭儀)이다.

타민족·타국민을 제거함으로써 자국을 위해 더 나은 정치적 입지와 더 많은 경제적 이득을 얻을 수 있다는 자본주의의 논리에서 전쟁은 발발하기도 하고, 유일신 사상을 가진 종교국가들은 자신의 신을 강요하기 위해 혹은 타인의 신을 부정하기 위해 전쟁을 감행하기도 한다. 종교적 이데올로기에 의해 수행되는 성전(聖戰)은 과거 이교도에 대하여 수행된 이슬람교도의 지하드(Jihad), 로마교황이 성지(聖地) 회복과 이교도 정복을 목표로 십자군을 조직하여 수행한 십자군전쟁 등이 대표적이며, 2차 대전 이후 미소 냉전(冷戰) 상황도 일종의 성전 이데올로기로 볼 수 있다.

위 크메르 루즈의 참혹한 홀로코스트 《킬링 필드(1984)》
그림 아래 순진한 사제와 억울한 사탄의 대결 《야수의 날(1995)》

특히 지하드는 아랍어로 '고투, 분투'라는 뜻으로, 마치 일종의 행동강령처럼 받아들여지기 쉽지만, 원개념은 이슬람의 기본교리와 신앙의무를 종교적 측면에서 수행하라는 의미이다. 지하드는 이슬람의 교리를 지키기 위해 펜(글)을 통한 참여, 신앙에 의한 참여, 지배에 의한 참여, 검에 의한 참여로 구분되는데, 힘의 논리가 대중을 선동하는 데 유리하다는 점을 악용하여 검이나 지배에 의한 지하드만을 강조하면서 정치 도구화되었다.

사형제도에 대한 진지한 성찰 《그린 마일(1999)》

이처럼 종교는 인위적이 아닌, 인류의 탄생과 더불어 자연발생적으로 형성되었으며, 인간으로 하여금 인류를 창조하고 천지를 창조한 태초의 힘과 창조주 앞에서 겸양과 숭배, 복종을 통한 마음의 안식을 목적으로 한다. 아이러니하게도 인간의 생명을 가장 많이 앗아간 것이 바로 종교다. 종교에 대한 맹목적인 추종은 영혼의 개안을 전제로서만이 가능하며, 그렇지 않을 경우 종교는 육신의 눈을 가려서 가장 두려운 비극적 살기의 면죄부가 될 뿐이다. 이 모든 집단적 살기는 어떤 명분으로도 용납될 수 없으며, 홀로코스트의 면죄부는 존재하지 않는다.

앞에서 언급한 합법적인 경우를 제외한 대부분의 살인은 '못 가진 자' 의 억압된 분노와 대사회적 불만의 자괴적 표출이다. 인간으로서의 최소한의 실존을 위해 혹은 누적된 불만의 제어불가능한 순간 폭발로 인해 살인을 저지르게 된다. 이에 대해 알렉스 티오(Alex Thio)는 살인을 가족사(Family Affair)라고 칭했다. 살인이라는 행위는 전통적 도덕적 관습에 따라 강력하게 억제된 행동이기 때문에, 이러한 규율을 어기고 살인을 저지를 만큼 폭발적인 감정의 동요가 전제되어야 한다. 따라서 타인보다는 다양한 감정의 누적이 가능한 가족의 경우에 살인이라는 극단적인 방법이 자행될 가능성이 높다. 살인은 인간의 가능성을 부정하는 가장 극단적인 방법이지만, 대부분 살인의 동기는 사소한 것에서 시작된다.

역사적으로 인류는 종족과 사회, 국가의 기강을 확립하기 위해 합법적인 살인을 제도적으로 마련하고 있다. 그것이 바로 사형제도이다. 카를 부르노 레더(Karl Bruno Leder)에 따르면 사형은 인간 사회에 적용된 가장 오래된 형벌이다. 최초의 원시사회는 애니미즘의 지배하에 강력하게 준수되었는데, 타부(taboo)를 위반하는 경우 추방이나 사형 이외의 다른 방법을 찾지 못했다. 추방도 정신적 의미에서 사형이었으니 사형제도의 기원은 유사(有史) 이전으로 추측할 수 있다. 사형이 제도화되기 이전에도 개인적 혹은 조직적 의미의 사형은 존재했다. 복수는 법의 영역을 벗어난 개인·조직 간의 사형이라 할 수 있으며, 인신공양(人身供養)은 종교적 의미에서 집단의 위락을 위한 성스러운 희생이었으나 엄연한 사형이라 할 수 있다.

─ 키덜트형 ─ 사회적·육체적으로는 성년(成年)이 되었음에도 불구하고, 정신적으로 혹은 이상적으로는 여전히 유아상태에 정체되거나 유아상태를 존속·지향하는 일련의 집단을 설명하는 용어로 '피터 팬 증후군(Peter-Pan Syndrome)', '모라토리엄 증후군(Moratorium Syndrome)', '키덜트(Kidult)' 등이 있다. 먼저 피터 팬 증후군은 성인 사회에 부적응 현상을 보이고 퇴행적인 행동을 하는 남성들의 심리적 증후를 지칭한다. 제임스 베리(James Barrie)의 유명한 고전 희곡에 등장하는 피터팬은 어른이 되는 것을 두려워하여 세상을 거부하고 네버랜드에 남아 영원히 자라지 않는 아이로서 살아간다. 임상심리학자 단 카일리(Dan Kiley)는 1970년대 후반 미국 성인사회에 동조·합류하지 못하는 성인 남성들이 대량으로 발생하는 현상에 주목하면서 이에 대해 피터 팬 캐릭터의 이상심리(Abnormal Psychology)에 착안

네버네버랜드의 노완동(老頑童) 《피터 팬(1953)》

하여 자신의 저서 《피터팬 신드롬(Peter Pan Syndrome : Men Who Have Never Grown Up)》에서 최초로 명명했다.

모라토리엄 증후군은 독일 심리학자 E.H. 에릭슨(E.H. Erikson)이 처음 사용한 용어로서, 원래는 금융 용어로 '지불 유예'를 의미한다. 즉 모라토리엄 인간은 권리에 따른 대가로서의 책임을 지불하기를 미룬다는 뜻의 조어(造語)이다. 1960년대에 들어 지적 육체적 성적인 면에서 제 몫을 다 할 수 있으면서도 사회인으로서의 책임과 의무를 의도적으로 기피하는 청년층을 지칭하면서 널리 쓰이게 된 말이다. 모라토리엄 인간은 노동의 의무나 납세의 의무 같은 성인의 의무가 면제된 청년기에 머무르려 하는 사람으로서 자신의 가능성을 마음껏 발휘할 수 있을 정도의 유연성을 지니고 있으나, 사회에 대해 유아적 태도를 고수하고 있어 어떤 집단에 대해서도 귀속의식이 희박하고 그에 따라 사회적 자아 정체성이 약한 것이 특징이다.

피터 팬 증후군이나 모라토리엄 증후군이 사회학적으로 '문제적' 성인에 대한 지칭이라면, 유아적 감성을 '의도적'으로 추구하는 성인집단을 일컫는 키덜트(Kidult)는 다분히 긍정적인 입장이다. 키덜트는 아이(kid)와 어른(adult)의 합성어로 성년이 되었으나 유아적 분위기와 감성을 간직하고, 이를 문화적 사회적 예술적인 차원에서 추구하는 집단이다. 이들의 특징은 진지하고 무거운 것 대신 가볍고 유쾌하고 재미있는 것을 선호한다. 대중문화에서 이렇듯 어른들이 어린이가 되고 싶어하는 환상을 담은 문화 형식들을 통상적으로 '키덜트 문화'라고까지 표현할 정도로 키덜트 문화는 이미 영화, 소설, 패션, 애니메이션, 광고 등 소비문화 전 영역에서 새로운 문화 신드롬으로 확산되고 있다. 키덜트 문화는 유년과 성년의 경계를 모호하게 함으로써 각박한 현실에 대한 극복의 해법을 향수와 추억, 동화와 환상 속에서 찾도록 도모한다.

진정한 슬랩스틱 코미디의 대가 《희극지왕(1999)》

치기(稚氣)의 사전적 의미는 '어린애 같은 유치하고 철없는 감정이나 기분'이다. 한마디로 철없는 상태를 의미한다. '철 없다'고 할 때의 '철'은 원래 계절의 변화를 가리키는 말이다. 주역의 영향을 받은 동양권에서는 계절의 변화를 성숙이라는 의미로 해석한다. 따라서 사시사철의 계절 변화를 미루어 짐작할 수 있다는 것은 지혜를 의미하게 된다. 따라서 철이 없다라는 표현은, 만물의 변화와 이치, 사리를 분별할 줄 모른다는 뜻으로 지혜가 없다라는 의미가 된다. 이와 동일한 맥락에서, 매사에 사리판단을 제대로 할 줄 모르는 어린애 같은 사람에 대해 '철부지(-不知)' 라는 어휘를 사용한다. 치기는 한 마디로 철부지의 기운이며 철부지의 철학이다.

이러한 치기의 소산이 바로 키치(Kitsch) 문화다. 키치는 영어 'sketch', '긁어모으다, 함부로 주워 모으다' 라는 의미의 독일어 'kitschen' 등에서 그 어원을 찾아 볼 수 있다. 19세기말 독일 예술가들 사이에서 고결함의 결여를 나타내는 듯이 보이는 그림과 감상적인 중산층들의 동경심을 만족시키는 듯한 그림을 비판적인 의미에서 사용했던 개념이다. 여기서 파생된 'verkitschen' 은 '은밀히 불량품과 폐품을 속여 팔다', '속여 물건을 강매하다' 라는 의미로 사용되었다. 그러므로 키치라는 말 속에는 원래 비윤리성과 진품이 아니라는 의미가 포함되어 있었다. 즉, 키치는 '속악한 것, 진짜가 아닌 것 혹은 본래의 목적에서 벗어난 사이비(似而非)' 를 뜻하는 미술 용어로서 'Good Design' 에 반대되는 개념이다.

그로테스크와 퀴어의 원조 《록키 호러 픽쳐 쇼(1975)》

19세기 말 산업화로 대중문화의 파급 속도가 빨라지고 고급문화에 대한 중산층의 욕구가 거세지면서 키치는 바로 이러한 중산층의 문화욕구를 만족시키는 그럴듯한 그림을 비꼬는 의미로 사용하던 개념이다. 현대에 이르면서 그 의미가 점차 확대되면서 저속한 미술품, 일상적인 예술, 대중 패션 등을 의미하는 폭넓은 용어로 쓰이면

위 만화적 상상력의 카니발리즘 《비틀쥬스(1988)》
아래 패스티쉬를 통한 키치적 재창조 《재밌는영화(2002)》

서, 고급문화나 고급예술과는 별개로 대중 속에 뿌리박은 하나의 예술 장르로까지 개념이 확대되어 현대 대중문화·소비문화 시대의 흐름을 형성하는 척도를 제공하기도 한다. 키치 현상을 보편적인 사회현상, 인간과 사물 사이를 연결하는 하나의 유형, 일정한 틀에 얽매이지 않고 기능적이며 편안한 것을 추구하는 사회적 경향 등으로 풀이하기도 한다. 키치문화를 부정적으로 해석하면, 키치문화는 산업사회의 부산물로 문화의 참된 가치에 무감각한 사람들에 의해 생긴 조악하고 저급한 대중문화를 지칭하는 것이 된다.

상류가 아니면서 상류가 되고 싶은 신분상승의 욕망으로 이를 흉내내던 키치의 '카피(copy)' 속성은 이제 광고 '카피'에도 당당하게 등장할 만큼 자리매김을 하고 있다. 특정한 계급의 속물적 열망에서 점화된 키치적인 발상이 하나의 문화코드로 사회·문화·예술 전반에 영향을 미친다는 것은 주목할 일이다. 역사적으로 고급문화는 문화의 중심은 아니었다. 고급문화의 고상한 미적 혜택을 향유할 수 있는 교양있는 계층은 늘 소수이기 때문이다. 문화의 중심은 늘 다수의 대중이었으며, 따라서 대중문화의 범람이 문제될 수는 없다. 다수가 지지하는 문화의 물살이 지류로서 범람하는 것은 당연한 자연의 이치이기 때문이다.

물론 키치문화가 대중문화를 대표할 수는 없다. 키치문화 또한 이를 이해할 수 있는 특정한 소수를 위해 혹은 소수에 의해 통용되는 주변문화이다. 문화의 향유층을 인구

수에 비례하여 차등하는 것이 양해될 수 있다면, 소수 엘리트를 위한 고급문화나 소수 매니아를 위한 키치문화의 위상은 비슷하다. 따라서 단순히 키치적 발상이 고급이 아니라는 이유만으로 무시되거나 매도될 필요는 없다. 물론 속물성에서 출발하여, 치기성을 반환점으로 하는 키치문화는 시시하다. 진지하게 의미를 찾아 파고들수록 아무것도 얻을 수 없다. 아무 의미도 없기 때문에 반복할수록 더욱 시시해진다. 따라서 키치적인 것은 단속적이며 영원할 수 없다. 그러나 영원은 그 속성상 인간과는 거리가 먼 개념이다. 인간은 물리적으로도, 정서적으로도 유한하며 불완전하다. 그러한 한계를 감추기 위해 가면 속으로 자신을 감추는 지도 모른다. 그런 의미에서 인간에게 치기는 가장 감추고 싶은 잠재된 욕망이며, 동시에 가장 엿보고 싶은 부조리의 욕망이다.

— 지능형 — 인간에게는 본질적으로 자신을 중심으로 벌어지는 사건과 상황의 변화에 대해 추리할 수 있다. 추리에 관한 비유는 신화 속에서 그 기원을 찾을 수 있다. 아테네의 왕 아이게우스의 아들로 태어난 테세우스(Theseus)는 자신이 친자임을 증명할 왕가의 검(劍)과 신발을 찾아내는 모험 끝에 아이게우스에게 왕자로 인정을 받지만, 이후 크레타 섬의 괴물 미노타우로스(Minotauros)와 대면하는 최대의 위기에 직면한다. 괴물 미노타우로스를 물리치는 것만이 아니라, 크노소스(Knossos)의 미궁을 빠져나가는 것 또한 만만치 않기 때문이다. 크레타의 수도 크노소스의 궁전은 미로처럼 복잡한 설계의 미궁으로 유명하기 때문이다. 이에 크레타의 공주 아리아드네(Ariadne)는 테세우스를 사랑하여 그에게 검과 실을 주고, 이 실의 끝을 미궁의 입구에 매어 놓음으로써 그는 길을 잃지 않고 괴물을 퇴치한 다음 무사히 밖으로 나올 수 있었다.

미궁의 테세우스(존 워터하우스 作, 아리아드네가 건네준 실패를 손에 쥐고 있는 테세우스)

실마리의 영문표현 'clue'의 사전

위 아서 코난 도일의 얼터에고 명탐정 셜록 홈즈
아래 아가사 크리스티가 창조한 회색세포 명탐정 에르퀼르 포와로

적 의미는 '수수께끼의 해결책, 퍼즐의 열쇠, 미궁의 도표(道標), 결정적으로 제공된 정보' 등이다. 여기서 미궁의 도표라는 의미의 기원이 바로 아리아드네가 테세우스에게 건넨 '실'이 미궁을 탈출하는 결정적인 해결의 단초가 되었다는 신화에서 유래한 것이다. 이성을 통한 추리의 과정을 설명하는 과정에서 해결의 단서를 '실마리'라고 하는데, 실을 감아 두는 실패·실타래에서 일부 풀려 나온 실의 끄트머리를 가리킨다. 실마리를 단서에 비유한 것은, 어떤 사건을 해결하는 데 있어서 겉으로 보기에 단단하게 감겨 좀처럼 풀어낼 방법이 없을 듯한 경우에도 사건을 풀어나가는 단초는 실마리처럼 사소한 끄트머리부터 시작된다는 것을 강조하기 위해서이다. 일단 실의 끄트머리 실마리를 잡아내기만 하면, 남은 것은 그것을 따라 증거를 모으면서 추적하는 일이며, 결국 수집하며 추적하다 보면 사건의 결정적인 증거를 잡게 되면서 사건을 해결하게 된다.

여기서 추리란, 몇 개의 증거를 바탕으로 하여 어떤 사실이 성립되어 있음을 미루어 추측하는 일로 이성의 작용이다. 이성은 인간이 다른 생명체들과의 상대적 정체성을 자각한 이후부터 인간의 가장 중요한 속성이 된다. 추리 장르의 시발은 비교적 근대로 추정되지만, 작품을 만드는 이성의 구조는 늘 인간 자신과 동시대적이다. 단지 그 구조들은 시대의 벽두부터 무의식적으로 기능하였기 때문에 알아차리지 못했을 뿐이다. 의식의 역사는 없지만, 자각의 역사는 있다. 수사(搜査)는 인간 정신의 가장 자연스러운 방법인데도 사람들이 수사를 이해하는 데 오랜 세월이 걸렸다. 이처럼 추리 장르는 다분히 문명적인 본성으로 인해 산업 선진국에서 특화 발전된 장르로서, 범죄라는 주제는 이미 오래 전부터 작가와 일반 독자들을 열광시켜 왔으며, 서양

비극에서는 끊임없이 중대한 범죄를 다루어왔다.

범죄 행위가 중심사건이 되는 문학 작품은 오래 전부터 통속문학은 물론 정통(본격) 문학에도 존재해 왔으며 서로 혼합되는 경우도 다반사였다. 다만 이러한 침투 혹은 혼합 현상은 매우 드물게 일어났기 때문에 추리 장르는 오랫동안 문학적으로 격리 수용되어 왔다고 볼 수 있다. 소위 포스트모던 시대에 접어들면서 추리문학과 본격(포스트모던)문학이 상호접근하기 시작했는데, 두 영역은 최소한 두 가지 점에서 본질적인 유사성을 가진다. 하나는 현실적인 세계를 묘사하는 것을 공통적으로 거부한다는 것이고, 다른 하나는 가능한 한 하나의 세계를 창안하려는 경향이 강하다는 것이다. 특히 추리문학은 현실 세계가 합리적인 구조를 가지고 있다는 전제에 기초를 두고 있고, 따라서 이 세계는 인간의 이성, 다시 말하면 탐정의 귀납적인 추정에 의하여 규명될 수 있다는 입장이다.

물론 추리 장르를 통해 얻어지는 많은 부분들이 통속성과 대중성, 흥미위주의 전개 방식과 말초적인 요소에 기인한다는 것을 부인할 수는 없다. 다만, 그러한 대중적인 추리 경향이 추리 장르 본연의 가치는 아니니다. 추리 장르는 견고한 퍼즐식 구성과 이성에 기반한 논리적 연산과정, 몰입도 높은 사건과 상황, 죄의식과 수사의지의 대립 등에 비중을 두는 인간적인 장르라고 할 수 있다. 즉, 인간에 의해 저질러진 사건을 인간의 힘으로 해결하는 인간 중심의 철학이 바탕에 있다. 따라서 추리 장르에 대한 비판은 장르가 아닌 작품에만 해당되는 것이다.

추리가 이성과 지성의 작용이라면, 재기(才氣)는 이를 토대로 하면서 다소 네거티브한 측면이 있으며, 재주 있는 기질이나 재치 있는 임기응변의 태도 등의 사전적 의미를 갖는다. 재기발랄이나 재치라는 말은 평범 이상의 재능이 전제되어야 하는 것으로, 제3자의 객관적인 안목에서 상황을 내려다볼 수 있어야 성립될 수 있다. 천태만상에 대해 재치 있게 진단하고 제시하는 재기의 의미역은 생각보다 광범위하다. 재치의 뉘앙스에는 웃음이 가진 양면적 요소가 포함되기 때문이다. 웃음에는 여러 가지가 있는데, '웃다' 와 '비웃다' 로 크게 이분된다. 전자는 정상적인 유쾌한 감정의 표현이고, 후자는 비정상적인 불쾌한 감정의 표현이다. 즉 웃음에는 유쾌한 웃음과 불쾌한 웃음이 있으며, 유쾌한 웃음이 정감(情感)의 소산인 반면, 불쾌한 웃음은 반감(反感)의 소산이다.

재치를 모티브로 하는 현상을 지칭하는 말은 다양하다. 일반적으로 유쾌한 웃음을 의미하는 말로 코믹(comic)이나 해학(humour), 유쾌하되 기지는 위트(wit), 불쾌한 비웃음으로 날카로운 비판의식이 내재된 풍자(satire)와 왜곡을 통한 반어(反語)의 아이러니(irony), 그밖에도 패러디(parody), 재미·장난(fun), 말장난(pun) 등이 있다. 이러한 현상들은 한 작품 속에 골고루 녹아 스미는 것이 보통이다. 또한 웃음은 주체와 대상의 관계에 따라 다양한 용어로 정의되는데, 익살은 웃음을 유발하는 행동을 지칭하고, 농담(弄談)은 웃음을 유발하는 말로서 듣는 이를 희롱하는 의도가 있는 반면, 재담(才談)은 농담과 마찬가지로 웃음을 유발하면서도 듣는 이의 호응을 유도하는 의도가 있다.

위 범인을 알고 접근하는 연역적 추리의 대명사 명탐정 콜롬보
아래 아카데미즘에 대한 통렬한 풍자 《브로드웨이를 쏴라(1994)》

이처럼 다양한 용어들을 하나로 통일하기는 벅찬 일이지만, 총칭하는 한자어로 골계(滑稽)가 있다. 비장미의 대척점에 위치한 희극미로서의 골계는 위대한 것처럼 보이면서 나타난 작은 것, 즉 위대한 것을 위하여 준비되었던 마음의 긴장이 의외로 작은 것과 부딪쳐서 이완되었을 때에 느껴지는 일종의 쾌감으로 정의된다. 골계는 기대와 실망의 교체, 진지한 것에서 농담조에의 전환이 일종의 유희적인 우월감정으로 관조가 되어야 하며, 또 그 대상은 골계 감정을 일으키고 그 결과 웃음을 자아내게 된다. 그러나 그 웃음은 생리적 신체적 표출로서 골계 없는 웃음도 있을 수 있으므로 웃음과 골계가 같은 것은 아니다.

골계는 오늘날 해학(諧謔)과 풍자(諷刺)를 합친 개념으로 설명되는데, 해학이 유쾌한 웃음이라면, 풍자는 불쾌한 웃음이다. 풍자와 해학은 (비)웃음을 동반하여 현실을 드러낸다는 점에서 일맥상통한다. 다만 대상에 대한 어조와 태도는 다르다. 풍자는 인간 생활 특히 동시대의 사회적 결함, 악덕 등을 비웃는 호전적인 문체이고, 해학은 대상에 대해 호감과 연민을 느끼게 하는 우호적인 문체이다. 해학은 고단한 현실을 즉흥적이나마 웃음으로 극복하려 한다는 점에서 긍정적인 반면, 풍자는 현실의 문제점을 드러내어 비판하고 그것을 개혁하고자 하는 의지를 담고 있다.

위 광대(안사타 타로)
아래 풍자와 해학의 진수 《돈키호테(2000)》

풍자는 주로 문학이나 연극에서 사회 또는 개인의 악덕·모순·어리석음·결점 따위를 비웃음, 조롱, 익살스러운 모방, 반어법 등 여러 가지 방법으로 비난하거나 때로는 개선하기 위한 의도로 쓰는 예술 형식이다. 풍자는 사실 부분적으로는 고대 그리스 희극에서 유래했지만 고대 로마, 특히 1세기의 수사학자 퀸틸리아누스는 자신들이 풍자를 고안했다고 주장했다. 원래 풍자는 대화로 이루어져 있지만 음미할 만한 줄거리가 거의 없는 미숙한 형태의 연극이었으며, 이 연극은 종교적 성격을 띠고 있었던 것으로 보인다. 풍자는 운문이나 산문처럼 딱딱한 전달 형식이 아니라 평소에 말할 때의 자연스러운 말투로 발달했고, 그리하여 시와 일상 언어, 우화와 기록문화, 대화와 독백에서 모두 가능하게 되었다.

물론 온전하게 풍자만을 유지하거나, 해학만을 유지하는 작품은 불가능하다. 해학 속에 풍자적 요소가 가미될 수도 있고, 풍자 속에 해학적 요소가 가미될 수도 있다. 이렇듯 풍자와 해학은 골계라는 상위개념 하에 상쇄적으로 교직한다. 해학과 풍자를 모두 아우르는 골계는 주어진 상황에 순종하기보다 그것을 극복하고자 하는 건강한 삶의 의지에서 나온 것이며, 이것이 바로 진정한 재기의 철학이다.

패턴 구축하기

pattern building

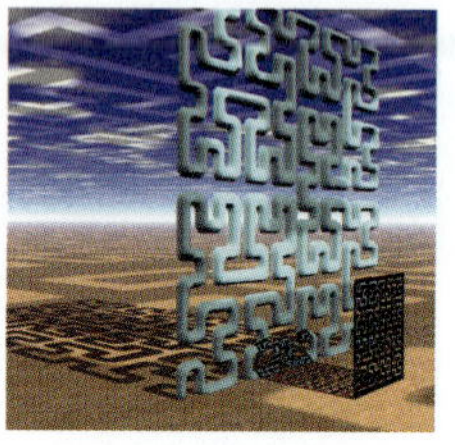

롤랑 바르뜨(Roland Barthes)*는 세상에는 무수한 형식의 서사물이 있으며, 인간의 다양한 이야기를 표현하기 위해 다양한 장르와 매체가 발생한다고 보았다. 다양한 매체로서 발화된 언어(문자 · 음성언어), 그림, 제스처, 이 모든 것의 혼합물 등을 예시했으며, 다양한 장르로는 신화, 전설, 설화, 민담, 소설, 서사시, 역사, 희극, 무언극, 회화, 영화 등을 거론했다. 이를 토대로 살펴보면, 서사물은 대체로 그 문학성이나 미학적 가치의 문제와는 어느 정도 무관하며, 오히려 단순한 전달방식과 전달의지의 표현 혹은 그 결과물이라는 사실만으로도 존재 가치를 가진다. 이와 같이 범인류적이고 무한한 다양성을 가진 서사물을 일언이나 일구로 정의내리기는 쉽지 않다. 다만 서사물에 대한 전문적인 협의의 정의보다는 보다 광의의 정의가 서사물의 광범위한 자장을 제대로 표현할 수 있을 것이다.

재럴드 프랭스(Gerald Prince)**는 서사물을 현실 또는 허구의 사건과 상황들을 하나의 시간 연속을 통해 표현한 일체의 것을 지칭한다고 보고, 이러한 일체의 서사물을 일반적으로 '이야기'라고 했다. 이야기는 다시 표현적 측면과 내용적 측면으로 구분할 수 있다. 즉 말이나 글로써 발언 · 발화하는 이야기의 표현적 측면을 이야기의 '담

---

* Roland Barthes. An Introduction to Structural Analysis of Narrative. New Literay History. VI (Winter 1975)

** 재럴드 프랭스. 서사학-서사물의 형식과 기능. 최상규 역. 문학과지성사. 1988.

화(discourse)' 라고 하고, 발언 · 발화하기 위한 이야기의 내용적 측면을 이야기의 '스토리(story)' 라고 한다. 그런데 모든 스토리는 이야기이지만, 모든 이야기가 반드시 스토리가 되는 것은 아니다. 스토리가 되기 위해서는 일련의 관계성을 갖출 필요가 있으며, 일련의 사건들 속에서 의미와 재미를 줄 수 있는 것을 선택하여 재구하는 작업이 필요하다. 그 과정을 통해야만 비로소 하나의 스토리가 만들어질 수 있다.

스토리는 모든 서사양식을 만들어내는 출발이다. 작가는 자신이 쓰고자 하는 스토리를 다양한 서사양식의 보편성 속에서 이끌어내야만 한다. 서사양식의 보편성은 인물, 시간과 공간을 포함하는 배경, 인과율에 지배를 받는 패턴 등이 바로 스토리의 기본 요소이다. 이런 것들이 유기적으로 상호작용하면서 하나의 '작품' 이 된다. 스토리만으로도 작품이 아니며, 패턴만으로도 작품이 아니다. 모든 요소를 갖추었다고 해서 작품이 되는 것도 아니다. 이들 요소들이 하나의 서사구조 속에서 살아있는 유기체로서 스스로 자생하여 성장할 수 있어야만 비로소 작품이 된다.

보은과 보복 은혜를 입고 은혜를 갚는 행위와 한을 맺고 한을 푸는 문제는 일맥상통하는 원리에 의해 움직인다. 선행되는 행동에 의해 영향을 받는다는 측면에서 인과율에 지배된다. 은혜를 받기 전에 갚을 수 없듯이, 한이 맺히기 전에 풀 수 없듯이, 이 두 가지 패턴은 앞선 행동의 무게중심에 따라 그 정도가 상이해진다. 가벼운 은혜에는 가볍게 보답할 것이며, 가벼운 한에는 가벼운 보복이 있을 수 있다. 물론 이것은 상대적인 기준이다. 사소한 은혜로 인해 중대한 운명의 전환이 될 수도 있으므로, 함부로 속단할 수 없는 깊이를 가지고 있다. 이처럼 객관적으로는 아무것도 아닌 사소한 감정의 어긋남이 만들어낸 엄청난 결과, 즉 한 개인의 운명을 송두리째 바꿔버린 절대성을 떠올린다면 정확하게 이해가 될 것이다.

은혜 갚은 고양이의 이야기
《고양이의 보은(2002)》

은원(恩怨)의 패턴은 은혜를 갚는 보은(報恩)과

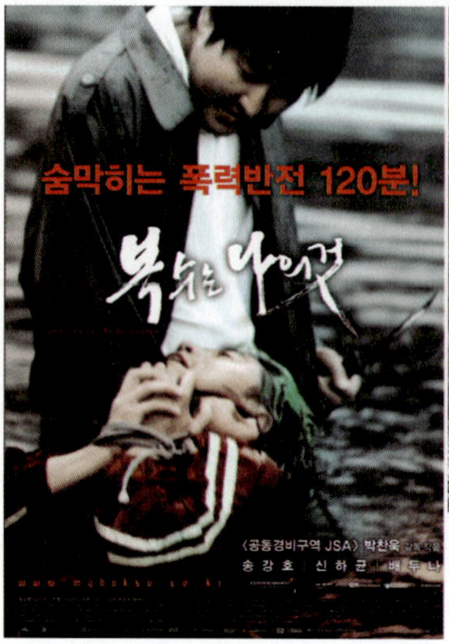

◀ 복수에 대한 잔혹한 반추 《복수는 나의것(2002)》
▲ 아론 버르와 알렉산더 해밀턴의 결투

원한을 갚는 보복(報復)으로 이분할 수 있다. 보은의 패턴은 인간에 대한 예우와 도리를 존중하는 오랜 전통을 가진 패턴으로, 실상 복잡한 현대인의 감성에서는 지극히 단순한 윤리의식으로 폄훼되기 십상이다. 그런데 은혜를 입었으면 갚는다는 윤리의식은 다른 시각에서 바라보면, 일종의 'give and take' 정신으로 다분히 합리적 근대적인 발상이라고 할 수 있다. 예의를 통해 강조할 것도 없이, 이것은 자본주의 합리성에 의거해서도 당연히 지켜져야 할 준칙으로 여전히 유효하다.

이와 반대어는 '은혜를 등지고 은덕을 잊다' 라는 의미의 배은망덕(背恩忘德)이 있다. 이러한 심리가 극단적인 행동방식으로 표출된 것이 바로 보복의 패턴이다. "오른쪽 빰을 때리거든 왼쪽 빰도 내어주라"는 성경 구절이 있는 반면, '이에는 이, 눈에는 눈' 이라는 성경 구절도 있다. 두 가지의 상반성이 공존하는 이유는, 보복의 패턴이 오랜 역사를 거슬러 인간사회의 중요한 인과성의 소산임을 강조하기 위해서이다.

특히 무협서사의 중심을 이루는 의협을 발휘하기 위한 기개의 바탕에는 바로 이러한 보복의 패턴을 의도적으로 강조하고 그 타당함을 부각시켜 오히려 장려하는 측면이 있다고 해도 과언이 아니다. 아버지를 죽인 자를 찾아내서 복수하는 것이야 말로 자식된 도리였으며, 능력이 부족해서 도리어 죽임을 당한다거나 분패했을 경우는 불충과 불효를 죄스러워하며 자결로서 복죄하기도 했다. 이러한 타당한 복수심에 대한 사례는 무협서사를 비롯해서, 서양의 기사도 정신에 입각한 '결투'의 의식도 일종의 불명예에 대한 보복에서부터 출발했다고 볼 수 있다.

이후에도 보복의 패턴은 가장 대표적인 패턴의 하나로서 지금까지 다양한 방식으로 변주되고 있다. 상황과 개인의 성향에 따라 천차만별이겠으나, 일반적으로 보복의 가장 효과적인 방법은 무엇일까. 보복은 단순하게 인과율에 입각한 응징의 차원도 있을 수 있겠으나, 상대로 하여금 자신이 저지른 일에 대해 후회와 반성을 유도하는 보다 심층적인 방법도 있다. 자신의 부모를 해한 자를 찾아내어 똑같은 방법으로 목숨을 해하는 것도 보복이겠으나, 오히려 포용하여 고차원적으로 승화시켜 계도함으로써 상대로 하여금 자신의 행동을 반추하고 반성하게 하는 것도 한 단계 높은 보복의 패턴이라고 볼 수도 있다.

보복은 또 다른 보복을 낳는 놀라운 번식력의 패턴이다. 고리에 고리로 이어지고, 매듭에 매듭으로 이어지는 보복의 패턴은 어느 한 순간, 어느 한 개인의 각성이 아니고서는 끊어지지 않는 무한의 순환이라고 할 수 있다. '이에는 이, 눈에는 눈'의 직접적인 보복이 아니라, 상대로 하여금 후회와 반성을 통해 정신적인 차원에서 보복할 수도 있다. 그렇다면 이러한 반성의 계기로 인해 보복이라는 거대한 무한의 사슬은 끊어질 수 있다. 앞으로도 영원할 비극을 매듭짓는 방법으로서 이러한 정신적 차원의 보복이 유용하다. 물론 다소 지나친 정신적 압박은 상대로 하여금 반성이나 후회를 촉구하기보다는, 스토커로 오인을 받아 오히려 법적인 문제로 비화되는 경우도 있다.

현대적 의미의 복수와 용서를 다룬 《용서받지 못한자(2005)》

최적의 복수극은 상대를 죽이는 게 아니다. 오히려 그를 용서하는 것이다. 달라이 라마는 용서의 철학*에 대해 설파한다. 오랜 역사 속에서 중국의 폭정을 견뎌낸 그는 무조건적인 용서에 대해 강조한다. 미움은 강인함이 아니라 나약함의 다른 모습이며, 남을 미워하

* 달라이 라마·빅터 챈. 용서. 류시화 역. 오래된미래. 2004.

기는 쉽지만, 용서하려면 용기가 있어야 하기 때문이다. 그가 말하는 용서의 의미는 상처를 준 사람을 받아들이는 것만을 뜻하는 것이 아니다. 자신의 마음을 갉아먹는 미움과 원망을 몰아낸다는 점에서 남을 위한 것이 아니라 오히려 자기 자신에게 베푸는 가장 큰 자비이고 사랑이라고 갈파한다. 물론 평범한 우리들에게는 실천하기 힘든 경지인에는 틀림없으나, 그의 가르침은 삶의 방향을 제시한다.

모험과 추구 인생의 막연하고 정처 없는 생리에 빗대어 우리는 인생을 여행에 비유하곤 한다. 어쩌면 그러한 비유 속에는 우리 모두에게 나름의 노스텔지어가 존재하고 있다는 것을 전제로 한 것인지도 모른다. 노스텔지어는 한자로는 향수(鄕愁)로서, 고향에 대한 그리움이라고 해석할 수 있다. 여기서 고향은 단순히 물리적 의미가 아닌, 정신적 의미를 포함하는 광의의 개념이다. 한 걸음 나아가 플라톤의 이데아의 한 궤로 해석해도 크게 무리는 아닐 것이다. 플라톤의 이데아를 언급할 때마다 등장하는 '레테(Lethe)'의 강은 '망각의 강'이라는 별칭으로 불린다.

레테는 '불화의 여신' 에리스의 자식으로, 황천의 강 또는 망각의 근원인데, 그리스인들에 의하면, 레테는 저승의 다섯 강 중 하나로, 다른 네 강으로부터 따로 떨어져 있다고 한다. 스틱스를 건너고 나면, 죽은 망령은 지상에서의 기억을 모조리 지워 버리도록 레테의 물을 마시도록 강요당한다. 환생을 주장하는 철학자들은 죽음의 영혼이 고결한 생활을 다시 한 번 시도하기 위해서 '눈물의 골짜기' 현세로 되돌아오기 전에 역시 이 강물을 마신다고 주장하기도 한다. 가봤거나 가보고 싶은 곳에 대한 그리움, 레테의 강물 한 모금으로 서서히 망각 저편으로 사라져가지만, 온전히 지울 수는 없는 그 아스라함이 노스텔지어의 본질일 것이다.

레테와 단테

낯선 곳으로 떠나는 새로운 경험을 하는 패턴은 단순하게 다른 차원의 시공을 만나는 모험의 패턴과 무언가 특정한 대상물을 찾아가는 추구

중세 판타지 세계관을 체계화한 《반지의 제왕(2001)》

의 패턴으로 이분할 수 있다. 모험의 패턴은 패턴의 역사를 거슬러 올라 가장 대표적이며 일반적인 패턴 중 하나이다. 지금도 헐리우드 영화의 소재로서 변함없이 각광받고 있으며, 판타지 소설이나 게임시나리오에서 즐겨 다루는 패턴이기도 하다. 디지털 최대의 강국임을 과시하는 한국의 온라인게임을 패턴 중심으로 살펴보면, 게임시나리오의 대부분이 다양한 직업을 가진 평범한 주인공이 영웅이 되기까지 악을 응징하고 제압하는 전형적인 모험의 패턴을 따르고 있다.

모험의 패턴은 시간적 배경과 공간적 배경을 기준으로 몇 가지 구분이 가능하다. 우선 판타지 소설이나 기존 소설을 원작으로 하는 게임류는 판타지 소설의 주요 배경이 되는 '중세' 를 배경으로 신화적 요소와 창의적 요소를 적절히 배합하여 긴 여정의 모험을 다룬다. 대개 이런 중세적 모험의 패턴은 그래픽, 캐릭터, 시나리오 등 전반적인 기획에 있어서 서구 중세문학의 지배적인 영향권 안에 있다고 해도 과언이 아니다. 이에 비해 소설이나 출판만화를 원작으로 하는 게임류는 강호를 배경으로 동양철학과 역사를 창의적으로 기획한 모험의 패턴을 따르고 있다. 이러한 무협적 모험의 패턴은 원조격인 중국식 무협서사의 지배적인 영향권 안에 있다고 할 수 있다.

중세적 모험과 무협적 모험의 패턴이 시간을 소급하는 과거 지향적인 패턴이라면, 이에 비해 미래 지향적인 모험의 패턴도 존재하는데, 기존 영화나 애니메이션의 캐릭터를 재활용하거나 영화적 아이디어를 통해 게임의 장르성을 진일보시킨 게임류는 모험의 패턴에 공상과학적 요소를 가미시킴으로서 신세대의 취향에 맞는 미래 지향적인 게임성을 배가시킨다. 대개 이러한 공상과학적 모험 패턴은 중세적 모험이나 무협적 모험의 보편성을 그대로 차용하고, 단순히 배경과 그래픽 디자인의 측면에 사이버필과 디지털필을 가필하는 정도의 단계에 머무는 경우가 많다. 즉, 패턴 자체에 있어서 진보적인 과감한 서사의 왜곡이나 해체를 시도하는 단계는 아니다.

이에 비해 추구의 패턴은 사람이나 장소나 사물을 찾는 패턴이다. 주인공이 찾으려고 하는 대상은 그의 인생을 걸만큼 중요한 것이라는 점에서, 기존 모험의 패턴에서 변

그림 위 우주신화로 이어지는 공상과학적 모험의 패턴 《스타워즈(1977)》
그림 아래 진귀한 보석을 찾아 떠나는 여정 《로맨싱 스톤(1984) 》

주되는 사물이나 사람을 찾는 여정과는 변별된다. 추구의 패턴의 주인공들은 반드시 성공을 담보로 하지 않아도 된다. 추구의 패턴은 주어진 여정 동안 다양한 사건을 경험하는 주인공의 내면 성장에 초점을 맞추기 때문이다. 주인공은 선한 인성에서 악한 인성으로 변화할 수도 있으며, 강인한 의지의 인물에서 거듭되는 실패로 인해 무기력한 인물로 변화할 수도 있다. 추구의 패턴은 가시적인 성공이 아니라, 눈에 보이지 않는 각성을 중시한다. 보다 비극적인 추구의 패턴은 긴 여정의 과정에서 실존적인 각성을 통해 주인공이 죽음에 이르는 경우도 있다.

주인공은 긴 여정 동안 자신이 추구하는 대상을 얻을 자격이 있는가에 대해 증명해야 한다. 처음 그는 그럴만한 자격이 없는 상태에서 여행을 시작하게 되지만, 숱한 난관을 자력으로 때로는 조력자의 도움으로 극복하면서 점차 추구하는 대상을 얻을 만한 자격이 있음을 스스로 증명하게 된다. 이것이 바로 추구 패턴의 핵심이다. 이러한 자격을 증명하는 방법은 단순히 난관을 극복했다거나 주어진 퀘스트를 클리어했다는 단순한 게임진행의 단계에서 증명되기보다는, 함께 여행을 하는 동반자와의 대화를 통해 간접적으로 제시되는 방법이 유용하다. 따라서 추구의 패턴에서는 한 개인의 일방적인 영웅담이라기보다는, 동반자를 통해 영웅이 되어가는 과정을 목격하게 함으로 인물에 대한 동화현상을 극대화하는 장점을 갖게 된다.

탈출과 구출 폐소공포증(閉所恐怖症; claustrophobia)은 협소한 공간에서 심리적 공황상태에 빠지는 병상(病狀)으로, 라틴어 어원 'claustrum'은 좁은 곳 또는 밀폐된 곳을 뜻한다. 무의식의 억압으로 인한 일종의 트라우마라고 할 수 있는 이 상태가 만약 자의에 의한 것이 아니라 타의에 의해 감금된 형태라면, 공포는 배가된다. 이처럼 가두려는 의지와 빠져나오려는 의지와 구하려는 의지의 첨예한 갈등 속에서 야기되는 관계에 대한 패턴은 가장 흥미로운 패턴 중 하나이다.

구출(救出)과 탈출(脫出)의 패턴으로 이분할 수 있는데, 구출의 패턴은 대개 영문도 모르는 상태에서 감금된 가련한 희생자, 악의적인 이유로 희생자를 감금한 안타고니스트, 그리고 영웅적 행동을 행할 프로타고니스트의 삼각구도로 이루어진다. 프로타고니스트는 안타고니스트가 희생자를 가둔 이유를 추적하면서, 동시에 일정한 제한시간에 희생자가 갇힌 장소를 알아내야하는 이중고를 겪게 된다. 또한 프로타고니스트와 희생자의 관계는 반드시 구해내야만 하는 혈연관계나 연인관계일 수도 있으며, 프로타고니스트의 직업에 따라 사회정의의 실현을 위해 무고한 희생자를 구하려는 살신성인의 소산일 수도 있다.

또한 안타고니스트가 감금이라는 방법을 택하게 된 동기는 단순한 악당이기 때문에 불특정 다수를 감금하여 가해한다는 설정도 가능하고, 프로타고니스트에게 고통을 주기 위한 간접적인 방법으로 희생자를 감금한 것일 수도 있다. 후자의 경우는 희생자와 프로타고니스트의 관계가 직업상의 이유가 아닌 혈연이나 연인관계일 때 그 갈등이나 긴장은 증폭된다. 대부분 구출형 패턴에서 희생자는 패턴의 전개에 크게 기여하지 않는다. 오히려 나름대로 탈출을 시도하다가 프로타고니스트의 구출계획에 중대한 차질을 발생시키는 등 장애요소로서 완화되어 가던 패턴을 다시 한 번 압박하고 강화시키는 반전의 기능을 하기도 한다.

위 무고한 감금과 실존적 탈출의 패턴 《큐브(1993)》
아래 탈출을 통한 인간의 실존 의지 표출 《빠삐용(1973)》

난파와 표류, 고전적인 해양 탈출 패턴
《로빈슨 표류기(1954)》

이에 비해 탈출형 패턴은 프로타고니스트와 안타고니스트의 일대일 정면대결이라고 할 수 있다. 별도로 희생자는 필요하지 않으며, 다만 동반 탈출시에는 보호해야 할 동반자 형태로 등장할 수는 있다. 탈출형 패턴에서 가장 중시되는 것은 공간이다. 어떤 공간으로부터 벗어날 것인가 하는 문제는 탈출형 패턴을 단순한 행동 중심의 액션형 패턴으로도 만들 수 있고, 철학적 깊이의 인물 중심의 실존적 패턴으로도 만들 수 있다. 또한 어떤 이유로 감금되었는가 하는 것은 탈출동기에 있어서 중요하게 작용한다. 단순히 죄를 짓고 중형을 선고받은 죄수가 습관성 탈옥을 시도한다는 패턴도 가능하겠지만, 누명을 쓰고 감옥에 갇힌 경우 탈옥은 무죄를 증명하기 위한, 사법제도에 대한 항거의 표시가 될 수 있다. 후자의 경우 간수들과 죄수들 사이의 긴장과 탈출 방법 등 시시각각 변화하는 상황으로 인해 위기의식이 증폭되어 패턴에 대한 몰입도를 높일 수 있다.

이밖에도 인위성이 배제된 자연재해로 인한 고립으로부터의 탈출도 가능하다. 화산폭발이라던가 지진으로 인한 지반침하로 인해 갇혀 고립되거나, 폭우나 폭설 등 기상이변으로 인한 고립, 해일이나 폭풍으로 인해 조난당하여 무인도에 홀로 살아남는 설정도 탈출의 패턴으로 만들 수 있는 좋은 사건·소재이다.

추적과 도피 전통적인 놀이들을 가만히 살펴보면, 인간의 원형적인 본능이나 생존 본능을 연마하기 위한 일종의 전술들이 숨어 있는 것을 알 수 있다. 숨바꼭질이라고도 불리는 술래잡기는 대표적인 놀이로, '술래가 잡으러 다니는 놀이' 이다. 일정한 규칙을 통해 술래를 정하고, 제한 시간 동안 놀이의 참가자는 숨을 곳을 찾아야 한다. 제한 시간이 끝나면 술래는 숨은 아이들을 하나씩 찾아내야 하는데, 여기에 숨는 자는 '머리카락 보일라 꽁꽁 숨는' 긴장이 있고, 찾는 자는 '이 잡듯이 샅샅이 찾는' 끈기가 있다. 이렇게 놀이에서 출발한 추적(追跡)과 도피(逃避)의 패턴은 스토리텔링에서도 스릴만점의 게임성으로 여전히 각광받는다.

추적형 패턴은 한 마디로 프로타고니스트가 안타고니스트를 쫓는 패턴이다. 안타고니스트를 쫓는 이유는 다양하다. 개인적인 원한 관계일 수도 있으며, 직업상의 합법적인 수사과정일 수도 있으며, 비유일 수도 있다. 여기서 비유의 경우, 현대 경쟁사회의 시스템에서 동기들과 친구들을 선의의 경쟁이라는 이름하에 경쟁해야 하는 스트레스를 추적형 패턴의 쫓고 쫓김을 통해 풀어낼 수 있다.

이에 비해 도피형 패턴은 쫓는 자와 쫓기는 자의 구도는 동일하지만, 시점이 전도된 패턴이다. 도피형 패턴에서 프로타고니스트는 쫓기는 자이며, 안타고니스트가 쫓는 자이다. 프로타고니스트가 쫓기는 이유는 다양할 수 있다. 누명을 쓰고 쫓길 경우, 자신의 무죄를 증명할 만한 증거를 수집하는 개인적인 수사과정을 겸해야 하는 이중고를 겪게 된다.

이밖에도 동양철학의 일환으로 현실도피적인 성향을 가지고 은둔하는 경우도 도피형 패턴의 범주에 해당한다. 대개 무협서사에서 무림맹주 자리를 위해 살육을 일삼는 행태에 회의를 느껴, 은둔하는 '은일(隱逸)의 검사(劍士)' 를 다루는 패턴이 이에 해당한다. 특히 무협서사의 대표적인 작가 김용의 작품 속에 전설적인 형태로 등장하면서도 독립된 주인공으로 픽션화되지 않은 인물 '독고구패(獨孤救敗)' 의 행적이 바로 대표적인 도피형 패턴에 해당한다. 독고구패의 신기 '독고구검(獨孤九劍)' 은 은일의 검법으로 대개 독고구검을 익힌 협객의 경우 강호와 연을 끊고 은둔하는 패턴을 보여준다. 김용의 소설로서 이후 게임으로 제작된 《소오강호(笑傲江湖)》의 풍청양(風淸揚)이나 그에게 독고구검을 전수받은 영호충 역시 강호를 떠나 은둔하게 된다.

위 숨는 자와 찾는 자의 공포게임 《숨바꼭질(2005)》
아래 누명을 쓰고 쫓기는 전형적인 도피의 패턴 《도망자(1993)》

Step 5.

Storyretelling

앞부분에서 다룬 전통적 이야기 장르, 즉 신화 · 전설 · 민담 · 동화를 현대로 초혼(招魂)하여, 현대적인 매체에 적극적으로 수용하고 적용하는 각색방법론에 대해 설명한다. 여기서 중요한 것은 '각색(脚色)'이다. 이 용어는 원래 중국의 사관(仕官)이 제출하던 이력서를 지칭하기도 하고, 원 · 명대 이후에는 연극의 배역과 분장을 지칭하기도 하는데, 특히 스토리리텔링과 관련지어 소설이나 사건 따위를 극의 각본이 되게 고쳐 쓰는 것을 의미하며, 보다 좁은 의미에서 각색은 연극 · 영화 · 텔레비전 · 라디오 등 각 매체의 특성에 맞게 소설이나 혹은 관련 매체에서 일단 검증받은 작품을 원작으로 하여 극화하는 일을 말한다. 각색의 기본 원칙은 원작에 대한 충실한 이해를 바탕으로 한다는 점이며, 여기서 원작의 의미는 단순히 오리지널리티를 가진 작품을 뜻하는 것만이 아니라, 그 작품의 매체성에 대한 부분까지 포함한다. 따라서 각색의 작품성이 원작과의 거리에 비례하는 것은 아니다. 즉, 원작에 근사하게 각색했다고 해서 원작과 전혀 다른 매체로 각색했을 경우보다 성공이 보장되는 것은 아니며, 그 반대 또한 마찬가지다. 중요한 것은 원작에 대한 진지한 접근을 바탕으로 원작의 매체성을 이해하고, 다음으로 각색하고자 하는 매체에 대한 충분한 지식과 이해가 뒷받침되어야만 한다. 이렇게 삼박자가 맞지 않고서는 좋은 각색이 이루어지기 힘들다.

각색의 의지를 가지고 선택한 원작이라면 분명 시공을 초월한 작품성과 매력을 가진 작품이겠지만, 동일한 원작에서 태어난 각색이라 해도, 그 결과와 성과는 천차만별이다. 그 이유는 각색의 성공 여부는 원작에 대한 분석의 깊이와 매체에 대한 고려가 사전에 얼마나 충실했느냐에 달려있기 때문이다. 좋은 원작이 좋은 각색을 보장하는 것은 아니다. 각색은 각본과 다르다. 각본이 원작을 그대로 매체화하는 과정이라면 각색은 여기에 엄연히 각색자 고유의 개성이라는 '색(色)'을 입히는 작업이기 때문이다. 원작에 충실하되 각색자의 창의적인 첨삭은 언제나 가능하다. 이와 유사한 단어로 번안(飜案)과 윤색(潤色), 패러디(parody)가 있다. 번안은 외국 문학작품의 전체 스토리나 주요한 사건을 유지하되, 이국적인 느낌을 최소화하기 위해 공간적 배경이나 풍속, 인물명 등을 개작하는 작업을 의미한다. 윤색은 원래 의미는 광(光)을 내고 색을 칠한다는 뜻으로 주로 이미 초고단계에서 문장을 다듬고 사건을 적절하게 배열하는 등 일종의 시나리오닥터링(ScenarioDoctoring)에 해당한다. 한편, 패러디는 저명 작가의 시(詩)의 문체나 운율을 모방하여 풍자적(혹은 악의적)으로 바꾼 형식으로, 일반적으로 그 정도가 저급한 경우는 스푸프(spoof, 戱文)나 트래버스티(travesty, 戱畫化)로 통용된다. 이제 매체에 따라 동일한 이야기가 어떻게 유기적으로 태(胎)를 바꾸어 연명하는지 그 과정과 의미에 대해 살펴본다.

신화 다시말하기

myths retelling

창세나 천지개벽, 인류창조와 같은 단어는 그 범주가 너무나 커서 인간의 상상을 초월한다. 인간의 상상을 초월하게 되면서 발생하는 문제는, 자칫 허무맹랑하고 비현실적이라는 인간 나름의 이성이 작용하게 된다는 점에 있다. 인간은 일단 이성으로 이해되지 않는 신성한 부분이나 초자연적인 현상 등에 대해서는 미신이나 주술, 비과학적 범주로 백안시해왔기 때문이다. 따라서 이러한 신화를 현대적으로 재구한다는 것은 신화의 현대화라는 교조적 측면에서나 의미 있을 뿐, 그다지 실효성이 없다고 생각하기 십상이다. 신들이 지배하는 시대는 이미 한물갔음에도 불구하고 다시 신을 초혼한다는 것은 판타지의 세계에서나 가능할 법하기 때문이다. 그러나 신화를 신화의 시대에서 바라볼 필요는 없으며, 그것은 어차피 불가능하다. 신들의 시대에서나 당대적 관점에서 신화를 바라보는 것이 가능했을 따름이며, 우리는 어디까지나 인간적으로 신화를 해석하고 재구할 수밖에 없다. 뿐만 아니라 신화는 신들에 관한 신성한 이야기이지만, 어차피 신화를 구전하고 기록한 것은 인간의 몫이었다.

히브리 신화의 경우, 종교와의 경계가 혼동되면서 많은 부분이 기록자의 의지와 견해에 따라 바뀌었는지는 이미 잘 알려진 사실이다. 비단 히브리 신화의 경우에만 해당되는 것은 아니지만, 히브리 신화의 경우는 특히 종교의 경전화되는 과정에서 특별한 각색의 과정을 겪을 수밖에 없었기 때문에 별도로 언급한다. 이처럼 신화가 종교와 결부될 때 필요에 따라 혹은 의도에 따라 일종의 각색과정을 겪게 되는데, 비단 종교만이 아니라 정치와 결부될 때도 신화는 각색되거나 아예 소실 혹은 말살되기까지 한다. 즉, 지배자 혹은 침략자의 악의에 따라 피지배민족의 신화는 불필요한 것일뿐만 아니라, 지배과정 중에 저해요소로 작용할 우려가 있기 때문에 애초부터 신화를 말살하는 정책을 펴기 때문이다. 물론 침략자의 지배신화에 오랜 시간에 걸쳐 동화되어 더 이상 자신들의 고유한 신화를 기록하지 않고, 이를 어떠한 방법으로도 계승하지 않아서 결국 상실하는 경우도 있다. 이렇듯 신화도 유기적으로 생로병사를 겪어왔으며, 따라서 신화를 강박적으로 신화스럽게 해석할 필요는 전혀 없다. 뿐만 아니라 장르적으로 상상력을 제한할 필요도 없다. '지금, 여기' 당대적 관점에서 신화를 바라보고 이해하고, 자유롭게 매체에 적용하는 작업이 필요하다. 그렇다면 프로메테우스의 죄성과 판도라의 관음 혹은 욕망에 얽힌 신화를 현대적으로 재구한다면 과연 어떤 매체적 상상력이 가능할 것인가.

불칸에게 사로잡힌 프로메테우스(더트 반 바부렌 作)

사례분석 그리스 신화는 현대에도 다양하게 변주되고 있으며 그 중 대표적인 이야기가 프로메테우스와 판도라, 오르페우스의 신화이다. 먼저 프로메테우스와 판도라의 신화를 살펴보면, 올림포스신들과 티탄신들의 전쟁에서 티탄신이면서도 제우스 편에서 싸운 프로메테우스(Prometheus)*와 에피메테우스(Epimetheus)** 형제는 올림포스 신들의 승리로 전쟁이 끝난 뒤 생명체들을 만들라는 제우스의 명령을 받고 지상으로 내려와 물과 흙을 빚어 생명체를 만

* 프로메테우스는 '먼저 아는 자' 라는 뜻이다.
** 에피메테우스는 '나중 아는 자' 라는 뜻이다.

판도라(존 워터하우스 作)

든다. 창조한 생명체들에 속성을 부여하던 중 프로메테우스는 불을 훔쳐 인간들에게 준다. 이로 인해 격분한 제우스는 권력의 신 크라토스와 폭력의 신 비아에게 명하여 프로메테우스를 코카서스의 정상으로 끌고 가서 헤파이스토스를 시켜 결코 끊어지지 않는 쇠사슬로 그를 묶어두고, 매일 아침 독수리가 그의 간을 쪼아 먹도록 하는 영원의 형벌을 내린다.

제우스의 분노는 여기서 끝나지 않았으며, 프로메테우스가 불을 제공한 이후로 번영하는 인간들을 치죄(治罪)하기 위해 치밀한 계획을 세운다. 우선 헤파이스토스에게 명하여 미녀를 만들게 하고, 여러 신들은 각기 미녀에게 선물을 주는데, 미의 여신 아프로디테는 우아함과 아름다움을, 아테나는 바느질과 길쌈하는 법을, 헤르메스는 설득력 있는 언변과 간교한 마음을 선물한다. 마지막으로 제우스는 미녀에게 판도라(Pandora)*라는 이름을 지어주고, 절대 열어 봐서는 안 된다는 경고와 함께 작은 상자를 선물한다. 그 다음 제우스는 판도라를 프로메테우스의 동생 에피메테우스에게 데려다 주고, 판도라의 미모에 반한 에피메테우스는 그녀를 아내로 삼는다. 에피메테우스의 아내가 되어 지상에서 행복하게 살던 판도라는 어느 날 제우스의 상자를 떠올리고, 절대 열어보지 말라는 제우스의 경고에도 불구하고 상자를 열게 된다.

상자 속에서는 온갖 질병과 재앙이 쏟아져 나와 세상으로 흩어지고 판도라는 서둘러 뚜껑을 닫았으니, 날아가지 않고 상자 속에 마지막 남아있던 것은 '희망' 뿐이었다. 프로메테우스와 판도라의 신화는 금기와 금기를 깨뜨리는 것이 함축하는 의미에 대해 상징적으로 설명하고 있다. 이 신화 속에는 두 가지 금기가 존재하는데, 두 가지 경우 모두 '하지 말라' 는 경고를 무시하고 금기를 깨뜨렸다는 점에서는 일치하지만, 그 결

* 판도라는 '모두의 선물을 받은 자' 라는 뜻이다.

지하세계로부터 에우리디케를 인도하는 오르페우스(장 밥티스트 카밀 코롯 作)

말은 다르다. 전자의 프로메테우스가 금기를 깨뜨린 순간, 인간들은 혜택을 받게 되고 프로메테우스만이 일신상의 형벌로 대가를 치르게 된다. 반면, 후자의 판도라는 금기를 깨뜨리는 순간, 인간들은 재난을 겪게 되고 판도라를 포함한 집단 전체가 그 대가를 치루게 된다. 금기를 깨뜨린 동기를 보면, 프로메테우스는 자신이 창조한 인간을 위해 금기를 깨뜨렸으며, 판도라는 자기 자신의 호기심을 충족시키기 위해 금기를 깨뜨린다. 프로메테우스는 신이며, 판도라는 인간이다. 신은 인간을 위해 금기를 깨뜨리고, 인간은 인간을 위해 금기를 깨뜨린다.

금기를 모티프로 하는 대부분의 신화는 금기의 깨어짐과 비극적 결말을 보여준다. 또 다른 비극적 신화로 오르페우스와 에우리디케의 이야기가 있다. 아폴론과 물의 님프 퀴레네의 아들 아리스타이오스는 양치기이면서 양봉을 하던 중, 아폴론은 아들 오르페우스의 아름다운 아내 에우리디케의 미모에 반해 구애를 하게 되고, 이를 피해 도망치던 에우리디케는 뱀에 물려 죽고 만다. 오르페우스는 아내를 잃은 상실감에 실의에 빠져 고통스러워하다가 저승의 신 하데스를 찾아가 아내를 돌려줄 것을 애원한다. 오르페우스의 슬픔이 고스란히 묻어나는 연주를 들은 하데스는 에우리디케를 돌려주되, 어둠의 동굴을 벗어나기 전까지는 절대 뒤돌아보지 말라는 경고를 한다. 오르페우스는 동굴을 빠져나가는 동안 자신을 미혹하고 유혹하는 수많은 번뇌에 시달리다가 결국 마지막 순간에 금기를 지키지 못하고 에우리디케를 돌아보고 만다. 금기는 깨어지고, 둘은 영원한 이별을 한다.

오르페우스의 금기는 사적인 것으로, 그 깨어짐의 대가 또한 사적이다. 이처럼 금기는 이야기에 갈등을 부여하고, 절정으로 몰고 가는 중요한 역할을 하며, 따라서 금기는 어기기 위해 존재하는 것이며, 금기를 어김으로써 발생하는 긴장과 사건, 반성과 교훈을 위해 존재하는 것이다. 금기는 권력을 가진 자에 의한 비극적 파탄과 결말을 기정사실화 하는 복선이다. 따라서 금기를 설정할 수 있는 것은 인간 이상의 존재라는 것, 금기는 깨어지기 위해 존재하며 그 깨어짐에는 이타적인 경우와 이기적인 경우가 있다는 것, 두 경우 모두 금기가 깨어지고 난 후에는 고통을 담보로 하는 각성이 있다는 것 등을 알 수 있다.

—호러 버전— 푸른 스모크가 처연히 가라앉은 연극적 무대장치와 '핀헤드'의 충격적인 분장으로 호러영화의 고전이 된 클라이브 바커(Clive Barker)의 《헬레이저》는 영국식 호러의 진수를 보여주는 작품이다. 영화의 시작은 프랭크가 시장 한 구석에서 기이한 큐브를 구입하면서 시작된다. 열면 안 된다는 경고라도 하듯 거래는 은밀하게 이루어지고, 지옥을 연상시키는 어두운 공간에서 욕망에 사로잡힌 프랭크는 큐브를 작동한다. 큐브가 열리자 프랭크는 알 수 없는 시공간으로 사라지고, 본격적인 스토리는 프랭크가 실종된 몇 년 후에서 시작된다. 프랭크의 형 래리와 두 번째 아내 줄리아는 프랭크의 옛 집으로 이사를 온다. 한때 줄리아는 남편 래리 모르게 프랭크를 사랑하고 있었으며, 그가 실종된 것을 안타까워하던 중 프랭크의 유품을 발견한다.

《헬레이저(1987)》

이삿짐을 옮기던 래리는 실수로 손을 다치고, 래리의 손에서 흘러내린 피가 다락의 바닥을 적시면서 알 수 없는 시공간, 즉 지옥에 갇혀있던 프랭크의 육신이 깨어난다. 래리의 상처를 치료한 후 뭔가 심상치 않은 분위기를 감지한 줄리아는 다락을 살피다가 흉측하게 변한 프랭크의 육신과 마주친다. 프랭크는 줄리아에게 자신은 악마의 포로가 됐으며, 이전의 온전한 육신을 되찾고 지옥으로부터 벗어나기 위해서는 더 많은 '피'가 필요하다고 요청한다. 프랭크에 대한 사랑과 연민으로 줄리아는 거리에서 남자들을 유혹해서 집으로 끌어들이고, 미리 기다리고 있던 프랭크는 이들을 잔인하게 죽이고 자신에게 필요한 피를 얻어내면서 점차 온전한 육체를 갖추게 된다.

줄리아의 행동에 의심을 품은 전처의 딸 크리스티는 줄리아를 감시하다가 결국 프랭크의 실체를 목격하게 되고, 크리스티는 프랭크를 지옥으로 되돌리기 위해 큐브를 연다. 열린 큐브로 인해 저승사자를 연상시키는 핀헤드(Pinhead)들이 등장하고, 큐브를 연 사람의 육체와 영혼을 데려가는 것이 핀헤드의 임무임을 안 크리스티는 기지를 발휘하여 프랭크가 지옥으로부터 탈출했음을 알리며 우선 프랭크부터 지옥으로 소환할 것을 주지시킨다. 그 사이 프랭크는 형 래리를 죽이고 온전한 형의 모습으로 바뀌어 있었으며, 크리스티의 목숨을 노리는 숨막히는 추격장면이 이어지고 마지막 순간에 결국 프랭크는 핀헤드에 의해 지옥으로 사라진다.

이 작품의 전체적인 내러티브는 판도라의 신화를 모태로 하고 있다. 남자다운 외모와 육체를 소유하고 강인한 카리스마를 발휘하며 극단의 쾌락을 추구한 프랭크는, 아름다운 외모와 육체를 소유하고 지혜와 언변 등 모든 것을 갖춘 판도라와 같다. 프랭크는 열지 말라는 신(神)의 상자를 열어버린 판도라처럼, 큐브를 연다. 판도라가 상자를 여는 순간 그녀의 호기심을 충족시켰듯이, 프랭크도 큐브를 여는 순간만큼은 쾌락의 절정을 느낀다. 그러나 판도라의 호기심이 그녀를 포함한 모든 인간에게 재앙이라는 엄청난 대가를 치루게 했듯이, 프랭크의 호기심은 그를 포함한

헬레이저 박스

가족들에게 엄청난 재앙을 가져온다. 이 작품의 타이틀 '헬레이저'는 '지옥(Hell)의 소환자(Raiser)'로서 지옥을 불러낸 '프랭크'와 지옥을 부르는 도구 '큐브'를 모두 지칭한다.

로맨스 버전 마르셀 카뮈(Marcel Camus)의 《흑인 오르페》는 제목에서부터 신화를 모티프로 했음을 알려준다. 멀리 안개 자욱한 섬을 따라 한가롭게 떠 있는 흰 돛단배와 성냥갑 같은 집들, 브라질의 미항(美港) 리우 데 자네이루를 배경으로 펼쳐지는 신화의 재해석은 아름다운 음악과 더불어 잊을 수 없는 감동을 준다. 항구가 내려다보이는 높은 언덕에 자리잡은 흑인 부락은 평소와 달리 술렁인다. 내일은 바로 모두가 기다리던 카니발이다. 젊은 처녀들은 화려한 드레스를 만들기에 여념이 없고, 소년들은 연날리기를 하며 축제를 준비하고, 우물가에 모여든 사람들마다 온통 이야기꽃이 한창이다.

전차를 운전하는 오르페도 카니발을 기다리는 사람 중 한 사람이다. 그는 누구보다 음악을 좋아하고, 또 노래를 잘 부르기 때문에, 그가 기타를 치면서 노래를 부를 때는 어느새 사람들이 구름처럼 모여들어 그의 노래를 감상하곤 한다. 그만큼 그는 인기가 있었고 그의 약혼녀 미라는 그런 오르페를 자랑스러워하고 사랑했다. 카니발 전야, 깊어가는 저녁 어스름을 배경으로 기타를 치며 노래하는 오르페는 알 수 없는 설레임을 느낀다. 사촌언니네 놀러온 유리디스는 어디선가 들리는 아름다운 노래에 이끌려 밖으로 나왔다가 오르페를 발견한다. 전차에서 잠깐 마주친 적이 있는 두 사람은 초면이 아니라 구면임을 알게 되면서 특별한 운

《흑인 오르페(1959)》

유리디스를 간호하는 오르페

유리디스와 오르페

명의 힘을 예감한다. 카니발의 전야제에서 오르페와 유리디스는 사람들과 어울려 흥겹게 춤을 춘다. 그때 해골가면을 쓴 정체불명의 사나이가 유리디스에게 다가오고, 겁에 질려 도망가던 유리디스는 그만 정신을 잃고 쓰러진다. 오르페는 실신한 유리디스를 자신의 집으로 데리고 와서 간호하고, 이 일을 계기로 둘은 서로에 대해 호감과 연정을 품게 된다.

드디어 카니발이 시작되고 거리는 온통 인파로 넘치고 갖가지 모습으로 변장한 가면들이 축제의 광장을 향해 모여들기 시작한다. 유리디스도 사촌언니의 옷을 빌려 입고 열광적인 춤판에 합류한다. 어느새 밤이 깊어지고 축제의 흥취도 한껏 무르익을 무렵, 오르페와 유리디스의 미묘한 관계를 눈치 챈 오르페의 약혼녀 미라는 유리디스를 공격하고, 이를 피해 도망치던 유리디스는 어제의 해골 가면의 사나이와 마주친다. 다급해진 유리디스는 차고로 숨어들고, 막다른 통로에서 천장의 난간으로 올라가기 위해 막 전압선을 잡는 순간, 때마침 유리디스를 찾아 그곳까지 오게 된 오르페가 전기스위치를 올리고 만다. 단발마의 비명으로 유리디스는 바닥으로 떨어지고, 그대로 숨을 거둔다.

오르페는 이미 싸늘히 식어버린 유리디스의 주검을 병원 안치실에 눕히고 무당을 찾아가서 신비한 주술의 힘으로 유리디스의 환청을 듣게 된다. 유리디스의 죽음으로 이성을 잃은 오르페는 유리디스의 환청에 감격하여 그녀의 시체를 안고 다시 마을로 돌아온다. 그러나 약혼자를 빼앗긴 미라는 질투심에 눈이 멀어 오르페의 집에 불을 지르고, 무녀들과 함께 오르페를 향해 돌팔매질을 한다. 돌에 맞아 피투성이가 된 오르페는 결국 유리디스의 주검과 함께 영원한 사랑을 맹세하며 절벽으로 뛰어내린다. 내세의 인연을 기약하듯 포개진 두 사람의 주검을 쓸쓸하지만, 뜨거운 남미의 태양은 아무일 없다는 듯 축제의 여흥이 가시지 않은 흑인부락을 눈부시게 비춰줄 뿐이다.

그리스 신화 속 주인공 아폴론의 아들 오르페우스는 백인이고, 영화의 주인공은 흑인이지만, 피부색은 중요하지 않다. 비니시우스 데모라에스(Vinicius DeMoraes)의 악극 〈흑인 오르페(Orfeu da Conceicao)〉를 원작으로 하는 이 작품은 신화의 내러티브를 그대로 따라가면서 이루어지지 않는 사랑의 원형성은 변함없음을 보여준다. 흑인 오르페는 신화 속의 오르페우스이며, 유리디스는 에우리디케, 그리고 오르페의 약혼녀 미라는 아리스타이오스이다. 오르페우스는 돌아보지 말라는 하데스의 주술적 금기를 깨뜨린 대가로 에우리디케와 긴 이별을 하게 되고 결국 죽음으로서 하나된다. 흑인 오르페는 이미 정혼했기 때문에 다른 여인을 사랑해서는 안 된다는 세속적 금기를 깨뜨린 대가로 유리디스와 긴 이별을 하게 되고 결국 죽음으로서 하나 된다. 이루어지지 않는 사랑으로 인한 연인들의 비애는 신화의 시대에도, 과학의 시대에도 비극이다.

스릴러 버전 정치적인 성향의 필모그라피를 가진 코스타 가브라스(Costa Gavras)의 《뮤직박스(Music Box)》는 가브라스 감독의 개인체험이 토대가 된 작품이다. 그의 아버지는 공산주의자였으며, 연좌제로 인해 가브라스는 젊은 시절 그리스대학으로부터 입학을 거부당하게 되고, 이후 가족구성원의 사상적 결함이 가족 전체에 영향을 준다는 점에 대해 진지하게 고민해온 가브라스 감독은 《뮤직박스》를 통해 사상이 불순한 가족이라는 이유만으로 사회에서 배척당했던 그의 아픈 기억과 열지 말아야 할 금기의 상자를 중심으로 벌어지는 개인과 가족, 사회와 양심의 문제를 다룬다. 즉, 개인의 지나간 과거가 사회와 정

《뮤직박스(1989)》

치, 역사와 연결될 때 더 이상의 개인은 존재하지 않는다는 사실을 《뮤직박스》를 통해 냉정하게 재현한다.

앤과 아버지

헝가리에서 미국으로 이민 온 마이크 라즐로는 유능한 변호사로 성공한 앤 탤버트를 자랑스러워하며, 손자 마이키의 재롱으로 행복한 말년을 보내는 평범한 노인이다. 그 무렵 러시아에서 2차 세계 대전의 비밀문서가 공개되면서 나치와 그에 협력한 헝가리 비밀경찰이 저지른 유대인에 대한 잔학 행위가 밝혀지고 이러한 만행을 주동하거나 동조한 악명높은 헝가리 비밀경찰의 리스트가 공개된다. 그 리스트에 마이크의 이름도 있었으니, 마이크는 법원으로부터 2차 대전 당시 전범으로 활동한 내력에 근거하여 고발되었음을 알리는 통지서를 받게 된다. 통지서에 따르면, 당시 경찰로 재직하던 마이크는 애로우크로스(Arrowcross)라는 나치 산하 경찰조직의 일원으로 양민을 학살하였으며, 이러한 전범 전과에 대해 이민서류에 기재하지 않았으므로 이민법 위반으로 추방되어 헝가리에서 재판을 받아야 한다는 것이다.

이에 대해 마이크는 모든 것이 공산주의자들의 조작이라고 부인하면서 무죄를 주장한다. 앤은 동명이인의 타인이 저지른 죄과를 아버지에게 누명씌우려는 정부의 실수라고 생각하고 반론을 준비한다. 한편, 버크 검사는 마이크가 악랄하게 유태인을 괴롭혔던 미쉬카 J. 라즐로가 틀림없다고 확신하며 그를 전범으로 몰아세워 죄값을 치르게 하려 한다. 아버지의 결백을 확신하는 앤은 변호사로서의 재능을 유감없이 발휘하여, 법정에서 마이크를 전범으로 몰아세우는 검사측의 모든 증거를 반박한다. 앤은 아버지의 누명을 벗기기 위해 필사적으로 고군분투하고 마침내 혐의 내용이 무고라는 점을 입증한다. 출국하기 전에 앤은 미국에서 아버지를 협박하다가 교통사고로 죽은 졸탄의 누이를 방문한다. 졸탄의 누이는 앤에게 졸탄이 미국에서 보낸 물건을 찾아달라고 부탁하고, 앤은 우연히 그곳에서 졸탄의 사진을 보게 된다. 앤은 그가 법

고민하는 앤

정에서 학살의 증거로 제시된, 잔혹하게 유태인을 죽이고 기념사진을 찍은 경찰들 가운데 한 사람이었다는 사실을 알게 된다. 충격과 혼란에 빠진 앤이 졸탄의 물건을 찾아와 열어 보니 낡은 뮤직박스가 들어 있다. 불길한 예감과 공포를 느끼며 망설이던 앤은 이윽고 뮤직박스를 연다. 음악과 함께 천천히 태엽이 감기면서 애로우크로스 제복을 입고 양민을 학살하는 아버지의 흑백 사진들이 나타난다.

앤은 진실을 밝히자고 호소하지만 아버지는 끝내 외면한다. 그의 그러한 비양심은 그가 나치의 앞잡이로 만행을 저지른 미쉬카 J. 라즐로임을 역설적으로 증명한다. 앤은 법조인으로서 진실을 밝혀야 하는 고뇌와 딸로서 아버지를 두둔하고 감싸주고픈 효심으로 인해 고뇌한다. 무죄 판결을 축하하는 파티가 열리는 날, 마이크는 평소와 다름없이 자상한 할아버지의 모습으로 외손자에게 승마를 가르쳐 준다. 앤은 검사에게 뮤직박스 속에서 나온 증거사진들과 진실을 밝히는 편지를 보낸다.

이렇게 《뮤직박스》는 평화롭고 단란한 평범한 가정의 모습으로 시작하여, 법원으로부터 날아든 느닷없는 통지서 한 장으로 단순히 한 가정의 위기와 갈등, 화합의 스테레오타입이 아닌, 가정이라는 이름의 소집단 이면에 도사리고 있는 냉혹한 정치적 이념적 진실을 밝히는 과정으로 진행된다. 마이크는 실제로 나치 산하의 경찰조직에 가담하여 나치의 주구(走狗)가 되어 유태인 학살에 앞장서온 악질적인 본성의 소유자이지만, 그는 자신의 과거를 숨긴 채 미국으로 건너온 후, 자식들에게는 그림자 한 점 드리워지지 않는 창창한 앞날을 제공하며 전형적인 희생적 부모상을 보여준다. 기회의 땅, 아메리카만큼 마이크의 새로운 출발을 위해 적당한 공간도 없었으며, 그와 가족들은 안정적으로 적응에 성공한다.

그러나 아무리 부정하려 해도, 그의 과거 속에 각인된 사실들은, 물론 그에게는 의도적인 망각으로 소잔되거나 소멸되었을 수 있으나, 당시 희생자와 그 가족들에게는 생생한 기억일 뿐 아니라, 골수에 사무친 추억의 다른 이름이다. 그들에게 마이크는 다정한 아버지, 자상한 할아버지가 아니라 히틀러 정권 아래 가족과 동족을 상대로 비인간적 만행을 저지른 미쉬카. J. 라즐로일 뿐이다. 영화 속의 뮤직박스는 진실의 상징이다. 그 상자는 단란한 가정을 한 번에 무너뜨릴 수도 있는 엄청난 진실이기 때문에 개인을 위해서는 열지 말아야만 한다. 단순한 호기심에서 상자를 열었던 판도라와 달리, 앤은 불길하고 치명적인 결과를 예감하고서도 아무리 아프고 두렵다 하더라도 진실이라면 열어야 한다는 것을, 신화의 절대적 금기가 아닌, 인간의 상대적 금기를 통해 대의를 위해 희생의 가치를 보여준다.

전설 다시말하기

legend retelling

사전적 의미에서 전설(傳說)은 '전해내려온 이야기' 라는 통시성을 포함하는 개념이며, 'legend' 는 '읽혀야 할 것' 이라는 당위성을 포함하는 개념이다. 전설은 전승자에 의해 구전의 단계를 거치면서 이어져 내려오다가 이후 기록의 단계로 이르면 역사와 신화 등 다른 서사물과 동일하게 기록의 과정을 거치게 된다. 필사든 인쇄든 기록의 시대가 시작되기 전부터 인간의 스토리텔링 의지는 강력하게 발현되었으며, 이것이 구전(口傳)의 방법론을 존재하게 한 궁극적인 힘이다. 전설은 물론, 신화와 민담 등도 구전의 단계를 거치기 마련이지만, 신화는 신성한 이야기였던 만큼 구전으로 인해 원형과 크게 달라지거나 가감되는 부분이 적을 수밖에 없다. 반면 민담은 소박하고 민초적인 내용을 고스란히 담고 있는 만큼, 전승자에 좌우되는 부분이 크기 마련이다.

이에 비해 전설은 신화적 속성을 가지면서도 사실에 근거한 역사적 속성과 소박한 민초성 또한 내포하고 있다. 결과적으로 전설은 신화의 내용도 포함하고, 역사적 인물이나 사건이 등장할 뿐만 아니라, 당대 전설이 생성되던 지역의 희구와 갈망이 첨삭되기도 한다는 의미이다. 이처럼 역사성과 지역성, 그리고 신성성은 전설의 중요한 특징으로 작용한다. 전설은 이 세 가지 속성의 비중에 따라 다양하게 변주되어 왔고, 또 앞으로도 변주될 가능성을 가진다. 물론 역사적으로 실존한 인물에 대해 전설이 존재한다는 것은 어불성설일 수 있다. 역사는 사실의 기록이며, 전설은 사실과 허구의 공존이기 때문이다. 특히 그러한 전설의 말미에 그 인물이 신이 되었다거나 영생을 했다거나 하는 부분이 첨가되는 경우에는 더욱 황당해질 수밖에 없다.

다만 그러한 전설의 형성배경을 이해하면 어느 정도 수긍이 간다. 즉, 실존 인물의 역사가 전설이 되는 경우는 사실 매우 드물다. 드물기 때문에 그러한 경우가 있다는 것 자체가 그 인물은 이미 당대인들의 가슴 속에 신성한 이야기의 단계, 즉 신화적인 존재이며 영웅으로 간주되었다는 의미이다. 신화가 원래부터 존재하던 신을 인간이 묘사하고 전승한 것이 아니라, 인간의 원형적 상상력을 통해 신들의 세상을 공동 창작한 형태라고 이해할 수 있다면, 역사 속의 인물을 신격화하여 전설로 만들어낸 구전의 의지는 일면 자연발생적이라고 할 수 있다. 따라서 신화가 공동체의 구성원들에게 신앙의 형태로서 종교적 믿음을 심어 준다면, 전설은 역사적 믿음과 인간적 믿음의 구현이라고 볼 수 있다.

아서 왕

ㅡ사례분석ㅡ 영국의 전설적인 아서 왕(King Arthur)은 충직한 기사들과 기네비어, 위대한 마법사 멀린과 아름다운 여인들 등 수많은 인간군상과 관계 속에서 중세 판타지적 세계관의 중핵을 이루는 왕이다. 유더 펜드리건의 아들로 태어난 아서 왕은 브리튼족의 군주로서 색슨족에게 열 두 번이나 승리하여 영국을 수호한 전설적 용장이다. 아서 왕의 위용으로 인해 태평성대가 지속될 수 있었는데, 모드레드가 모반을 일으켜 콘월주 캠런에서 아서 왕은 최후의 전투를 벌이게 된다. 캠런전투(Battle of Camlan)로 인해 모드레드는 죽고, 아서 왕도 치명상을 입는다. 이후 중상을 입은 아서 왕은 세 명의 여왕에 의해 아발론(Avalon; Avilion)으로 이송된다.

아발론은 일종의 사후(死後) 세계로, 영웅들

이 죽어서 영생을 누리는 곳이다. 북유럽 신화의 발할라와도 자주 비교되곤 한다. 아발론이 유명해지게 된 것은 아서 왕의 전설에 기인한다. 아발론은 '저승의 왕' 아발라흐가 다스린다고 해서 아발라흐섬(Isle of Avallach)이나 아발라(Avallah)라고도 불리며, 유리처럼 빛나는 강 한가운데에 있다고 해서 유리의 섬(Isle of Glass) 혹은 빛나는 섬(Shining Isle)이라고도 불리며, 같은 뜻의 게일 어(語) 이니스비트린(Ynisvitrin)이라고도 불려진다. 또 사과의 섬(Isle of the Apples)이라고도 하는데, 여기에는 두 가지 설이 있다. 하나는 고대 영국에서 쓰이던 켈트 어(語)에서 사과를 뜻하는 단어의 발음이 아발론과 유사하다는 점이다. 즉, 켈트 어로는 아발로(avallo), 고대 아일랜드 어(語)로는 아발(aball), 중세 웨일즈 어(語)로는 아팔(afall), 고대 영어로는 아발(aval) 혹은 아발렌(avallenn)이었다. 다른 하나는 켈트족 신화에서 사과가 영원한 아름다움을 상징한다고 한다.

실제로 아발론을 '사과의 섬' 이라고 노래한 시인이 있는가 하면, 어떤 기록에서는 '아발로' 라고 칭했다가 다른 기록에서는 인술라 포모룸(insula pomorum), 즉 '사과의 섬' 이라는 칭했다는 사실을 통해 알 수 있다. 그 외에 아홉 딸들과 함께 섬을 지키는 신(神) 아발록(Avalloc)의 이름에서 유래했다는 설도 있고, 아일랜드 전설에 등장하는 '바다의 신' 마나난(Manannan)이 다스리는 '신비의 섬' 에빈 아블라흐(Emhain Abhlach)에서 유래되었다는 설 등이 있다.

《아서 왕의 죽음》

토머스 말로리(Thomas Mallory)의 《아서 왕의 죽음(Le Morte D'arthur)》에 보면, 거룻배에 눕혀달라는 아서 왕의 말에 베디비어 경이 그를 거룻배에 눕히자, 동승한 세 여왕이 통곡하며 그를 받아 안고, 그 중 한 여왕이 아서 왕의 머리를 자신의 무릎에 눕히면서 "그대는 어찌 이토록 오래 기다리게 했는가. 그대 머리의 상처는 너무 오래 돌보지 않아 차갑게 식었구나" 하면서 배를 저어 떠난 것으로 묘사된다. 동승한 세 여왕에 대해서는 의견이 분분한데, 모르간 르 페이(Morgan le Fey), 노스웨일즈의 여왕(Queen of North Wales), 황무지의 여왕(Queen of Waste Land)이며, 이밖에도 '호수의 여인' 니뮤(Nymue)와 그녀의 남편 펠리아스(Pelleas)도 함께 아발론으로 갔다고 한다.

모르간 르 페이(브라이언 프로우드 作)

신비의 섬, 아발론에 대한 이견도 분분하지만, 아서 왕을 아발론으로 데리고 간 세 명의 여왕들과 아발론의 지배자에 대한 전설도 여러 가지가 있다. 그 중 가장 유명한 것은 모르간 르 페이와 아발론의 아홉 자매에 관한 이야기이다. 아서 왕 전설에서 모르간 르 페이는 아발론의 여왕으로 표현되는데, 전설에 따라서는 아발론이 1인 지배체제가 아니라 아홉 자매에 의해 통치된다고 묘사된다. 모르간 르 페이는 아홉 명 중 하나일뿐이며, 이들 아홉 자매들은 '여신' 이라고도 불리고, 경우에 따라서는 '마녀' 라고도 불리는데, 일반적으로는 '요정' 이라고 보는 견해가 가장 지배적이다.

제프리의 《멀린의 서》에 따르면, 아홉 자매의 이름은 모르간(Morgan), 모로노에(Moronoe), 마조에(Mazoe), 글리텐(Gliten), 글리토네아(Glitonea), 고로이엔(Goroien), 클리톤(Cliton), 티로노에(Tyronoe), 그리고 티티스(Thitis)이다. 모르간 르 페이는 그 중 지도자로 카르빌리아(Carvilia), 파타 모르가나(Fata Morgana), 페이 모르가나(The fay or fairy Morgana), 모드론(Modron), 모르드론(Mordron), 모리언(Morrighan), 대사제(High Priestess), 호수의 여인(Lady of the Lake), '저승의 여왕' 아르간테(Argante, Queen of the Otherworld), '아발론의 여왕' 엘레븐(Elven, Queen of Avalon) 등으로 불린다. 아서 왕의 전설에서 아홉 자매의 역할은 각기 다르게 묘사되지만, 두려울만큼 경이로운 능력을 가진 마녀와도 같은 존재이며 감정의 기복이 심하고 변덕스러울 뿐만 아니라 제멋대로인 성격으로 그려진다. 이후 아발론의 아홉 자매를 북유럽 신화의 발키리나 그리

아발론에서 마지막 잠든 아서 왕(E.B. 존스 作)

스 신화의 아홉 뮤즈와 비교하려는 시도가 다양하게 이루어지고 있으나 아직 결실을 맺지는 못하고 있다.

아서 왕이 과연 아발론에서 외상을 회복하고 살아남았는지 혹은 영원히 잠들었는지, 아니면 죽었다가 다시 부활했는지에 대해서도 의견이 분분하다. 다만 모든 전설들마다 공통적으로 아서 왕이 아발론에서 브리튼이 그를 필요로 할 때를 기다리고 있으며, 브리튼족에 위기가 닥치면 어김없이 다시 나타나 '과거와 미래의 왕(once and future king)' 이 될 것이라고 예언하고 있다. 진위야 어찌되었건 그로 인해 아서 왕은 영원히 전설로 남아 지금도 살아 있다.

드라마 버전 기괴한 상상력의 소유자 테리 길리엄의 《피셔킹(The Fisher King)》은 뉴욕을 배경으로 판타지적이면서도 풍자적인 기지를 유감없이 발휘하여, 아서 왕과 성배의 전설을 현대적으로 재해석하고 있다. 성배는 레오나르도 다 빈치의 그림이 묘사하고 있는 마지막 만찬 때 예수님이 썼던 포도주 잔으로 십자가에 달렸을 때 그 잔으로 예수님의 피를 받았다고도 전해진다. 영험한 치유의 능력이 있다고 믿어지는 종교와 신비의 아이콘으로서 성배는 아서 왕이 그의 기사들로 하여금 평생토록 찾고자 했던 보물이기도 하다. 영화는 제목에서 드러내고 있듯이 성배와 관련된 피셔킹의 이야기를 액자식 구성으로 영화 속에서 들려주는데, 중세의 전설에 따르면, 피셔킹은 성배의 수호자였다고 한다. 그렇다면 각박한 현대인들에게 고색창연한 성배의 전설이 과연 어떤 의미가 있을까. 영화는 의미가 있다는 전제하에 스토리를 풀어나간다.

세상과 사회에 대한 신랄한 비판과 독설(毒舌)로 인기를 얻고 있는 DJ 잭 루카스는 어느 날, 정신불안증을 앓고 있는 듯한 비정상적인 상태의 청취자로부터 걸려온 전화상담에서 여피족들은 다 쓸어 버려야 한다는 충동적인 발언을 하게 되고, 잭의 말을 올림포스 신탁쯤으로 생각한듯 청취자는 그 길로 여피족들이 자주 모이는 레스토랑으로 찾아 들어가 들입다 총기를 난사하여 식사와 담소를 즐기던 무고한 손님 수십 명을 일순간에 살해한다. 잭은 이 일에 대한 사회적 책임과 양심의 가책으로 결국 방송국을 그만두고, 자포자기한 채 폐인이 되어 비디오샵을 운영하는 여자에게 얹혀사는 초라한 은둔생활을 하게 된다.

위《피셔킹(1991)》 아래 잭 루카스

그러던 중, 잭은 거리에서 우연히 실성한 노숙자 차림의 페리를 만난다. 분명 우연한 만남이었으나, 그것은 운명의 장난이었는지 사실 페리는 잭을 사회로부터 격리시켜버린 문제의 레스토랑 총기난사 사건 당시 바로 그 현장에 있었으며, 눈앞에서 아내가 총격으로 사망하는 것을 목격한 이후 실성해버린 비극적 인물이었다. 그 사건이 있기 전까지 대학교수로 미래가 보장된 행복하고 단란한 가정의 가장이었던 페리가 결과적으로 잭의 말 한 마디와, 그 말을 믿고 그대로 행한 정신이상자의 만행으로 인해 산산조각난 것이다. 눈앞에서 가장 사랑하는 사람을 잃은 페리는 이유도 없이 죽고 죽이는 삭막한 현실을 부정하고, 스스로를 과거의 기억 속에 가둔 채, 중세의 판타지 속에서 돈키호테처럼 살아간다. 페리의 망상 속에서 그는 말을 타고 자신을 뒤쫓는 거대한 기사로부터 끊임없이 도망치는 공포에 시달리고 있으며, 이 모든 영혼의 내상을 치유하기 위해서는, 중세의 아서 왕이 그랬듯이, 성배를 찾아야만 한다는 강박관념을 가

위 페리
아래 성배를 찾아 헤매는 피셔킹

지고 있다. 페리는 자신이 성배를 수호하라는 계시를 받았으며, 잡지에 실린 부호의 서재에 있는 잔이야말로 바로 자신이 찾는 성배라고 굳게 믿고 있다.

실성한 채 있지도 않은 중세의 판타지 속에서 허덕이며 존재하지도 않는 성배를 찾는다며 헛된 꿈을 꾸는 페리를 보면서 잭은 처음에는 단순히 미치광이의 망언이나 집착이라고 무시하면서도, 순전히 죄책감으로 페리를 도와주게 된다. 그러면서 점차 자기 자신조차 성배의 전설에 흔들리기 시작한다. 그 이유는 자신 또한 한때 잘나가는 DJ로서 돈과 명성을 양손에 거머쥔 채 뭐든 못할 게 없다는 자신감에 차있었으나, 한 순간 벌어진 자신의 힘으로는 도저히 어찌할 수 없는 청천벽력 같은 일과 그 죄책감으로 인해 결국 현재 자포자기하고 있었기 때문이다. 어쩌면 잭이 페리만큼 혹은 페리보다 더 영혼의 내상을 치유할 성배가 필요한 지도 모르기 때문이다.

피셔킹에 관한 이야기는 페리가 뉴욕시 한 복판에 있는 센트럴 파크에 벌거벗고 누워서 잭에게 들려주던 장면에서 등장한다. 왕이 소년이었을 때 왕이 될 자격과 용기를 증명하기 위해 숲에서 혼자 밤을 보내던 중, 신성한 영혼을 보게 된다. 불 속에서 신의 신성함을 상징하는 성배가 나타나면서 소년에게 성배의 수호자가 되어 인간의 마음을 치료하라는 계시를 받는다. 소년은 그 힘과 영광, 아름다움에 마음을 빼앗기고 성배를 잡으려고 손을 내미는 순간, 성배는 사라지고 그 불길에 손을 크게 데이고 만다. 이후 상처는 소년이 자랄수록 깊어지고, 상처가 깊어질수록 소년의 상심도 깊어진다. 결국 자신을 포함한 모든 인간을 불신하며 사랑할 수도 사랑받을 수도 없는 존재가 되어 천천히 죽어가게 된다.

그러던 어느 날, 어떤 바보가 성을 지나가다가 고독하고 불행한 왕에게 다가와 어디가 아픈지를 묻는다. 왕은 그저 목이 마르다고 대답했으므로, 바보는 아무 생각 없이 왕의 침대 맡에 있던 잔에 물을 가득 담아 왕에게 건넨다. 그 물을 마시자 왕은 신기하게도 상처가 회복되게 되고, 이상한 예감에 들고 있던 잔을 찬찬히 들여다 본 순간, 그 잔이야말로 바로 자신이 평생 동안 찾아 헤맨 바로 그 성배임을 알게 된다. 놀란 왕이 어떻게 성배를 찾았느냐고 묻자, 바보는 그저 별 것 아니라는 듯 어떻게 찾게 되었는지는 모르고 단지 왕이 목마르다는 것만 알 뿐이라고 대답한다.

피셔킹의 이야기에 등장하는 그 왕은 소년시절 왕이 될 자격을 인정받는 일종의 테스트에 거의 절반 이상 성공한다. 신비한 힘을 가진 성배를 눈앞에서 목격했으니 이것은 아무나 할 수 있는 경험이 아니니다. 그러나 성배를 아프고 상한 '인간의 마음' 치료용으로 사용하라고 메뉴얼까지 친절하게 알려주는 신비한 목소리에도 불구하고, 소년왕은 성배를 보자마자 그 힘과 영광, 아름다움에 마음을 빼앗기고 만다. 성배가 가진 힘이나 영광, 아름다움은 성배의 진정한 가치가 아니라 외연일 뿐임을 깨닫기에 아직 소년왕은 인격적으로 자격미달이라는 의미이다. 그러니 자격미달의 주인이 성배를 가지려는 순간, 그 감당못할 힘에 오히려 상처를 입고 만다. 성배를 가질 자격이란 무엇인가. 성배는 그저 평범한 침대 맡에 놓인 잔이어도 좋다. 그 성배에 담긴 물을 통해 진정 누군가의 아프고 상한 마음을 치료할 진심이 있다면 말이다. 이것이 바로 피셔킹 전설의 진실이다.

이제 영화 《피셔킹》의 진실을 이야기할 차례이다. 거리에서 불량배들에게 얻어맞아 식물인간이 되어 버린 페리를 깨어나게 하기 위해 잭은 중대한 결심을 한다. 믿건 안믿건 잭은 페리의 믿음을 실현시켜주기 위해, 아니 페리를 다시 깨어나게 하기 위해, 아니 페리의 그 오랜 영혼의 상처와 아픈 마음을 치유해주기 위해 그 자신이 피셔킹이 되어 얼토당토 않다고 이성적으로는 부인하면서도, 페리의 믿음대로 부호의 집에 몰래 숨어 들어가 골프우승컵을 훔쳐낸다. 그것은 그저 골프우승컵일 뿐이었으나 페리가 그것을 성배가 믿는다면 성배인 것

잭과 페리

이다. 아니, 잭이 페리의 마음을 치유해주기 위해 움켜쥔 이상, 그것은 골프우승컵이 아니라 성배이다.

잭은 힘과 영광과 아름다움의 불길에 손을 넣은 것이 아니다. 진정 누군가의 마음을 치유하기 위해 길을 지나가던 걸인처럼 아픈 페리를 위해 물 한 모금을 간절히 건네준 것뿐이다. 페리는 말도 안 되는, 그러나 감동적으로 깨어난다. 잭이 페리의 상처를 낫게 하고 싶은 진심이 담긴 성배였으므로, 바보가 내민 잔의 물을 마시고 상처를 회복한 왕처럼 잭이 내민 우승컵에 페리는 오랜 잠에서 깨어나듯 눈을 뜬다. 그 뒤의 이야기는 할 필요가 없을 것이다. 이미 전설이 모든 것을 말해주기 때문이다.

SF 버전 오시이 마모루의 《아발론(Avalon)》은 근미래를 배경으로 게임 속 가상현실과 실제현실을 교묘하게 변주하고 있다. 이 작품에서 어디까지가 리얼스페이스(real-space)이며, 어디서부터가 사이버스페이스(cyber-space)인지 구분하는 것은 큰 의미가 없다. 과연 무엇이 '리얼' 이며 무엇이 '사이버' 인가. 촉각, 시각, 청각, 미각, 후각 등 공감각으로 감지되는 것은 '리얼' 이며, 그 역은 '사이버' 인가. 그렇다면 신(神), 종교, 사랑, 자비, 사상 등은 모두 '사이버' 인가. 감각을 공간의 제1 준거로 두는 이상 '리얼' 과 '사이버' 의 구분은 불완전하며 불가능하다. 과연 두 공간을 구분할 필요가 있을까. 구분할 필요가 없다는 생각에서 영화는 시작된다.

《아발론(2000)》

영화의 제목 '아발론' 은 영화 속에서는 가상의 슈팅액션게임 제목으로 사용된다. 게임 속에서 플레이어는 게임에 접속하여 주어진 미션을 단독으로 해결하는 싱글플레이를 할 수도 있으며, 역할이 구분된 플레이어들끼리 파티를 결성하여 팀플레이를 할 수 있다. 미션을 클리어(Clear)할 때마다 레벨업(Level-Up)이 되면서 벌어들인 게임머니(Game Money; Cyber-Money)는 실제로 교환가치를 가진 화폐처럼 사용할 수 있기 때문에, 아발론은 단순한 게임이라고 할 수 없으며, 게임의 플레이어들은 거의 직업처럼 게임에 로그인해서 플레이하고 미션을 클리어하는데 열중한다. 그 만큼 다양한 문제가 발생할 수밖에 없는데, 가장 중요한 문제적 현상은, 이 게임이 가진 액션과 폭력성, 미션을 클리어하기 전의 전략성과 미션을 클리어한 이후의 쾌감 등의 게임성에 중독되어 게임에서 로그아웃하지 않거나, 최종미션을 클리어하지 못하고 영원히 게임의 플레이어로 남아 있는 일종의 폐인들도 생겨난다는 점이다. 이들은 미귀환자(未歸還者) '고스트(ghost)' 라고 불린다.

위 접속 중인 애쉬 **아래** 플레이 중인 애쉬

그럼에도 불구하고 최고의 게임플레이를 선보인 경우, 그 게임내용이 그대로 녹화되어, 마치 TV에서 《스타크래프트》를 비롯한 일련의 게임에서 프로게이머들의 게임내용을 중계하듯이, 반복적으로 리플레이해줌으로써 이를 지켜보는 많은 중급 이하의 플레이어들에게 영웅심과 레벨업의 욕망을 자극한다. 그 중 애쉬(Ash)는 파티를 맺지 않고 단독으로 싱글플레이를 하면서도 탁월한 사격술과 전략으로 주어진 미션마다 화려한 액션과 슈팅을 선보이며 클리어함으로써 고수의 대열에 들어선 플레이어이다. 애쉬는 전설이 된 최고의 파티 '위저드' 의 멤버였으나, '위저드' 가 갑작스럽게 해산된 이후, 애쉬에 대해서도 자세한 개인사에 대해서는 게임 속의 플레이가 아니고서는 알 수가 없는 실정이다.

사실 애쉬는 게임 속에서는 최고의 영웅 전사이지만 로그아웃하면, 평범한 주택가에서 애완견과 함께 살고 있는 소박한 독신녀의 모습으로 돌아간다. 애완견을 위해 정성스럽게 요리하는 애쉬야말로, 가장 여성스럽고 인간적으로 보이는 몇 안 되는 순간이기도 하다. 어느 날, 애슈는 과거 '위저드'의 멤버였던 스터너와 재회하고, 그를 통해 '위저드'의 리더였던 머피에 대한 소식을 듣게 된다. 머피는 게임의 최종 단계, 클래스 SA(Special Ace)에 도전했다가 결국 의식을 되찾지 못하고 미귀환자가 되어 정신병원에 수용되어 있다는 것이다. 클래스 SA는 게임의 최종 단계인만큼 난이도 최상의 미션으로 악명 높은데, 아직까지 미션을 클리어한 플레이어가 없을 정도로 난공불락이다. 리얼과 사이버의 구분이 불가능할 정도의 현장감을 갖는 클래스 SA에서는 리셋(reset)조차 불가능하기 때문에, 실패하면 고스트가 될 수밖에 없는 위험한 도전이다. 애쉬는 머피에 대한 연민과 '위저드'를 해체하게 만든 결정적인 원인이 자신에게 있다는 죄책감으로 결국 클래스 SA에 도전한다.

우선 클래스 SA에 도전하기 위해서는 나인 시스터스(Nine Sisters)를 찾아내어 제거해야만 하는데, 나인 시스터스는 벽과 벽을 넘어 다니기 때문에 찾아서 명중시킨다는 것은 쉬운 일이 아니다. 우여곡절 끝에 겨우 클래스 SA에 진입하는데 성공한 애쉬를 기다리고 있는 것은 '로그아웃'이다. 분명 조금 전에는 '로그인' 해서 게임을 플레이하고 이제 클래스 SA로 겨우 진입하는 순간, '로그아웃' 된다. 이제부터 현실과 가상의 게임이 시작된다. 클래스 SA는 놀랄만큼 현실적인 가상공간이며, 동시에 가상적인 현실공간이다. 이쯤되면 어디가 현실이고 어디가 게임인지 혼돈될 수밖에 없다. 게다가 클래스 SA에서 애쉬에게 주어진 임무는 미귀환자 머피를 사살하라는 것이니, 이보다 악연은 없다.

애쉬는 영화 전편에 걸쳐 희로애락의 감정기복을 거의 보이지 않기 때문에, 이 정도의 미션에 동요를 보이지는 않는다. 뿐만 아니라 그녀는 자신이 지금 게임 속에 있다고 믿고 있으므로 사정거리에 들어오는 이상 쏘지 못할 대상은 없다. 그녀는 미션을 클리어하겠다는 열망으로 냉혹한 킬러의 표정이 되어 콘서트장을 가로질러 누빈다. 콘서트장에서는 아발론과 사과나무 섬에 관한 노래가 이어지고, 콘서트장 뒤뜰에서 드디어 머피와 마주친다. 머피를 쏘는 순간, 머피는 게임 속의 다른 적들이 그러했듯이 피흘리는 인간의 주검이 아니라, 프로그램이 해체되듯 산산조각나는 비쥬얼을 보여준다. 그렇다면 애쉬는 소신대로 아무리 리얼하다 할 지라도 클래스 SA는 엄연히 그저 리얼한 게임 속일 뿐이다.

이제 클래스 SA가 리얼한 게임 혹은 리얼한 사이버스페이스라는 데는 이의가 없다. 그런데 애쉬가 로그아웃해서 되돌아갈, 애쉬가 애완견을 위해 요리해주던 그 공간이 현실공간이라는 증거는 어디에도 없다. 주어진 대사가 없으면 먼저 말하지 않는 NPC(Non Playable Characters)처럼 미동조차 하지 않는 지하철의 승객들, 텅 빈 골목과 사람의 온기가 전혀 느껴지지 않는 차가운 건물들, 어제와 같은 오늘, 오늘과 같은 내일들이 무수히 반복되는 그야말로 게임의 지루한 반복성을 그대로 답습한 황량하기 그지없던 도시의 풍경 어디에 현실이 있는가. 물론 이 부분을 두 가지로 이해할 수 있다.

우선 그 정도로 비현실적인 기운들로 가득찬 현실의 냉기를 보여주려는 의도적인 장치로 보는 방법이며, 또 다른 하나는 여기 또한 가상현실이라는 주장이다. 둘 다 모두 타당하며, 타당한 만큼 각기 나름의 충분한 상상력을 발휘하도록 배려한다. 굳이 멀티우주론을 인용하지 않더라도, 개인으로 범주를 좁혀 살펴보면, 우리 인간의 시간은 등고선처럼 혹은 나무의 나이테처럼 각기 세월의 층위들이 층을 지어 형성된다. 10대의 '나'와 20대의 '나'는 물론 다르다. 그렇다면 이것은 20대의 '나'가 10대의 '나'를 '덮어쓰기' 한 것일까, 아니면 '다른 이름으로 저장하기' 한 것일까. 만약 후자라고 상상할 수만 있다면, 이것이 바로 멀티우주론의 소박한 출발이다.

아바론은 치명상을 입은 아서 왕이 마지막을 보낸 안식의 섬이다. 거기서 부활했는지 영생했는지 영멸했는지는 중요하지 않다. 플레이어들에게 모든 게임은 그들만의 아발론이다. 플레이어들은 자신이 '선택' 한 게임이라는 '가상현실'을 살아가는 것이며, 그 속에서 해야할 '경험치'를 쌓고, '미션'을 완수한다. 따라서 게임을 외부의 압력에 의해 '중단' 한다거나 '방해' 받는 것은 중차대한 일신상의 문제가 된다. 오프라인의 현실에서도 우리는 삶의 방식을 '선택' 한다. 그러나 우리의 선택은 대단히 획일적이며, 선택을 강요하는 사회와 가정의 잣대는 때로는 교조적이기까지 하다. 어쩌면 우리는 각자 삶의 방향성을 스

황량한 현실세계

스로 선택하지 못하게 된 지 오래다. 때문에 우리는 현실의 삶에 대해 점점 더 무심해지고, 점점 더 방관하게 된다.

이에 비해 게임은, 비록 실상의 관점에서는 가상에 불과하지만, 스스로 선택하는 현실이며, 얼터에고(alter-ego)에 해당하는 각자의 아바타(Avatar)를 통해 대신 살게 하는 어떤 의미에서는 완전한 사립과 독립의 공간이다. 게임 속에서 나름대로 절실하게 '살아가고' 있으며, 그러한 가상적 삶을 통해서 현실이라는 '레드 오션(Red Ocean)'으로부터 조난당한 자신의 내상(內傷)을 치유하는 지도 모른다. 이제 다시 한 번 묻는다. 게임이란 무엇인가. 게임이란, 세속적인 잣대로 천편일률적인 재단된 삶만을 강요당하는 매정한 현실에 의해 상처 입은 '어린 영웅' 들이, 영혼의 내상을 치유하는 블루 오션(Blue Ocean) 혹은 영혼의 안식처, 그것이 바로 게임이다.

‾게임 버전‾ 《다크 에이지 오브 카멜롯(Dark Age of Camelot)》은 미씩 엔터테인먼트(Mythic Entertainment)에서 개발하고 버프 엔터테인먼트(Buff Entertainment)에서 발매한 3D MMORPG(Massive-Multiplayer On-line Role-Playing Game)이며, 게임의 세계관은 아서 왕의 전설이 살아 숨쉬는 카멜롯(Camelot)을 배경으로, 전설뿐만 아니라 신화 속에서 유래한 각기 다른 개성을 가진 왕국들과 여러 종족을 선택하여 플레이어가 직접 신화와 전설의 주인공이 되어 모험을 펼치는 게임이다.

게임의 스토리는 아서 왕의 고향이자 전설의 도시 카멜롯이 위치한 알비온(Albion)은 원탁의 기사들이 피와 땀으로 일구어낸 성스러운 영토이며 아서 왕을 중심으로 발전해온 문명의 상징이기도 하다. 아서 왕의 죽음 이후 문명화된 국가로 계승 및 발전한 알비온에는 평범하지만 모든 직업들을 능률적으로 소화해 낼 수 있는 브리튼족과 지능이 높고 마법에 능한 아바로니언, 사막으로부터 온 갈색피부의 날렵한 사라센족 그리고 전설적인 검투사의 피를 이어받은 하이

《다크 에이지 오브 카멜롯(2004)》

다양한 캐릭터

랜더족들이 다양한 문화를 이루며 거주하고 있다.

한편, 북유럽 신화에 등장하는 신과 영웅의 고향 미트가르트(Midgard)는 다른 왕국과 달리 눈으로 덮인 산과 호수를 배경으로 하고 있다. 미트가르트에는 강인하며 전투에 가장 적합한 균형잡힌 신체조건을 타고난 유일한 인간종족 노스맨들과, 로그 계열에 적합한 특성을 가지고 있는 코볼드, 산만한 덩치와 힘을 자랑하는 트롤, 강인한 체력과 전사로써의 자질을 갖춘 드워프족이 거주한다. 끝으로 알비온의 서쪽에 위치한 섬 이베니아(Hibernia)는 아름다운 자연환경과 강력한 마법을 가지고 있으며, 대표적인 법사계열 엘프족으로 이루어진다.

《다크 에이지 오브 카멜롯》의 가장 큰 특징은 플레이어 간의 대결, 즉 PVP(Player Vs Player)이다. 처음 캐릭터를 생성할 때 플레이어가 자신이 소속될 왕국을 고르게 되는데, 이 왕국을 카멜롯에서는 렐름(Realm)이라고 한다. 《다크 에이지 오브 카멜롯》은 같은 렐름에 소속된 플레이어간에는 PK를 할 수가 없으며, 다른 사람이 잡은 몬스터한테서 떨어진 아이템을 집을 수도 없다. 따라서 플레이어는 RVR(Realm Vs Realm)에서 국가와 국가가 전쟁을 벌이는 프론티어존에서만 실력을 발휘할 수 있다.

알비온, 미트가르트, 이베니아 삼국의 각기 다른 클래스들로 구성된 인원들이 충돌

몬스터 대결

을 하는 이러한 전쟁은 단순히 성을 뺏고 빼앗기는 전형적인 공성전의 형태를 벗어나서 다양한 전략과 전술 통해 캐릭터와 플레이어가 혼연일체될 수 있다. 또한 그룹이 중심을 이루는 게임이기 때문에 무조건 독불장군처럼 행동할 수 없으며, 설혹 최고의 레벨에 도달했다 하더라도 다른 플레이어들과의 협동이 없이는 자신의 능력을 제대로 발휘할 수 없다.

이 부분은 자칫 잘못 해석하면 혼자서는 아무 것도 할 수 없는 지루한 게임이 될 수 있는 위험성을 가질 수도 있지만, 이는 싱글플레이보다는 팀플레이를 적극적으로 장려하기 위한 시스템으로서, 단순히 레벨업에만 치우치는 문제를 개선하고 자연스러운 파티를 통해 그룹의 중요성과 타인과 협동을 하는 것이 얼마나 큰 힘을 가지는지를 알 수 있도록 유도한다. 아서 왕이 독불장군이 아니라 그의 뛰어난 기사들과 협력하는 지장이며 용장이었음을 상기할 때, 이러한 게임 시스템은 타이틀에만 아서 왕을 기리는 것이 아니라, 시스템 자체에서도 아서 왕의 전설을 자연스럽게 이식시킨 적절한 기획이다. 이처럼 《다크 에이지 오브 카멜롯》은 켈트족의 아서 왕 전설과 북구 신화를 접목시킨 퓨전형 세계관으로 승부수를 던진 작품이다.

민담 다시말하기

folktales retelling

'호랑이 담배피던 시절' 에나 있을 법한, 그리고 그 시절에나 믿을 법한 민담(民譚)은 '민간(民間)에 전승되던 이야기' 로서, 그 한자를 보면 '談' 이 아니라 '譚' 을 사용하고 있다. 지금은 두 한자 모두 이야기로 해석하지만, 사실 전자는 말(言)과 불꽃(炎)의 조합으로 불꽃 튀는 공방전을 연상시키는 토론이나 토의가 걸맞다. 토론을 통해 만들어지는 것도 일종의 넓은 의미에서 이야기일 터이니, 아주 다른 해석은 아니다. 이에 비해 후자는 말(言)과 뻗다 · 넓다 · 깊다(覃)의 조합으로 통시적 관점에서 전승되는 시대적 범위가 길고, 공시적 관점에서 전승되는 공간적 범위가 넓고, 영향력에 있어서 민간에 매우 깊게 자리 잡고 있다는 의미를 읽어낼 수 있다. 민담은 이처럼 시대를 거슬러, 공간을 가로질러, 민간에 오래도록 전해내려온 이야기를 칭한다.

민간에 전승된 만큼 구조적 측면에서 사건의 전개에 논리적으로 모순되기도 하고, 기승전결과 같은 순차적 혹은 단계적 과정을 통해 결말에 이르는 극적 구성을 기대하다가는 낭패를 보기 십상이다. 허무맹랑하거나 비현실적인 내용이 많이 포함되어 있으며, 인과율의 오류 또한 빈번하게 나타난다. 그러나 민담은 당대 민간의 현실에 대한 치열한 이해와 소망의 토대 위에 전승되어 왔으며, 여기서 치열한 이해라고 하는 것은 투쟁적인 표출의 측면이 아니라, 해학적이거나 풍자적인 비유의 측면이 강하다. 이것은 그들이 소극적이거나 수동적이라서가 아니라, 개혁이라는 거창한 모토를 표방할 수 없던 시대에 현실의 고통과 분통을 승화시키는 그들의 대안이며 자구책이라고 볼 수 있다.

민담은 대개 모든 이야기들처럼 다양한 화소(話素)로 이루어지는데, 화소란 이야기를 이루는 독립된 요소들을 뜻하며, 각 요소들은 독자적인 의미를 띠고 전승자의 의지에 따라 가감되거나 변이되며, 전체의 한 부분으로서 위치에 따른 관계와 기능을 가진다. 민담의 화소가 다른 이야기의 화소에 비해 두드러진 이유는, 사건의 치밀한 전개나 인과관계 속에 화소가 융화된 형태라기보다는 화소 자체가 생경하게 드러나는 구조를 가지고 있다는 데에 있다. 따라서 민담은 민간 구전의 특성상 쉽게 기억할 수 있도록 특이하고 인상적인 화소들의 거칠고 투박한, 그러나 소박한 이음새를 확인할 수 있는 유산이라고 할 수 있다.

사례 분석 〈우렁 각시〉는 〈조개색시 구혼민담〉, 〈우렁 색시〉, 〈논고둥〉, 〈나중미부(螺中美婦)〉, 〈우렁 각시〉, 〈우렁미인〉 등 다양한 형태의 이야기로 전해지며, 동물신부 혹은 변신담에 속한다. 초반부는 대부분 일치하지만 결말에 이르면 다소 차이를 보이는데, 가난하면서 노총각이고 농부인 남주인공의 설정은 대부분 일치한다. 남주인공이 농사짓다 말고 혼자 넋두리 하는 부분이나 대답하는 목소리 부분도 대개 일치한다. 다만 그 목소리의 주인공, 즉 여주인공의 원형이 우렁이 · 달팽이 혹은 조개로 다양하게 제시된다. 그리고 아직 때가 아니라는 금기의 설정도 일치하며, 금기를 어긴 대가로 권력자가 등장하여 여주인공을 납치하고 홀로 된 농부는 애통해 하다가 죽어 파랑새가 된다. 이후 여주인공도 죽어서 '파랑새'가 되어 농부가 환생한 파랑새와 한쌍을 이루기도 하고, '참빗'이 되기도 한다.

스네일 레이디(알리나 파이델 作)

이런 일반적인 유형에서 다소 벗어난 이본들도 있는데, 〈총각과 우렁이 부인〉의 내용을 보면, 도입부분은 대부분의 이야기들과 유사하다. 다만 우렁 각시가 한 달을 기다려 달라고 하자, 총각은 초인적인 인내심을 발휘하여 한 달을 기다린다. 금기를 어기지 않았기 때문에 해피엔딩은 당연하다. 물론 임금이 등장하여 우렁 각시를 탐내는 갈등이 있지만, 지혜롭고 신비한 우렁 각시 덕분에 고비를 무사히 넘기고 결국 임금은 제 꾀에 제가 빠져 죽고, 둘은 행복하게 산다.

이와 비슷한 해피엔딩의 이본 중에 우렁 각시가 너무 예뻐서 총각이 한 시도 그 곁을 떠나지 않자, 우렁 각시가 급기야 자화상을 그려주는 이야기가 있다. 나무를 하다 말고 그림 한 번 보고, 나무 한 번 하고 그림 한 번 보고, 그러다 바람이 불어 그림이 날아가 버리는데, 그림이 먼 나라 임금의 손에 들어가고 임금은 그림의 주인공을 수소문하여 결국 우렁각시는 관원들에 끌려 가고 만다. 그날 이후 우렁 각시는 단 한 번도 웃지 않는다. 웃는 모습을 보고 싶다며 임금이 애결복걸하자, 우렁 각시는 걸인들을 모아 잔치를 벌여주면 웃겠노라 약속한다. 온 나라 걸인들이 모두 모여 누더기를 입고, 깡통을 치며 춤을 추는데, 그 무리 속에 우렁 각시를 찾아 나선 총각이 보인다. 우렁 각시가 그제야 웃는다. 임금님은 그 모습이 너무 좋아, 걸인의 옷을 제가 입고 춤을 추는데, 우렁 각시가 임금님을 가리키며 '저 놈을 끌어내라!' 명하고 꼼짝없이 걸인으로 취급받고 임금님은 쫓겨나고, 총각은 임금님이 된다.

백수소녀/백나천녀(원생중)

중국의 〈태평광기(太平廣記)〉에 실려 있는 '백수소녀(白水素女)설화' 도 이와 유사한데, 사단이라는 가난하지만 착한 총각이 우렁이를 항아리 속에 넣어 두었는데, 일 나갔다 돌아오면 진수성찬이 차려져 있었다. 총각은 몰래 숨어 지켜보다가, 우렁 각시의 존재를 알게 된다. 총각이 뛰어나와 묻자, 우렁 각시는 자신이 하늘의 백수처녀인데, 천제께서 10년 동안 당신을 도우라 해서 이렇게 강림했다고 말한다. 하지만 모든 것이 알려졌기 때문에 더 이상 여기 있을 수 없다면서 사라져 버렸다. 보지 말라면 보

최하림·박지은의 《우렁이 색시》, 허문선·김천정의 《우렁이 각시》

지 말 것을, 얕은 호기심을 채우려다 깊고 신비한 진심을 잃었다.

이외에도 변이형은 매우 많다. 관리에게 색시를 빼앗겼다가 속임수로 그 관리를 물리치고 색시를 되찾았을 뿐만 아니라 벼슬까지 하였다는 이야기는, 부당한 횡포는 받아들일 수 없고 물리쳐야 한다는 생각이 강조된 것이다. 임금이나 관리에게 잡혀가는 부분이 없고 기한이 안 되었는데도 혼인하였기 때문에 우렁각시가 완전한 사람이 될 수가 없어서 불행한 결말이 왔다는 경우도 있다. 혹은 시어머니가 우렁이를 거름통에 버려서 우렁각시가 죽게 되었다는 변이형도 있다. 또한 총각은 색시를 잃은 후에 혼자 쓸쓸히 지내다가 다른 여자와 혼인한다는 이야기도 있다.

가진 것 없이 나이만 먹은 늙은 총각은 그다지 개성있는 캐릭터는 아니지만, 평범한 우렁이에 관심을 보여줄 만큼, 그리고 평범한 우렁이가 자신의 혼잣말에 대답했으리라 믿을 만큼 순박하다. 게다가 우렁이를 잡아와 맛난 요리를 하는 대신, 우렁이가 살 수 있도록 적당히 물을 넣은 항아리를 준비하는 그의 모습은 상당히 고운 심성을 그대로 보여주는 장면이다. 때문에 마음씨 고운 그를 위해 우렁이색시가 식사를 준비하고, 후에 부부의 연을 맺게 되는 것은 일종의 결초보은이라고 할 수 있다. 물론 후반부로 들어서면서 이야기가 선명하게 유리되어 이질적인 모티브들이 난무하지만, 오래도록 구전되어 온 이야기라는 특성상 당연한 것이다.

이 민담에는 여러 가지 화소(話素)들이 한데 얽혀 있다. '사람으로 변한 동물', '평범한 남자와 고귀한 여자의 결합', '지배자에 의한 서민 침탈', '서민의 극적인 신분상승' 등이 그것이다. 이와 같은 이야기 요소들을 통해 이 민담은 '예쁜 아내를 만나 행복하게 살고자 하는 꿈'을 드러내며, '그러한 소박한 꿈을 깨뜨리려 하는 험한 세상'을 확인하고, '그럼에도 행복한 삶이 결국은 성취될 수 있다는 기대'를 나타내고 있다. 〈우렁 각시〉는 단순하지만 신비한 변신의 모티브와 더불어, 인간의 본성을 드러내는 다양한 요소를 내포하고 보여준다. 난해하고 신비한 힘이 개입된 일에 대해 수긍하기보다는 믿지 못하고 적극적으로 알아내려는 인간의 마음과, 알아낸 다음의 비극적 상황에 대해 또 다시 신비한 힘을 바라는 양면성을 그대로 담고 있다.

그렇게 소중한 유대관계가 권력자에 의해 무참히 깨어진다. 권력자가 탐낸 것은 이야기 속에서는 비단 아름다운 우렁 각시였지만, 어쩌면 가난하고 가진 것 없는 서민들의 아름다운 '꿈' 이었을지도 모른다. 꿈은 서민들의 모든 것이니, 권력자는 서민들의 모든 것을 앗아갔는지도 모른다. 그렇다. 우렁이는 모든 가난한 서민들이 나름대로 간직한 '꿈' 의 원형적 상징인지도 모른다. 그 꿈을 빼앗기고 그들은 절실하게 저항하고, 대응해보지만, 세상의 힘은 두려울 정도로 강하다. 때문에 〈우렁 각시〉의 결말은 비극이다.

총각은 죽어 파랑새가 되고, 우렁각시는 죽어 파랑새 혹은 참빗이 된다. 파랑새는 우리 문학의 풍토에서는 부정적인 상징이다. '파랑새야 파랑새야 우지마라 녹두장수 울고 간다' 에서처럼 파랑새는 녹두장군 전봉준을 위협하는 세력의 동조자이다. 이렇듯 파랑새는 자신의 소중한 꿈을 빼앗긴 총각의 한맺힌 화신이며, 당시 여성들의 필수품인 참빗은 우렁각시의 정한을 상징한다. 또한 우렁이나 달팽이의 모양새는 여성의 육체를 상징한다. 현실의 척박함과 비정함, 권력의 비열과 탐욕을 해갈할 수 있는 것은 여성성의 충만이며 자비이다. 모성애이다. 〈우렁 각시〉는 바로 그러한 현실의 난관을 타개하고자 하는 서민의 강렬한 기원의 배경을 가진다.

한성옥의 《우렁 각시》

로맨스 버전 왕가위 감독의 《중경삼림(重慶森林; Chungking Express)》은 두 가지 이야기가 캐릭터와 스토리, 테마, 공간 등 섬세하게 오버랩되는 독특한 옴니버스 형식을 보여준다. 두 이야기의 공통점은 남주인공의 직업이 모두 경찰이라는 점이다. 사소한 차이라면 전편의 남주인공은 사복경찰이며, 후편의 남주인공은 제복경찰이다. 그리고 전편의 남주인공은 '이미' 실연당한 상태로 또 다른 인연을 만나게 되고, 후편의 제복경찰은 '아직' 실연이 보류된 상태로 또 다른 인연을 만나게 된다. 이렇게 두 경찰은 각기 자신의 실연과 인연의 에피소드를 통해 나름의 고독과 방황, 갈증을 표현한다.

위 《중경삼림(1994)》 아래 663의 독백

〈우렁 각시〉의 모티브는 두 번째 이야기, 즉 실연을 보류 중인 제복경찰 남주인공의 이야기에서 감각적으로 재구된다. 스튜어디스 애인의 일방적인 이별선언을 받아들이지 못한 남자는 애인이 돌아오기를 기다리며 무미건조한 일상을 반복하고, 방안에 틀어박혀 고독하게 시간을 보낸다. 시간은 더디게 흐르고, 남자는 인형과 비누와 행주를 보며 의미 없는 대화를 한다. 그러나 남자의 독백에 그 무엇도 대답하지 않다. 그는 일방적인 독백을 계속할 따름이다. 침대 위에 잠을 청하기 전 인형을 끌어안고 말을 건네보지만, 인형은 그저 물끄러미 남주인공을 바라볼 뿐이며, 인형의 온기는 체온이 아니라 보온일 뿐이다. 세수할 때마다 손에 잡히는 비누의 촉감은 단지 촉감일 뿐 정감이 될 수 없다. 물을 제대로 말리지 않은 행주는 물을 뚝뚝 흘리지만, 행주의 물기는 남주인공의 눈물과 달리 추억의 염분이 없는 공유되지 않는 종류의 물기이다.

이러한 남주인공의 메아리 없는 독백은 〈우렁 각시〉에서 가난한 노총각의 탄식과도 같은 독백과 일치한다. 농사를 지어 함께 나눠먹을 사람이 없다는 그의 탄식 속에는 적적함의 고독이 묻어난다. 나이 들어도 장가가지 못한 노총각의 하소연은 예나 지금이나 다를 바 없다. 다만 당시에는 더더욱 중요한 삶의 문제였을 것이다. 스스로 해결할 수 없는 문제였기 때문에 더욱 절박하고, 더욱 절실하고, 더욱 절망적이다. 그 때 들리는 대응의 목소리는 구원의 복음과 진배없다. 그러나 그것은 여인이 아닌, 우렁이일 뿐이다. 오죽 답답했으면 총각은 그 우렁이를 통해 위안을 삼고, 위로를 받기 위해 집으로 가져온다. 애완견이나 애완고양이를 키우는 심리와 비슷한 마음이었는지도 모를 일이다. 제복경찰에게도 그의 오랜 고독에 대답을 해줄 다정다감한 우렁이가 필요하다.

물론 당연히 그의 아주 가까운 곳에서 다정하고 귀여운 우렁이가 언제나 그를 바라보며, 그만 바라보며 열심히 대답하고 있었다. 그가 들을 준비가 되어있지 않았을 뿐이다. 우렁이는 바로 그가 근무 중 잠시 들리곤 하는 패스트푸드점의 웨이트리스 '페이' 이다. 우연히 제복경찰의 스튜어디스 애인은 페이에게 그의 집 열쇠와 한 통의 편지를 맡기고 그에게 전해달라고 부탁한다. 페이는 그 편지가 이별을 통보하는 편지임을 짐작한다. 이 편지를 그가 본다면 그의 보류 중인 실연도 '기정사실' 이 되는 셈이다. 그러나 그는 페이에게 당분간 그것을 맡아달라고 부탁하며 받기를 거부한다. 아직도 그는 실연을 보류하고자 한다. 그의 독백에 목청껏 대답하고 있는 페이의 반응을 그는 전혀 알아주지 않는다.

그러나 열쇠와 편지를 페이에게 맡겨둔다는 것에서부터 둘의 인연은 시작된다. 페이는 그의 아파트 열쇠로 그의 집을 몰래 드나들기 시작한다. 처음에는 설레며 조심스럽던 페이지만, 거듭될수록 조금씩 더 대담해진다. 하나씩 옛 여자의 흔적을 지우고, 뚱한 표정의 인형을 치우고, 홀쭉해져서 거품조차 나지 않을 것만 같은 비누를 새 것으로 바꾸고, 낡은 행주를 바짝 마른 새 것으로 바꿔놓는다. 그가 즐겨 듣는 음악을 자신의 애청곡으로 바꾸면서, 그가 실연의 아픔을

제복경찰의 집에 몰래 들어온 페이

잊기 위해 바라보며 독백하던 그 모든 대상을 바꿔버린다. 동시에 그의 애인이 남긴 흔적들을 지워간다. 이렇게 서서히, 그리고 온전히 그의 주변을 바꾸기 시작한다.

우렁 각시도 총각이 일하러 나가고 집을 비운 사이에 페이처럼 많은 사소한 일들을, 그러나 결국 엄청난 변화를 야기하는 일들을 아무렇지도 않게, 매우 즐거운 마음으로 했을 것이다. 당연하게도 우렁이는 총각에게 큰 위안이 된다. 실제로 밥을 지어놓고, 청소를 해놓고, 빨래를 해놓지 않았어도, 우렁이가 부엌의 항아리 속에 살아있다는 사실만으로도 총각은 행복했을 것이다. 어쩌면 우렁이에게 제때 밥을 주고, 우렁이의 항아리를 청소해준 것은 총각이었을 것이다. 우렁이를 위해 성심성의를 다하는 총각의 마음으로 인해, 이제 더 이상 항아리 속 우렁이는 개울 속에서 흔히 보는 우렁이들과는 다른 존재이다. 《어린 왕자》의 '길들임'을 거론하지 않더라도 총각이 길들인 '우렁이'는 이제 특별한 존재이다. 총각에게 우렁이는 때로는 혼잣말을 해도 귀기울여 들어주는 조용한 친구이고, 때로는 힘든 하루의 노동을 마치고 집으로 돌아오는 그를 반갑게 맞아주는 참한 아내이며, 때로는 챙겨주고 보살펴 주지 않으면 혼자서는 아무 것도 못하는 어린아이이다. 우렁이와 총각은 서로에게 그만큼 소중한 존재이다.

이제 현대판 노총각, 제복경찰도 지성이면 감천이듯, 자신의 주위에 언제부터인지 뭔가 달라지고 있음을 눈치챈다. 그리고 그는 자신의 집에서 나오는 페이와 마주친다. 오래도록 자신의 독백에 대답을 해온 그녀의 목소리를 그제야 듣게 된다. 그는 새로운 사랑을 받아들일 준비를 하게 되고, 페이와 데이트 약속을 한다. 그는 옛 애인과 관련있는 물건을 버리고 그녀가 준비한 옷을 입은 채 약속장소에서 기다린다. 둘의 사랑은 해피앤딩일까. 민담의 세계에서는 희비극이 교차하고 이본마다 다른 결말을 보여준다. 현대판 〈우렁각시〉, 제복경찰과 페이의 숨바꼭질 사랑은 어떤 결말을 보여줄까. 페이는 약속장소에 나타나지 않는다. 비극이다. 그는 바

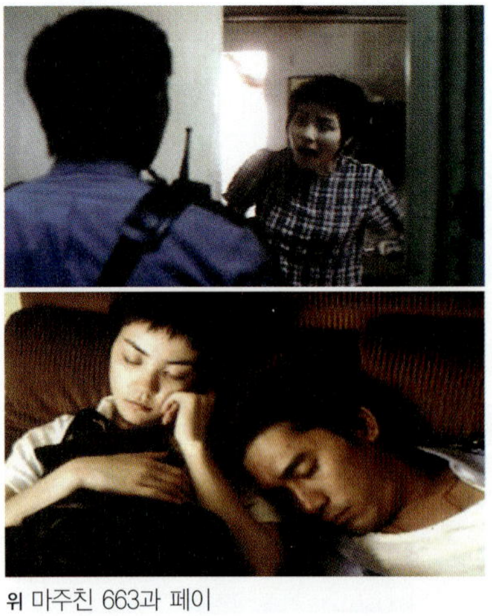

위 마주친 663과 페이
아래 행복한 둘만의 낮잠을 즐기는 두 사람

람맞은 것이다. 실연이라고 말하기도 어줍잖은 되다만 인연이다. 페이는 나타나지 않고 대신 한 장의 편지를 남긴다.

그녀는 왜 떠났을까. 그것은 우렁각시가 대신 답해줄 수 있다. 우렁각시는 타력에 의해 납치되어 총각과 강제로 이별한다. 그 이별의 시간동안 둘의 사랑은 더욱 깊어졌으니, 이것은 갈등이 아니라 클라이막스다. 페이는 스튜어디스였던 옛 애인을 잊지 못하는 그를 위해 스튜어디스가 되기 위해 떠났으니, 둘 사이의 권력자는 옛 애인이다. 그러니 옛 애인을 극복하는 방법은 민담처럼 내쫓거나 죽일 수는 없는 일이니, 가장 현대적인 복수, 즉 옛 애인과 동등한 자격을 획득하는 일이 될 것이다. 그녀는 스튜어디스가 되어서 돌아올 것이다.

한편, 옛 애인의 편지를 읽지 않고 실연을 제멋대로 유보한 전과가 있는 그가 페이가 남긴 편지를 읽을까. 옛 애인의 경우 '애인' 이니만큼 실연을 인정하고 싶지 않았겠지만, 페이와는 아직 사랑이 시작도 안했으니 유보하고 말 것도 없겠으니, 당연히 그는 편지를 읽는다. 1년 후, 돌아오겠다는 페이의 편지를 그는 잘 모셔두고 흔들릴 때마다 보고 또 보았는지도 모른다. 마치 어여쁜 우렁각시의 자화상을 나무에 붙여두고 나무 한 번 찍고, 그림 한 번 보듯, 그녀가 없는 곳에서도 사랑을 키워나간 총각처럼 그도 그녀의 빈 여백을 그녀가 남긴 편지를 보고 또 보며 기다림과 설레임으로 채우며 사랑을 키워나간다. 그리고 1년 후 나타난 스튜어디스가 되어 돌아온 페이와 재회한다. 이제 더 이상 둘 사이에는 갈등을 유발하는 권력자도 없고, 지켜야할 비밀도 없으니 그만큼 해피앤딩에 가까워졌다.

판타지 버전 남기웅의 《우렁각시(Fat Boy meets Browny Girl)》는 전주 국제영화제, 벤쿠버 국제 영화제, 플란더스 국제영화제, 스톡홀름 국제영화제 등에 초청되었으며, 수상경력 보다 초청경력이 많은 이유는, 아무래도 이 작품의 장점이 시각효과이기 때문이다. 남기웅 감독은 매니아적 성향이 짙은 《대학로에서 매춘하다가 토막살해 당한 여고생 아직 대학로에 있다》 이후 두 번째 장편에 도전했는데, 15번 이상 해외 주요 영화제에서 극찬을 받은 《대학로에서 매춘하다가 토막살해 당한 여고생 아직 대학로에 있다》와 마찬가지로 《우렁각시》도 국내에서보다는 해외에서 더 많은 관심을 쏟

《우렁각시(2002)》

고 있는 작품이다.

《우렁각시》는 우연히 얻은 우렁이를 항아리 속에 넣어뒀더니, 우렁이가 예쁜 각시로 변해 혼자 사는 노총각을 돕다가 서로 사랑에 빠진다는 민담을 소재로 삼은, 집안일을 질색하는 남성들의 디지털 판타지이다. 제목부터 자칫 고색창연한 고전극으로 오해할 소지가 있음에도 불구하고 민담과 동일한 타이틀을 선택함으로써, 민담을 충실하게 그러나 '남기웅 스타일'로 재구하고 있음을 당당히 밝히고 있다. 아무리 한물 간 민담이라 하더라도 남기웅이 만들면 이렇게 달라진다는 것을 제대로 보여줄 만한 자신감의 표현으로 읽힌다. 남주인공은 건태는 불법무기류를 제조하고 거래하는 철공소에서 일하는 청년이다. 이쯤되면 남주인공의 배경설정부터 민담과 매우 다르다는 것을 알 수 있지만, 자세히 들여다보면 그러한 변화는 시대상의 반영일 뿐 크게 달라지지 않았다. 건태 역시 민담 속의 노총각처럼 혼자 사는 순진한 총각이며, 외모나 성격 두루 특별한 구석도 없고, 지극히 평범하며 그렇다고 빈둥거리는 것은 아니지만, 유난스럽게 부지런한 스타일도 아니다. 마음 씀씀이는 헤프지는 않지만 근본적으로는 선하여 어려운 사람을 만나면 도와주는 편이지만, 그렇다고 찾아다니며 선행을 베푸는 타입도 아니다.

어느 날, 수다스러운 입담 때문에 붙여진 별명인 듯 아무도 본명을 모르는 '따발총 할머니'가 철공소 근처로 이사를 오고, 이내 철공소 사장과 건태는 할머니와 친해진다. 이것저것 나눠주기 좋아하는 우리네 할머니처럼 따발총 할머니도 건태에게 뭔가 주지 못해 안달을 내는데, 하다못해 할머니네 연못에서 키워 파는 우렁이를 국 끓여 먹으라고 한 바가지 건태에게 퍼주기까지 한다. 내키지 않지만 거절하기가 뭣해서 울며 겨자 먹기로 우렁이를 들고 집으로 돌아가던 건태는 길에서 우연히 초라한 행색의 할아버지를 만나고, 다리가 아파서 못 걷겠다는 할아버지를 업고 목적지까지 모셔다 드린다. 그 대가로 할아버지는 커다란 항아리를 건태에게 준다. 항아리의 크기에 놀란 건태는 손사레를 치지만, 이미 할아버지는 온데간데없다. 하는 수없이 커다란 항아리를 등에 지고 힘겹게 집으로 돌아와서 할머니가 준 우렁이를 항아리 속에 넣어 둔다. 여기까지 살펴봐도 이 작품은 현대적인 내러티브라고 하기에는 지나칠 정도로 우연적 요소가 남발하는 설화적 내러티브를 보여준다.

우렁각시의 등장

그날 밤, 할아버지를 도와준 선행의 대가로 받은 커다란 항아리의 신비인지 아니면, 외모부터 범상치 않은 따발총 할머니의 연못에 사는 우렁이의 신묘한 힘인지 항아리로부터 우렁이가 어여쁘고 깜찍한 처녀의 모습으로 등장한다. 그런데 영화 속에서 우렁각시는 민담에서 우렁 각시들이 특유의 가정부스러운 집안일을 담당하는 것과는 달리 매일 밤 건태네 집에 모습을 드러내지만, 민담에서처럼 밥상을 차린다거나 청소를 한다거나 빨래를 한다거나 하는 등 일하는 모습을 보여주지는 않는다. 아무래도 민담에서 총각은 배우자를 원했기 때문에 그에 걸맞는 연배의 우렁각시가 등장한 듯하고, 이에 비해 건태는 아직 결혼을 생각할 나이가 아니므로 여자친구나 애인 정도 연배의 우렁 각시가 등장했고, 그로 인해 우렁 각시가 집안일을 대신하기 보다는 건태의 곁에 있어주는 역할이 주가 된다.

몰래 지켜보던 건태는 우렁 각시를 보고 놀라지만, 워낙 내러티브적으로 영화 자체에 황당한 사건들이 많기 때문에 항아리 속에서 우렁이가 여자가 되어 나온다는 설정의 신비함조차 무색해질 정도이다. 그러니 건태도 민담의 노총각만큼이나 놀라지 않으며, 민담에서는 노총각이 몰래 숨어 있다가 우렁이의 실체를 파악하는 장면이 절정이었던 반면, 영화에서는 그보다 다른 사건들이 배치됨으로써 우렁이가 사람이 되는 일은 일상다반사인 것처럼 어물쩍 넘어간다. 그렇다면 건태가 사는 그 공간 또 민담 못지않은 비현실적 스토리텔링의 세계인 것이다. 영화에서 초점은 우렁각시가 아니라 따발총 할머니에 있다. 할머니는 죽은 남편이 남긴 반지에 얽힌 사연이 있는데, 그 반지는 할머니에게는 추억이 담겼지만, 제3자에게는 부와 명예 등 욕망을 충족시켜주는 일종의 마술반지와도 같은 의미를 지닌다.

할머니는 남편을 죽이고 반지를 빼앗아간 용백일당을 찾아가지만 현재 캬바레를 운영하면서 정계에 진출을 꿈꾸고 있는 야심찬 용백에게 문전박대 당한다. 반지를 되찾으려는 할머니의 끈질긴 시도는 용백일당의 일방적인 승리로 끝나고, 용백일당은 귀찮고 말많은 할머니를 제거하려는 계획을 세운다. 용백과 그 일당은 민담 속에 등장하는 권력자의 모습과 동일하다. 민담 속에서 권력자는 권세를 누리고 있으면서도 가난한 이가 가진 지극히 사소한 것까지도 탐하는 끝없는 욕망의 화신으로 그려지는 만큼, 용백은 부와 명예까지 손에 넣었으면서도 사소한 추억의 상관물인 할머니의 반지를 탐하며 갈등을 유발하고 평범한 이들의 소박한 행복을 방해한다. 물론 영화에서 용백이 욕망하는 대상은 민담과 달리, 우렁각시가 아니라 반지이며 훼방꾼의 제거이다. 이 설정으로 인해 용백의 욕망 자체에 대해 설명이 부족해지고, 할머니의 캐릭터도 설득력이 약해질 뿐만 아니라, 우렁각시라는 제목 자체가 무실해지게 된다.

위 용백 **아래** 할머니를 돕기 위해 변신한 우렁인간들

결국 영화의 결말은 민담과는 거리가 멀어지게 된다. 할머니는 용백 일당에게 일방적으로 당하고 나서 남편의 억울한 죽음과 빼앗긴 반지에 대해 철공소 사장과 건태에게 하소연한다. 정의파 철공소 사장은 할머니를 돕기 위해 나서지만, 용

백 일당과 맞서기에는 수적으로 열세이다. 이에 항아리와 우렁이의 신비한 힘을 알고 있는 건태는 할머니의 연못에서 우렁이를 퍼다가 항아리에 담고 모두 사람으로 만든다. 건태와 우렁 각시는 사람이 된 우렁이들에게 할머니의 슬픈 사연을 얘기하고, 평소 마음씨 고운 할머니 덕분에 평화롭게 살아온 우렁이들은 이번 기회에 은혜를 갚기 위해 할머니를 돕는 데 의견을 일치한다.

이 작품은 〈우렁각시〉의 현대판이며, 디지털 버젼이라고 할 수 있다. 비현실적이고 독창적인 세트와 소도구로 인해 동화적 판타지의 세계를 체험할 수 있으며, 애니메이션에 적당한 소재를 실사영화로 제작했을 때의 재미를 느끼고 싶었다는 장난기어린 동기에서 만들어진 영화여서 인지 재기발랄한 스토리는 서사적 구성력보다는 그 기발한 아이디어와 상상력에 좀더 치중하고 있다. 이는 원작의 서사성이 이미 검증받고 알려졌기 때문이라 생각한다. 다만 이 작품은 디지털 장편영화로서 배급과 제작의 여러 문제에 대한 대안으로 제시된 인큐베이팅 무비를 표방하고 있다. 늘 보는 재미없는 세상 대신 볼 수 없는 세상을 그리려는 감독의 의도에 따라, 스토리를 비롯하여 의상과 소품, 배경에 이르기까지 상당히 비현실적이고 독특한 요소들이 산재해있다.

ㅡ코미디 버전ㅡ 쟝 피에르 쥬네(Jean-Pierre Jeunet)의 《아멜리에(Le Fabuleux Destin D' Amelie Poulain)》는 남몰래 가까운 이들의 행복을 찾아주는 사랑스런 여인의 이야기이다. 사람들을 행복하게 하게 하는 영화를 만들고 싶었다는 소박한 감독의 제작의도를 고스란히 반영한 《아멜리에》는 세상과 관계를 바라보는 따뜻한 시선과 유머가 별처럼 산재해 있다.

영화는 처음부터 평범하면서도 사실은 비범한 아멜리에의 가정을 중심으로 출발한다. 누구와도 다정하게 대화하지 않는 무뚝뚝한 아빠와 언제나 신경이 예민한 히스테릭한 엄마 사이에서, 제대로 사랑을 표현하지도 표현받지도 못하고 자란 아멜리에는 사랑에 대해 민감한 어린 시절을 보낸다. 오죽하면 의사인 아빠가 청진기로 진찰해주자 어린 마음에 평소와는 달리 너무나 다정한 아빠의 손길에 마냥 좋아 심장이 마구 뛰는 바람에, 아빠는 아멜리아를 심장병으로 진단하고 학교에 보내지 않는다. 졸지에 주의가 필요한 심장병 소녀가 되어 집에만 있게 된 아멜리에는 히스테릭한 엄마의 신경

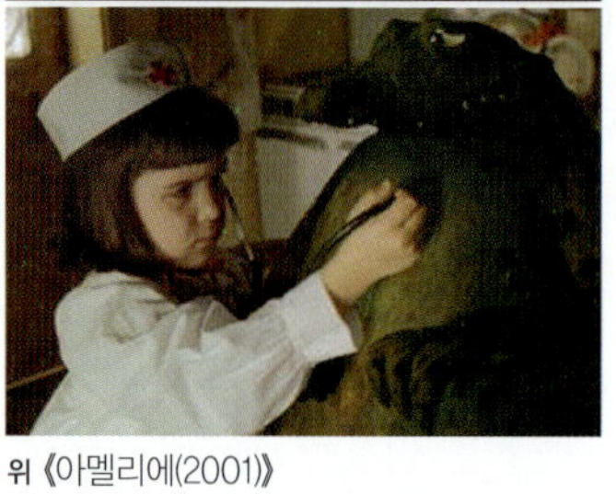

위 《아멜리에(2001)》
아래 혼자 노는 아이 아멜리에

을 건드리지 않으면서 조용히 혼자 노는 법을 배워야만 한다. 그나마 유일한 친구였던 금붕어마저 죽어 버리고, 엄마마저 갑작스런 사고로 세상을 떠나고, 이로 인해 원래 말수가 적은 아빠마저 그나마 완전히 마음의 문을 닫았으니, 아멜리에는 원래 혼자였으나 이제야말로 제대로 혼자가 된다.

천성이 선하고 개구진 아멜리에는 소박하지만 혼자 즐기기에는 더 없이 장난스러운 놀이들로 일상의 무료함을 일거에 깨뜨리면서 혼자라는 것이 궁상맞게 느껴지지 않도록 만드는 힘이 있다. 그러던 어느 날, 아멜리에의 인생에 커다란 전환점이 될 일이 벌어진다. 우연히 아주 오래된 누군가의 어린 시절 소중한 상자를 발견한다. 먼지투성이 상자 속에 인형, 구슬, 사진 등 상자 속의 물건들은 타인이 보면 아무 소용없는 고물이나 사소한 폐휴지와 다를 바 없으나, 추억의 당사자에게는 더 없이 큰 의미가 되리라고 생각한 아멜리에는 스스로 행복의 전도사가 되어주기로 결심한다. 우여곡절 끝에 상자의 주인을 찾은 아멜리에는 이제는 더 이상 소년이 아니라 초로의 아저씨가 된 그에게 몰래 상자를 건네준다. 얼마나 소중한 추억이 그 속에 담겨있는지는 그가 상자의 뚜껑을 여는 순간, 그의 얼굴에 나타나는 믿을 수 없을 만큼 설레고 행복한 표정을 보면 느낄 수 있다.

이 날 이후 아멜리에는 말상대가 필요하고 추억의 반추가 필요한 사람들을 위해 행복을 전해주기 위해 동분서주한다. 담배 파는 노처녀와 카페 단골손님을 중매서기도 하고, 자신을 배신한 채 실종된 남편을 원망하는 미망인에게 남편의 예전 편지들을 조합해서 변함없이 그녀를 사랑하고 있다는 내용의 편지를 보냄으로써 미망인을 오래도록 괴롭힌 배신감으로부터 해방시켜준다. 그리고 엄마의 죽음 이후 집밖으로는 한 발

행복전도사 아멜리에

짝도 나가지 않고 엄마와 함께 가꾸던 정원에 놓인 백설공주의 난쟁이하고만 대화하는 아빠를 위해, 몰래 난쟁이를 훔쳐내어 스튜어디스 친구에게 건네주고, 비행하는 지역마다 마치 그 난쟁이가 여행하는 것처럼 찍은 사진을 동봉하는 방식으로 서서히 아빠의 닫힌 문을 연다. 믿을 수 없지만 겪는 사람으로서는 믿을 수밖에 없는 일들을 벌이는 프랑스판 우렁 각시는, 한 남자를 위해 밥하고 빨래하던 민담 속의 우렁 각시보다 '범국민적' 이다.

물론 그녀로부터 행복의 씨앗을 받은 사람들이 영원히 행복할 수는 없다. 행복의 씨앗에 물주고 양분을 주고 햇살을 주는 일은 각자의 몫이기 때문이다. 이제 아멜리에도 자신에게도 행복의 씨앗이 자라남을 느낀다. 숨어서 돕던 것을 멈추고, 용기를 내어 항아리로부터 걸어 나와 자신이 사랑하는 남자에게 자신을 드러내며 그의 손을 잡는다. 부모의 관심과 사랑을 받지 못하고 혼자 외롭게 지내면서도 기죽지 않고 생기 넘치는 마력을 지닌 아멜리에는, 오랫동안 외롭게 개울가에 살면서 자신에게 누군가 말 걸기만을 기다렸던 신기한 우렁이와 닮았다. 이처럼 누군가를 위해 기쁨이 되고 싶다는 그녀의 작은 소망은, 혼잣말이지만 자신에게 말을 건네던 총각을 위해 기쁨이 되고 싶어 한 우렁 각시의 소망과 닮았다.

동화 다시말하기

fairytales retelling

여기서 동화란, '아동을 위한 채색 활자본' 을 의미하기보다는, 그 속에 내재되어 있는 '동화적 상상력' 을 의미한다. 동화는 다른 모든 장르의 바탕을 이루는 상상력 그 이상의 것을 내포하며, 동화를 이해하기 위해서는 상상력의 극대화가 필요하다. 아이들의 상상력은 언제나 극대화되어 있기 때문에, 언제나 동화를 읽을 준비가 되어 있다. 그러나 어른이 되면, 동화는 그 신비한 힘을 감추고 우물 속으로, 잠재의식 속으로 사라지게 된다. 누구에게는 뭐든 가능하지만, 누구에게는 또 뭐든 불가능한, 이성의 논리로서는 해석하기 힘든 불가사의한 동화적 상상력의 세계에 대한 새로운 인식과 접근을 통해 창의적인 리텔링에 대해 이해하고자 한다. 기억의 견고함과 부실함의 개인적 편차를 떠나, 어린 시절 누구나 한 번은 빠져들었던 동화이기 때문에 만만하게 집어들 수 있는 것이 동화적 상상력의 친근한 매력이다. 그러나 웬만하면 내려놓을 수 없는 것이 진정한 동화적 상상력의 심도와 지평이다.

동화는 실제적이고 단순한 서두에서 출발하여 환상적인 세계 속으로 진입해 들어가지만, 그 우회의 폭이 아무리 크다 하더라도 이야기의 전개 과정에서 절대로 길을 잃지 않게 만드는 흡입력이 있다. 동화는 독자로 하여금 경이로운 세계로 여행하도록 안내한 다음, 결말에 이르면 가장 편안한 방법으로 다시 독자를 현실 세계에 데려다 준다. 신화 · 전설과 동화는 공통된 점이 많지만, 전자에서 신이나 영웅의 이야기를 평생

'읽어야만 할' 이야기로 승격시킨 것에 비해, 동화는 이야기를 통해 갈등을 해결하고 한 단계 인격적 상승을 도모하는 이후 단계를 암시하는 구조를 보여준다는 점에서 차이가 있다. 동화는 이러한 단계적 상승을 강압적 혹은 교훈적인 규제가 아닌, 단순하고 소박한 방법으로 제시함으로써 부담이나 열등감을 주지 않는다.

지금도 아이들은 동화를 읽는다. 동화를 통해 사랑하고 미워하고 모험하고 좌절하면서 세상을 배우고, 세상을 읽는다. 이처럼 누구나 이해하기 쉬우면서도 동서고금을 통해 회자되어 오던 원형성이 내포된 동화를 통해 공상을 즐기고, 자신도 모르는 사이에 갈등을 극복하고, 불안감을 해소하며, 더 큰 해결책이나 삶의 인식에 도달할 수 있다. 이제 동화에 대한 다양한 접근과 리텔링을 통해 시련과 절망을 넘어 성숙한 자아를 획득하고 결국에는 궁극의 긍정(肯定)에 도달하는 깊이 있는 깨달음의 여정에 동참하기로 한다. 그리고 동화적 상상력을 통해 창작의 지평와 리텔링의 안목이 확장되는 것을 깨닫게 되기를 바란다.

—사례 분석— 영국의 위대한 작가 찰스 디킨스는 "빨간모자는 내 첫사랑이었다. 만약 내가 빨간모자와 결혼한다면 완전한 행복을 알게 될 거라고 느꼈다" 고 고백했다. 찰스 디킨스는 어릴 적 읽은 동화 속 주인공과 그 모티프들에 완전히 매료되었으며, 이는 작가가 된 후에도 그의 문학세계에 영원한 마법의 양지(陽地)로 자리매김을 하고 있다. 이처럼 많은 작가와 철학자, 정신분석학자, 문학비평가들은 나름의 전문성으로, 혹자는 단순한 색채적 자극으로, 혹자는 신화적 상상력의 발현으로, 혹자는 심리학적 내포로 동화 〈빨간모자〉에 접근하고 있다.

빨간 모자(워윅 고블 作)

동화의 경우, 판본에 따라 내용이 달라지는데, 프랑스의 판본에서는 갈림길에서 빨간모자를 만난 늑대가 빨간모자에게 핀과 바늘 중 어느 길로 가려는 지 묻는 장면이 나온다. 여기서 핀은

빨간모자(찰스 포커드 作)

임시방편적이고 즉흥적인 심리의 반영이고, 바늘은 심사숙고하고 신중한 심리의 반영이다. 또 다른 판본에서는 할머니가 아니라 엄마를 찾아가는 이본형태도 있는데, 빨간모자는 3년 동안 쇠로 만든 신을 신고 그 신이 닳을 때까지는 엄마에게 갈 수 없다는 제한조건이 제시되기도 한다. 늑대가 빨간모자에게 할머니의 살을 먹게 하고, 그 피를 마시게 하는 등 매우 엽기적인 행위를 하도록 강제하는 장면이 등장한다. 그 가운데 샤를 페로의 판본은 매우 주관적인 판본을 선보인다. 페로의 판본에 따르면, 빨간모자의 할머니가 늑대에게 잡아먹히는 것은 물론, 빨간모자도 늑대에게 잡아먹힌다. 여기까지는 그림형제의 판본과 다를 바 없으나, 페로의 판본은 여기서 이야기가 끝이 난다. 지나가던 나무꾼(혹은 사냥꾼)도, 나무꾼(혹은 사냥꾼)에 의한 할머니와 빨간모자의 복된 부활도, 늑대의 통쾌한 죽음도 없다. 페로의 판본에서는 늑대가 확연히 승리한다.

다만, 페로의 판본에는 〈빨간모자〉에 대한 논평과 당부를 교훈적인 단시(短時)의 형태로 덧붙이고 있다. "착한 소녀들은 함부로 아무에게나 귀를 기울여서는 안 된다. 만약 그렇게 한다면, 늑대에게 잡아 먹혀도 싸다. 늑대들은 다양한 얼굴로 나타난다. 그 중에서도 친절한 늑대, 특히 소녀들의 뒤를 쫓아 거리나 심지어 집까지 따라오는 늑대가 가장 위험하다." 페로는 동화를 통해 흥미와 교훈을 동시에 주고자 노력했던 것으로 여겨지지만, 안타깝게도 결과적으로는 동화에 대한 다양한 해석과 동화적 상상력을 제한하는 멍에로 작용할 우려가 있다. 동화에는 감동과 교훈을 넘어선 그 무엇이 있음을 충분히 배려하지 않은 까닭이다.

동화연구가 앤드류 랭의 판본에도 결말은 페로의 것과 같다. 할머니로 변장한 늑대가 짐짓 할머니인양 침대에 누워 빨간모자를 유혹한다. 빨간모자는 할머니의 품에 안기면서 할머니의 팔이 굉장히 크다는 점, 할머니의 다리가 굉장히 크다는 점 등을 꼬치꼬치 따져 묻는다. 급기야 할머니의 이빨이 굉장히 크다는 빨간모자의 질문에, 기다렸

빨간모자(구스타프 도레 作)

빨간모자(W.헤쓰 로빈슨 作)

다는 듯이 늑대는 빨간모자를 덮치면서 "너를 잡아먹으려고!" 하고는 단숨에 꿀꺽 삼켜버린다. 이후 구조나 구원의 이야기가 없으니, 빨간모자는 정말 허망하게 잡혀 먹히고 만다. 대부분의 다른 판본들도 앤드류 랭의 판본처럼 끝을 맺는다.

학자들은 다양한 전공분야의 잣대로 〈빨간모자〉를 분석하곤 한다. 민속학자들과 언어학자, 동화연구가, 문학비평가 등 나름의 지식와 이론을 바탕으로 〈빨간모자〉를 분석한다. 늑대가 소녀와 할머니를 잡아먹는 모티브에 주목하는 학자들은, 이러한 식인의 모티브를 두고 '신이 희생 제물을 받아들이는 행위' '밤이 낮을 삼키는 행위' '계절의 뒤바뀜' '달이 해를 가리는 일식(日蝕)' 등 다양한 분석을 시도한다. 한 걸음 더 나아가서 그리스 신화 중 크로노스의 신화와 관련지어 해석하기도 한다. 그럼에도 불구하고 이러한 해석은 동화의 본질과는 다소 유리된 느낌이다. 오랜 세월 전해 내려온 〈빨간모자〉를 어린이들에게 들려주는 이유가 일식이나 희생제의, 계절의 변화라는 것은 기본적으로 이 작품이 동화라는 사실에서 잠시 멀어진 해석이라고 볼 수 있다.

작품의 표면적 의미를 살펴보면, 〈빨간모자〉는 어린 소녀의 자립심에 대한 문제를 제기한다. 어린이에게는 부모, 특히 엄마의 도움 없이 '혼자서' 뭔가를 해결해야 한다는 것은 매우 커다란 두려움이다. 빨간모자는 이야기가 시작 되면서 엄마로부터 혼자서 해결해야 할 과제를 부여받는다. '혼자서' 숲길을 지나, '혼자서' 할머니댁을 찾아, '혼자서' 음식을 가져다 드려야한다. 엄마는 빨간모자에게 '똑바로 걸어가거라' '할머니집에 도착하면 인사드려라' '이리저리 둘러보지 마라' 등등 여러 가지 당부를 한다. 걱정스런 엄마의 당부는 빨간모자의 자립적인 과제에 예기치 못 할 난관이 있을 수 있음을 암시한다.

빨간모자는 처음부터 엄마의 당부를 무시하고 똑바로 걸어가지 않고 두리번거리다가 늑대를 만나게 된다. 낯선 늑대의 물음에 꼬박꼬박 말대답을 하며 속속들이 하지 않아도 좋을 얘기까지 다 해버린 빨간모자에게 늑대는 음흉한 속셈을 감추며, 꽃이 가득 핀 곳을 알려주겠다고 제안한다. 낯선 이의 말에 귀기울여서는 안 된다는 평소 엄마의 가르침은 온데간데없이, 빨간모자는 좋아라 꽃을 따며 시간을 보낸다. 이것은 대부분의 아이들이 봉착하는 치명적인 딜레마이다. 좋아하는 일, 신나는 일, 하고 싶은 일이 바로 코앞에 있는데 엄마가 시키는 일을, 좋아하지도 않는 일을 해야한다는 것, 둘 중 하나를 선택할 수만 있다면 재론의 여지가 없는 것이 아이들이다.

때문에 〈빨간모자〉의 어린 독자들은 충격을 받게 된다. 빨간모자의 딜레마가 마치 자신의 것인 양 고민스럽고, 빨간모자의 행동으로 인해 벌어진 결과, 즉 늑대에게 할머니가 한 입에 꿀꺽 삼켜진다거나 빨간모자 자신도 그렇게 된다는 결말은 차마 입에 담기 어려울 정도의 당황스럽다. 아이들은 딜레마에 대해 명확히 깨닫게 된다. 엄마가 시킨 일을 하지 않고, 자신이 좋아하는 일만 골라서 하게 되면, 그 결과가 최악의 사태까지 이를 수 있음을 깨닫게 된다. 〈빨간모자〉는 이처럼 대리체험을 통해 아이들의 마음속에 내재되어 있는 유희의 본능과 충동에 대해 준엄하게 경종을 울리는 작품이다.

빨간모자(마가렛 에반스 프라이스 作)

그렇다고 이런 식으로 지나치게 교훈적으로 그리고 부모의 입장에 맞춰 해석하면 동화의 확장성과 상상력이 줄어드는 우려가 있으니 보다 자유롭게 작품의 이면적 의미를 살펴보기로 한다. '빨간모자' 는 이름 대신 불려지는 주인공의 별명이다. 주인공의 이름이 없다는 것은 동화의 특징 중 하나이다. 아이들이 동화 속 주인공들에 자신을 동화시키기 쉽도록 익명성(匿名性)을 부여하는 것이다. 누구나 주인공이 될 수 있으며, 그래야만 동화의 효과는 극대화되기 때문이다. 아무튼 빨간모자는 '빨간

벨벳' 모자가 잘 어울린다고 해서 붙여진 별명이다.

그런데 빨간색은 매우 자극적인 색이다. 실제로 대부분의 남성들은 빨간색 옷이나 장신구를 즐겨하지 않음에도 불구하고, 빨간색을 매우 좋아한다고 대답한다. 빨간색은 보는 이의 시선을 주목시키는 도발과 경고의 기능을 하는 색이다. 아직 처음 혼자 심부름을 나갈만큼 어린 소녀에게는 빨간색보다는 분홍색 정도가 어울릴 법한데, 동화 속의 소녀는 빨간색이 잘 어울린다고 설정되어 있다. 그렇다면 빨간색 모자를 써서 잘 어울린다는 의미는 이제 막 어린 소녀에서 사춘기 소녀로 들어서는 풋풋한 주인공의 충동적인 심리 상태를 암시하는 부분이다. 빨간모자는 아직 미성숙한 나이에도 불구하고 외부세계를 도발하고 싶은 충동을 가지고 있다. 이를 성적 충동으로 해석할 수도 있으며, 단순한 십대의 반항적 충동으로 해석할 수도 있다.

빨간모자(마죠리 프라이스맨 作)

반면 이성적인 판단이 불가능한 나이이기 때문에 그러한 도발의 결과에 대해서는 책임질 수 없으므로 다가오지 말라는 경고의 역할을 한다. 이처럼 빨간모자라는 제목을 통해 우리는 이 짤막한 한 편의 동화가, 매우 심각하게 미성숙한 자아의 내면에 도사리고 있는 은밀한 욕망의 소용돌이를 혼란스럽게 보여주고 있으며, 동시에 상대의 성숙과 미성숙을 판단할 수 있음에도 불구하고 자제력 없는 외부세계에 보내는 날카로운 경고음을 들려주고 있음을 깨닫게 된다. 할머니와 빨간모자를 일말의 가책 없이 한 입에 꿀꺽 삼켜버리는 늑대는 바로 그러한 자제력 없는 세상의 일그러진 욕망의 은유이다.

ㅡ스릴러 버전ㅡ 오시이 마모루가 제작하고 오키우라 히로유키가 감독한 《인랑(人狼)》은 작품의 세계를 한 마디로 요약한 의미심장한 나레이션 "짐승에게는 짐승의 이야기가 있는 법(獸には獸の物語があるのさ)" 으로 시작된다. 이 작품은 격동기의 일본의 실제 역사를 다룬 것이라는 착각을 불러일으킬 만큼 스토리 전개와 테크닉에 있어

서 매우 사실적이다. 원작은 오시이 마모루의 작품으로, 1987년과 1988년 실사영화로서 공개된《붉은 안경》,《케르베로스: 지옥의 파수견》의 뒤를 잇는 시리즈 세 번째 에디션에 속한다. 두 편의 전작은 지금으로부터 가까운 미래세계의 특기대를 다루고 있으며,《인랑》은 1950-60년대의 일본을 배경으로 케르베로스 특기대를 다루고 있다.

《인랑(1999)》

자폭 직전의 아가와 나나미

내용을 살펴보면, 2차 세계 대전 후 점령군통치를 가까스로 벗어나 국제사회로의 복귀를 목표로 하는 일본은 고도의 경제성장을 위한 자구책을 강력하게 추진하게 되고, 그러한 강압적인 경제정책이 실업자를 양산하면서 슬럼화된 수도에는 흉악범죄가 증가한다. 성장에서 소외된 도시의 실업자들은 무장투쟁의 반정부세력 '섹트'를 조직하여 투쟁과 폭동을 야기하는 등 심각한 사회문제를 야기시킨다. 이에 자치경찰들의 진압 한계로 정부는 수도경을 창설하고 무력진압을 시도한다. 일명 '케르베로스'라 불리는 수도경의 핵심 특기대 소속의 '후세 카즈키'는 반정부세력 진압과정에서 섹트 소속 '빨간두건단'의 폭탄운반책 소녀 '아가와 나나미'와 정면으로 마주치고, 그녀를 향해 발포하려는 순간, 너무나 애띤 모습에 차마 발포하지 못하고 망설이는 찰나, 아가와 나나미는 후세의 눈앞에서 자폭을 해버린다.

이 사건으로 인해 수도경의 입지는 곤란해지게 되고, 대충 무마할 속셈으로 책임을 물어 후세를 특기대에서 신병양성소로 후송시킨다. 신병훈련을 다시 받으면서도 후세는 아가와 나나미의 자폭 장면과 특기대로서의 자신의 정체성에 중대한 고민을 계속하고, 결국 양심의 가책에 견디다 못해 아가와 나나미의 납골당을 찾는다. 그곳에서 후세는 아가와 나나미의 언니 '아마미아 케이' 를 만나게 된다. 아마미아 케이는 아가와 나나미의 유품이라면서 동화책 〈빨간모자〉를 후세에게 건네준다. 동화의 내용은 빨간모자과 할머니를 잡아먹기 위해 감언이설로 상대를 속이고 안심시키려는 늑대의 위선으로 가득하다.

아무리 동화적으로 미화하려 해도 그 추악한 본성만큼은 감출 수 없는 늑대들의 세상은 바로 후세가 몸담고 있는 현실과 다르지 않다. 즉 수도경비대와 공안부, 특기대 켈베로스와 특기대내에서도 그 존재가 알려지지 않은 인랑 등이 서로의 존폐위기를 모면하기 위해 야합하고 모반을 일삼으며 암투하는 모습과 일치한다. 동화를 읽어가면서 후세는 자신이 동화 속 늑대와 다름 없음을 깨닫게 되고, 사람으로 살아갈 것인가, 늑대로 살아갈 것인가의 기로에 선 그의 번민은 절정으로 치닫는다. 그러나 사실 그녀는 후세를 함정에 빠뜨리기 위한 미끼였으며, 이로 인해 후세는 딜레마에 빠지게 된다.

결국 〈빨간모자〉에는 하나였던 경고와 도발의 상징이, 《인랑》 속에는 각기 별개의 캐릭터로 설정되어 있다. 즉, 빨간모자의 붉은 색은 경고와 유혹의 상징이다. 즉 《인랑》에는 아가와 나나미와 아마미아 케이라는 두 명의 '빨간모자' 와 후세 가즈키라는 한 명의 '늑대' 가 등장한다. 첫 번째 '빨간 모자' 는 동화 〈빨간모자〉의 붉은 색이 상징하는 '경고' 를 의미하며, 아가와 나나미는 바로 첫 번째 경고의 의미를 제대로 보여주는 역할을 담당한다. 빨간두건단의 폭탄운반책으로서 그녀는, 인간적으로 나이 어린 자신을 향해 발포하지 못하는 '인랑' 후세의 내면을 알아차렸으면서도 일단 그가 '인랑' 인 이상 그와 공존할 수 없다. 따라서 그녀는 다가오지 말라는 방어적인 경고와 함께 극단적인 방어방법, 즉 자폭을 택한다.

두 번째 '빨간모자' 는 붉은 색이 상징하는 또 다른 상징인 '유혹' 이다. 아마미야 케이는 아가와 나나미의 언니를 자처하면서 스파이로서 후세에게 접근한다. 순순하지 않은 의도를 가지고 접근한 그녀는 순수한 미소와 꾸밈없고 치기어린 말투로 후세의 마음을 사로잡을 만큼 유혹적이다. 후세는 그녀의 유혹에 절반 이상 넘어간다. 물론 후세로 인해 그녀도 서서히 순수를 되찾아 간다. 그러나 누구의 잘잘못을 따질 수 없

아마미야 케이

아마미야 케이와 후세 가즈키

는 격변하는 정세 속에 둘 중 하나는 희생양이 되어야 한다. 늑대가 희생양이 되는 일은 천지개벽으로도 불가능한 일이다. 늑대는 늑대이며, 희생양은 양이다. 늑대와 양은 서로 대척점에 있는 천적이니, 희생양은 말 그대로 양처럼 희생당할 존재여야만 한다. 따라서 그녀는 희생양이 된다.

동화 속의 늑대는 늑대의 탈을 쓴 인간을 상징한다. 영화 속의 늑대는 인간의 탈을 쓴 늑대를 상징한다. 동화에서는 차마 인간으로서는 할 수 없는 짓을 행하는 보조대상으로 늑대를 설정한 것이며, 영화는 차마 늑대로서는 할 수 없는 짓을 역설적으로 보여준다. 세상 모든 잔혹한 행위들은 '늑대'의 짓이 아니라, 늑대의 탈을 쓴 '인간'의 짓이다. 언제나 인간은 그 안에 내재된 악(惡)의 일면을 감추려 든다. 《인랑》은 제목과 도입부에서부터 이것은 인간의 이야기가 아니라 짐승의 이야기임을 밝히고 있다. 결국 늑대의 탈을 쓴 '늑대인간'이 아니라, 인간의 탈을 쓴 '인간늑대'의 이야기라는 의미이다.

따라서 영화는 "그는 늑대와 같다"라는 명제에서 출발하여 "그는 늑대다"라는 명제를 얻기까지의 긴 여로이다. 세상에는 짐승으로 살 수 밖에 없는 인간이 있으며, 그들은 인간의 논리가 아닌 짐승의 순리에 따라 살아야만 하는 법, 고로 《인랑》은 늑대의 탈을 쓴 특기대원 후세가 인간의 탈을 쓴 온전한 늑대, 인랑이 되기까지의 이야기이다. 이처럼 《인랑》은 동화를 바탕으로 하면서도 다층적인 의미구조를 통한 난해한 재구력이 돋보이는 독창적인 '오시이 마모루의 동화'로서, 동화적 세계관의 이면에 도사린 의미를 정확하게 읽어내는 치밀한 안목을 토대로 하여 그 위에 정치 · 사회적 비판의식과 존재론적 함의의 누각을 지어올린 기획적인 작품이다. 이러한 심오하고 철학적인 담론은 단순한 작가적 자족에 그치는 것이 아니라, 세계적인 공감대를 형성할 수 있었으니, 스토리리텔링에서 중요한 것은 원작에 대한 충실한 이해와 분석이다.

《늑대혈족(1984)》

판타지 버전 닐 조던(Neil Jordan) 감독의 《늑대혈족(The Company of Wolves)》은 아보리아츠 판타스틱 영화제 심사위원특별상 수상하는 등 객관적으로 창의적 상상력을 인정받은 작품이다. 이 작품은 사춘기 소녀의 불안과 공포 심리를 바탕으로 한 독특한 상징구조를 보여주고 있으며, 또한 정신분석학적 배경지식 없이는 읽어내기 힘든 모호한 연출과 고전적 특수 분장을 통해 참신한 한 편의 판타지 세계를 구축하고 있다. 특히 영화 전반에 걸쳐 동화의 붉은 색이 발산하는 성적 이미지나 출산과 관련된 상징적 이미지들로 충만한데, 이는 동화에서 읽혀지는 이면적 의미에 대한 닐 조던 감독 특유의 독창적이며 참신한 해석이며, 동화에 대한 새로운 접근방식이 여타 장르에 성공적으로 접목될 수 있음을 보여준 사례이다.

《늑대혈족》은 사춘기에서 성년기로 이행하는 과정에서 경험하는 정신분석학적인 혼돈상태와 야수성에 대한 진지한 탐색을 바탕으로 베어울프(Werewolf) 신화와 동화 〈빨간모자〉를 효과적으로 변주함으로써 놀라운 시각효과와 감각적인 내러티브를 보여준다. 그런 의미에서 이 작품은 보다 깊은 성찰로 이끄는 독특한 호러 장르이지만, 닐 조던 감독의 특유한 악취미로 인해 B급 호러 특유의 불편한 장면묘사들이 진지한 철학적 몰입을 방해한다. 동화를 분석하고 연구하는 것이 궁극적인 감상태도가 이 영화도 연구자의 자세로 접근하는 것을 원하지 않는 감독의 의도라고 해석할 수 있다. 소년이 청년이 되고, 소녀가 초경을 시작하고 처녀가 되는 과정을 논리적으로 학구적으로 설명하고 이해할 수 없듯이, 그것은 자연스러운 어쩌면 동화나 마법에 가까운 비경(秘境)이다. 그런 의미에서 닐 조던은 팀 버튼(Tim Burton)과 닮은 동화적 치기의 면모를 보여주는 동시에 데이비드 크로넨버그(David Cronenberg)의 비주류적인 호러장

빨간모자와 할머니

르의 면모도 유감없이 보여준다.

《늑대혈족》은 다소 복잡한 액자구성으로, 현실 속의 주인공 소녀와 소녀가 즐겨 읽는 동화 속 빨간모자, 그리고 동화 속에서 할머니가 들려주는 또 다른 동화 속의 주인공들이 각기 다른 층위로, 그러나 동시에 공존하는 다층적 양상을 보여준다. 액자 밖의 소녀를 주인공으로 볼 수밖에 없는 이유는, 그녀가 바로 사춘기에서 성년기로 마치 초경을 앞두거나 초경을 시작한 소녀의 두려움과 설렘, 흥분과 불안의 복잡한 심리상태를 보여주고 있기 때문이다. 《늑대혈족》은 남성과 세상에 대한 호기심으로 가득한, 그러나 조심스럽게 어른으로 이행하는 과도기에 있는 소녀를 주인공으로, 늑대로 상징되는 위험스러운 남성적 세상 속에 뛰어들어 도망치기도 하고, 어울리기도 하면서 어른이 되어가는 특이하고 암울하면서도 에로틱한 현대판 동화이다.

기본적인 내러티브는 안젤라 카터(Angela Carter)의 1978년 단편소설 〈울프 앨리스(Wolf Alice)〉를 원작으로 하고, 주제적인 측면에서는 동화 〈빨간모자〉를 바탕으로 늑대가 등장하는 다양한 동화들과 동물변신담의 화소, 자식을 삼켜버린 크로노스와 그의 배를 가르고 뛰쳐나온 자식들의 그리스신화, 늑대의 젖을 먹고 자란 소년이나 늑대우리에서 발견된 소녀의 이야기, 낯선 사람과 말하지 말라는 샤를르 페로의 교훈적인 금언과 늑대 및 마녀사냥을 통한 집단의 배타성까지 적절하게 교직하면서, 현실과 꿈을 교묘하게 교차편집하면서 어디까지가 현실이고, 어디까지가 꿈인지, 혹은 동화인지 알 수 없도록 환상적인 내러티브 장치를 사용한다.

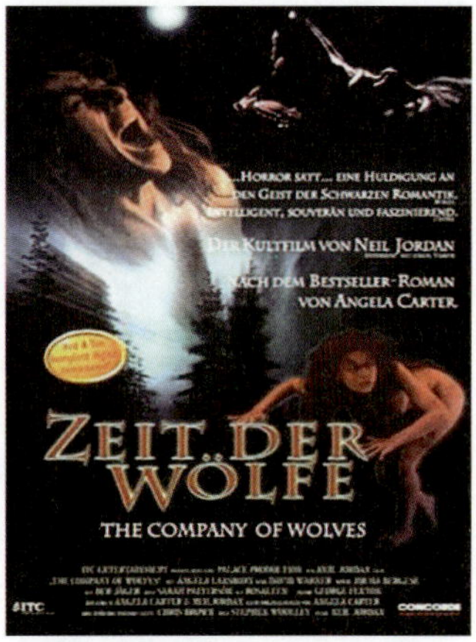

《늑대시대(1985)》

《늑대혈족》에서 늑대는 모든 동화나 이야기 속에서 암시하듯 권력과 성적인 포식자의 메타포로 통한다. 동양에서는 늑대 보다는 호랑이가 일부 그 역할을 담당하지만, 서양에서 늑대는 성적인 존재이자 인간의 내재된 야수성의 본성으로 상징된다. 이 작품은 동화 속에 내재된 금기와 경고의 다양한 표징들과 신비롭고 이단적인 미신적 요소, 금기를 깨뜨리는 가학적인 대가들은 모든 동화를 한 자리에 모은 듯한 형언할 수 없는 혼돈의 상태임에도 불구하고, 인간의 심리를 토대로 철저하게 기획된 독창적인 판타지이다. 특히 맨 마지막 동화의 세계 속에서 혹은 소녀의 꿈속에서 뛰쳐나온 늑대들이 동화의 산을 넘고, 현실의 벽을 넘어, 공포로 연신 뒤척이며 잠든 소녀의 2층 방의 창문을 깨고 뛰어 들어오는 장면은 가히 압권이다. 물론 다소 황당한 장면으로 실소를 자아내기도 하는데, 원작자 안젤라 카터의 "희극이란 타인에게 일어난 비극이다(Comedy is tragedy that happens to other people)" 라는 말을 되새기면 어느 정도 이해가 되는 부분이다.

참 고 문 헌

• 추천 도서

가가미 다카코. 영웅열전. 최수진 역. 들녘. 2001.

강심호. 디지털 에듀테인먼트 스토리텔링. 살림. 2005.

강진숙 · 김기태 · 김성벽 외. 출판@디지털 커뮤니케이션. 이진출판사. 2001.

곽노홍. 드라마의 이해와 작법. 한누리미디어. 2003.

구사노 다쿠미. 지옥. 송현아 역. 들녘. 2001.

구사노 다쿠미. 환상동물사전. 송현아 역. 들녘. 2001.

권택영. 다문화시대의 글쓰기. 문예출판사. 1997.

그림 · 페로 · 안데르센. 우리가 알고 싶은 진짜 동화 3권. 변용란 역. 노블마인. 2006.

김균형. 연극제작 이렇게 한다. 예니출판사. 1998

김낙필. 도교와 그리스도교. 바오로딸. 2003.

김덕희 편. 세계 민담 전집 08. 황금가지. 2003.

김동욱. 세계 연극사. 한신문화사. 2000.

김명교. 어른이 되어 다시 읽는 전래동화. 은금나라. 2004.

김병익. 무서운, 멋진 신세계, 문학과지성사, 1999.

김성도. 디지털 언어와 인문학의 변형. 경성대출판부. 2003.

김열규 외. 민담학개론. 일조각. 1997.

김영애 편. 세계 민담 전집 06. 황금가지. 2003.

김용의. 일본의 민담. 전남대학교출판부. 2002.

김유정. 컴퓨터 매개 커뮤니케이션. 커뮤케이션북스. 1998.

김일태. TV쇼 코미디 이론과 작법. 제삼기획. 1995.

김재국. 디지털시대의 대중소설론. 예림기획. 2002.

김종회 편. 사이버 문화 하이퍼텍스트 문학-이론편. 국학자료원. 2005.

김종회 편. 사이버 문화 하이퍼텍스트 문학-작품편. 국학자료원. 2005.

김헌선. 한국의 창세신화. 길벗. 1994.

김형준 편. 이야기 인도신화. 청아출판사. 1999.

나송주 편. 세계 민담 전집 05. 황금가지. 2003.

나카자와 신이치. 곰에서 왕으로. 김옥희 역. 동아시아. 2003.

나카자와 신이치. 대칭성 인류학. 김옥희 역. 동아시아. 2005.

나카자와 신이치. 성화 이야기. 양억관 역. 교양인. 2004.
나카자와 신이치. 신의 발명. 김옥희 역. 동아시아. 2005.
나카자와 신이치. 신화 인류 최고의 철학. 김옥희 역. 동아시아. 2003.
노르베르트 볼츠. 구텐베르크-은하계의 끝에서. 윤종석 역. 문학과지성사. 2000.
노르베르트 볼츠. 컨트롤된 카오스. 윤종석 역. 문예출판사. 2000.
니콜라스 네그로폰테. 디지털이다. 백욱인 역. 커뮤니케이션북스. 1999.
닐 힉스. 헐리우드 영화 각본술. 이일범 역. 신아사. 2002.
닛케이BP사기술연구부 편. 일본 애니메이션과 비즈니스 전략. 성하묵 역. 한울아카데미. 2001.
다가시마 아키히로. 성좌의 신들. 들녘. 2000.
다니엘 벨. 정보화 사회와 문학의 미래. 서규환 역. 디자인하우스. 1993.
다니엘 콩페르 · 프랑수아 레이몽. 환상문학의 거장들. 고봉만 역. 자음과모음. 2001.
다카히라 나루미. 여신. 이만옥 역. 들녘. 2002.
다케루베 노부아키. 판타지의 마족들. 들녘. 2000.
다케루베 노부아키. 판타지의 주인공들. 임희선 역. 들녘. 2000.
데이브 모리스 · 앤드류 롤링스. 게임아키텍처&디자인1. 한쿨임 역. 제우미디어. 2001.
데이비드 하워드 외. 시나리오 가이드. 심산 역. 한겨레신문사. 1999.
디자인문화실험실. 판타지 스케이프. 안그라픽스. 2002.
디플. 플롯. 문우상 역. 문학비평총서, 10. 서울대학교출판부. 1984.
라도삼. 비트의 문명 네트의 사회. 커뮤니케이션북스. 1999.
라이너 테츠너. 게르만 신화와 전설. 성금숙 역. 범우사. 2002.
레스카 카우프만. 나를 찾아가는 동화여행. 조경수 역. 문예출판사. 2004.
로널드 B. 토비아스. 인간의 마음을 사로잡는 스무가지 플롯. 김석만 역. 풀빛. 1997.
리차드 루즈. 게임 디자인 이론과 실제. 최현호 역. 정보문화사. 2001.
리처드 테일러. 애니메이션 제작기법의 모든 것. 한창완 역. 한울. 1999.
린다 카우길. 시나리오 구조의 비밀. 이문원 역. 시공아트. 2003.
마노 다카야. 낙원. 들녘. 2000.
마노 다카야. 도교의 신들. 이만옥 역. 들녘. 2001.
마노 다카야. 마술여행. 신은진 역. 들녘. 2002.
마샤 그래드. 동화 밖으로 나온 공주. 김연수 역. 뜨인돌. 2002.
마크 포스터. 뉴미디어의 철학. 김성기 역. 민음사. 1994.
막스 뤼티. 유럽의 민담. 김홍기 역. 보림. 2005.
모리노 다쿠미. 고대유적. 이만옥 역. 들녘. 2001.
모봉구. 설화의 재발견. 눈과마음. 2006.
무경. 베트남의 신화와 전설. 박희병 역. 돌베개. 2000.
미셸 시옹. 영화와 소리. 지명혁 역. 민음사. 2000.
바바라 워커. 흑설공주 이야기 1. 박혜란. 뜨인돌. 2002.

바바라 워커. 흑설공주 이야기 2. 박혜란. 뜨인돌. 2005.
박기순. 인간 매체 커뮤니케이션. 커뮤니케이션북스. 2000.
박종욱. 라틴아메리카 신화와 전설. 바움. 2005.
베로니카 이온스. 이집트 신화. 심재훈 역. 범우사. 2003.
베로니카 이온스. 인도신화. 임웅 역. 범우사. 2004.
브릿지 패트로브스키 외. 온라인 게임기획 이렇게 한다. 송기범 역. 제우미디어. 2003.
빌렘 플루서. 디지털시대의 글쓰기. 윤종석 역. 문예출판사. 1998.
사무엘 헨리 후크. 중동 신화. 박화중 역. 범우사. 2001.
사이 다케오. 인도 만다라 대륙. 이만옥 역. 들녘. 2001.
사이버문화연구소. Cyber is. 역사넷. 2001.
사토 도시유키. 신검전설. 들녘. 2000.
선정우 · 송락현 외. ANIMATION SECRET FILE. 시공사. 2001.
성동규 · 라도삼. 인터넷과 커뮤니케이션. 한울아카데미. 2000.
세르기우스 골로빈. 세계 신화 이야기. 이기숙 역. 까치글방. 2001.
손동호 편. 세계 민담 전집 11. 황금가지. 2005.
스와미 치트아난다 편. 인도신화. 김석진 역. 북하우스. 2002.
시노다 고이치. 중국 환상세계. 이송은 역. 들녘. 2000.
신동흔 편. 세계 민담 전집 01. 황금가지. 2003.
아나톨리 일리치 라키토프. 컴퓨터 혁명의 철학. 이득재 역. 문예출판사. 1996.
아니타 엑슈태트. 동화의 정신분석학적 해석. 심동미 역. 문학동네. 2005.
안민수. 연극연출-원리와 기술. 집문당. 1998.
안상훈 편. 세계 민담 전집 02. 황금가지. 2003.
안영순 · 노시훈. 영화와 애니메이션을 위한 36가지 극적 플롯. 동인. 2002.
안자이 유이치로 외. 정보의 창출과 디자인. 이호숭 · 권만우 역. 2001. 한국학술정보.
안토니 이스트호프. 문학에서 문화연구로. 임상훈 역. 현대미학사. 1994.
앤드류 롤링스 · 어니스트 아담스. 게임기획개론. 송기범 역. 제우미디어. 2004.
앤드류 호튼. 캐릭터 중심의 시나리오 쓰기. 주영상 역. 한나래. 2000.
앤소니 이스트호프. 문학에서 문화연구로. 임상훈 역. 현대미학사. 1996.
앨 리버만 · 패트리샤 에스게이트. 엔터테인먼트 마케팅 혁명. 조윤장 역. 아침이슬. 2003.
어스틴 그로스만. 성공으로 이끄는 게임개발 스토리. 이강훈 역. 에이콘. 2004.
오경근 편. 세계 민담 전집 10. 황금가지. 2003.
오사카 쇼우지. 감성콘셉트. 정택상 역. 정한PNP. 2004.
오스카 브로케트. 연극개론. 김윤철 역. 한신문화사. 2002.
오트 베츠. 숫자의 비밀. 배진아 역. 다시. 2004.
우라야마 아키토시. 어른들을 위한 안데르센 동화. 구혜영 역. 대교베텔스만. 2004.
월터 J. 옹. 구술문화와 문자문화. 이기우 역. 문예출판사. 1995.

웨인 C. 부우드. 소설의 수사학. 최상규 역. 새문사. 1985.
윌리엄 깁슨. 뉴로맨서. 김창규 역. 황금가지. 2005.
윌리엄 모리스. 톨킨의 환상서가. 김정미 역. 황금가지. 2005.
유원수 편. 세계 민담 전집 03. 황금가지. 2003.
윤준수. 인터넷과 컴퓨터 패러다임의 대전환. 커뮤니케이션북스. 1998.
이근삼. 연극개론-그 이론과 실제. 문학사상사. 2004.
이기철 편. 세계 민담 전집 09. 황금가지. 2003.
이난아 편. 세계 민담 전집 07. 황금가지. 2003.
이민수. 그림 동화의 숨겨진 진실. 예담. 2005.
이부영. 한국민담의 심층분석. 집문당. 2000.
이용배. 애니메이션의 장르와 역사. 살림출판사. 2003.
이용욱. 사이버문학의 도전. 토마토. 1996.
이은구. 인도의 신화. 세창출판사. 2003.
이인화 · 고욱 · 전봉관 · 강심호 · 전경란 · 배주영 外. 디지털 스토리텔링. 황금가지. 2003.
이재현. 인터넷과 사이버사회. 커뮤니케이션북스. 2000.
이재홍. 게임 시나리오 작법론. 정일. 2004.
이종한 · 조미라. 애니메이션과 스토리텔링. 글누림. 2005.
이치카와 사다하루. 환상의 전사들. 이규원 역. 들녘. 2001.
이환경. TV 드라마 작법. 청하출판사. 1998.
자넷 머레이. 인터랙티브 스토리텔링. 한용환 · 변지연 역. 안그라픽스. 2001.
장 폴로. 하우 투 클레이 애니메이션. 안종혁 역. 커뮤니케이션북스. 2004.
장용규 편. 세계 민담 전집 04. 황금가지. 2003.
재클린 심슨. 유럽 신화. 이석연 역. 범우사. 2003.
쟈크 브로스. 나무의 신화. 주향은 역. 이학사. 2000.
저스틴 와이어트. 하이 콘셉트트. 조윤장 역. 아침이슬. 2004.
전경란. 디지털 게임의 미학. 2005. 살림.
제랄드 프랭스. 서사학. 최상규 역. 문학과지성사. 1988.
제임스 버크. 우주가 바뀌던 날 그들은 무엇을 했나. 장석봉 역. 지호. 1999.
제임스 버크. 지식혁명이 남긴 위대한 유산. 박정현 역. 청아출판사. 2001.
조성계. 스토리 작법과 연출기법. 글동산. 2000.
조은하. 게임 시나리오 작법:구성편. 한국게임산업개발원. 2005.
조은하. 게임 시나리오 작법:인물편. 한국게임산업개발원. 2004.
조형제. 한국사회학. 민음사. 1996.
존 할라스. 세계 애니메이션 작가와 작품. 황선길 · 박현근 공역. 범우사. 2002.
존 할라스 · 로저 맨벨. 애니메이션의 이론과 실제. 신아사. 2000.
주선. 민담 : 살아있는 전설. 중명. 2001.

지오프레이 파린더. 아프리카 신화. 심재훈 역. 범우사. 2006.
최영. 뉴미디어 시대의 네트워크 커뮤니케이션. 커뮤니케이션북스. 1998.
최운식. 한국설화연구. 집문당. 1991.
최혜실. 디지털 시대의 문화읽기. 소명출판. 2001.
출판문화산업진흥법 공동대책위원회. 출판문화산업진흥법제정방안. 1999.
카트 레이번. 애니메이션 북. 나호원 역. 민음사. 2003.
크리스치안 슈트리히. 세계의 동화. 김재혁. 현대문학. 2005.
크리스토퍼 보글러. 신화, 영웅, 그리고 시나리오 쓰기. 함춘성 역. 무우수. 2005.
탁정언. 기획의 99%는 콘셉트이다. 원앤원북스. 2005.
톰 메이그스. 실제로 쓰이는 게임기획 이렇게 한다. 최혁준 역. 제우미디어. 2004.
톰림슨 홀만. 영화 텔레비전 사운드의 이해. 이성진 역. 책과길. 1999.
팀 조단. 사이버파워. 사이버문화연구소 역. 현실문화연구. 2001.
패트릭 J. 기어리. 민족의 신화 그 위험한 유산. 이종경 역. 지식의풍경. 2004.
폴 길스터. 디지털 리터러시. 김정래 역. 해냄. 1999.
폴 웰스. 애니마톨로지@. 한창완 · 김세훈 공역. 한울아카데미. 2001.
프로프. 민담의 역사적 기원. 문학과지성사. 1999.
하유상. 희곡론과 작법. 을유문화사. 2000.
하인리히 호프만. 하인리히 호프만 박사의 더벅머리 아이. 심동미 역. 문학동네어린이. 2004.
한국미디어문화학회 편. 소리. 커뮤니케이션북스. 2005.
한혜원. 디지털 게임 스토리텔링. 살림. 2005.
해롤드 윗테이커. 만화영화제작기법. 송홍권 역. 조형사. 2000.
헤르만 헤세. 환상동화집. 윤예령 역. 민음사. 2002.

Andrew Glassner. Interactive Storytelling. AK Peters Ltd. 2004.
Annette Simmons. The Story Factor. Perseus Books Group. 2002.
Blake Snyder. Save The Cat!. Michael Wiese Productions. 2005.
Brian Arnold · Brendan Eddy. Exploring Visual Storytelling. Thomson Delmar Learning. 2006.
Carolyn Handler Miller. Digital Storytelling. Focal Press. 2004.
Charles F. Urbanowicz. Anthropology. Cyberspace. and the Internet. Chico. 1996.
Cynthia Goodman. Digital Visions:Computers and Art. New York:Harry Abrams. 1987.
David A. Lauer. Design Basics. Harcourt Brace College. 1995.
Dusti Howell · Deanne Howell. Digital Storytelling. Linworth Publishing. 2003.
Espen J. Aarseth. Cybertext. The Johns Hopkins University Press. 1997.
Felix Guattari. Chaosmosis:an ethico-aesthetic paradigm. Power Publications. 1995.
Geoffrey Nunberg. The Future of the Book. University of California Press. 1996.
Gerald Mast. Film Theory and Criticism. Oxford UP. 1992.

Gerald Prince. A Dictionary of Narratology. University of Nebraska P. 1987.
Gunther Kress. Literacy in the New Media Age. Routledge. 2003.
James Paul Gee. What Video Games Have to Teach us about Learning and Literacy. Palgrave Macmillan. 2003.
Jean Ann Wright. Animation Writing and Development. Focal Press. 2005.
Jennifer Van Sijll. Cinematic Storytelling. Michael Wiese Productions. 2005.
John Walsh. The Art of Storytelling. Moody Publishers. 2003.
Joseph Bruchac. Tell Me a Tale. Harcourt Children's Books. 1997.
Kenneth Portnoy. Screen Adaptation. Focal Press. 1998.
Kristin Thompson. Storytelling in Film and Television. Harvard University Press. 2003.
Lee Sheldon. Character Development and Storytelling for Games. PTR. 2004.
Linda Seger. The Art of Adaptation. Owl Books. 1992.
Marie-Laure Ryan. Narrative Across Media. University of Nebraska Press. 2004.
Mark Stephen Meadows, The Art of Interactive Narrative. New Riders Press. 2002.
Martin Heidegger. Hebel-der Hausfreund. Pfullingen:Neske. 1957.
Martin Heidegger. Parmenides. Gesamtausgabe. Bd.54. Vittorio Klostermann. 1942.
Mike Wellins. Storytelling through Animation. Charles River Media. 2005.
Nicholas Negroponte. Being Digital. Hedder & Sttoughton. 1995.
Noah Wardrip-Fruin & Pat Harrigan. First Person. The MIT Press. 2004.
Peter Lunenfeld. The Digital Dialectic. The MIT Press. 2000.
Raph Koster. Theory of Fun for Game Design. Paraglyph. 2004.
Robert Sklar. Film. PrenticeHall Harry N. Abrams. 1993.
Robert Stanton. An Introduction To Fiction. Holt Rinehart & Winston Inc. 1965.
Silvio Gaggi. From Text to Hypertext:Decentering the Subject in Fiction, Film, the Visual Arts, and Electronic Media. Philadelphia:University of Pennsylvania Press. 1997.
Steven Johnson,ed. Virtual Culture:Identity and Communication in Cybersociety. London and Thousand Oaks. CA:Sage Publications. 1997.
Tony C. Caputo. Visual Storytelling. WatsonGuptill Publications. 2002.
Will Eisner. Graphic Storytelling. Poorhouse Press. 1996.
Will Eisner. Comics & Sequential Art. Poorhouse Press. 1995.

• 추천 논문

강내희. 디지털시대의 문학하기. 문화과학 6호(1996. 봄).
강내희. 문학의 힘, 문학의 가치. 문화과학 13호(1997. 겨울).
김남연. 한국창세신화 유형담의 전승과 그 변이. 연세대학교 대학원 1996.

김병익. 신세대와 새로운 삶의 양식. 그리고 문학. 문학과사회 30호(1995. 여름).
김성곤. 대중 매체와 글쓰기. 현대비평과 이론 (1992. 가을/겨울).
김성곤. 멀티미디어 시대와 미래의 문학. 문학사상 11호(1994).
김성재. 문학과 멀티미디어. 문학정신 91호(1994.5).
김정경. 한국창세신화 연구. 서강대학교 대학원 1998.
김진량. 소설과 컴퓨터 게임에서 시간의 서사적 재현 양상. 내러티브 8호(2003).
박동숙 · 최정윤. 온라인 게임의 가상현실 경험에 관한 연구. 프로그램 텍스트 3호. 2000.
박상우. 게임이 이야기하는 전쟁. 창작과비평(2003. 여름).
박종성. 동아시아의 창세신화 연구. 구비문학연구 12호(2001).
백욱인. 21세기 디지털문명을 이해하는 12가지 언어. 중앙일보(2000.3.28).
서정옥. 정보기술의 현재와 미래. 과학사상 18호(1996).
송충식. 매스 미디어 혁명. 경향신문(1999.3.1).
우찬제. 디지털시대의 새로운 감각. 그 인공화학적 합성지도. 비평공간.
우찬제. 정보화시대의 문학. 정보예술의 미래. 한국정보문화센터(1995).
유종윤. 디지털 테크놀러지 시대의 문학. 사이버문화연구소(2000).
유종윤. 새로운 출발점에 선 사이버문학론. Viewing, 빈터문학동인회(2002).
이동연. 문학실천의 전환을 위한 구성조건. 문화과학 6호(1994. 여름).
이제환. 전환기 한국문헌정보학의 새로운 패러다임 모색. 도서관학논집 28호(1996).
이종도. 인터넷시대의 글쓰기. 주간조선. 1629호(2000.11.23).
이택수. 디지털타임즈. 한국첨단게임산업협회.
장석주. 글쓰기와 글읽기 혁명적 전환-PC통신과 미래 문학. 문학사상 265호(1994.11).
홍어진. 한국창세신화의 연구. 전남대학교 대학원(1998).
황찬욱. 컴퓨터와 문학. 문학정신 90호(1994.4).

Harold Borke. Information Science. American Documentation 19(1969).
I. R. Hoos. Paperwork control. Society 16(1978).
S. Aronowitz. On Cultural Studies. Science and Technology. Technoscience and Cyberculture. Routledge(1996).
Tom Wilson. Towards aninformation management curriculum. Information Science 15(1989).

• 추천 사이트

Anti-Linear Logic_www.anti-linearlogic.com
British Educational Com.&Tech. Association_www.becta.org.uk
Cinema Sense_elokuvantaju.uiah.fi
Curmudgeon Gamer_www.curmudgeongamer.com

Designer's Notebook_www.designersnotebook.com
Digiplay Initiative_www.digiplay.org.uk
Digital Games Research Association_www.digra.org
Game | Tech_www.game-tech.com
Games for Change_www.seriousgames.org/gamesforchange
Geme Matters_dukenukem.typepad.com/game_matters
Institute for Cultural Studies_www.culturelestudies.be
Intelligent Artifice_www.intelligent-artifice.com
Interactive Storytelling Tools for Writers_www.erasmatazz.com
International Game Developers Association_www.igda.org
Kotaku:the Gamer's Guide_www.kotaku.com
Ludology Videogame Theory_ludology.org
MIT Games To Teach Project_www.educationarcade.org.
MIT Media Lab_www.media.mit.edu
N. America Simulation & Gaming Association_www.nasaga.org
Serious Games_www.seriousgames.org
Social Impact Games_www.socialimpactgames.com
Stanford University Media X_mediax.stanford.edu
Teachers Evaluating Educational Multimedia_www.teem.org.uk
The Cyberpunk Forum_vfte.cyberpunk.co.uk
The Education Arcade_www.educationarcade.org
The Learning Federation_www.thelearningfederation.org
Twitchspeed:DIgital Game-Based Learning_www.twitchspeed.com
Water Cooler Games:Video Games_www.watercoolergames.org

찾 아 보 기

스토리텔링 *storytelling*

지은이 • 조은하 | 이대범

펴낸이 • 조승식

펴낸곳 • (주)도서출판 북스힐

등록 • 제22-457호

주소 • 142-877 서울시 강북구 라일락길 36

www.bookshill.com

E-mail • bookswin@unitel.co.kr

전화 • 02-994-0071(代)

팩스 • 02-994-0073

2006년 5월 15일 1판 1쇄 발행

2008년 10월 15일 1판 2쇄 발행

값 20,000원

ISBN 978-89-5526-321-3